Arbitragem, Mediação e
Outros Métodos de
Solução de Conflitos
Envolvendo o Poder Público

Arbitragem, Mediação e Outros Métodos de Solução de Conflitos Envolvendo o Poder Público

2019

Mauricio Morais Tonin

ARBITRAGEM, MEDIAÇÃO E OUTROS MÉTODOS DE SOLUÇÃO DE CONFLITOS ENVOLVENDO O PODER PÚBLICO
© Almedina, 2019

Autor: Mauricio Morais Tonin
DIAGRAMAÇÃO: Almedina
DESIGN DE CAPA: FBA
ISBN: 9788584934720

Dados Internacionais de Catalogação na Publicação (CIP)
(Câmara Brasileira do Livro, SP, Brasil)

Tonin, Mauricio Morais
Arbitragem, mediação e outros métodos de solução
de conflitos envolvendo o poder público / Mauricio
Morais Tonin. -- São Paulo : Almedina, 2019.

Bibliografia.
ISBN 978-85-8493-472-0

1. Arbitragem (Direito) 2. Direito administrativo
3. Mediação - Brasil 4. Processo civil 5. Solução de
conflitos (Direito) I. Título.

19-23702 CDU-347.918(81)

Índices para catálogo sistemático:

1. Arbitragem, mediação e outros métodos de solução de conflitos : Poder público : Direito
processual 347.918(81)

Maria Alice Ferreira - Bibliotecária - CRB-8/7964

Este livro segue as regras do novo Acordo Ortográfico da Língua Portuguesa (1990).

Todos os direitos reservados. Nenhuma parte deste livro, protegido por copyright, pode ser reproduzida, armazenada ou transmitida de alguma forma ou por algum meio, seja eletrônico ou mecânico, inclusive fotocópia, gravação ou qualquer sistema de armazenagem de informações, sem a permissão expressa e por escrito da editora.

Fevereiro, 2019

EDITORA: Almedina Brasil
Rua José Maria Lisboa, 860, Conj.131 e 132, Jardim Paulista | 01423-001 São Paulo | Brasil
editora@almedina.com.br
www.almedina.com.br

REFERÊNCIAS

_____. *A instrumentalidade do processo.* 12ª ed., São Paulo: Malheiros, 2005.

_____. *Instituições de Direito Processual Civil.* Vol. I e II, 5ª ed., São Paulo: Malheiros, 2005.

_____. *Instituições de Direito Processual Civil.* Vol. IV, 3ª ed., São Paulo: Malheiros, 2009.

_____. *Processo Civil Empresarial,* São Paulo: Malheiros, 2010.

ESCOBAR, Marcelo Ricardo. *Arbitragem Tributária no Brasil.* São Paulo: Almedina, 2017.

FALECK, Diego. *Desenho de Sistemas de Disputas com Contexto da Justiça Federal: Uma introdução.* In *Justiça Federal: inovações nos mecanismos consensuais de solução de conflitos,* GABBAY, Daniela Monteiro; TAKAHASHI, Bruno (coord.), Brasília, DF: Gazeta Jurídica, 2014, pp. 229-251.

_____. *Um passo adiante para resolver problemas complexos: desenho de sistemas de disputas.* In SALLES, Carlos Alberto de; LORENCINI, Marco Antonio Garcia Lopes; ALVES DA SILVA, Paulo Eduardo (Coord.), *Negociação, Mediação e Arbitragem – Curso Básico para Programas de Graduação em Direito.* São Paulo; Método, 2012, pp. 257-274.

FIGUEIREDO, Lucia Valle. *Curso de Direito Administrativo.* 6ª ed. rev. atual. e ampl. São Paulo: Malheiros, 2003.

FISHER, Roger; URY, William; PATTON, Bruce. *Como chegar ao sim: como negociar acordos sem fazer concessões.* 3ª ed., Rio de Janeiro: Solomon, 2014.

FISS, Owen. *Contra o acordo.* In *Um novo processo civil: estudos norteamericanos sobre jurisdição, constituição e sociedade.* Tradução: SALLES, Carlos Alberto de (Coord.). São Paulo: Revista dos Tribunais, 2004, pp. 121-145.

_____. *Fora do Paraíso.* In *Um novo processo civil: estudos norteamericanos*

sobre jurisdição, constituição e sociedade. Tradução: SALLES, Carlos Alberto de (Coord.). São Paulo: Revista dos Tribunais, 2004, pp. 146-152.

GABBAY, Daniela Monteiro. *Negociação.* In RICHA, Morgana de Almeida; PELUSO, Antonio Cezar (coord.), *Conciliação e mediação: estruturação da política judiciária nacional,* Rio de Janeiro: Forense, 2011, pp. 211-225.

GABBAY, Daniela Monteiro; CUNHA, Luciana Gross (org.). *Litigiosidade, Morosidade e Litigância Repetitiva no Judiciário: uma análise empírica.* São Paulo: Saraiva, 2012.

GABBAY, Daniela Monteiro; TAKAHASHI, Bruno. *Desenho de Sistemas e Mecanismos Consensuais de Solução de Conflitos na Justiça Federal: Uma Introdução,* In GABBAY, Daniela Monteiro; TAKAHASHI, Bruno (coord.), *Justiça Federal: inovações nos mecanismos consensuais de solução de conflitos,* Brasília, DF: Gazeta Jurídica, 2014, pp. 3-33.

GAJARDONI, Fernando da Fonseca. *Técnicas de Aceleração do Processo.* São Paulo: Lemos & Cruz, 2003.

GALANTER, Marc. *Por que quem tem sai na frente: especulações sobre os limites da transformação o direito.* Tradução: Ana Carolina Chasin. São Paulo: Editora Saraiva, no prelo (2014). Título original: *Why the 'Haves' come out ahead: speculations on the limits of legal change.*

GRAU, Eros Roberto. *Arbitragem e Contrato Administrativo.* Revista da Escola Paulista da Magistratura, v. 3, nº 2, julho/dezembro – 2002, pp. 49-58.

GRINOVER, Ada Pellegrini. Prefácio da obra *Arbitragem em Contratos Administrativos,* de Carlos Alberto de Salles.

_____. Apresentação da primeira edição da obra *Fundamentos da Mediação e da Conciliação,* de Petronio Calmon.

_____. *Deformalização do processo e deformalização das controvérsias*, in *Novas Tendências do direito processual*. São Paulo: Forense Universitária. 1ª ed., 1990.

_____. *O Controle de Políticas Públicas pelo Poder Judiciário*. In *O Processo: Estudos & Pareceres*, 2ª Ed., São Paulo, DPJ Editora, 2009, p. 36-57.

_____. *Os Métodos Consensuais de Solução de Conflitos no Novo CPC*. In *O Novo Código de Processo Civil: questões controvertidas*, vários autores, São Paulo: Atlas, 2015, pp. 1-21.

GROTTI, Dinorá Adelaide Musetti. *A Arbitragem e a Administração Pública*. In ALMEIDA GUILHERME, Luiz Fernando do Vale de (Coord.), *Novos Rumos da Arbitragem no Brasil*, São Paulo: Fiuza Editores, 2004, pp. 145-167.

GUERRERO, Luis Fernando. *Convenção de Arbitragem e Processo Arbitral*. In SALLES, Carlos Alberto de; LORENCINI, Marco Antonio Garcia Lopes; ALVES DA SILVA, Paulo Eduardo (Coord.), *Negociação, Mediação e Arbitragem – Curso Básico para Programas de Graduação em Direito*. São Paulo; Método, 2012, pp. 179-205.

JACOB, Cesar Augusto Alkmin. *A 'reserva do possível': obrigação de previsão orçamentária e de aplicação da verba*, no prelo.

JUSTEN FILHO, Marçal. *Comentários à Lei de Licitações e Contratos Administrativos*. 15ª ed., São Paulo: Dialética, 2012.

KELSEN, Hans. *Teoria Pura do Direito*. 6ª ed., São Paulo: Martins Fontes, 1998.

LARGUIER, Jean; CONTE, Philippe; BLANCHARD, Christophe, *Droit judiciaire privé*, 20ª edição, Paris: Dalloz, 2010.

LEMES, Selma Maria Ferreira. *Arbitragem na administração pública*. São Paulo: Quartier Latin, 2007, p. 130/136.

_____. *Arbitragem na Concessão de Serviços Públicos – Arbitrabilidade Objetiva. Confidencialidade ou Publicidade Proces-*

sual?. In ALMEIDA GUILHERME, Luiz Fernando do Vale de (Coord.), *Novos Rumos da Arbitragem no Brasil*, São Paulo: Fiuza Editores, 2004, pp. 363-387.

LUCHIARI, Valeria Ferioli Lagrasta, *A Resolução n. 125 do Conselho Nacional de Justiça: Origem, Objetivos, Parâmetros e Diretrizes para a Implantação Concreta*, In RICHA, Morgana de Almeida; PELUSO, Antonio Cezar (coord.), *Conciliação e mediação: estruturação da política judiciária nacional*, Rio de Janeiro: Forense, 2011, pp. 229/249.

MAGALHÃES, José Carlos de. *Do Estado na Arbitragem Privada*, Revista de Direito Público, São Paulo: RT, n. 71, 1984, pp. 162-171.

MANCUSO, Rodolfo Camargo. *A Proteção Judicial de Interesses Difusos e Coletivos: Funções e Significados*. In SALLES, Carlos Alberto de (org.), *Processo Civil e Interesse Público – o processo como instrumento de defesa social*. São Paulo: Revista dos Tribunais, 2003, pp. 125-129.

_____. *A Resolução dos Conflitos e a Função Judicial no Contemporâneo Estado de Direito*. 2ª ed., São Paulo: Revista dos Tribunais, 2014.

MARCATO, Antonio Carlos. *A crise da justiça e influência dos precedentes judiciais no direito processual civil brasileiro*, Tese apresentada para concurso ao cargo de Professor Titular de Direito Processual Civil do Departamento de Direito Processual da Faculdade de Direito da Universidade de São Paulo, 2008.

_____. *Procedimentos Especiais*. 15ª ed., São Paulo: Atlas, 2013.

MARIANI, Rômulo Greff. *Arbitragens Coletivas no Brasil*. São Paulo: Atlas, 2015.

MARQUES NETO, Floriano Peixoto de Azevedo. *Regulação Estatal e Interesses Públicos*. São Paulo: Malheiros, 2002.

REFERÊNCIAS

MARTINS, Ricardo Marcondes. *Arbitragem e Administração Pública: contribuição para o sepultamento do tema*. In *Revista Digital Interesse Público*, ano 12, n. 64, nov. 2010.

MAZZILLI, Hugo Nigro, *A defesa dos interesses difusos em juízo: meio ambiente, consumidor, patrimônio cultural, patrimônio público e outros interesses*, 28ª ed. rev., ampl. e atual., São Paulo: Saraiva, 2015.

MEDAUAR, Odete. *Controle da Administração Pública*. 3ª ed. rev., atual. e ampl., São Paulo: Revista dos Tribunais, 2014.

_____. *Direito Administrativo Moderno*, 18ª ed. rev. e atual., São Paulo: Revista dos Tribunais, 2014.

MEGNA, Bruno Lopes. *Arbitragem e Administração Pública: o processo arbitral devido e adequado ao regime jurídico administrativo*, Dissertação de Mestrado, Universidade de São Paulo, 2017.

MEIRELLES, Hely Lopes. *Direito Administrativo Brasileiro*. 39ª ed. atual. até a Emenda Constitucional 71, de 29.11.2012, São Paulo: Malheiros, 2013.

MENEZES DE ALMEIDA, Fernando Dias. *Contrato Administrativo*. São Paulo: Quartier Latin, 2012.

MERÇON-VARGAS, Sarah. *Meios Alternativos na Resolução de Conflitos de Interesses Transindividuais*. Dissertação de Mestrado, Universidade de São Paulo, 2012.

MNOOKIN, Robert H.; ROSS, Lee. *Introdução a ARROW*, Kenneth J. et al. (Coord.), *Negociação: barreiras para resolução de conflitos*. São Paulo: Saraiva, 2011 (Série GV-law), pp. 23-59.

MONTORO, Marcos André Franco. *Flexibilidade do procedimento arbitral*. Tese de doutorado: Faculdade de Direito da Universidade de São Paulo: São Paulo, 2010.

MOREIRA NETO, Diogo de Figueiredo. *Arbitragem nos contratos administrativos*. RDA 209/81-90. Rio de Janeiro, julho-setembro/1997.

NETTO, Cássio Telles Ferreira. *Contratos Administrativos e Arbitragem*. Rio de Janeiro: Elsevier, 2008.

OLIVEIRA, Beatriz Lancia Noronha de. *A arbitragem nos contratos de parceria público-privada*. Dissertação de Mestrado, Universidade de São Paulo, 2012.

OLIVEIRA, Gustavo Henrique Justino de. *A Administração consensual como a nova face da Administração pública no século XXI: fundamentos dogmáticos, formas de expressão e instrumentos de ação*. In: OLIVEIRA, Gustavo Justino de. *Direito administrativo democrático*. Belo Horizonte: Fórum, 2010. p. 211-231.

_____. *A Arbitragem e as Parcerias Público-Privadas*. In SUNDFELD, Carlos Ari (Coord.), *Parcerias Público-Privadas*, São Paulo: Malheiros, 2005, pp. 567-606.

_____. *Contrato de Gestão*. São Paulo: RT, 2008.

PALMA, Juliana Bonacorsi de. *A Consensualidade na Administração Pública e seu Controle Judicial*. In *Justiça Federal: inovações nos mecanismos consensuais de solução de conflitos*, GABBAY, Daniela Monteiro; TAKAHASHI, Bruno (coord.), Brasília, DF: Gazeta Jurídica, 2014, pp. 143-187.

_____. *Sanção e Acordo na Administração Pública*. São Paulo: Malheiros, 2015.

PEREIRA, Cesar A. Guimarães. *Arbitragem e a Administração Pública na Jurisprudência do TCU e do STJ*. In TALAMINI, Eduardo; PEREIRA, Cesar A. Guimarães (coord.), *Arbitragem e Poder Público*, São Paulo: Saraiva, 2010, p. 131-149.

_____. *Arbitragem e a Administração Pública: comentários ao acórdão do Superior Tribunal de Justiça no recurso especial n. 612439/RS*. Revista Brasileira de Arbitragem, Porto Alegre, n. 12, p. 117, out./dez. 2006.

PINHO, Humberto Dalla Bernardina de. *Marco Legal da Mediação no Direito Brasileiro*. In GABBAY, Daniela Monteiro; TAKAHASHI, Bruno (coord.), *Justiça Federal: inovações nos mecanismos consensuais de solução de conflitos*, Brasília, DF: Gazeta Jurídica, 2014, pp. 35-89.

REALE, Miguel. *Fundamentos do Direito*. 3ª ed. *fac* símile da 2ª ed. revista, São Paulo: Revista dos Tribunais, 1998.

RODRIGUES, Geisa de Assis. *Anotações sobre a negociação de medidas compensatórias em Termo de Ajustamento de Conduta.* In *Justiça Federal: inovações nos mecanismos consensuais de solução de conflitos*, GABBAY, Daniela Monteiro; TAKAHASHI, Bruno (coord.), Brasília, DF: Gazeta Jurídica, 2014, pp. 621-634.

ROSENBERG, Marshall B. *Comunicação não-violenta: técnicas para aprimorar relacionamentos pessoais e profissionais.* São Paulo: Ágora, 2006.

SALLA, Ricardo Medina. *Arbitragem e Administração Pública – Brasil, Argentina, Paraguai e Uruguai.* São Paulo: Quartier Latin, 2014.

SALLES, Carlos Alberto de. *A indisponibilidade e a solução consensual de controvérsias.* In GABBAY, Daniela Monteiro; TAKAHASHI, Bruno (coord.), *Justiça Federal: inovações nos mecanismos consensuais de solução de conflitos*, Brasília, DF: Gazeta Jurídica, 2014, pp. 209-227.

_____. *Apresentação geral: por uma abordagem do Direito Processual Civil.* In *Um novo processo civil: estudos norteamericanos sobre jurisdição, constituição e sociedade.* Tradução: SALLES, Carlos Alberto de (Coord.). São Paulo: Revista dos Tribunais, 2004, pp. 5-15.

_____. *Arbitragem e Poder Judiciário.* In SALLES, Carlos Alberto de; LORENCINI, Marco Antonio Garcia Lopes; ALVES DA SILVA, Paulo Eduar-

do (Coord.), *Negociação, Mediação e Arbitragem – Curso Básico para Programas de Graduação em Direito.* São Paulo; Método, 2012, pp. 207-222.

_____. *Arbitragem em Contratos Administrativos.* Rio de Janeiro: Forense, 2011.

_____. *"Mecanismos alternativos de solução de controvérsias e acesso à justiça: a inafastabilidade da tutela jurisdicional recolocada"*, In: FUX, Luiz; NERY JR, Nelson, WAMBIER, Teresa (Org.). Processo e Constituição: Estudos em homenagem ao professor José Carlos Barbosa Moreira. São Paulo: RT, 2006, p. 779-792.

_____. *Processo Civil de Interesse Público*. In SALLES, Carlos Alberto de (org.), *Processo Civil e Interesse Público – o processo como instrumento de defesa social.* São Paulo: Revista dos Tribunais, 2003, pp. 39-77.

SARMENTO, Daniel. *Interesse Públicos vs. Interesses Privados na Perspectiva da Teoria e da Filosofia Constitucional.* In SARMENTO, Daniel (org.), *Interesses Públicos versus Interesses Privados: Desconstruindo o Princípio da Supremacia do Interesse Público*, 2ª tiragem, Rio de Janeiro: Lumen Juris, 2007, pp. 23-116.

SCHIEFLER, Gustavo Henrique Carvalho. *Arbitragem nos contratos administrativos e o critério para identificação dos litígios que envolvem direitos patrimoniais disponíveis.* In *Revista Zênite – Informativo de Licitações e Contratos (ILC)*, Curitiba: Zênite, n. 272, p. 989-995, out. 2016.

SILVA, José Afonso da. *Curso de Direito Constitucional Positivo.* 29ª ed., revista e atualizada até a Emenda Constitucional n. 53, de 19.12.2006, São Paulo: Malheiros, 2007.

SIOUF FILHO, Alfred Habib. *Negociação para Resolução de Controvérsias.* In SALLES, Carlos Alberto de; LORENCINI, Marco

REFERÊNCIAS

Antonio Garcia Lopes; ALVES DA SILVA, Paulo Eduardo (Coord.), *Negociação, Mediação e Arbitragem – Curso Básico para Programas de Graduação em Direito*. São Paulo; Método, 2012, pp. 87-101.

SOUZA, Luciane Moessa de. *Resolução de conflitos envolvendo o poder público: caminhos para uma consensualidade responsável e eficaz*. In GABBAY, Daniela Monteiro; TAKAHASHI, Bruno (coord.), *Justiça Federal: inovações nos mecanismos consensuais de solução de conflitos*, Brasília, DF: Gazeta Jurídica, 2014, pp. 189-207.

SPAGGIARI, Renato. *A Arbitragem no Direito das Telecomunicações*. In ALMEIDA GUILHERME, Luiz Fernando do Vale de (Coord.), *Novos Rumos da Arbitragem no Brasil*, São Paulo: Fiuza Editores, 2004, pp. 327-341.

SUNDFELD, Carlos Ari. *Direito Administrativo para Céticos*. 2ª ed., São Paulo: Malheiros, 2014.

_____. *Fundamentos de Direito Público*. 5ª edição, 5ª tir., São Paulo: Malheiros, 2014.

_____. *Guia Jurídico das Parcerias Público-Privadas*. In SUNDFELD, Carlos Ari (Coord.), *Parcerias Público-Privadas*, São Paulo: Malheiros, 2005, pp. 15-44.

SUNFELD, Carlos Ari; CÂMARA, Jacintho Arruda. *O Cabimento da Arbitragem nos Contratos Administrativos*. In SUNDFELD, Carlos Ari (Org.), *Contratações Públicas e seu Controle*. São Paulo: Malheiros, 2013, pp. 252-264.

TÁCITO, Caio. *O juízo arbitral em direito administrativo*. In MARTINS, Pedro A. Batista; GARCEZ, José Maria Rossani (Coord.). *Reflexões sobre arbitragem: in memoriam do Desembargador Cláudio Vianna de Lima*. São Paulo: LTr, 2002.

TALAMINI, Eduardo, *A (in)disponibilidade do interesse público: consequências processuais (composições em juízo, prerrogativas proces-*

suais, arbitragem e ação monitória). In *RePro*, São Paulo, a. 30, v. 128, out. 2005, p. 59/77.

_____. *Tutela relativa aos deveres de fazer e de não fazer*. 2ª Ed, RT: São Paulo, 2003.

TARTUCE, Fernanda. *Mediação nos Conflitos Civis*. São Paulo: Método, 2008.

TONIN, Mauricio Morais. *Direito patrimonial disponível da Administração Pública: tentativa de definição*. In Revista Brasileira de Arbitragem, ano XV, nº 59, jul-ago-set 2018, Curitiba: Comitê Brasileiro de Arbitragem, 2018, pp. 61-79.

_____. *Eficácia Executiva das Sentenças Declaratórias*. Dissertação de Mestrado, Universidade de São Paulo, 2012.

_____. *Solução de Conflitos e a Disponibilidade do Direito Patrimonial do Estado*. In: ALMEIDA, Fernando Menezes de; ZAGO, Marina Fontão (coord.). *Direito Público Francês – Temas Fundamentais*. São Paulo: Quartier Latin, 2018, pp. 417-431.

TORRES, Heleno Taveira. *Arbitragem e Transação em Matéria Tributária*. In JOBIM, Eduardo; MACHADO, Rafael Bicca (coord.), *Arbitragem no Brasil: Aspectos Jurídicos Relevantes*. São Paulo: Quartier Latin, 2008, pp. 175-197.

URY, WILLIAM. *Como chegar ao SIM com você mesmo – o primeiro passo em qualquer negociação, conflito ou conversa difícil*. Tradução de Afonso Celso da Cunha. Rio de Janeiro: Sextante, 2015.

VASCONCELOS, Carlos Eduardo de. *Mediação de Conflitos e Práticas Restaurativas*. 6ª edição, Rio de Janeiro: Forense; São Paulo: Método, 2018.

WALD, Arnoldo. *Os Meios Judiciais do Controle da Sentença Arbitral*, Revista de Arbitragem e Mediação, vol. 1, p. 40, Jan / 2004.

WATANABE, Kazuo. *Cultura da sentença e cultura da pacificação*, In YARSHELL, Flavio Luiz; MORAES, Maurício Zanoide de (Coord.). *Estudos em homenagem à professora Ada Pellegrini Grinover*. DPJ, 2005, pp. 684-690.

_____. *Política Judiciária Nacional de Tratamento Adequado dos Conflitos de Interesses – Utilização dos meios alternativos de resolução de controvérsias*. In SILVEIRA, João José Custódio da; NEVES AMORIM, José Roberto (org.), *A nova ordem das soluções alternativas de conflitos e o Conselho Nacional de Justiça*. 1ª ed., Brasília: Gazeta Jurídica, 2013.

_____. *Processo Civil de Interesse Público: Introdução*. In SALLES, Carlos Alberto de (org.), *Processo Civil e Interesse Público – o processo como instrumento de defesa social*. São Paulo: Revista dos Tribunais, 2003, pp. 15-21.

ZAPPAROLLI, Célia Regina. *Procurando entender as partes nos meios de resolução pacífica de conflitos, prevenção e gestão de crises*. In SALLES, Carlos Alberto de; LORENCINI, Marco Antonio Garcia Lopes; ALVES DA SILVA, Paulo Eduardo (Coord.), *Negociação, Mediação e Arbitragem – Curso Básico para Programas de Graduação em Direito*. São Paulo; Método, 2012, pp. 27-56.

Artigos de jornal:

NALINI, José Renato, *Justiça é Obra Coletiva*, artigo publicado na coluna "Tendências e Debates" da Folha de S.Paulo, no dia 09/03/2014 (disponível em http://www1.folha.uol.com.br/opiniao/2014/03/1422463-jose-renato-nalini-justica-e-obra-coletiva.shtml, acesso em 02/12/2015)

SHAPIRO, Daniel. Entrevista à Folha de S.Paulo, disponível na edição impressa de 16/07/2015 e na página da internet no link http://www1.folha.uol.com.br/fsp/mercado/226299-criancas-sao-bons-mestres-para-os-que-vao-negociar.shtml, acesso em 02/08/2015.

Relatórios do Conselho Nacional de Justiça – CNJ:

Justiça em números 2018, ano-base 2017.
Justiça em números 2017, ano-base 2016.
Justiça em números 2016, ano-base 2015.
100 maiores Litigantes, 2012.
Relatório da Associação dos Magistrados Brasileiros – AMB: O Uso da Justiça e o Litígio no Brasil, 2015.

SOBRE O AUTOR

Mauricio Morais Tonin é Procurador do Município de São Paulo, Doutor e Mestre em Direito Processual Civil pela Universidade de São Paulo (USP). Bacharel em Direito pela Universidade de São Paulo (USP).

Professor do curso de pós-graduação em Direito Processual Civil do Instituto de Direito Público – IDP/SP. Professor da Escola Municipal de Administração Pública de São Paulo (EMASP) e do Centro de Estudos Jurídicos (CEJUR-PGM) da Prefeitura de São Paulo.

Mediador Judicial capacitado pelo Instituto dos Advogados de São Paulo - IASP. Coordenador pela PGM do Centro Judiciário de Solução de Conflitos e Cidadania - CEJUSC Municipal. Mediador da Câmara de Solução de Conflitos da Procuradoria Geral do Município.

Possui experiência como Procurador Chefe de Assessoria Jurídica, exercendo advocacia consultiva no âmbito da Administração Direta Municipal.

Advogado.

*À minha mãe, Lucinda, e à minha esposa, Maria Carolina,
pelo fundamental apoio no período de elaboração desta obra.*

AGRADECIMENTOS

À Editora Almedina, por confiar no potencial de publicação desta obra.

À Universidade de São Paulo, através da Faculdade de Direito do Largo São Francisco, que tão bem me acolheu nos cursos de Graduação, Mestrado e Doutorado. Mais do que formação acadêmica, a São Francisco foi fundamental na minha formação pessoal.

Ao Professor Associado Dr. Antonio Carlos Marcato, por me confiar duas oportunidades na Pós-Graduação da velha e sempre nova Academia.

À minha família, em especial minha avó, Alzira, meu pai, Luiz, minha mãe, Lucinda, e meu irmão, Ricardo, que sempre me apoiaram e incentivaram a continuar estudando.

Por fim, meus agradecimentos à Carol, pelo amor, apoio e compreensão.

APRESENTAÇÃO

Com grande satisfação recebi o convite de Mauricio Morais Tonin para redigir a apresentação deste livro – *A utilização de meios alternativos de solução de conflitos pelo poder público* –, cujo conteúdo foi originalmente apresentado como tese de doutorado ao programa de pós-graduação da Faculdade de Direito da Universidade de São Paulo.

De plano, ressalto a honra de comparecer nesta publicação em proximidade com Antonio Carlos Marcato, meu querido professor e paraninfo de minha turma de graduação no Largo de São Francisco, em 1993; e que foi o orientador do Mauricio em seu doutorado, assegurando-se assim desde o ponto de partida a excelência do trabalho que viria a ser desenvolvido.

Mas registro também minha admiração pelo Mauricio, com quem convivi em nossa Faculdade, mais especialmente ao longo de seu programa de pós-graduação, quando pude contar com sua participação em disciplina organizada em parceria com a Universidade de Lyon e da qual resultou publicação coletiva, sobre temas fundamentais do direito público francês. Nessa ocasião, Mauricio desenvolveu o ponto da "Solução de conflitos e a disponibilidade do direito patrimonial do estado", reunindo sua expertise sobre a matéria no direito brasileiro com elementos comparativos trazidos da realidade francesa.

E, no presente livro, Mauricio, aliando seus méritos de pesquisador científico com os de militante da prática do direito – sendo procurador do Município de São Paulo e acumulando experiência como professor, advogado e mediador –, desenvolve o tema relevante e atual dos meios alternativos de solução de conflitos, particularmente centrando atenção em sua utilização pelo poder público.

O livro concilia uma consistente base teórica em matéria de direito processual, fiel às tradições da Escola em que se formou o autor e sensível à visão instrumental do processo como meio de pacificação social, com uma precisa compreensão da realidade social sobre a qual se aplica o processo.

Desse modo, o leitor é introduzido ao cerne da discussão sobre os meios alternativos de solução de conflitos, tendo antes compreendido a dimensão do problema real decorrente da crise da justiça – cujos fatores determinantes, como esclarece Marcato, envolvem o "custo" e a "duração do processo" – e da participação da administração pública como maior litigante perante o Poder Judiciário, especialmente no tocante a temas repetitivos de natureza previdenciária e fiscal.

Dessa realidade, evidencia-se a importância da discussão sobre a utilização de meios alternativos de solução de conflitos envolvendo o poder público como parte. Mauricio mostra, com pertinência, que tais meios, além de "alternativos" (em relação ao tradicional recurso ao Poder Judiciário), "são, na verdade, *meios mais adequados* para a solução de controvérsias". Mauricio justifica que a expressão "meios mais adequados" "vem se consagrando na medida em que se percebe que para determinados tipos de conflitos a solução pela via do Poder Judiciário não se mostra conveniente ou adequada, de forma que a negociação, a mediação, a conciliação ou a arbitragem proporcionam uma melhor resposta aos interessados, isto é, mais adequada e eficiente". E conclui que o que importa, na realidade, é a solução adequada das controvérsias.

Entretanto, para tornar viável esse caminho, tem sido necessário superar diversas barreiras que um pensamento mais tradicional, pelo ponto de vista do direito administrativo, tende a levantar. Trata-se de compreender que os interesses públicos não estão comprometidos pelo fato de a administração pública buscar solucionar os conflitos jurídicos que a envolvam por meios consensuais ou arbitrais; nem o agente público estará dispondo do interesse público pelo fato de lançar mão desses meios.

E, efetivamente, tanto o pensamento teórico administrativista tem evoluído para compreender a compatibilidade de seus conceitos fundamentais com essa nova realidade processual, como o direito positivo brasileiro tem progressivamente adotado leis que explicitam essa possibilidade e tem acolhido políticas de estímulo à sua utilização.

Como bem sintetiza Mauricio, apoiado em diversos doutrinadores e, mais especificamente nesta passagem, em Adilson Dallari, "o interesse público não se confunde com o mero interesse da Administração ou da Fazenda Pública, na medida em que o interesse público está na correta aplicação da lei e se confunde com a realização concreta da Justiça. Até por isso, inúmeras vezes, para defender o interesse público, é preciso decidir contra a Administração Pública". De fato, prossegue Mauricio, argumentando que esse mesmo fenômeno se verifica mesmo perante o Poder Judiciário: "não por outro motivo a Fazenda Pública perde diariamente milhares de processos na Justiça. O interesse da Administração defendido no processo sucumbe ao interesse da outra parte por ser ilegal ou, até mesmo, contrário ao interesse público".

Superada a barreira teórica, havendo percorrido ainda outros aspectos necessários da discussão (tais como a consensualidade na ação administrativa, e a disponibilidade de seus bens ou direitos), a conclusão a que chega Mauricio é de grande sensatez. Vale, mais uma vez, transcrever suas palavras:

"Sendo o Poder Público o maior litigante na Justiça – e, portanto, grande responsável pela crise de morosidade do Judiciário e de pacificação social –, a solução consensual dos conflitos deve ser utilizada como *estratégia* de proteção dos interesses da Administração Pública, combinado com o compromisso de realização do interesse público, que, por vezes, significa a observância de um direito do particular.

"Para viabilizar a adoção desse caminho, no entanto, é desejável que existam parâmetros prévios estabelecidos em normas legais ou administrativas, que estipulem critérios para a celebração de acordos ou transações, bem como as autoridades encarregadas de realizar a análise de risco e, por fim, de autorizar os acordos em cada caso.

"Além disso, em prestígio ao princípio da isonomia, deverá ser analisada a eventual ocorrência de conflitos repetitivos, de forma a viabilizar técnica e financeiramente o cumprimento de acordos com outros que se encontrem em situação semelhante. Em todas essas etapas, a participação da Advocacia Pública é imprescindível, pois é o órgão responsável pelas atividades de consultoria e assessoramento jurídico do Poder Executivo, bem como é a instituição que representa, judicial e extrajudicialmente, o ente público".

Em seu livro, Mauricio apresenta de modo sistemático todo um rol de instrumentos que configuram meios alternativos e adequados de solução de conflitos: transação, negociação, mediação, conciliação, arbitragem, *dispute board*, e suas variações. E ainda oferece ao leitor uma análise da prática procedimental de sua aplicação.

Por todas essas razões, tenho a convicção de que este livro é um consistente exemplo de um bem-sucedido projeto de pesquisa no âmbito da universidade, contribuindo solidamente para o avanço do conhecimento do direito e para o aprimoramento das instituições jurídicas em nosso país.

Fernando Menezes de Almeida
Professor Titular da Faculdade de Direito da Universidade de São Paulo

PREFÁCIO

Orientei Mauricio Morais Tonin nos cursos de pós-graduação em mestrado e doutorado da Faculdade de Direito da Universidade de São Paulo, motivo pelo qual me honrou, acredito, com seu pedido de apresentação deste livro, fruto de vitoriosa defesa da tese de doutoramento perante qualificada banca.

Professor universitário e Procurador do Município de São Paulo, o Dr. Maurício Morais Tonin tem plena consciência, acadêmica e empírica, das dificuldades enfrentadas pelo Poder Judiciário para a concessão da pronta e adequada tutela jurisdicional, muitas delas resultantes de fatores exógenos, como a incapacidade do Estado em atender a todas as demandas sociais.

Com a edição da Emenda Constitucional 45, de 2004, a duração razoável do processo passou a integrar o rol das garantias constitucionais fundamentais (CF, art. 5º, LXXVIII), embora a legislação processual vigente à época, com ênfase ao Código de Processo Civil de 1973, já contemplasse técnicas de aceleração processual, entre elas a antecipação da tutela, o julgamento antecipado do pedido, a tutela monitória, entre outras.

Essas técnicas foram recepcionadas, com algumas variações, pelo Código de Processo Civil de 2015, que, ao lado delas e da arbitragem, agora prestigia a conciliação e a mediação como mecanismos de solução consensual de conflitos (art. 3º), assim compondo, com a Lei de Arbitragem e a Lei de Mediação, o denominado *sistema multiportas de solução de controvérsias*, ou, como alguns preferem, os *meios alternativos* (à jurisdição estatal) *de resolução de conflitos* - ou *equivalentes jurisdicionais*, na lição de Alcalá-Zamora y Castilho em sua clássica obra *Proceso, Autocomposición y Autodefensa*.

É induvidosa a utilidade e eficiência da negociação como mecanismo de resolução consensual de conflito, prescindindo, como prescinde, da intervenção de terceiro facilitador (árbitro, conciliador, mediador); a arbitragem já é uma realidade entre nós, angariando, cada vez mais, reconhecimento e confiabilidade como instrumento de resolução de conflitos – isto, apesar do elevado custo do processo arbitral, compensado, porém, pela simplicidade procedimental e agilidade na prolação de decisões finais. Por fim, ainda é tímida e limitada, lastimavelmente, a utilização da conciliação e mediação, sobretudo pela carência de profissionais especializados e a deficiência de estrutura adequada para tais atividades.

Esses temas e questões são analisados e enfrentadas pelo Autor do trabalho aqui prefaciado, mas sua preocupação central – e o núcleo da tese – diz respeito à utilização dessas técnicas pela Administração Pública, reconhecidamente uma das maiores litigantes do Brasil.

Em seus primeiros capítulos são expostos, como premissas de trabalho, a situação de litigância habitual da Administração Pública e o rol dos mecanismos – e respectivas técnicas – que compõem o sistema multiportas de solução de controvérsias. Nos dois derradeiros, o Autor apresenta, com a maestria daqueles que conhecem o âmago da Administração Pública, uma visão crítica sobre dúvidas e questionamentos que, mesmo sem perder seu caráter acadêmico, interferem diretamente na esfera de interesses do Poder Público.

Afinal, é permitido à Administração Pública, por intermédio de seus agentes, participar de negociações e de processos arbitrais? É legítima a sua intervenção em atividades conciliatórias ou de mediação, sabido que o interesse em jogo é, em regra, indisponível, posto que público?

Com redação elegante e estimuladora da leitura, metodologia eficiente e farta bibliografia, este trabalho de Mauricio Morais Tonin, denso e profundo, contém respostas claras e seguras a essas indagações, propiciando ao leitor, principalmente (mas não exclusivamente) aos profissionais que militam na área de Direito Público, uma fonte segura de informações para a realização de suas atividades.

Trata-se, em suma, de obra fundamental para a compreensão do sistema multiportas de resolução de conflitos e de sua utilização pela Administração Pública, com o consequente ganho na celeridade, eficiência e segurança do resultado final de aplicação desses mecanismos.

Arcadas, novembro de 2018.

Antonio Carlos Marcato
Professor Associado de Direito Processual Civil da
Faculdade de Direito da Universidade de São Paulo

LISTA DE ABREVIATURAS

ADCT	Ato das Disposições Constitucionais Transitórias
AGU	Advocacia Geral da União
AMB	Associação dos Magistrados Brasileiros
Art.	Artigo
CC	Código Civil
CCAF	Câmara de Conciliação e Arbitragem da Administração Federal
CECON	Central de Conciliação
CEJUSC	Centro Judiciário de Solução de Conflitos e Cidadania
Cf.	Conforme
CF	Constituição Federal
CLT	Consolidação das Leis do Trabalho
CNJ	Conselho Nacional de Justiça
CNMP	Conselho Nacional do Ministério Público
CNV	Comunicação Não-Violenta
CPC/73	Código de Processo Civil de 1973
CTN	Código Tributário Nacional
DF	Distrito Federal
DSD	Desenho de Sistema de Disputas
ENAJUD	Estratégia Nacional de Não Judicialização
Inc.	inciso
IRDR	incidente de resolução de demandas repetitivas
LA	Lei de Arbitragem
LAI	Lei de Acesso à Informação

LACP	Lei de Ação Civil Pública
LF	Lei Federal
LIA	Lei de Improbidade Administrativa
LINDB	Lei de Introdução às normas do Direito Brasileiro
LM	Lei de Mediação
NCPC	Novo Código de Processo Civil
OAB	Ordem dos Advogados do Brasil
Par. ún.	Parágrafo único
p./pp.	página(s)
PGE	Procuradoria Geral do Estado
PL	Projeto de Lei
PPP	Parceria Público-Privada
Rel.	Relator
REsp	Recurso Especial
STF	Supremo Tribunal Federal
STJ	Superior Tribunal de Justiça
TAC	Termo de Ajustamento de Conduta
TCU	Tribunal de Contas da União
TJ	Tribunal de Justiça
TRF	Tribunal Regional Federal

SUMÁRIO

Agradecimentos 7
Apresentação 9
Prefácio 13
Lista de Abreviaturas 15

Introdução 21

1. Administração Pública Litigante 27
1.1. Poder Judiciário e Poder Público 27
    1.1.1. Estado-Juiz e Estado-Parte 33
    1.1.2. A Administração Pública como Maior Litigante no Poder Judiciário 37
    1.1.3. Litigiosidade e Litigância Repetitiva 40
        1.1.3.1. Execução Fiscal 45
        1.1.3.2. Julgamento de Casos Repetitivos 48
    1.1.4. Judicialização de Políticas Públicas 50
    1.1.5. Estado e Pacificação Social.. 55
1.2. Os Desafios Para a Crise da Justiça..58

2. Sistema Multiportas de Solução de Controvérsias: Abertura ao Poder Público . 63
2.1. Meios Alternativos ou Adequados de Solução de Controvérsias?.....................63
2.2. Autocomposição e Heterocomposição..68
    2.2.1. Transação..72
        2.2.1.1. Competência para Transacionar 75
2.3. Meios de Solução de Conflitos 78
    2.3.1. Negociação...81
    2.3.2. Mediação.. 82
    2.3.3. Conciliação 84
    2.3.4. Arbitragem.. 86
    2.3.5. Dispute Board (Comitê de Prevenção e Solução de Disputas) 88

ARBITRAGEM, MEDIAÇÃO E OUTROS MÉTODOS DE SOLUÇÃO DE CONFLITOS

2.3.6. Outros Métodos...90
2.3.7. Design de Sistemas de Disputas.................................91
2.4. Políticas de Estímulo à Utilização de Meios Alternativos....................92
2.4.1. Resolução nº 125/2010 do Conselho Nacional de Justiça.................97
2.4.2. Centros Judiciários de Solução Consensual de Conflitos – CEJUSCs.....100
2.4.3. Juizados Especiais Federais e Juizados Especiais da Fazenda Pública.....103
2.4.4. Câmara de Conciliação e Arbitragem da Administração Federal – CCAF....105
2.4.5. Câmaras Especializadas...107
2.4.6. Câmaras de Prevenção e Resolução Administrativa de Conflitos...........108
2.5. Supostos Obstáculos aos Meios Alternativos para o Poder Público.............109
2.5.1. A Ilegalidade na Não Realização do Acordo.............................112
2.6. Consensualidade na Solução de Conflitos Envolvendo o Poder Público.........113
2.6.1. Consensualidade na Administração Pública..............................113
2.6.2. Princípio da Indisponibilidade do Interesse público..................122
2.6.2.1. Princípio da Supremacia do Interesse Público Sobre o Privado........122
2.6.2.2. Interesse Público e Interesse da Administração Pública..............129
2.6.3. Bens Públicos...135
2.6.3.1. Direitos Patrimoniais Disponíveis..................................137
2.6.4. Direitos Indisponíveis que Admitem Transação.........................145
2.7. Estratégias para o Uso dos Meios Alternativos pelo Poder Público............146

3. Meios Consensuais e Administração Pública..................................155
3.1. Negociação Como Meio Consensual de Solução de Conflitos....................158
3.2. Negociabilidade Subjetiva...161
3.2.1. Autoridade Competente para Negociar..................................164
3.3. Negociabilidade Objetiva..165
3.4. Requisitos de Validade da Solução Negociada................................167
3.5. Métodos de Negociação...170
3.5.1. Negociação Baseada em Princípios.....................................172
3.5.2. Comunicação Não-Violenta...180
3.5.3. A Utilização dos Métodos de Negociação pelo Poder Público.............184
3.6. Negociação com a Administração Pública......................................186
3.7. Conciliação com a Administração Pública.....................................186
3.8. Mediação com a Administração Pública..191
3.8.1. Principais Técnicas de Mediação......................................195
3.9. O Mediador na Mediação com a Administração Pública..........................198
3.10. Câmaras Administrativas de Solução de Conflitos............................201
3.11. Solução Consensual em Matéria Tributária...................................204
3.12. Procedimento Administrativo de Reparação de Danos..........................205
3.13. Acordos para Ajuste de Conduta...208

SUMÁRIO

3.13.1. Termo de Ajustamento de Conduta – TAC 209
3.13.2. Termo de Compromisso para Substituição de Sanção 217
3.14. Acordo por Adesão 220
3.15. Advocacia Pública nos Meios Consensuais de Solução de Conflitos 222
3.16. Negócio Jurídico Processual e a Fazenda Pública 224
3.17. Cumprimento da Obrigação pela Administração Pública 228
3.18. Administração Pública Mediadora de Conflitos.....................................233

4. Arbitragem e Administração Pública 237
4.1. Notas Introdutórias à Arbitragem 237
4.2. Arbitragem para Solução de Conflitos Envolvendo o Poder Público..............243
  4.2.1. Previsão Legal 248
    4.2.1.1. Legislação Estrangeira 252
  4.2.2. Argumentos Contrários à Arbitragem 254
    4.2.2.1. Posição do Tribunal de Contas da União – TCU.............................261
4.3. Arbitrabilidade Subjetiva..264
4.4. Arbitrabilidade Objetiva...265
4.5. Convenção Arbitral...271
  4.5.1. Autoridade Competente para Convencionar 277
  4.5.2. Nomeação do Árbitro e da Câmara Arbitral....................................278
    4.5.2.1. O Árbitro na Arbitragem com a Administração Pública 285
  4.5.3. Língua, Sede e Legislação Aplicável 286
  4.5.4. Arbitragem Exclusivamente de Direito 287
4.6. Arbitragem em Matéria Tributária 288
4.7. Procedimento Arbitral 290
4.8. Publicidade do Processo Arbitral..300
4.9. Arbitragem e Poder Judiciário 306
  4.9.1. Medidas Antiarbitragem 307
  4.9.2. Medidas de Urgência Contra a Administração Pública........................311
4.10. Advocacia Pública na Arbitragem 313
4.11. Execução de Sentença Arbitral Contra a Administração Pública 314

Conclusão 319

Referências 329

Introdução

O surgimento de controvérsias entre as pessoas é inerente à vida em sociedade. Às partes em conflito, num primeiro momento, há a possibilidade de resolver a contenda diretamente, de forma consensual. Em caso de fracasso deste diálogo primário, surge a possibilidade de socorro ao Poder Judiciário, que cumpre sua função pacificadora ao aplicar o Direito ao caso concreto no curso do devido processo legal, exercendo a jurisdição e entregando o bem da vida àquele que tem razão.

No Brasil, entretanto, o processo judicial é lento, caro e, muitas vezes, ineficiente para solucionar os conflitos que são levados ao conhecimento da Justiça. O Brasil, aliás, pode ser considerado um país em litígio.

De acordo com o Conselho Nacional de Justiça – CNJ, foram cerca de 109 milhões de processos que tramitaram no Judiciário no ano de 2017[1], sendo que, em muitos desses processos, o Poder Público figura como parte. Neste sentido, levantamento do CNJ de 2012 acerca dos 100 maiores litigantes[2] apontou o setor público federal como o maior litigante, com 12,14% dos processos, ficando o setor público municipal em terceiro lugar, com 6,88%, e o setor público estadual em quarto lugar, com 3,75%[3]. Dos 30 (trinta) maiores litigantes, 16 (dezesseis) eram da Administração Pública direta ou indireta. Ou seja, o Estado é o maior causador da superlotação do Judiciário, que é administrado pelo próprio Estado.

---

[1] Cf. Justiça em Números, relatório de 2018 (ano-base 2017), pág. 33, disponível no sítio eletrônico do CNJ: <http://www.cnj.jus.br/publicacoes>. O relatório esclarece que o Poder Judiciário finalizou o ano de 2017 com 80 milhões de processos pendentes. O número comumente mencionado de mais de 100 milhões de processos representa o montante de casos que o Judiciário precisou lidar durante o ano, entre os já resolvidos e os não resolvidos.

[2] Cf. 100 Maiores Litigantes, relatório de 2012.

[3] Em segundo lugar ficaram os bancos, com 10,88%.

Nas últimas décadas, uma série de reformas foi realizada, de um lado, na legislação processual e, de outro, no próprio Poder Judiciário, com o intuito de simplificar o processo e criar mecanismos de aceleração do julgamento. Foram diversas alterações que acabaram por tornar o Código de Processo Civil de 1973 um tanto quanto assistemático, como uma colcha de retalhos.

Não é difícil perceber que os esforços dos processualistas e do legislador ainda não produziram os resultados esperados, por vários possíveis fatores, entre eles a cultura de litigiosidade impregnada na sociedade brasileira e nos próprios operadores do direito. De toda sorte, algumas dessas reformas merecem destaque.

O Novo Código de Processo Civil – NCPC é uma delas. O NCPC começou a ser discutido no Congresso Nacional a partir de 2010, foi publicado em março de 2015 (Lei Federal nº 13.105, de 16 de março de 2015) e entrou em vigor em março de 2016.[4]

O NCPC prevê que o Estado promoverá, sempre que possível, a solução consensual dos conflitos (art. 3º, § 2º) e dispõe que a conciliação, a mediação e outros métodos de solução consensual de conflitos deverão ser estimulados por magistrados, advogados, defensores públicos e membros do Ministério Público, inclusive no curso do processo judicial (art. 3º, § 3º). Ainda, o NCPC torna obrigatória a audiência de conciliação ou de mediação para processos em que se admita a autocomposição (art. 334, caput e § 4º).

Pouco depois, foi também publicada a Lei Federal nº 13.140, de 26 de junho de 2015, que dispõe sobre a mediação como meio de solução de controvérsias entre particulares e sobre a autocomposição de conflitos no âmbito da Administração Pública. A lei não só regulamentou o instituto da mediação, como também previu a criação de câmaras de prevenção e resolução administrativa de conflitos, no âmbito da União, Estados, Distrito Federal e Municípios.[5]

---

[4] O Código de Processo Civil em vigor pretende atender aos anseios sociais de que a legislação processual privilegie a simplicidade da linguagem e da ação processual, a celeridade do processo e a efetividade do resultado da ação, além do estímulo à inovação e à modernização de procedimentos, respeitando-se o devido processo legal.

[5] Tratam-se de câmaras com competência para dirimir conflitos entre órgãos e entidades da Administração Pública; avaliar a admissibilidade dos pedidos de resolução de conflitos, por meio de composição, no caso de controvérsia entre particular e pessoa jurídica de direito público; e para promover, quando couber, a celebração de termo de ajustamento de conduta.

INTRODUÇÃO

Ademais, o legislador editou uma importante alteração na Lei de Arbitragem, através da Lei Federal nº 13.129, de 26 de maio de 2015, para incluir autorização expressa à Administração Pública direta e indireta de utilizar-se da arbitragem para dirimir conflitos relativos a direitos patrimoniais disponíveis.[6]

Com essa nova configuração legal, percebe-se a implementação de uma política de incentivo ao uso de meios alternativos de solução de controvérsias, que vem desde a edição da Resolução nº 125/2010 do CNJ, que dispõe sobre a Política Judiciária Nacional de tratamento adequado dos conflitos de interesses no âmbito do Poder Judiciário. O objetivo, na realidade, é de solução adequada dos conflitos.

As Leis Federais nº 10.259, de 12 de julho de 2001, e nº 12.153, de 22 de dezembro de 2009, por sua vez, instituíram os Juizados Especiais Federais e da Fazenda Pública, com a importante previsão de que os advogados públicos poderão conciliar, transigir ou desistir nos processos. Mais recentemente, o legislador acrescentou o art. 26 à Lei de Introdução às normas do Direito Basileiro (LINDB), pela Lei nº 13.655, de 25 de abril de 2018, com a previsão de celebração de compromisso pela autoridade administrativa para eliminar irregularidade, incerteza jurídica ou situação contenciosa na aplicação do direito público.

Nesse contexto de aprimoramento e aceleração da prestação jurisdicional, é fundamental a participação ativa de todos os profissionais do Direito, especialmente de professores, juízes, promotores de justiça e advogados (públicos e privados), visando a desjudiciliazação, a redução da litigiosidade e o gerenciamento do volume de demandas administrativas e judiciais.

Neste sentido, gestores públicos e legisladores igualmente precisam se conscientizar e mudar as estruturas administrativas e a legislação regional e local relativa ao tema. O fomento à solução adequada das controvérsias, através de meios alternativos de solução de conflitos – como a negociação, a conciliação, a mediação e a arbitragem –, é essencial para tanto.

Se por um lado, a experiência somada com vasta produção acadêmica, jurisprudência e inovações legislativas, criou uma sólida base jurídica para

---

[6] Tal alteração não foi só importante para abrir definitivamente a porta da arbitragem à Administração Pública e àqueles que com ela possuem conflitos, mas também para reconhecer pela Lei que a Administração Pública possui direitos patrimoniais disponíveis.

a utilização destes meios com segurança pelos interessados, por outro lado, dados mostram que ainda são poucos os conflitos resolvidos de forma consensual.

Segundo o CNJ, apenas 12,1% das sentenças e decisões proferidas no Poder Judiciário em 2017 foram homologatórias de acordo[7]. E quando uma das partes do conflito é o Poder Público, a utilização de meios consensuais é ainda mais tímida, assim como os estudos a esse respeito.

Não há motivo para que o Poder Público, que é o maior litigante da Justiça brasileira, não se valha – ou pior, fique impedido – da utilização dos meios alternativos. O contexto é o da criação de Centros Judiciários de Solução Consensual de Conflitos (CEJUSCs), das Câmaras Especializadas e das Câmaras de Prevenção e Resolução Administrativa de Conflitos, previstos pelo NCPC e pela Lei nº 13.140/2015, exatamente em prol da solução de conflitos por meios consensuais.

Trata-se, por um lado, de uma estratégia que pode contribuir para diminuir o volume de demandas repetitivas do Judiciário – o que representaria, em última análise, uma grande economia de recursos públicos –, assim como pode contribuir para uma posição menos litigiosa por parte dos entes públicos.[8] [9] De outro lado, pode representar também a retirada do Poder Judiciário de muitos conflitos que não são adequados de serem solucionados pela via judicial.

O desenho de sistemas de solução de disputas – fundamental para que a estratégia dê resultados – encontra ao menos duas constantes importantes para o sucesso, que são a necessidade de diálogo interinstitucional entre os grandes litigantes e o Judiciário, visando mitigar os efeitos adversos da habitualidade, e a concentração das sessões de mediação ou conciliação

---

[7] Cf. Justiça em números, relatório de 2018 (ano-base 2017), pág. 137. Valor que vem crescendo nos dois últimos anos – em 2015 era de 11,1% e em 2016, 11,9%. Na fase de execução, as sentenças homologatórias de acordo corresponderam, em 2017, a 6%, e na fase de conhecimento, a 17%.

[8] A solução consensual do litígio evita perdas financeiras, temporais e emocionais das partes, além de fazer com que elas aceitem melhor a previsão contida no acordo, o que também minimiza os percalços para o cumprimento da obrigação.

[9] A crise de justiça faz muitas vezes com que o interessado em conflito com o Poder Público simplesmente desista do litígio por saber que a solução será difícil, morosa e cara por meio do processo judicial. Mas isso não significa que ele fique resignado. Este fato pode resultar na piora da qualidade da prestação do serviço se for contratado da Administração ou mesmo diminuição da qualidade de vida se for administrado, pela não observância de um direito subjetivo.

de acordo com os grandes litigantes e os temas selecionados, permitindo a observância da isonomia e a economia de tempo e recursos materiais.

Especificamente em relação à arbitragem, ainda que esta não seja a solução para a crise de justiça, certamente é mais adequada para alguns tipos de conflitos em relações contratuais com o Poder Público, como Concessões Públicas e Parcerias Público-Privadas, trazendo inúmeras vantagens para os entes públicos e a iniciativa privada.

Na presente obra, pretende-se abordar os meios de autocomposição e a arbitragem como inseridos em um amplo quadro de política judiciária – denominado sistema multiportas de solução de controvérsias –, de modo a serem enquadrados como instrumentos complementares ao processo formal, mais adequados do que este para a solução de diversos conflitos e igualmente destinados ao acesso à justiça, entendido como acesso à ordem jurídica justa.[10]

No âmbito dos meios consensuais de solução de conflitos, a negociação aparece como mecanismo de grande relevância e potencial, apesar de ser pouco estudada e executada, especialmente pela Administração Pública. Já a conciliação e a mediação têm sido mais utilizadas, embora ainda seja insuficiente para fazer frente ao enorme volume de processos em face da Fazenda Pública. Da mesma forma, a arbitragem é meio de solução cada vez mais utilizado no Brasil e, certamente, mais adequada para solução de diversos conflitos, inclusive envolvendo o Poder Público.

É evidente que, por se tratar da Administração Pública, algumas exigências e restrições devem necessariamente ser observadas, sob pena de a solução alternativa ao processo judicial ser considerada inválida. Porém, a utilização de meios alternativos não é defesa ao Poder Público; ao contrário, é recomendável aos casos adequados, posto que privilegia o interesse público.

Assim, para se atingir o objetivo pretendido, o trabalho será dividido em quatro capítulos. Inicialmente, será abordada a situação de evidente litigiosidade em que se encontra a sociedade brasileira e, principalmente, o Poder Público, que é o maior litigante no Poder Judiciário. A partir dessa constatação e diante dos desafios para a crise da Justiça, será proposta a utilização de meios alternativos ao processo judicial pela Administração Pública.

---

[10] GRINOVER, Ada Pellegrini. Prefácio da obra *Arbitragem em Contratos Administrativos*, de Carlos Alberto de Salles.

Em seguida, no segundo capítulo, será feito o estudo do sistema multiportas de solução de conflitos e das políticas de estímulo à utilização dos mecanismos. Visando inserir a Administração Pública neste contexto e demonstrar que não há ofensa à indisponibilidade do interesse público, será feita uma leitura da consensualidade na Administração Pública, do interesse público e do conceito de direito patrimonial disponível estatal. Ainda, será apresentada uma estratégia de utilização dos meios alternativos de solução de controvérsias.

No terceiro capítulo, será proposta a utilização dos meios consensuais de solução de conflitos envolvendo a Administração Pública. Nesta tentativa, serão apresentados a negociabilidade subjetiva e objetiva; os requisitos de validade da solução negociada; a negociação, a conciliação e a mediação com a Administração Pública; os métodos de negociação e as técnicas de mediação; os acordos para ajuste de conduta; o cumprimento da obrigação pela Administração Pública, entre outros. Ao final, será abordada a atuação da Administração como mediadora de conflitos, que cada vez ganha mais importância.

Por fim, no quarto capítulo será estudada a arbitragem envolvendo o Poder Público. Mecanismo que possui diversas vantagens em relação ao processo judicial e só pode ser utilizado para solução de conflitos que envolvam direitos patrimoniais disponíveis, a arbitragem remete a várias reflexões quando envolve a Administração. A Lei nº 13.129/15 trouxe novas discussões que serão enfrentadas, como a publicidade do processo arbitral e a exigência de arbitragem de direito. Será objeto de estudo apenas a arbitragem nacional envolvendo a Administração.

1. Administração Pública Litigante

1.1. Poder Judiciário e Poder Público

A vida em sociedade pressupõe assunção de regras de convívio em razão dos conflitos de interesses entre os seus membros: *ubi societas ibi ius*.[11] O meio ordinário constitucional de solução dos conflitos é o socorro ao Poder Judiciário, que cumpre sua função pacificadora ao aplicar o Direito ao caso concreto no curso do devido processo legal, no exercício da jurisdição, para entregar o bem da vida a quem tem razão. O art. 5º, inciso XXXV da Constituição Federal prevê a inafastabilidade da jurisdição como garantia fundamental.[12] [13] [14]

---

[11] Onde há sociedade, há direito. Segundo lecionam Cintra, Grinover e Dinamarco, a função que o direito exerce na sociedade é *ordenadora*, isto é, de coordenação dos interesses que se manifestam na vida social, de modo a organizar a cooperação entre pessoas e compor os conflitos que se verificarem entre os seus membros (Cf. CINTRA, Antonio Carlos de Araújo; GRINOVER, Ada Pellegrini; DINAMARCO, Cândido Rangel. *Teoria Geral do Processo*, 27ª ed., São Paulo: Malheiros, 2011, p. 25).

[12] *Art. 5º. Todos são iguais perante a lei, sem distinção de qualquer natureza, garantindo-se aos brasileiros e aos estrangeiros residentes no País a inviolabilidade do direito à vida, à liberdade, à igualdade, à segurança e à propriedade, nos termos seguintes:*
XXXV – a lei não excluirá da apreciação do Poder Judiciário lesão ou ameaça a direito;

[13] Melhor seria se não fosse necessária tutela alguma às pessoas, se todos cumprissem suas obrigações e ninguém causasse danos, nem se aventurasse em pretensões contrárias ao direito. Como esse ideal é utópico, faz-se necessário pacificar as pessoas de alguma forma eficiente, eliminando os conflitos que as envolvem e fazendo justiça. O processo estatal é um caminho possível, mas outros existem que, se bem ativados, podem ser de muita utilidade (Cf. DINAMARCO, Cândido Rangel. *Instituições de Direito Processual Civil*. Vol. I, 5ª ed., São Paulo: Malheiros, 2005, p. 138).

[14] Processo, segundo José Roberto dos Santos Bedaque, é método de trabalho desenvolvido pelo Estado para permitir a solução dos litígios. Pretende-se seja adequado aos fins a que se propõe. Participam dele o próprio Estado e as pessoas de alguma forma envolvidas na

As insatisfações que a vida em sociedade gera nas pessoas – sentimento, fenômeno psíquico que costuma acompanhar a percepção ou a ameaça de uma carência – justificam toda atividade jurídica do Estado e é a eliminação delas que lhe confere legitimidade.[15] A vida seria bem pior se os estados pessoais de insatisfação fossem todos fadados a se perpetuar em decepções permanentes e inafastáveis. Assim, o Estado legislando e exercendo a jurisdição oferece com isso a promessa de pôr fim a esses estados.[16]

Entretanto, a situação de preocupante ineficiência do Poder Judiciário tem movimentado os profissionais envolvidos com a sua atuação e, de uma maneira geral, toda a sociedade. Segundo levantamento do Conselho Nacional de Justiça – CNJ, ao final de 2017 o estoque de processos na Justiça era de 80 milhões, sendo que 29,1 milhões de casos novos ingressaram na Justiça durante 2017, para uma população estimada em 207 milhões[17].

---

controvérsia. Estes sujeitos passam a se relacionar, praticando atos segundo a ordem e os modelos previamente previstos na lei. Em síntese, Bedaque leciona que o fenômeno chamado "processo" pode ser examinado pelo ângulo dessa sequência de atos ordenados, a qual se denomina procedimento (Cf. BEDAQUE, José Roberto dos Santos. *Efetividade do Processo e Técnica Processual*. São Paulo: Malheiros, 2006, p. 36).

[15] DINAMARCO, Cândido Rangel. *A Instrumentalidade do Processo*. 12ª ed., São Paulo: Malheiros, 2005, p. 194. O autor cita Barrios de Ángelis na obra *Introcción al estúdio del processo*.

[16] Nas fases primitivas da civilização dos povos, inexistia um Estado suficientemente forte para superar os ímpetos individualistas dos homens e impor o direito acima da vontade dos particulares. Assim, quem pretendesse alguma coisa que outrem o impedisse de obter haveria de, com sua própria força e na medida dela, tratar de conseguir, por si mesmo, a satisfação de sua pretensão. A esse regime se chamava *autotutela* ou autodefesa (Cf. CINTRA, GRINOVER, DINAMARCO, *Teoria Geral do Processo*, cit., p. 27).

[17] Cf. Justiça em números, relatório de 2018 (ano-base 2017). O número de processos em tramitação apresentou o menor crescimento da série histórica, com variação de 0,3% e o Poder Judiciário chegou ao final do ano de 2017 com um acervo de 80,1 milhões de processos que aguardam solução definitiva. Entre 2009 e 2017 houve uma variação acumulada de 31,9% no estoque, correspondendo a um crescimento médio de 4% ao ano. Apesar da manutenção do volume total em estoque, constata-se que houve redução nos processos pendentes em fase de conhecimento, etapa em que se faz o julgamento de mérito dos processos judiciais. Desconsiderados os processos de execução, o estoque obteve queda de 1,4 milhão de processos (3,7%), diferentemente da tendência dos anos anteriores, em que os pendentes em conhecimento cresciam, anualmente, a uma média de 4%. O crescimento do acervo em execução se deu mais significativamente entre as execuções judiciais (12,5%) do que entre as execuções de títulos executivos extrajudiciais, inclusive as fiscais (6,9%). Os resultados alcançados em 2017 decorrem da redução de 1% no quantitativo de processos ingressados associado ao aumento da produtividade, em 5,2%. Durante o ano de 2017, ingressaram 29,1 milhões processos e foram finalizados 31 milhões, ou seja, o Poder Judiciário decidiu 6,5% a

É como se praticamente todos os brasileiros fossem parte de um processo judicial.[18]

Fica muito difícil, por mais ágeis que possam ser os tribunais, julgar satisfatoriamente todas as demandas levadas ao conhecimento da Justiça, cumprindo com o seu dever constitucional e garantindo a *razoável duração do processo*.[19] [20] Mesmo que o Poder Judiciário fosse paralisado sem ingresso de novas demandas, com a atual produtividade de magistrados e servidores, seriam necessários aproximadamente 3 anos de trabalho para zerar o estoque.[21] [22]

---

mais de processos do que a demanda de casos novos. Apesar da alta produtividade, não houve redução do estoque processual devido à reativação de casos que já haviam sido arquivados em anos anteriores e retornaram à tramitação no ano de 2017, e a fatores como, por exemplo, mudanças de classe (p. 197).

[18] Se considerarmos que em cada um desses 109 milhões de processos há 2 partes (sendo que, em muitos, há pluralidade de partes), seriam 218 milhões de partes. É claro que muitos litigantes se repetem nos polos das ações, mas, ainda assim, é de saltar aos olhos a quantidade de processos no Judiciário brasileiro.

[19] O Supremo Tribunal Federal, ao julgar na Segunda Turma o Recurso Ordinário em Mandado de Segurança n. 28172, no dia 24 de novembro de 2015, definiu que a razoável duração do processo também se aplica aos processos administrativos.

[20] Fernando da Fonseca Gajardoni aponta três razões como responsáveis pela letargia na prestação da tutela jurisdicional: (a) a falta de aparato material-tecnológico do Judiciário, fruto de uma política fiscal governamental de corte de gastos públicos (fator material); (b) a existência de uma legislação processual parcialmente ultrapassada, em muitos aspectos ainda exageradamente formalista, não alterada para tutelar de forma tempestiva e adequada os novos e os já conhecidos direitos (fator legal); e (c) uma formação cultural – no mais das vezes, puramente contenciosa – dos operadores do direito, que têm grande aptidão para as lides forenses e suas trilhas processuais, mas não estão preparados, contudo, para a advocacia preventiva e para as práticas conciliatórias (fator cultural) (GAJARDONI, Fernando da Fonseca. *Técnicas de Aceleração do Processo*. São Paulo: Lemos & Cruz, 2003, p. 69). O autor, num amplo quadro de política judiciária, identifica as técnicas de aceleração do processo em três categorias estanques: técnica extraprocessual (tornar o aparato judicial mais eficiente), técnica extrajudicial (mecanismos de evasão de demandas da via judicial) e técnica judicial (tornar a tutela mais célere e, consequentemente, mais efetiva) (pp. 75/76).

[21] Cf. CNJ, Justiça em números, relatório de 2016 (ano-base 2015), p. 42.

[22] Rodolfo de Camargo Mancuso sustenta a tese de que o *déficit* de qualidade na resolução dos conflitos em nosso país deriva de três fatores: (i) política judiciária calcada no incessante aumento da estrutura física (oferta de *mais do mesmo*); (ii) avaliação de desempenho por critério quantitativo (*in put* e *out put* de processos); (iii) judicialização massiva dos conflitos, e o seu corolário: resistência aos outros modos de resolvê-los, ou mesmo parca informação a respeito (Cf. MANCUSO, Rodolfo de Camargo. *A Resolução dos Conflitos e a Função Judicial no Contemporâneo Estado de Direito*, 2ª ed., São Paulo: RT, 2014, p. 14).

ARBITRAGEM, MEDIAÇÃO E OUTROS MÉTODOS DE SOLUÇÃO DE CONFLITOS

Porém, muitos dos casos levados ao Judiciário envolvem as mesmas pessoas em um dos seus polos. Consagrada com a expressão Fazenda Pública em juízo, a presença do Poder Público como litigante no Poder Judiciário é espantosa.

A propósito, o uso frequente do termo Fazenda Pública fez com que se passasse a adotá-lo num sentido mais lato, traduzindo a atuação do Estado em juízo. Em Direito Processual[23] a expressão *Fazenda Pública* contém o significado de *Estado em juízo*.[24] Leonardo Carneiro da Cunha afirma que, na verdade, a expressão representa a personificação do Estado, abrangendo as pessoas jurídicas de direito público.[25] [26]

[23] Segundo leciona José Roberto dos Santos Bedaque, Direito Processual é o conjunto de princípios e regras destinados ao estudo e à regulamentação do processo, meio estatal de solução de controvérsias. O importante é que esse mecanismo seja apto a possibilitar o cumprimento dos objetivos a que se propôs o Estado ao chamar para si a função jurisdicional. Toda a técnica processual é construída para melhor dotar o instrumento de aptidão para obter resultados, como garantia dos próprios interessados. Por isso, a observância da técnica tem essa finalidade específica: garantir que os interessados na atividade jurisdicional possam dispor de instrumento adequado e seguro, cuja utilização lhes proporcione a solução justa para a situação de direito material trazida à apreciação da função jurisdicional. A técnica processual está, portanto, a serviço de um fim. Por isso, o processo deve ser concebido como instrumento de realização de direitos (Cf. BEDAQUE, José Roberto dos Santos. *Efetividade do Processo e Técnica Processual*, cit., pp. 41/42).

[24] A expressão *Fazenda Pública* identifica-se tradicionalmente como a área da Administração Pública que trata da gestão das finanças, bem como da fixação e implementação de políticas econômicas. É a expressão que se relaciona com as finanças estatais, estando imbricada com o termo *Erário*, representando o aspecto financeiro do ente público (CUNHA, Leonardo José Carneiro da, *A Fazenda Pública em Juízo*, 13ª ed., totalmente reformulada, Rio de Janeiro: Forense, 2016, p. 5). Não é por acaso a utilização com frequência da terminologia *Ministério da Fazenda* ou *Secretaria da Fazenda* para designar, respectivamente, o órgão despersonalizado da União ou do Estado responsável pela política econômica desenvolvida pelo Governo.

[25] CUNHA, Leonardo Carneiro da, *A Fazenda Pública em Juízo*, cit., p. 5.

[26] Quando a legislação processual utiliza o termo *Fazenda Pública* está se referindo à União, aos Estados, ao Distrito Federal, aos Municípios e a suas respectivas autarquias e fundações públicas, sendo certo que as agências executivas ou reguladoras, por ostentarem o matiz de autarquias especiais, também integram o conceito. Tanto o Código de Processo Civil de 1973 quanto o Novo Código de Processo Civil de 2015 utilizam a expressão Fazenda Pública para se referirem a estes entes públicos. Note-se que as empresas públicas e as sociedades de economia mista, por revestirem-se de natureza de pessoas jurídicas de direito privado, não integram o conceito de Fazenda Pública. Leonardo Carneiro da Cunha leciona que a jurisprudência vem entendendo que, conquanto as fundações detenham essa denominação, aquelas tidas como de *direito público* são criadas por lei para exercer atividades próprias do Estado, desincumbindo-se de atribuições descentralizadas dos serviços públicos e sendo

ADMINISTRAÇÃO PÚBLICA LITIGANTE

A esse respeito, as expressões Poder Público, Estado, Administração Pública, Administração, Administração direta e indireta e, finalmente, Fazenda Pública serão utilizadas neste estudo para fazer menção ao ente estatal envolvido num conflito.[27][28][29][30][31][32] Não obstante, a distinção entre

geridas por recursos orçamentários. São, portanto, equiparadas a autarquias (cit., p. 16). Por outro lado, as agências executivas consistem em entidades dotadas de competência para o desempenho direto de atividades administrativas, inclusive com atribuição de tarefas materiais, mormente no âmbito do desempenho daquilo que, no âmbito das concepções continentais, se considera como funções públicas e serviços públicos, mas, eventualmente, também no tocante à atividade econômica propriamente dita. São autarquias ou fundações que celebram contrato de gestão com a Administração direta com o objetivo de fixar metas de desempenho para a entidade, na forma do art. 37, § 8º da Constituição Federal. Já as agências reguladoras dispõem de competência normativa, com poderes para disciplinar a prestação de serviços públicos por particulares ou o desempenho de atividades econômicas privadas, mas de interesse coletivo. São originalmente criadas por lei com personalidade jurídica própria. No entanto, é possível que uma agência executiva disponha de poder normativo e uma agência reguladora possa desempenhar funções executivas. Por fim, também se revestem de natureza de pessoas jurídicas de direito público as associações públicas (Código Civil, art. 41, IV), constituídas na forma da Lei nº 11.107/2005, em razão da formação de consórcio público (CUNHA, Leonardo José Carneiro da, *A Fazenda Pública em Juízo*, cit., pp. 6/8).

[27] Ainda que tais expressões não se confundam, considerando a linha de pesquisa do presente estudo, a distinção no texto não será rigorosa.

[28] Dentre as expressões utilizadas, Poder Público é a mais abrangente e faz menção a qualquer ente estatal ou ligado à Administração. Segundo o dicionário Houaiss, poder público significa *a totalidade dos órgãos dotados de autoridade para realização dos fins do Estado*. Por este motivo foi utilizada no título da obra. O conceito de Estado – além do ente federativo (como Estado de São Paulo) – é ordem jurídica soberana que tem por fim o bem comum de um povo situado em determinado território e deve ser concebido como pessoa jurídica (Dalmo Dallari, vide item 1.1.1). *Administração Pública* é definida pelo art. 6º, inciso XI da Lei Federal n. 8.666/1993 como a administração direta e indireta da União, dos Estados, do Distrito Federal e dos Municípios, abrangendo inclusive as entidades com personalidade jurídica de direito privado sob controle do poder público e das fundações por ele instituídas ou mantidas. Já *Administração* é definida pelo inciso XII do mesmo artigo como órgão, entidade ou unidade administrativa pela qual a Administração Pública opera e atua concretamente.

[29] Hely Lopes Meirelles define Administração Pública, em sentido formal, como o conjunto de órgãos instituídos para consecução dos objetivos do Governo; em sentido material, como o conjunto das funções necessárias aos serviços públicos em geral; em acepção geral, como o desempenho perene e sistemático, legal e técnico, dos serviços próprios do Estado ou por ele assumidos em benefício da coletividade. Numa visão global, Meirelles afirma que a Administração é, pois, todo o aparelhamento do Estado preordenado à realização de serviços, visando à satisfação das necessidades coletivas (Cf. MEIRELLES, Hely Lopes. *Direito Administrativo Brasileiro*. 39ª ed. atual. até a Emenda Constitucional 71, de 29.11.2012, São Paulo: Malheiros, 2013, p. 38).

administração direta e indireta será relevante para a definição de negociabilidade e arbitrabilidade subjetiva nos Capítulos referentes aos meios consensuais e à arbitragem, respectivamente, e a exclusão de empresas públicas e sociedades de economia mista do conceito de Fazenda Pública será relevante para o regime de execução da solução negociada homologada em juízo e da sentença arbitral.

Diante desse cenário muito preocupante de congestionamento do Judiciário, notadamente com demandas envolvendo o Poder Público, há um movimento do próprio Judiciário, assim como do Legislativo e dos estudiosos do Direito, visando identificar as causas e propor soluções para resolução dos conflitos.

---

[30] A organização da Administração Pública segue as linhas tracejadas pelo Decreto-lei nº 200/1967, de cujos dispositivos se extrai a divisão da Administração em *direta* e *indireta*. A Lei nº 13.303/2016, conhecida como Lei das Estatais, também trouxe definições legais a respeito. Integram a Administração direta os órgãos componentes dos entes federativos, a saber: a União, os Estados, o Distrito Federal e os Municípios. A par de tais pessoas jurídicas e dos órgãos que as integram, permite-se o surgimento de outras entidades administrativas, que compõem a Administração indireta: são as autarquias, as fundações públicas, as empresas públicas e as sociedades de economia mista. Marçal Justen Filho afirma que a expressão Administração Pública é utilizada em acepção ampla e não deve ser identificada com Poder Executivo. Segundo o autor, indica as pessoas de direito público que participam de uma contratação, ainda quando essa contratação se efetive através de órgãos de Poder Judiciário ou do Poder Legislativo. Por fim, ensina que as "fundações" instituídas ou mantidas com recursos públicos e outras pessoas de direito privado sob controle estatal estão abarcadas no conceito de Administração Pública (Cf. JUSTEN FILHO, Marçal. *Comentários à Lei de Licitações e Contratos Administrativos*. 15ª ed., São Paulo: Dialética, 2012, p. 142).

[31] Maria Sylvia Zanella Di Pietro atribui à Administração Pública, em sentido estrito, um sentido objetivo e um sentido subjetivo. No primeiro sentido, pode ser definida como a atividade concreta e imediata que o Estado desenvolve, sob regime jurídico total ou parcialmente público, para a consecução dos interesses coletivos. Já no segundo sentido, considera os sujeitos que exercem a atividade administrativa, abrangendo todos os entes aos quais a lei atribui o exercício dessa função: conjunto de órgãos e de pessoas jurídicas aos quais a lei atribui o exercício da função administrativa do Estado (DI PIETRO, Maria Sylvia Zanella, *Direito Administrativo*, 26ª edição, São Paulo: Atlas, 2013, p. 54/58).

[32] Carlos Alberto de Salles, em obra sobre arbitragem envolvendo contratos administrativos, igualmente utiliza como sinônimas as expressões "Administração Pública", "Administração" e "Poder Público", emprestando à última um caráter de maior abrangência (Cf. SALLES, Carlos Alberto. *Arbitragem em Contratos Administrativos*. Rio de Janeiro: Forense, 2011, p. 8).

O enfrentamento da questão não prescinde do estudo do regime jurídico próprio ao Poder Público, que envolve o Direito Constitucional, o Direito Administrativo e o Direito Processual, isto é, o Direito Público.[33]

1.1.1. Estado-Juiz e Estado-Parte

O conceito de *Estado*[34], segundo Dalmo de Abreu Dallari, é ordem jurídica soberana que tem por fim o bem comum de um povo situado em determinado território. De acordo com o autor, neste conceito se acham presentes todos os elementos que compõem o Estado, e só esses elementos.[35]

---

[33] Hely Lopes Meirelles leciona que o Direito é dividido, inicialmente, em dois grandes ramos: Direito Público e Direito Privado, consoante sua destinação. O Direito Público, por sua vez, subdivide-se em Interno e Externo. Segundo Meirelles, *Direito Público Interno* visa a regular, precipuamente, os interesses estatais e sociais, cuidando só reflexamente da conduta individual. Reparte-se em Direito Constitucional, Direito Administrativo, Direito Tributário, Direito Penal, Direito Processual (Civil e Penal), Direito do Trabalho, Direito Eleitoral, Direito Municipal, não sendo esta uma divisão estanque. O Direito Público Externo destina-se a reger as relações entre os Estados Soberanos e as atividades individuais no plano internacional. Por fim, Direito Privado tutela predominantemente os interesses individuais, de modo a assegurar a coexistência das pessoas em sociedade e a fruição de seus bens, quer nas relações de indivíduo a indivíduo, quer nas relações do indivíduo com o Estado. Biparte-se em Direito Civil e Direito Comercial (Cf. MEIRELLES, Hely Lopes. *Direito Administrativo Brasileiro*, cit., p. 38). Carlos Ari Sundfeld, por sua vez, afirma que o Direito Público é o ramo do Direito composto de normas jurídicas tratando (i) das relações do Estado com os indivíduos, (ii) da organização do próprio Estado, através da divisão de competências entre os vários agentes e órgãos; e (iii) das relações entre Estados (Cf. SUNDFELD, Carlos Ari. *Fundamentos de Direito Público*. 5ª ed., São Paulo: Malheiros, 2014, p. 25).

[34] É fora de discussão que a palavra "Estado" se impôs através da difusão do prestígio do *Príncipe* de Maquiavel. Porém, já era usada antes deste autor. A esse respeito, Norberto Bobbio esclarece que o problema do nome "Estado" não seria tão importante se a introdução do novo termo nos primórdios da Idade Moderna não tivesse sido uma ocasião para sustentar que ele não correspondia apenas a uma exigência de clareza lexical, mas ia ao encontro da necessidade de encontrar um novo nome para uma realidade nova: a realidade do Estado precisamente moderno, a ser considerado como uma forma de ordenamento tão diverso dos ordenamentos precedentes que não podia mais ser chamado com os antigos nomes (Cf. BOBBIO, Norberto. *Estado, Governo, Sociedade – Para uma teoria geral da política*. Rio de Janeiro: Paz e Terra, 2012, p. 65-67).

[35] DALLARI, Dalmo de Abreu. *Elementos de Teoria Geral do Estado*, 23ª ed., São Paulo: Saraiva, 2002, p. 118. Leciona o autor que a noção de poder está implícita na de soberania, que, no entanto, é referida como característica da própria ordem jurídica. A politicidade do Estado é afirmada na referência expressa ao bem comum, com a vinculação deste a um certo povo e,

Hans Kelsen, um dos maiores juristas do século XX, ensina que o Estado – cujos elementos essenciais são a população, o território e o poder –, define-se como uma ordem jurídica relativamente centralizada, limitada no seu domínio espacial e temporal de vigência, soberana ou imediata relativamente ao Direito internacional e que é, globalmente ou de um modo geral, eficaz.[36]

O Estado deve ser concebido como pessoa jurídica, o que representa um extraordinário avanço no sentido da disciplina jurídica do interesse coletivo. A noção de personalidade jurídica do Estado promove a conciliação do político com o jurídico.[37] Logo, o Estado é titular de direitos e de deveres.

A tripartição dos Poderes adotada pela Constituição Federal de 1988 – que possui fundamento nos pensamentos de Aristóteles[38] e de Montesquieu[39] – prevê o Legislativo, o Executivo e o Judiciário, como poderes da União, independentes e harmônicos entre si (artigo 3º, CF). Por outro

---

finalmente, a territorialidade, limitadora da ação jurídica e política do Estado, está presente na menção a determinado território.

[36] KELSEN, Hans. *Teoria Pura do Direito*. 6ª ed., São Paulo: Martins Fontes, 1998, p. 321. Kelsen ainda define o Estado como uma corporação, isto é, uma comunidade que é constituída por uma ordem normativa que institui órgãos funcionando segundo o princípio da divisão do trabalho. A esse respeito, Carlos Ari Sundfeld, comparando as definições de Dalmo Dallari e Hans Kelsen, afirma que referidos autores definem objetos diferentes. O de Dallari se refere ao conjunto de todas as normas jurídicas vigentes no Brasil, regulando todos os aspectos da vida da sociedade. O de Kelsen se refere apenas àquelas normas, semelhantes às contidas no estatuto de uma empresa, que organizam internamente um centro de direitos e deveres (uma pessoa). Dallari se refere ao Estado-sociedade, Kelsen se refere ao Estado-poder (Cf. SUNDFELD, Carlos Ari. *Fundamentos de Direito Público*, cit., p. 66).

[37] DALLARI, Dalmo de Abreu. *Elementos de Teoria Geral do Estado*, cit., p. 121.

[38] Aristóteles imaginou a distinção das funções de Estado, porém realizadas pela mesma pessoa, o imperador.

[39] Antes de Montesquieu, John Locke e Rousseau também conceberam uma doutrina da separação dos poderes, que veio a ser definida e divulgada por Montesquieu, um estanque em relação ao outro, para garantir o equilíbrio entre eles e mecanismo de controle (freios e contrapesos). Foi concebida para garantir a liberdade dos indivíduos. Segundo Dalmo Dallari, a separação dos poderes foi concebida num momento histórico em que se pretendia limitar o poder do Estado e reduzir ao mínimo sua atuação. Porém, a evolução da sociedade criou exigências novas que atingiram profundamente o Estado, que passou a ser cada vez mais solicitado a agir. Na verdade, as próprias exigências de efetiva garantia de liberdade para todos e atuação democrática do Estado requerem deste maior dinamismo e a presença constante na vida social, o que é incompatível com a tradicional separação de poderes (*Op cit.*, passim).

ADMINISTRAÇÃO PÚBLICA LITIGANTE

lado, o poder do Estado é uno e indivisível, razão pela qual alguns autores sustentam se tratar de separação de funções e não de poderes.[40]

Neste contexto, às pessoas em conflito existe a possibilidade de provocar o exercício da função jurisdicional do Estado. A jurisdição é a atividade mediante a qual os juízes examinam as pretensões e resolvem os conflitos, aplicando o Direito.[41] Pela jurisdição, os juízes agem em substituição às partes, que não chegaram a um consenso e não podem fazer justiça com as próprias mãos, por ser vedada a autodefesa.[42] [43] [44]

---

[40] José Afonso da Silva assim ensina a esse respeito: *"cumpre, em primeiro lugar, não confundir* distinção de funções do poder *com* divisão *ou* separação de poderes, *embora entre ambas haja uma conexão necessária. A distinção de funções constitui especialização de tarefas governamentais à vista de sua natureza, sem considerar os órgãos que a exercem; quer dizer que existe sempre distinção de funções, quer haja órgãos especializados para cumprir cada uma delas, quer estejam concentradas num órgão apenas. A divisão de poderes consiste em confiar cada uma das funções governamentais (legislativa, executiva e jurisdicional) a órgãos diferentes, que tomam os nomes das respectivas funções, menos o Judiciário (órgão ou poder Legislativo, órgão ou poder Executivo e órgão ou poder Judiciário). Se as funções forem exercidas por um órgão apenas, tem-se* concentração de poderes" (SILVA, José Afonso da. *Curso de Direito Constitucional Positivo.* 29ª ed., revista e atualizada até a Emenda Constitucional n. 53, de 19.12.2006, São Paulo: Malheiros, 2007, p. 108).

[41] Miguel Reale, na obra *Fundamentos do Direito,* afirma que o Direito, como fenômeno, só pode ser compreendido como síntese de *ser* e de *dever ser.* É uma realidade "bidimensional" de *substratum* sociológico e de forma técnico-jurídica. Não é, pois, puro fato, nem pura norma, mas é o *fato social na forma que lhe dá uma norma racionalmente promulgada por uma autoridade competente segundo uma ordem de valores* (posteriormente, em 1944, o jurista adotou o termo tridimensional – fato, valor e norma). E conclui: *"a regra de Direito, por conseguinte, não é criação arbitrária do espírito, nem fruto de um capricho de déspota, porquanto, para ser tal, deve necessariamente pressupor um valor a realizar, a análise das condições culturais, a apreciação racional das soluções que os diferentes casos comportam, para que o valor ético do preceito emanado de uma autoridade competente possua real eficácia no seio do grupo"* (REALE, Miguel. *Fundamentos do Direito.* 3ª ed. *fac* símile da 2ª ed. revista, São Paulo: Revista dos Tribunais, 1998, p. 302/303).

[42] A existência do direito regulador da cooperação entre pessoas e capaz da atribuição de bens a elas não é, porém, suficiente para evitar ou eliminar os conflitos que podem surgir entre elas. Esses conflitos caracterizam-se por situações em que uma pessoa, pretendendo para si determinado bem, não pode obtê-lo – seja porque (i) aquele que poderia satisfazer a sua pretensão não a satisfaz, seja porque (ii) o próprio direito proíbe a satisfação voluntária da pretensão. Nessas duas situações, caracteriza-se a *insatisfação* de uma pessoa (CINTRA, GRINOVER, DINAMARCO, *Teoria Geral do Processo,* cit., p. 26).

[43] O processo é, pois, instrumento por meio do qual os órgãos jurisdicionais atuam para pacificar as pessoas conflitantes, eliminando os conflitos e fazendo cumprir o preceito jurídico pertinente a cada caso que lhes é apresentado em busca de solução (CINTRA, GRINOVER, DINAMARCO, *Teoria Geral do Processo,* cit., p. 29).

[44] Ao exercer em concreto a função jurisdicional, o órgão estatal imparcialmente sobrepõe-se aos sujeitos envolvidos no litígio submetido à sua apreciação e torna efetiva a regra legal

O exercício da jurisdição pelo Estado-Juiz não se confunde com a atuação do Estado enquanto parte da relação conflituosa *sub judice*. Nesta situação, o Estado julga o próprio Estado, respeitadas a independência e a imparcialidade.

Por conta disso, um juiz federal pode condenar a União a pagar indenização a um sujeito que sofreu dano por ação ou omissão estatal. Um juiz do trabalho pode condenar um Estado a pagar subsidiariamente obrigações trabalhistas oriundas de um contrato de terceirização cujo contratante é um ente estatal, quando há falha na fiscalização do contrato[45]. Um juiz de direito pode condenar o Distrito Federal a arcar com os custos de um tratamento médico de um paciente do Sistema Único de Saúde. Outro juiz de direito pode considerar um tributo municipal inconstitucional e determinar a repetição dos valores indevidamente pagos aos cofres públicos pelo contribuinte. Ainda, um colegiado pode, ao julgar um recurso, condenar o Estado a pagar por serviços prestados por uma empresa contratada. Nada disso compromete a atuação do Estado como juiz e como parte nessas relações processuais.

Boa parte dessa atuação jurisdicional se dá no controle da Administração, o qual abrange atos administrativos, contratos, atividades ou operações materiais e a omissão ou inércia da Administração. No quadro geral dos controles que incidem sobre a atividade da Administração Pública, o controle jurisdicional se insere, no geral, entre os controles externos, *a posteriori*, repressivos ou corretivos. Segundo Odete Medauar, o controle pelo Judiciário continua a ser o mais importante instrumento de controle da Administração.[46]

A autora ensina, em apertada síntese, que as consequências mais comuns do controle jurisdicional podem ser (a) suspensão de atos ou atividades[47];

---

reguladora do conflito. Então, além de sua natureza substitutiva (por meio da jurisdição, o Estado faz valer a sua vontade, sobrepondo-se à vontade das partes envolvidas no conflito), a jurisdição é ainda instrumental, pois, valendo-se dela o Estado torna efetiva e concreta a tutela abstrata e genericamente prevista no ordenamento positivo (Cf. MARCATO, Antonio Carlos. *Procedimentos Especiais*. 15ª ed., São Paulo: Atlas, 2013, p. 5).

[45] Cf. Súmula nº 331, item V do TST.

[46] MEDAUAR, Odete. *Controle da Administração Pública*. 3ª ed. rev., atual. e ampl., São Paulo: Revista dos Tribunais, 2014, pp. 197/198.

[47] Com a medida, o Judiciário ordena que atos não tenham efeitos ou que se paralisem atividades provisoriamente, até a decisão final da ação ou por tempo determinado. É o caso de liminares e tutelas antecipadas.

(b) anulação de atos[48]; (c) imposição de fazer[49]; (d) imposição de se abster de algo[50]; (e) imposição de pagar[51]; e (f) imposição de indenizar[52].

Logo se vê que a relação jurídica processual, nestes casos, é composta pelo Estado-Parte, pelo Estado-Juiz e pelo terceiro que litiga com o Estado-Parte, o qual, muitas vezes, encontra-se numa posição de inferioridade em relação ao Estado-Parte. É preciso identificar mecanismos que permitam o equilíbrio necessário para uma decisão justa. É preciso, mais ainda, fomentar o diálogo entre essas partes.

1.1.2. A Administração Pública como Maior Litigante no Poder Judiciário

Apesar de haver atualmente no Judiciário 80 (oitenta) milhões de processos em tramitação[53], isto não significa que exista amplo acesso à Justiça pela população brasileira. Daniela Monteiro Gabbay e Luciana Cross Cunha afirmam que expressiva parcela desse contingente de demandas tem autoridades públicas como parte, assim como uma minoria de setores privilegiados da população, que atuam como litigantes repetitivos.[54]

De acordo com o CNJ, em publicação de 2012 sobre os 100 (cem) maiores litigantes, o maior litigante do Brasil é o Instituto Nacional da Seguridade Social – INSS, com 4,38% dos processos ingressados na Justiça Comum entre 1º de janeiro e 31 de outubro de 2011 no 1º grau. Considerando-se

---

[48] O Judiciário determina que o ato seja invalidado, deixe de vigorar e de produzir efeitos, podendo a decisão judicial ter os efeitos retroagidos no tempo.

[49] A decisão do Judiciário pode conter ordem de realizar algo, de agir em certo sentido, de tomar alguma providência.

[50] A Administração é obrigada a paralisar a atividade ou não iniciar a atividade que pretendia realizar.

[51] Comum em vencimentos de servidores públicos, benefícios não reconhecidos, devolução de indébitos etc.

[52] Decorre de sentenças que impõe à Administração o dever de reparar danos, como nas ações referentes a responsabilidade civil do Estado ou nas expropriatórias (Cf. MEDAUAR, Odete, *Controle da Administração Pública*, cit., p. 239).

[53] Cf. CNJ, Relatório Justiça em Números de 2018, referente a 2017.

[54] GABBAY, Daniela Monteiro; CUNHA, Luciana Gross (org.). *Litigiosidade, Morosidade e Litigância Repetitiva no Judiciário: uma análise empírica*. São Paulo: Saraiva, 2012, p. 24.

para o mesmo período os processos ingressados nos Juizados Especiais, esse percentual do INSS sobe para 21,76% do total.[55]

Ainda na Justiça Comum, ficam entre o 2º e o 10º lugar, nesta ordem: B.V. Financeira S/A (1,51%), Município de Manaus (1,32%)[56], Fazenda Nacional (1,2%), Estado do Rio Grande do Sul (1,17%), União (1,16%), Municípios de Santa Catarina (1,13%), Banco Bradesco S/A (0,99%), CEF – Caixa Econômica Federal (0,95%) e Banco Itaucard S/A (0,85%). Juntam-se a eles outros entes públicos e instituições financeiras, sendo que dos 30 (trinta) maiores litigantes, 16 (dezesseis) são entes estatais.[57]

A Associação dos Magistrados Brasileiros, em pesquisa publicada em 2015, igualmente revelou uma alta concentração de ações apresentadas por um número reduzido de atores – instituições do poder público municipal, estadual e federal; bancos, instituições de crédito e prestadora de serviços de telefonia e comunicações. Ainda de acordo com a publicação, a Justiça Estadual de São Paulo concentra aproximadamente 40% dos processos em tramitação no País, sendo que a administração pública municipal figurou como parte ativa em mais da metade dos processos no Primeiro Grau entre 2010 e 2013.[58]

---

[55] 100 Maiores Litigantes, Conselho Nacional de Justiça, Brasília: CNJ, 2012, p. 15.

[56] Chama a atenção o fato do Município de Manaus estar em 3º lugar como maior litigante da Justiça Comum em 2011, com mais processos que a Fazenda Nacional e a União. Em consulta a e-mail institucional da Procuradoria Geral do Município de Manaus, o Exmo. Sr. Procurador Geral do Município, Dr. Marcos Cavalcanti, nos respondeu em 24/08/2015 que a condição de um dos maiores litigantes da Justiça Estadual decorre do elevado número de executivos fiscais, em 2015 estimados em 400 (quatrocentas) mil ações. Segundo o procurador municipal manauense, vários fatores contribuíram para esse número: *"1) Deficiência no cadastro imobiliário, o que levou por vários anos a uma elevada inadimplência, que se deu por conta de carnês devolvidos por endereço incorreto; identificação errada do contribuinte; ausência do identificação do próprio contribuinte, apesar da matrícula municipal; 2) Entendimento dos juízes das varas municipais quanto à conexão das ações, ou ausência dela, o que demandou ações individualizadas por tributo para o mesmo contribuinte; 3) Ainda na época de processos físicos, acúmulo de petições iniciais em papel que não foram digitalizadas pelo TJ; 4) Pelo mesmo motivo de deficiência cadastral, dificuldades na citação do devedor, que também não são localizados sequer pelo oficial de justiça; 5) Inadimplência acima da média do contribuinte local, o que, registra-se, vêm diminuindo ao longo dos anos. Várias medidas já implementadas reduziram em muito a judiciarização (sic) dos créditos fiscais, dentre elas o aumento do valor autorizado para não interposição de medida judicial – antes 250,00 [reais] hoje aproximadamente 4.300,00 [reais] – e a utilização do protesto judicial".*

[57] 100 Maiores Litigantes, Conselho Nacional de Justiça, Brasília: CNJ, 2012, pp. 15-17.

[58] Cf. *O Uso da Justiça e o Litígio no Brasil*, disponível no sítio eletrônico da AMB: <http://www.amb.com.br/amb-lanca-pesquisa-inedita-sobre-o-uso-da-justica-e-a-concentracao-do-litigio-

A constatação de que o Poder Público é um grande litigante não é recente. Estudo realizado pela Comissão de Direitos Humanos das Nações Unidas em 2004 relatou que grande parcela população brasileira ainda era excluída do Judiciário, por razões econômicas, sociais e culturais, e que a sobrecarga das instâncias judiciárias não seria decorrente de um acesso amplo às cortes judiciais por parte da população, mas sim, do fato de alguns poucos atores, em especial o poder público e grandes empresas, serem responsáveis por boa parte dos índices de casos novos ajuizados anualmente e pela frequente recorribilidade de decisões judiciais.[59][60]

Dessa forma, evidencia-se que **o Poder Público é o maior usuário do serviço prestado pelo Judiciário, que é administrado pelo próprio Estado.**

É óbvio que o Poder Público, na forma como previsto na Constituição Federal e implementado no Brasil, é gigantesco e não seria possível se esperar uma pequena quantidade de demandas judiciais envolvendo entes estatais. O volume de recursos arrecadados com os tributos no Brasil representa cerca de 33,5% de toda a riqueza produzida no país (Produto Interno Bruto – PIB)[61]. A economia também abrange atividades delegadas e reguladas pelo Estado, como exploração e produção de petróleo e gás natural, produção, transmissão e distribuição de energia elétrica, serviços de telecomunicações, transportes públicos e parcerias público-privadas (PPP).

---

no-brasil/>, acesso em 11/12/2017, p. 13. O relatório aponta que em oito das onze Unidades da Federação pesquisadas, o poder público municipal, estadual e federal concentra a maior parte das ações iniciadas no Primeiro Grau (parte do polo ativo), no grupo dos 100 maiores litigantes (p. 18).

[59] UNITED NATIONS. *Civil and political rights, including the questions of independence of the Judiciary, administration of justice and impunity.* New York: United Nations, 2005, pp. 2 e 9. Disponível em: <http://acnudh.org/wp-content/uploads/2011/01/Report-of-the-SR-on-the-independence-of-judges-and-lawyers-Mission-to-Brazil-2005.pdf>. Acesso em: 13/07/2015.

[60] O estudo coincide com a promulgação da Emenda Constitucional 45/2004, que ficou conhecida como a Reforma do Judiciário. O então Secretário da Reforma do Judiciário, Pierpaolo Cruz Bottini, corroborou a conclusão ao afirmar que a litigiosidade não decorria da democratização da justiça, mas sim, de sua utilização exagerada por poucos atores, dentre os quais o Poder Público, as empresas concessionárias prestadoras de serviços e as instituições financeiras (Cf. BOTTINI, Pierpaolo Cruz. *A Reforma do Sistema Judicial.* Brasília, Ministério da Justiça, 2006, p. 5. *Apud* ASPERTI, Maria Cecília de Araujo, *Meios consensuais de resolução de disputas repetitivas: a conciliação, a mediação e os grandes litigantes do Judiciário.* Dissertação de Mestrado apresentada na Universidade de São Paulo, 2014, p. 20).

[61] A arrecadação de tributos gira em torno de R$ 2 trilhões por ano.

Estima-se que, atualmente, existem 10 milhões de servidores públicos no Brasil, sendo 1,1 milhão do Governo Federal, 3 milhões dos Estados e Distrito Federal e 6 milhões dos Municípios[62], os quais representam quase 5% da população brasileira. Esses dados dão uma dimensão do tamanho do Poder Público.

No entanto, a quantidade de processos em curso no Judiciário não se justifica diante dessa realidade, o que evidencia uma postura de certa inércia dos entes públicos em relação a este problema, inclusive pela utilização estratégica da morosidade da Justiça para consecução de objetivos diversos por parte do administrador público.[63]

1.1.3. Litigiosidade e Litigância Repetitiva

Já se constatou que o volume de processos em andamento no Judiciário é avassalador e aumenta a cada ano. Destes processos, verificou-se que o Poder Público é um grande ator do Judiciário, o maior deles. A esse respeito, é de se ressaltar, ainda, que o Poder Público está permanentemente em conflito com os administrados e contratados, em repetitivos processos, em excesso de litigiosidade, na forma de litigância repetitiva.

Primeiramente, ressalta-se que a noção de litigiosidade não se confunde com conflituosidade, até porque nem todo conflito é reconhecido formalmente pelas partes ou as leva a invocar a intervenção de um terceiro para sua resolução. Há, na realidade, uma série de outros fatores que influenciam o reconhecimento do conflito, sua evolução e a decisão dos envolvidos de ajuizar uma demanda (ou um litígio). Daí porque litigiosidade, segundo Maria Cecília de Araújo Asperti, deve ser entendida como demanda pela prestação jurisdicional.[64]

---

[62] Fonte: IBGE.

[63] A esse respeito, afirma Carlos Alberto de Salles: *"o desconhecimento do conflito gera efeitos disfuncionais para a própria Administração. Em primeiro lugar, retira dela a tarefa de solucioná-los de maneira eficiente, impedindo que (sic) gerarem consequências externas, como a propositura de ações judiciais. Por outro lado, afasta das práticas administrativas a utilização de mecanismos aptos a solucionar consensualmente as controvérsias efetivamente existentes. Múltiplas são as possibilidades de a Administração se envolver em conflito, como, também, os instrumentos disponíveis para solucioná-lo"* (Cf. SALLES, Carlos Alberto de. *Arbitragem em Contratos Administrativos*, cit., p. 119).

[64] ASPERTI, Maria Cecília de Araujo, cit., pp. 15/16.

ADMINISTRAÇÃO PÚBLICA LITIGANTE

Esse aumento no volume de processos ajuizados, anualmente comprovado pelos relatórios do CNJ, pode ser atribuído a uma série de fatores que se situam tanto fora das instituições judiciárias – como a conjuntura socioeconômica, expansão de direitos, proliferação de normas, massificação das relações de consumo, dinamização do fluxo de informações etc. –, quanto à sua porta e em seu interior, pela facilitação do acesso, criação de novas portas, receptividade de teses jurídicas, tramitação processual, dentre outros.[65]

Dentre esses fatores, há elementos que influenciam especificamente o aumento no volume de processos que versam sobre questões de fato e de direito semelhantes, identificados como "processos repetitivos" ou "demandas repetitivas".[66] No entanto, a repetição das questões de fato e de direito não implica a repetição das mesmas partes em ambos os polos da demanda. A presença constante do ente público em um dos polos se contrapõe à presença ocasional do particular em outro. Repetitivo é apenas um dos litigantes envolvidos.[67] [68]

---

[65] Alguns fatores que podem ser relacionados ao aumento do volume e da complexidade dos conflitos levados ao Judiciário são a criação dos Juizados de Pequenas Causas, em 1984 (Lei 7.244/84), a edição da Lei de Ação Civil Pública, em 1985 (Lei 7.347/85), a promulgação da Constituição Federal de 1988 – que fortaleceu instituições como o Ministério Público e Defensorias Públicas e previu uma série de garantias e direitos fundamentais –, e a edição do Código de Defesa do Consumidor em 1990. A partir de 1990, a privatização de empresas estatais, criação de agências reguladoras, universalização de serviços e o fluxo de informações também contribuíram para judicialização de serviços regulados, notadamente a partir de 2005, com aumento expressivo da classe média brasileira.

[66] ASPERTI, Maria Cecília de Araujo, cit., p. 16.

[67] De fato, geralmente se está diante de um litigante habitual (*repeat player*), de um lado, e de um litigante eventual (*one-shotter*), de outro, para usar conceitos consagrados por Marc Galanter (GALANTER, Marc. *Por que quem tem sai na frente: especulações sobre os limites da transformação o direito*. Tradução: Ana Carolina Chasin. São Paulo: Editora Saraiva, no prelo (2014). Título original: *Why the 'Haves' come out ahead: speculations on the limits of legal change*).

[68] Diante disso, é possível admitir como litigiosidade repetitiva os processos nos quais conste sempre uma mesma parte, a mesma causa de pedir e o mesmo pedido. Tal fórmula não contemplará todas as situações, mas poderá traçar um panorama factível do fenômeno de que se está tratando. Assim, uma operadora de celular que possui uma falha na prestação do serviço de telecomunicação será reiteradamente demandada no Judiciário por seus consumidores por conta dessa prestação insatisfatória, com mesma causa de pedir e pedido. Um banco que cobra taxas de juros exorbitantes, da mesma forma, será demandado por muitos dos seus clientes insatisfeitos. Uma interpretação do INSS que desfavoreça segurados, aposentados ou pensionistas em relação a benefícios, também resultará em processos. Um tributo que

Ainda que a sobrecarga de processos e a insuficiência estrutural sejam elementos centrais na chamada "crise do Judiciário", não se pode limitar a análise a essa visão funcional, que é útil apenas para a estruturação de respostas essencialmente pautadas na produtividade dos magistrados e dos demais servidores dos cartórios judiciais. Essas medidas podem contribuir para uma resposta mais tempestiva, porém, não se prestam para o enfrentamento da incapacidade das estruturas judiciárias de atender adequadamente à crescente procura.

E o que se percebe é que a Administração se encontra em conflitos repetidos, sem que haja uma iniciativa contundente para conter essa proliferação de demandas, situação que acaba por exigir um Judiciário maior, uma advocacia pública maior, um orçamento maior, enfim, um custo elevado que tem de ser pago por toda a sociedade.

Em pesquisa realizada pela Fundação Getúlio Vargas, foram analisados julgamentos de apelações contra sentenças em que os juízes aplicaram o art. 285-A do CPC/73, considerando, portanto, tais demandas repetitivas, no TJRS, TJSP e TRF3, destacando dois casos: um de Direito Previdenciário (desaposentação) e um de Direito do Consumidor (contratos bancários).[69]

À medida que o estudo dos casos foi avançando, foi possível perceber, segundo as autoras da pesquisa, que as causas, atores envolvidos e trajetória por que passa o conflito antes de chegar ao Judiciário e dentro dele são variáveis que podem ser replicadas em outros casos e que ajudam a entender e, talvez, até mesmo recolocar em questão o papel do Judiciário na sociedade brasileira nos dias de hoje.[70]

---

não é pago pelo contribuinte será inscrito na dívida ativa e cobrado através da execução fiscal pela Fazenda. Litigiosidade repetitiva, em suma, é repetição de demandas no Judiciário que tratam do mesmo assunto.

[69] Pesquisa coordenada por Daniela Monteiro Gabbay e Luciana Gross Cunha. Tais áreas representam parcela significativa do volume de demandas repetitivas tanto na Justiça Federal (previdenciário), quanto na Justiça Estadual (consumidor), assim como nos Juizados Especiais Federais e nos Juizados Especiais Cíveis. Ademais, segundo as autoras, são representativas de um amplo cenário de litigiosidade que representa tanto a atuação do Poder Público e seus organismos (por exemplo o INSS, Procuradorias, Ministério da Previdência) quanto de entidades privadas (por exemplo instituições financeiras) e da sociedade civil, personificada nos aposentados e consumidores que se envolvem em demandas judiciais (GABBAY, Daniela Monteiro, CUNHA, Luciana Gross (org.). *Litigiosidade, Morosidade e Litigância Repetitiva: uma análise empírica*, cit., p. 26).

[70] GABBAY, Daniela Monteiro, CUNHA, Luciana Gross (org.). *Litigiosidade, Morosidade e Litigância Repetitiva: uma análise empírica*, cit., p. 26.

Isso porque os conflitos ou potenciais conflitos iniciam seu trajeto de judicialização, em regra, a partir de um ponto comum, que é a ideia de interesse, prejuízo ou oportunidade – que não se confunde com "oportunismo".

Como atores relevantes que surgem nesse ambiente propício ao crescimento do volume dos processos judiciais, o primeiro é o cidadão, que se mostra capaz de identificar no seu dia a dia ameaça ou lesão aos seus direitos, alimentado pela mídia e advogados (centrais na difusão de informação) e organizações da sociedade civil. Além desses atores, **o Poder Público também contribui para a construção do ambiente de litigiosidade**, seja por meio de práticas gerenciais, seja na criação ou modificação das políticas públicas, ou, ainda, através da cobrança da dívida ativa, causa geradora do grande volume de execuções fiscais.

Contribui ainda o Poder Público, segundo a publicação, pela forma de regulamentação das relações público-privadas e entre os próprios entes privados, marcado pelo excesso de normas e por "zonas cinzentas de regulamentação", que favorecem o surgimento de conflitos interpretativos acerca do Direito aplicável a determinada situação de fato, bem como de oportunidades para criação de teses jurídicas que chegam ao Judiciário.[71]

Igualmente, a demora das decisões dos Tribunais Superiores reflete no aumento da litigiosidade e morosidade processual nas instâncias judiciais e administrativas inferiores, na medida em que há uma tendência de estas se posicionarem apenas depois de uma resposta definitiva da cúpula do Judiciário – centralização decisória nas instâncias superiores. Ademais, concluiu-se que o papel que o Judiciário desempenha não é apenas decisório, mas também certificador de outras formas de soluções de conflitos (especialmente as consensuais), geradas em outros foros. A legitimidade

---

[71] GABBAY, Daniela Monteiro, CUNHA, Luciana Gross (org.). *Litigiosidade, Morosidade e Litigância Repetitiva: uma análise empírica*, cit., p. 27/28. Para as autoras, a massificação das demandas é influenciada especialmente por (i) massificação da informação, movimento potencializado por advogados e pela mídia, (ii) massificação do consumo e incapacidade de gestão empresarial de qualidade de bens e serviços cada vez mais sofisticados e diversificados, (iii) massificação na captação da clientela e ponderação da relação custo vs. benefícios, (iv) massificação e padronização da atuação em processos administrativos e judiciais: gestão de processos repetitivos por advogados, pelas empresas (terceirização de serviços advocatícios), pelos procuradores e pelo Judiciário (p. 153).

dos meios alternativos de solução de conflitos tem uma relação próxima com o sistema de Justiça.[72] [73]

Ao se pensar nesses arranjos institucionais e nos papéis dos atores envolvidos, convém remeter à proposição do autor norte-americano Marc Galanter de que as reformas necessárias para mitigar as vantagens dos litigantes repetitivos no Judiciário não compreendem somente mudanças legislativas, mas também uma reestruturação das instituições de justiça, de prestação de serviços jurídicos e da organização das partes, reunindo-se litigantes ocasionais em grupos capazes de agir de forma coordenada e estratégica.[74]

A identificação do papel desempenhado pelos atores envolvidos, das escolhas realizadas pelo Judiciário e de sua repercussão no tratamento das disputas repetitivas visa trazer subsídios para que a estruturação dos programas judiciais leve em conta o desequilíbrio existente entre as partes e demais riscos que decorrem do fomento da conciliação e da mediação pelo Judiciário como forma de lidar com a litigiosidade repetitiva, adotando-se procedimentos capazes de responder mais adequadamente às características dessas disputas e de seus litigantes.[75]

---

[72] GABBAY, Daniela Monteiro, CUNHA, Luciana Gross (org.). *Litigiosidade, Morosidade e Litigância Repetitiva: uma análise empírica*, cit., p. 153. Por fim, as pesquisadoras concluem que a coletividade de demandas, os meios alternativos de solução de conflitos, medidas de gerenciamento, julgamento em lote de processos repetitivos são medidas que vêm sendo aplicadas, mas cuja efetividade depende de sua integração em relação ao trajeto maior em que se encontram.

[73] Fernando da Fonseca Gajardoni afirma que a degenerescência do processo como meio de solução de litígios é proporcional à busca de outras formas de resolução de conflitos, as quais, deformalizando as controvérsias (mediação e conciliação) ou não (arbitragem e processo administrativo), poderiam abreviar consideravelmente o resultado da demanda, oferecendo tutela jurisdicional mais rápida do que a prestada pelo Estado (GAJARDONI, Fernando da Fonseca, *Técnicas de Aceleração do Processo*, cit., pp. 101/102).

[74] GALANTER, Marc. *Por que quem tem sai na frente: especulações sobre os limites da transformação o direito*, cit.. De acordo com o autor, o fato de estar constantemente em juízo traz diversas vantagens ao litigante habitual, dentre as quais destacam-se: (a) a repetição cria um conhecimento prévio do que irá acontecer em casos futuros e, assim, o litigante habitual pode estruturar a transação e criar um registro; (b) o litigante habitual desenvolve *expertise* e possui rápido acesso a especialistas, vale-se da economia de escala e de custos iniciais baixos para começar qualquer caso; e (c) o litigante habitual pode jogar com as estatísticas, pois quanto mais a questão tende a ser decidida a seu favor, mais tende a adotar uma estratégia de minimizar a probabilidade de uma perda máxima; como as apostas são relativamente baixas, o *repeat player* pode adotar estratégias para maximizar ganhos em uma longa série de casos, ainda que isto envolva um risco de maximizar perdas em alguns casos.

[75] ASPERTI, Maria Cecília de Araujo. Cit., p. 139.

1.1.3.1. Execução Fiscal

Como já mencionado, parte expressiva do volume de processos na Justiça é relativa a execuções fiscais. Dos 80,1 milhões de processos pendentes de baixa no final de 2017, mais da metade deles (53%) se referia à fase de execução. A maior parte dos processos de execução é composta pelas execuções fiscais, que representam 74% do estoque em execução. Esses processos são os principais responsáveis pela alta taxa de congestionamento do Poder Judiciário, representando aproximadamente 39% do total de casos pendentes e congestionamento de 92% em 2017.[76] [77]

Na tentativa de reduzir esse atolamento do Poder Judiciário com executivos fiscais, tramitam no Congresso Nacional os Projetos de Lei nºs 5080 e 5081 de 2009, apensados ao PL nº 2412/2007, que tornam boa parte do processo executivo fiscal em administrativo, atribuindo à Fazenda credora atos que atualmente são judiciais. Até o momento, porém, não foram aprovados no Legislativo e a discussão continua.

O STF chegou a montar um grupo de trabalho com integrantes da Administração Federal, visando desenvolver uma estratégia para aumentar a arrecadação através das execuções fiscais, cujos instrumentos principais são a desburocratização dos executivos fiscais e a utilização de métodos alternativos.[78] Contudo, não houve progresso.

---

[76] De acordo com o CNJ, a taxa total de congestionamento do Judiciário é de 72,1%, sendo 62,5% na fase de conhecimento e 86,4% na execução. Se considerada apenas a execução fiscal, a taxa é de 91,7% [Cf. Justiça em Números, relatório de 2018 (ano-base 2017), cit., pp. 121/128].

[77] No Tribunal de Justiça de São Paulo (TJSP), por exemplo, dos cerca de 20 (vinte) milhões de processos tramitando em 2014, 12 (doze) milhões eram execuções fiscais, ou seja, espantosos 60% dos processos [Cf. NALINI, José Renato, *Justiça é Obra Coletiva*, artigo publicado na coluna "Tendências e Debates" da Folha de S.Paulo, no dia 09/03/2014 (disponível em http://www1.folha.uol.com.br/opiniao/2014/03/1422463-jose-renato-nalini-justica-e-obra-coletiva.shtml)]. No TJSP, no contexto de informatização dos processos, foi implementada, em 2015, a execução fiscal eletrônica, de forma que todas as novas execuções fiscais estão sendo promovidas de forma eletrônica (processo eletrônico). Com isso, busca-se dar maior celeridade ao procedimento e, consequentemente, reduzir o monstruoso acervo.

[78] Segundo o Ministro Ricardo Lewandowski, então presidente do Supremo Tribunal Federal (biênio 2014-2016), as execuções fiscais nas três esferas de governo são processos lentos, principalmente em razão do grande número de ações tramitando na Justiça. O ministro afirma que 30% dos processos em tramitação atualmente no Brasil são execuções fiscais (Cf. notícia veiculada na página do STF na internet, no dia 02/12/2015, disponível em <http://www.stf.jus.br/portal/cms/verNoticiaDetalhe.asp?idConteudo=305362>). Ainda de acordo com a notícia,

O Conselho Nacional de Justiça, atento à questão, editou a Resolução nº 261, de 11 de setembro de 2018, que cria e institui a Política e o Sistema de Solução Digital da Dívida Ativa, com o objetivo de melhorar a composição entre o contribuinte e as Fazendas Públicas, em atenção à eficiência da execução e à razoável duração do processo. Pela Resolução 261/18, o CNJ desenvolverá o Sistema – que poderá atender às execuções fiscais relativas ao Judiciário Federal e Estadual, pré-processuais ou processuais, tributárias ou não – e criará grupo de trabalho específico, a fim de propor parâmetros para a fixação de percentuais de remissão dos créditos federais.

Por outro lado, muitas Procuradorias estão se valendo do protesto da certidão de dívida ativa, nos termos do art. 1º, parágrafo único da Lei nº 9.492/1997[79], com a redação da Lei nº 12.767/2012, como forma de coerção dos credores ao pagamento, sem necessidade de ajuizamento da execução fiscal. Essa iniciativa tem gerado bons resultados. No entanto, é preciso que os cadastros de contribuintes estejam atualizados, sob pena de o protesto não ser efetivo e ainda gerar diversas ações judiciais, muitas com pedido de indenização por dano moral.

Ainda é preciso adotar novas medidas a fim de diminuir o elevado volume de executivos fiscais, o que certamente passa pela utilização de meios alternativos de solução de conflitos, notadamente a negociação e a conciliação, em especial através de mutirões.

Neste sentido, a Prefeitura do Município de São Paulo é comprometida desde 2015 com o "Programa Município Amigo da Justiça" do Tribunal de Justiça do Estado de São Paulo, através da celebração de Termos de Compromisso. Inicialmente instituído pela Portaria PRE nº 9.127/2015 e, atualmente, regulamentado pela Portaria nº 9.468/2017, o Programa visa

---

a expectativa era de que houvesse resultados já em 2016. O Ministro Ricardo Lewandowski afirmou: "É um momento em que o Poder Judiciário colabora com o Poder Executivo no ajuste fiscal neste momento difícil em que estamos vivendo. Pretendemos atacar em várias frentes, desburocratizando a execução fiscal e utilizando novos meios, como a conciliação e a mediação, previstas no novo Código de Processo Civil, e que podem ser utilizadas com os devedores do Fisco". E conclui: *"Vamos estudar não só alterações legislativas, mas também modificações administrativas para agilizar essa cobrança. Vamos ver onde estão os gargalos e buscar soluções".*

[79] Art. 1º Protesto é o ato formal e solene pelo qual se prova a inadimplência e o descumprimento de obrigação originada em títulos e outros documentos de dívida.

Parágrafo único. Incluem-se entre os títulos sujeitos a protesto as certidões de dívida ativa da União, dos Estados, do Distrito Federal, dos Municípios e das respectivas autarquias e fundações públicas.

a redução do número de ações judiciais em que o Município figure como autor ou réu, especialmente as de natureza executiva fiscal, mediante a adoção de soluções alternativas de resolução de conflitos e de medidas bilaterais concretas destinadas a viabilizá-las.

Um dos compromissos do TJSP é o de promover, periodicamente, em conjunto com o Município, temporadas e mutirões de conciliação e mediação em casos de interesse do Poder Público Municipal, selecionados e relacionados a tema ou demanda específicos.[80] Já um dos compromissos do Município é manter e ampliar os métodos alternativos de cobrança administrativa, especialmente a anotação em cadastro de inadimplentes, convocação administrativa, conciliação e mediação, parcelamento e protesto extrajudicial da Certidão de Dívida Ativa.[81] [82]

Mais iniciativas como essas são esperadas – especialmente a instalação de um CEJUSC no Anexo Fiscal da Capital – visando diminuir o infindável número de execuções fiscais e aproximar cada vez mais o Fisco dos contribuintes.

---

[80] Outro compromisso do TJSP é envidar esforços para concretizar o Termo de Cooperação Técnica 087/13, anteriormente celebrado entre o Município e o TJSP, restrito ao tratamento dos executivos fiscais municipais, e promover reunião temática para avaliar a ampliação de sua abrangência contemplando todo o Foro da Fazenda Pública da Capital e todos os processos da Primeira Instância em que a municipalidade e suas entidades figurem como parte ou interessado.

[81] Outros compromissos do Município: não proceder o ajuizamento de cobranças antieconômicas, medida adotada desde a edição da Lei Municipal nº 14.800/08 e atualizada pela Lei Municipal nº 16.097/14, e continuar evitando a cobrança judicial das multas de trânsito, dando total prioridade à cobrança extrajudicial; esclarecer dúvidas e facilitar o acesso a informações por diversos meios, inclusive irrestritamente pela Internet, para estimular a possibilidade de os interessados emitirem documento de arrecadação para quitar ou parcelar as dívidas inscritas, evitando a realização de depósitos judiciais desnecessários; realizar, com zelo e eficiência, previamente à inscrição em dívida ativa, o controle de liquidez e certeza dos créditos municipais, e assegurar aos munícipes amplo acesso às instâncias administrativas de impugnação, com efetiva análise das razões dos interessados, incluindo – nas questões tributárias – apreciação recursal por Conselho com participação da sociedade civil; buscar parcerias com o TJSP, com vistas a promover a solução pacífica de demandas por meio da conciliação e mediação de conflitos.

[82] Em 2017, foi realizado um mutirão de conciliação no CEJUSC Central para adesão de contribuintes ao Programa de Parcelamento Incentivado – PPI 2017. O resultado foi de 100% (cem por cento) de realização de acordos: todos que compareceram ao mutirão aderiram ao PPI e se comprometeram a pagar os débitos fiscais pendentes de IPTU com os benefícios do programa. Todos os acordos foram homologados por sentença judicial.

1.1.3.2. Julgamento de Casos Repetitivos

O NCPC considera julgamento de casos repetitivos a decisão proferida em incidente de resolução de demandas repetitivas – IRDR e em recursos especial e extraordinário repetitivos, tendo por objeto questão de direito material ou processual (art. 928 do NCPC). Inovou o legislador em relação ao CPC/73 ao criar o IRDR como novo mecanismo para o enfrentamento de demandas repetitivas e ao estender ao recurso extraordinário a sistemática existente ao recurso especial.

O IRDR pode ser instaurado quando houver efetiva repetição de processos que contenham controvérsia sobre a mesma questão unicamente de direito e risco de ofensa à isonomia e à segurança jurídica (arts. 976 a 987).

O pedido de instauração do incidente será dirigido ao presidente de tribunal pelo juiz ou relator, por ofício, pelas partes, por petição ou pelo Ministério Público ou pela Defensoria Pública, por petição. Será julgado no prazo de um ano e terá preferência sobre os demais feitos. O relator, ao admitir o incidente, suspenderá os processos pendentes, individuais ou coletivos, que tramitam no Estado ou região, conforme o caso.

Julgado o incidente, **a tese jurídica será aplicada a todos os processos** individuais ou coletivos que versem sobre idêntica questão de direito e que tramitem na área de jurisdição do respectivo tribunal, inclusive àqueles que tramitem nos juizados especiais do respectivo Estado ou região e aos casos futuros que versem idêntica questão de direito e que venham a tramitar no território de competência do tribunal. Caso não observada a tese adotada no incidente, caberá reclamação.

Da decisão de mérito do incidente, cabem recursos especial e extraordinário. Uma novidade da lei é que estes recursos, diferentemente da regra geral, possuem efeito suspensivo, presumindo-se a repercussão geral de questão constitucional eventualmente discutida. Apreciado o mérito do recurso, a tese jurídica adotada pelo Supremo Tribunal Federal ou pelo Superior Tribunal de Justiça será aplicada no território nacional a todos os processos individuais ou coletivos que versem sobre idêntica questão de direito.

Já o julgamento de recursos especial e extraordinário repetitivos pelo Superior Tribunal de Justiça e pelo Supremo Tribunal Federal, respectivamente, está previsto nos arts. 1036 e seguintes do NCPC. Neste mecanismo ocorre a afetação de dois ou mais recursos representativos da controvérsia relativa a questão de direito, com a suspensão do trâmite de todos os processos pendentes, individuais ou coletivos, que tramitem no Estado ou Região do tribunal que encaminhou o recurso, se for o caso.

Publicado o acórdão paradigma, o presidente ou o vice-presidente do tribunal de origem **negará seguimento** aos recursos especiais ou extraordinários sobrestados na origem, se o acórdão recorrido coincidir com a orientação do tribunal superior; o órgão que proferiu o acórdão recorrido, na origem, **reexaminará o processo** de competência originária, a remessa necessária ou o recurso anteriormente julgado, se o acórdão recorrido contrariar a orientação do tribunal superior; os processos suspensos em primeiro e segundo graus de jurisdição retomarão o curso para julgamento e aplicação da tese firmada pelo tribunal superior; e se os recursos versarem sobre questão relativa a prestação de serviço público objeto de concessão, permissão ou autorização, o resultado do julgamento será comunicado ao órgão, ao ente ou à agência reguladora competente para fiscalização da efetiva aplicação, por parte dos entes sujeitos a regulação, da tese adotada.

Trata-se, portanto, de importante mecanismo previsto pelo legislador para lidar com o grande contingente de processos em litigiosidade repetitiva. A investigação desse debate é fundamental, inclusive, para a contextualização do estudo de políticas judiciais que incentivam o uso de meios consensuais para tratamento de demandas repetitivas.

A Advocacia Pública deve estar atenta e provocar a instauração do incidente quando for o caso, bem como se manifestar como *amicus curiae* tanto no IRDR, quanto nos recursos especial e extraordinário repetitivos. Ademais, diante do julgamento do caso repetitivo, bem como das demais hipóteses previstas no *caput* do art. 927 do código[83], quando o entendimento for contrário ao defendido pela Fazenda Pública, o Procurador Geral não só deve autorizar a dispensa de recursos, como também o reconhecimento do pedido, a desistência de recursos pendentes e até a elaboração de propostas de acordos judiciais, visando diminuir o ônus ao erário.

---

[83] Art. 927. Os juízes e os tribunais observarão:

I – as decisões do Supremo Tribunal Federal em controle concentrado de constitucionalidade;

II – os enunciados de súmula vinculante;

III – os acórdãos em incidente de assunção de competência ou de resolução de demandas repetitivas e em julgamento de recursos extraordinário e especial repetitivos;

IV – os enunciados das súmulas do Supremo Tribunal Federal em matéria constitucional e do Superior Tribunal de Justiça em matéria infraconstitucional;

V – a orientação do plenário ou do órgão especial aos quais estiverem vinculados.

1.1.4. Judicialização de Políticas Públicas

Inserido no contexto da litigiosidade envolvendo a Administração Pública, o controle jurisdicional de políticas públicas é um tema que cada vez mais ganha espaço de discussão nos âmbitos político, jornalístico e, claro, jurídico. E não é por menos. O tema envolve debates sobre a possibilidade do Poder Judiciário fazer o controle, quais os limites, o problema do impacto orçamentário, entre outras variáveis que devem ser analisadas em cada caso.[84] Por isto tem sido chamado de ativismo judicial.[85]

Neste aspecto, a significativa ineficiência do Poder Público em garantir direitos fundamentais é determinante para a judicialização. A despeito do *caput* do art. 37 da Constituição Federal prever como princípio geral da Administração Pública o da eficiência – entre outros, como o da legalidade e o da moralidade[86] –, o que se observa no Brasil é a ausência de gestão responsável por parte dos agentes públicos e a corrupção enraizada nas estruturas administrativas.

Esta realidade somada ao fortalecimento dos órgãos de controle – em especial o Ministério Público, mas também a sociedade civil como um todo –, fez com que a omissão estatal na prestação de serviços públicos essenciais fosse parar nos tribunais.

---

[84] Kazuo Watanabe faz interessante abordagem sobre qual seria o limite da utilização do processo de interesse coletivo para a discussão das políticas públicas: *"Podemos questionar, perante o Judiciário, acerca da política de construção de escolas de uma determinada municipalidade? Nos casos extremos, como o de uma comunidade que não tenha uma única escola, a solução seria mais fácil. Mas se na comunidade já existem inúmeras escolas, poderia o Ministério Público, com base na arrecadação efetiva do município e no número de crianças em idade escolar, reclamar em juízo, através da ação coletiva, a construção de mais escolas? Seria dado ao Judiciário esse tipo de controle de políticas públicas? Muita gente (ocupantes temporários de cargos públicos) está ficando muito incomodada e mesmo irritada com a atuação do Ministério Público no controle das políticas públicas e com a intervenção do Judiciário nessas áreas, de sorte que é importante e mesmo urgente que haja perfeita definição dos limites para a atuação do Parquet e do Judiciário"* (WATANABE, Kazuo. *Processo Civil de Interesse Público: Introdução*. In SALLES, Carlos Alberto de (org.), *Processo Civil e Interesse Público – o processo como instrumento de defesa social*. São Paulo: Revista dos Tribunais, 2003, pp. 20-21).

[85] A respeito, v. nossa tese de láurea *Ativismo judicial e a garantia da imparcialidade do juiz*, apresentada em 2006, como requisito para obtenção do título de bacharel em Direito na Universidade de São Paulo (USP).

[86] Art. 37. A administração pública direta e indireta de qualquer dos Poderes da União, dos Estados, do Distrito Federal e dos Municípios obedecerá aos princípios da legalidade, impessoalidade, moralidade, publicidade e eficiência, e, também, ao seguinte: (...)

Segundo Maria Paula Dallari Bucci, políticas públicas são a coordenação dos meios à disposição do Estado, harmonizando as atividades estatais e privadas para a realização de objetivos socialmente relevantes e politicamente determinados. As políticas públicas são objeto de estudo de direito público, em sentido lato[87], sendo que a temática é oriunda da Ciência Política e da Ciência da Administração Pública. Defini-la como campo de estudo jurídico é um movimento que faz parte de uma abertura do Direito para a interdisciplinaridade[88].

A política, segundo a citada autora, é mais ampla que o plano e se define como o processo de escolha dos meios para a realização dos objetivos do governo, com a participação dos agentes públicos e privados. Políticas públicas são, assim, os programas de ação do governo, para a realização de objetivos determinados, num espaço de tempo certo.[89]

A origem normativa da política pública é o Poder Legislativo, mesmo que resulte da iniciativa legislativa do governo. Dentre as diferentes acepções possíveis de política pública, o que há de comum sob o mesmo conceito jurídico é o processo político de escolha de prioridades para o governo, que se faz tanto em termos de objetivos, como de procedimentos.

Neste sentido, embora os direitos sociais, assim como os direitos e liberdades individuais, impliquem tanto direitos a prestações em sentido estrito (positivos), quanto direitos de defesa (negativos), e ambas as dimensões demandem o emprego de recursos públicos para a sua garantia, para o Ministro do Supremo Tribunal Federal, Gilmar Mendes, o principal argumento contrário à sua judicialização é a *dimensão prestacional* (positiva) dos direitos sociais.[90]

A dependência de recursos econômicos para a efetivação dos direitos de caráter social leva alguns estudiosos a defender que as normas que consagram tais direitos assumem a feição de normas programáticas, dependentes, portanto, da formulação de políticas públicas para se tornarem exigíveis. Nesse sentido, a intervenção do Poder Judiciário, ante a omissão estatal quanto à construção satisfatória dessas políticas, violaria o princípio

---

[87] BUCCI, Maria Paula Dallari. *As Políticas Públicas e o Direito Administrativo*. In *Revista Trimestral de Direito Público*, 13/1996, São Paulo, Malheiros, p. 135/136.

[88] BUCCI, Maria Paula Dallari. *O conceito de política pública em direito*. In: BUCCI, Maria Paula Dallari (org.) Políticas Públicas: Reflexões sobre o conceito Jurídico. São Paulo: Saraiva, 2006, p. 1.

[89] BUCCI, Maria Paula Dallari. *As Políticas...*, cit., p. 140.

[90] Voto proferido no AgReg na STA 175/CE, do Supremo Tribunal Federal.

da separação dos Poderes e o princípio da reserva do financeiramente possível.[91] Assim, afirma-se que as políticas públicas não se resumem a decisões isoladas, cujos efeitos repercutem num só indivíduo.

Diante disso, argumenta-se que o Poder Judiciário, o qual estaria vocacionado a concretizar a justiça do caso concreto, muitas vezes, não teria condições de analisar as consequências globais da destinação de recursos públicos em benefício daquele que pede a prestação de um direito social, com invariável prejuízo para o todo.

Por outro lado, os direitos sociais são indispensáveis para a realização da dignidade da pessoa humana, em especial o direito à saúde, o que legitimaria a atuação do Poder Judiciário na sua concretização. Assim, ao menos o "mínimo existencial" de cada um dos direitos – exigência lógica do princípio da dignidade da pessoa humana – não poderia deixar de ser objeto de apreciação judicial.[92]

De toda forma, parece possível defender que problemas concretos deverão ser resolvidos levando-se em consideração todas as perspectivas que a questão dos direitos sociais envolve. Juízos de ponderação são inevitáveis

---

[91] Em relação aos direitos sociais, é preciso levar em consideração que a prestação devida pelo Estado varia de acordo com a necessidade específica de cada um. Assim, enquanto o Estado tem que dispor de um determinado valor para arcar com o aparato capaz de garantir a liberdade de todos universalmente, no caso de um direito social como a saúde, por outro lado, deve dispor de valores variáveis em função das necessidades individuais. Gastar mais recursos com uns do que com outros envolve, portanto, a adoção de critérios distributivos para esses recursos. Como "o cobertor é curto", passam a ser necessárias escolhas alocativas, as quais devem seguir critérios de justiça distributiva, configurando-se como típicas opções políticas, as quais pressupõem "escolhas trágicas" pautadas por critérios de macrojustiça. Em outras palavras, a escolha da destinação de recursos para uma política e não para outra leva em consideração fatores como o número de pessoas atingidas pela política eleita, a efetividade e a eficácia do serviço a ser prestado, a maximização dos resultados etc. (Cf. Gilmar Mendes, no voto supra mencionado).

[92] Aqui cabe distinguir, de acordo com Eduardo Talamini, entre as hipóteses normativas constitucionais de que se extrai apenas o dever do Estado realizar políticas públicas de caráter social e aquelas que, mais do que a imposição de diretrizes objetivas estatais, embasam direitos subjetivos públicos. No primeiro caso, dentro de certas condições, poder-se-á falar em restrições mais amplas à tutela jurisdicional. Já na segunda, em regra, é viável o recurso do indivíduo ao Judiciário, para fruição concreta da utilidade assegurada pelo direito fundamental de cunho social. Para algumas situações, revela-se adequada a tutela prevista no artigo 461 do CPC/73: possibilidade de concessão antecipada de proteção (§ 3º) e o amplo leque de medidas empregáveis para sua concretização (§§ 4º e 5º). (TALAMINI, Eduardo. *Tutela relativa aos deveres de fazer e de não fazer.* 2ª Ed, RT: São Paulo, 2003, p. 140/141).

nesse contexto repleto de conflitos entre princípios e diretrizes políticas, isto é, entre direitos individuais e bens coletivos.

O tema já foi objeto de análise do Supremo Tribunal Federal, na ADP-F-MC nº 45/DF, de relatoria do Ministro Celso de Mello, oportunidade na qual se afirmou a legitimidade constitucional do controle e da intervenção do Poder Judiciário em tema de implementação de políticas públicas, quando configurada hipótese de abusividade governamental.

Ada Pellegrini Grinover, a esse respeito, coloca como limites para o controle judicial de políticas públicas o *mínimo existencial*[93], a *reserva do possível*[94][95] e a *razoabilidade*.[96]

---

[93] A garantia do mínimo existencial diz respeito à preservação de condições mínimas para a existência humana com dignidade e exige prestações positivas por parte do Estado. Costuma-se incluir no mínimo existencial, entre outros, o direito à educação fundamental, o direito à saúde básica, o saneamento básico, a concessão de assistência social, a tutela do ambiente, o acesso à justiça. É esse núcleo central que, uma vez descumprido, justifica a intervenção do Judiciário nas políticas públicas, para corrigir seus rumos ou implementá-las (Cf. GRINOVER, Ada Pellegrini. *O Controle de Políticas Públicas pelo Poder Judiciário*. In *O Processo: Estudos & Pareceres*, São Paulo, DPJ Editora, 2009, p. 43).

[94] A reserva do possível refere-se à necessidade de verificação da disponibilidade financeira do Estado para implementação de determinada política pública. Assim como a teoria do mínimo existencial, costuma-se apontar uma origem germânica para a defesa da reserva do possível (*Der Vorbehalt dês Möglichen*) (JACOB, Cesar Augusto Alkmin. A '*reserva do possível*': *obrigação de previsão orçamentária e de aplicação da verba*, no prelo, p. 10). O conceito evoluiu e jamais se distanciou da essência de se tratar de uma defesa do Estado perante demandas não previstas ou não possíveis.

[95] No Brasil, a teoria vem sendo usada principalmente após a Constituição de 1988, havendo três posições básicas adotadas a respeito: (i) os defensores do argumento seja qual for o direito discutido, velando pelo cumprimento rigoroso dos orçamentos; (ii) os que não aceitam tal alegação em hipótese alguma, por entenderem se tratar de questão de menor importância diante da realização dos direitos humanos; e (iii) quem aceite o argumento com reservas, nos casos em que, por um exercício de ponderação de valores, o direito pleiteado não deva se sobrepor à necessidade de previsão orçamentária da despesa decorrente de sua concessão (JACOB, cit., p. 10).

[96] Já a razoabilidade mede-se pela aplicação do princípio constitucional da proporcionalidade, que significa, segundo Ada, a busca do justo equilíbrio entre os meios empregados e os fins a serem alcançados. A clássica definição de José Joaquim Gomes Canotilho subdivide a razoabilidade em três subprincípios, quais sejam, princípio da conformidade ou adequação de meios, princípio da exigibilidade ou da necessidade e princípio da proporcionalidade em sentido estrito (GRINOVER, cit., p. 43). O primeiro deles impõe que a medida a ser adotada seja adequada ao fim que se pretende. O segundo, por sua vez, impõe a ideia de menor desvantagem possível ao interessado. Finalmente, o terceiro importa na justa medida entre os meios adotados e o fim pretendido.

A esse respeito, o Ministro Celso de Mello, no julgamento do Agravo Regimental na Suspensão de Tutela Antecipada 175, afirmou que a cláusula da reserva do possível –ressalvada a ocorrência de justo motivo objetivamente aferível– não pode ser invocada, pelo Estado, com a finalidade de exonerar-se, dolosamente, do cumprimento de suas obrigações constitucionais. A mera alegação da ausência de recursos não basta para o acolhimento da reserva do possível, devendo a Administração provar que realmente não dispõe dos valores suficientes para a implementação da política pública. O Judiciário poderá, dessa forma, condenar a Administração a uma obrigação de fazer em duas etapas: primeiro, a inclusão no orçamento da verba necessária ao adimplemento da obrigação para, em seguida, obrigá-la a aplicar a verba para o adimplemento da obrigação.[97] [98] [99]

Em linhas gerais, percebe-se que **ocorreu a judicialização demasiada das políticas públicas**, o que acabou levando para o Judiciário muitos debates que deveriam ocorrer no âmbito do Legislativo e do Executivo, com participação social. Não pode caber em definitivo ao juiz, que não foi democraticamente eleito, definir políticas públicas e a distribuição de recursos no orçamento.[100]

---

[97] Trata-se de um direito público subjetivo assegurado à generalidade das pessoas, que conduz o indivíduo e o Estado a uma relação jurídica obrigacional, conforme já reconhecido pelo STF. O Ministro Gilmar Mendes cita trecho de voto do Ministro Celso de Mello no AgR-RE n.º 271.286-8/RS: *"a interpretação da norma programática não pode transformá-la em promessa constitucional inconseqüente"*, legitimando a atuação do Poder Judiciário nas hipóteses em que a Administração Pública descumpra o mandamento constitucional em apreço.

[98] O tema também poderá ser apreciado pelo Tribunal no RE 566.471, Rel. Min. Marco Aurélio, o qual tem repercussão geral reconhecida. Há também a Proposta de Súmula Vinculante n.º 4, que propõe tornar vinculante o entendimento jurisprudencial a respeito da responsabilidade solidária dos entes federativos para o fornecimento de medicamentos e tratamento médico das pessoas carentes, o qual aguarda o julgamento do RE 566.471.

[99] O Superior Tribunal de Justiça – STJ, por sua vez, no julgamento do RESP 1.041.197 em 2009, relator Ministro Humberto Martins, igualmente sustentou que a partir da consolidação constitucional dos direitos sociais, a função estatal foi igualmente modificada, deixando de ser eminentemente legisladora em prol das liberdades públicas, para se tornar mais ativa com a missão de transformar a realidade social. Em decorrência, o julgado dispõe que não só a administração pública recebeu a incumbência de criar e implementar políticas públicas necessárias à satisfação dos fins constitucionalmente delineados, como também, o Poder Judiciário teve sua margem de atuação ampliada, como forma de fiscalizar e velar pelo fiel cumprimento dos objetivos constitucionais.

[100] Isso é em grande parte resultado de uma postura ultra-ativa do Ministério Público, notadamente através de ações civis públicas. A esse respeito, Carlos Ari Sundfeld atribui ao

Muito melhor que as partes se sentem para dialogar e busquem uma solução consensual, especialmente nas ações civis públicas e ações coletivas, nas quais os impactos das decisões judiciais podem ser muito significativos e de difícil cumprimento. Melhor ainda se esse diálogo for iniciado ainda na fase pré-processual, evitando a judicialização.

No caso judicial, a iniciativa pode partir do próprio Judiciário, convocando os interessados para uma audiência de tentativa de conciliação. Havendo acordo, cabe ao magistrado homologá-lo, se observada a legalidade dos termos ajustados.

1.1.5. Estado e Pacificação Social

Sendo o maior litigante na Justiça e, portanto, um grande responsável pela crise de morosidade do Judiciário, o Poder Público deve atuar para solucionar esse problema, o que passa pela utilização de meios alternativos de solução de controvérsias, visando dar tratamento mais adequado aos conflitos de interesses, prevenir o surgimento de novos conflitos e reduzir o volume de processos judiciais.[101]

MP a condição de "herói vingador", que se encontra no centro de todos os acontecimentos de investigação e perseguição através da ação de improbidade, com todos os instrumentos e possibilidades, sem matizes ou limitações. Em texto crítico, mas em tom descontraído, assim expõe o autor: *"A intensa judicialização em torno das questões públicas, que em tantos Países é fenômeno do século XX, aqui no Brasil esteve, no início, muito dependente do mandado de segurança, campeão da defesa individual de direitos. A ele vieram se juntar, nos últimos anos, a ação civil pública (referida mais adiante neste ensaio) e, após, a ação de improbidade, ambas instrumentos formidáveis para o Ministério Público fustigar autoridades. É o sólido tripé de ações que, com surpreendente facilidade, têm não só colocado o Estado e as autoridades no banco dos réus, como estimulado juízes a interferir sempre mais e mais na gestão pública. O uso crescente dessas ações tem a ver, certo, com o conteúdo do regime que a lei lhes deu, estimulando e facilitando o ingresso em juízo e aumentando os poderes do juiz. Tem a ver igualmente com fenômenos políticos mais gerais"* (SUNDFELD, Carlos Ari. *Direito Administrativo para Céticos*. 2ª ed., São Paulo: Malheiros, 2014, p. 331).

[101] Kazuo Watanabe, a esse respeito, defende que os meios alternativos devem ser estudados não como solução para a crise de morosidade da Justiça, como forma de reduzir a quantidade de processos acumulados no Judiciário, mas sim, como método para dar tratamento mais adequado aos conflitos de interesses (Cf. WATANABE, Kazuo. *Política Judiciária Nacional de Tratamento Adequado dos Conflitos de Interesses – Utilização dos meios alternativos de resolução de controvérsias*. In SILVEIRA, João José Custódio da; NEVES AMORIM, José Roberto (org.), *A nova ordem das soluções alternativas de conflitos e o Conselho Nacional de Justiça*. 1ª ed., Brasília: Gazeta Jurídica, 2013).

Afinal, tem-se como missão permanente do Estado a busca do bem comum e, como dever inalienável a ser cumprido através do exercício do poder, a prática da justiça. Neste sentido, a ideia de interesse público por certo engloba a defesa de um interesse privado nos termos do que estiver disposto na Constituição, isto é, a proteção do interesse privado não é apenas do particular que possa vir a ser afetado, mas é de interesse de toda a coletividade que seja defendido.[102]

A esse respeito, Celso Antônio Bandeira de Mello afirma que só uma visão distorcida defenderia que o princípio da prevalência do interesse público sobre o privado não está a reger nos casos em que sua realização traz consigo a proteção de bens e interesses individuais. Em tais hipóteses, a supremacia inversa, do interesse privado, é a que concretiza o interesse público.[103]

Ocorre que, além de haver uma enorme resistência estatal de utilizar mecanismos alternativos de solução de controvérsias, é certo que alguns administradores públicos se utilizam dos processos judiciais exatamente como forma de postergar despesas e priorizar outros gastos durante seus governos, por vezes com interesses eleitoreiros.[104]

---

[102] BANDEIRA DE MELLO, Celso Antonio, *Curso de Direito Administrativo*, cit., p. 69. Leciona o autor: "*Assim, é de interesse público que o sujeito que sofrer dano por obra realizada pelo Estado seja cabalmente indenizado, como previsto no art. 37, § 6º do texto constitucional. É de interesse público que o desapropriado receba prévia e justa indenização, a teor do art. 5º, XXIV, do mesmo diploma. E é também evidente que nisto há proteção do interesse privado de quem sofreu lesão por obra do Estado ou de quem foi por ele desapropriado, de par com a proteção do interesse público abrigado nestas normas. De resto, tais previsões, como é meridianamente óbvio, foram feitas na Constituição exata e precisamente porque foi considerado de interesse público estabelecê-las*" (p. 69).

[103] BANDEIRA DE MELLO, Celso Antonio, *Curso de Direito Administrativo*, cit., p. 69. A respeito do interesse público, v. item 2.6.2.

[104] Afinal, pagamentos de verbas remuneratórias a servidores públicos, indenizações justas por desapropriações, pagamento de precatórios etc. não ajudam a cumprir metas de governo e não rendem votos aos políticos. Assim se manifesta Cássio Telles Ferreira Netto: "*e não se pode falar em realização do interesse público em uma realidade que, em numerosos casos, a Administração Pública tem infelizmente adotado expedientes até mesmo abusivos na gestão contratual. Pode-se observar a ocorrência de atrasos sistemáticos no pagamento a contratados, não pagamento de débitos de gestões anteriores e recusa de pagamento de valores oriundos de recomposição contratual. Tais fatos acabam por obrigar os contratados a buscarem o Poder Judiciário para obtenção de indenizações, em processos dispendiosos e de longa e cansativa duração, estremecendo a relação entre o Estado e particular e afastando a Administração Pública do ideal de bem comum*" (NETTO, Cássio Telles Ferreira. *Contratos Administrativos e Arbitragem*. Rio de Janeiro: Elsevier, 2008, p. 37).

Isso permite **repensar o escopo social do processo civil, como meio de pacificação social, ao menos em relação ao Poder Público**. Pela teoria de Cândido Rangel Dinamarco, a função jurisdicional e a legislação estão ligadas pela unidade do escopo fundamental de ambas, que é a *paz social*. Isso não significa, para o autor, que a missão social pacificadora se dê por cumprida mediante o alcance de decisões, quaisquer que sejam e desconsiderado o teor das decisões tomadas. Entra aqui a relevância do valor justiça: eliminar conflitos mediante critérios justos é o mais elevado escopo social das atividades jurídicas do Estado.[105] A Constituição Federal, a esse respeito, prevê como objetivo fundamental da República Federativa do Brasil construir uma sociedade livre, justa e solidária (art. 3º, inc. I).

Além disso, o exercício continuado e eficiente da jurisdição tem a missão de conscientizar os membros da sociedade para direitos e obrigações (*educação*). A educação através do adequado exercício da jurisdição é um escopo instrumental do processo, sendo o escopo último a pacificação social.[106]

Contudo, a atuação estatal enquanto litigante repetitivo no Judiciário tende exatamente em sentido contrário. Não parece verossímil pressupor que o Poder Público está insatisfeito e que busque pacificação social com o processo ou que fique conscientizado com o resultado do processo quando sai vencido, para observar direitos e obrigações em situações análogas futuras. O Estado não está aflito como parte, nem sempre almeja célere solução judicial para garantir a paz, tampouco está preocupado com a pacificação da parte adversa. O Estado é um litigante permanente.

Diante dessa realidade, é preciso atentar à alternativa representada pela autocomposição. Ada Pellegrini Grinover tem defendido que a pacificação social é efetivamente alcançada pela solução autocompositiva da controvérsia, e não pela sentença, que se limita a ditar autoritariamente a regra para o caso concreto que, na grande maioria dos casos, não é aceita de bom grado pelo vencido.[107]

---

[105] DINAMARCO, Cândido Rangel. *A Instrumentalidade do Processo*, cit., pp. 193-196.
[106] DINAMARCO, Cândido Rangel. *A Instrumentalidade do Processo*, cit., pp. 197/198.
[107] GRINOVER, Ada Pellegrini. *Deformalização do processo e deformalização das controvérsias*, in *Novas Tendências do direito processual*. São Paulo: Forense Universitária. 1ª ed., 1990, p. 191.

No mesmo sentido, Dinamarco sustenta que o poder de pacificação é muito grande na conciliação, pois além de encontrar o ponto de equilíbrio aceito para os termos de dois interesses conflitantes, geralmente logra também levar a paz ao próprio espírito das pessoas: o pensamento popular de que *mais vale um mau acordo que uma boa demanda* é uma realidade na sociedade e as soluções concordadas pelas partes mostram-se capazes de eliminar a situação conflituosa e desafogar as incertezas e angústias que caracterizam as insatisfações de efeito antissocial.[108]

A prevalecer a conduta do Estado em relação aos conflitos que resultam em processos judiciais, a pacificação social através da autocomposição continuará sendo uma realidade estranha à Administração Pública.[109]

1.2. Os Desafios Para a Crise da Justiça

Ao monopolizar a distribuição da justiça, o Estado moderno reúne condições para desincumbir-se satisfatoriamente dessa tarefa? Com essa pergunta, Antonio Carlos Marcato abre seu estudo sobre a crise da justiça e influência dos precedentes judiciais no direito processual civil brasileiro.[110] Ao afirmar que o processo civil precisa ser repetidamente sacudido e golpeado[111], aponta como fatores determinantes para a crise da justiça o *custo* e a *duração do processo*. Ora atuam como fator de pressão sobre a parte mais fraca, por vezes compelida a abandoná-lo ou a se sujeitar a acordos muito inferiores àqueles que seriam justos, ora geram

---

[108] DINAMARCO, Cândido Rangel. *A Instrumentalidade do Processo*, cit., pp. 345-346.

[109] A postura dos Tribunais de Contas e do Ministério Público no exercício do controle externo faz com que os administradores acabem se portando de forma conservadora e preferindo enfrentar demandas judiciais a correr o risco de serem punidos no âmbito do controle em relação aos acordos celebrados.

[110] MARCATO, Antonio Carlos, *A crise da justiça e influência dos precedentes judiciais no direito processual civil brasileiro*, Tese apresentada para concurso ao cargo de Professor Titular de Direito Processual Civil do Departamento de Direito Processual da Faculdade de Direito da Universidade de São Paulo, 2008, p. 1.

[111] O autor faz menção à jocosa crítica de Mauro Cappelletti, que compara o processo a um relógio defeituoso.

resultados que, à luz da vantagem almejada pela parte, são ineficazes ou inócuos.[112] [113]

Para Marcato, é praticamente consensual o reconhecimento dessa crise, havendo discrepância, exclusivamente, em relação a qual daqueles dois fatores deve ser conferido maior peso: se à duração do processo, preocupação central nos países filiados à família romano-germânica, ou, preferencialmente, ao seu custo, como se posicionam os ligados ao sistema anglo-saxônico.[114]

O grande desafio do Judiciário, diante de tal crise, é a gestão do seu passivo estrondoso de processos, o que pressupõe a gestão de trabalho,

---

[112] MARCATO, Antonio Carlos, *A crise da justiça...*, cit., p. 12. Tratando da crise de justiça inglesa – que adota o sistema da *common law* –, afirma que a *Civil Procedure Rules* foi alterada, com os seguintes princípios que devem estar presentes em um sistema garantidor do acesso à justiça: (a) ser justo nos resultados que proporciona; (b) ser imparcial na forma de tratar os litigantes; (c) oferecer procedimentos apropriados a custos razoáveis; (d) lidar com os casos em velocidade razoável; (e) ser compreensível àqueles que o utilizam; (f) ser responsável com as necessidades daqueles que o utilizam; (g) fornecer tanta certeza quanto a natureza particular do caso possibilitar; e (h) ser efetivo: com recursos adequados e organizados. Ademais, as demandas judiciais deverão ser evitadas sempre que possível, com o encorajamento das pessoas a valer-se das vias judiciais apenas em situações extremas, mediante a utilização de outros meios mais apropriados para a resolução dos conflitos (ADR), de sorte que, antes de dar início ao litígio, ambas as partes deverão fazer ofertas de acordo relacionadas à íntegra ou a parte da pretensão; havendo necessidade de decisão judicial, será levada em consideração eventual recusa imotivada de qualquer das partes à tentativa de utilização desses meios alternativos, ou o comportamento desarrazoado no curso das ADRs. A introdução de regramentos/ protocolos de *pre-action*, que representam uma fase prévia ao processo litigioso, tem por propósito (i) chamar a atenção dos litigantes para as vantagens da resolução de uma disputa sem a instauração de um processo judicial; (ii) permitir-lhes a obtenção de informações sobre a razoabilidade das exigências para a aceitação de um acordo apropriado, ou ainda (iii) apresentar uma oferta apropriada de acordo, de tal forma que haja consequências pecuniárias no caso de, diante da recusa da outra parte, o processo deva ser instaurado ou prosseguir; e finalmente (iv) estabelecer as bases para acelerar os procedimentos judiciais, se e quando não houver acordo nessa fase prévia (p. 50/53).

[113] Já em relação à França, que, como quase toda totalidade dos países europeus, pertence à família da *civil law*, Marcato afirma que apesar de enfrentar problemas com a administração da justiça, a duração dos processos é bem razoável em todas as instâncias. Renovadas pressões para a reforma do sistema judiciário civil definiram duas tendências notáveis: a primeira, no sentido de direcionar, cada vez mais, determinados procedimentos para juízes ou tribunais especializados; a segunda, a de transferir para o controle do juiz a liberdade das partes na condução processual, ou seja, delas retirar o amplo controle sobre o ritmo e a dimensão temporal do processo (cit., p. 72/74).

[114] MARCATO, Antonio Carlos, *A crise da justiça...*, cit., p. 220.

de pessoal, de imóveis e equipamentos, de custeio, de investimento etc. A palavra da vez é *gestão*.[115]

Ao lado das técnicas processuais e do aprimoramento da gestão voltada à melhor administração da Justiça, surgem também incentivos à utilização de formas consensuais de conflitos. Esse movimento está compreendido dentro do que Kazuo Watanabe chama de "cultura da pacificação", que deve, aos poucos, substituir a "cultura da sentença", alteração que depende, acima de tudo, de uma mudança de mentalidade dos operadores do direito.[116]

Tal percepção se torna importante diante da crise da justiça no Brasil, posto que a solução dos processos judiciais demora anos, até décadas para obtenção de uma decisão final, transitada em julgado, a ser cumprida pelo devedor, nos termos dos arts. 513 e seguintes do Novo Código de Processo Civil. Como se viu acima, o maior índice de congestionamento dos processos no Judiciário está na execução, na ordem de 90% no primeiro grau.

Assim, a utilização dos meios alternativos surge como necessidade para ajudar a equacionar a crise da Justiça e de justiça. Por conta disso, é possível defender que a **Administração Pública não só pode, como deve, buscar solução dos conflitos também de forma alternativa ao processo judicial no Poder Judiciário**. Isso porque para determinados conflitos outros meios são mais adequados que o Judiciário, devendo o administrador estar atento à possibilidade de realizar negociação, conciliação, mediação ou arbitragem. O que importa é a solução adequada das controvérsias.

É importante considerar que há casos que não devem ser levados aos meios consensuais de solução de conflitos, pois são mais adequadamente resolvidos pelo próprio Judiciário, enquanto que outros são mais

---

[115] Assim questiona Marcato: *"Como resolver, então, a crise de disfunção do processo e, por consequência, agilizar as vias de acesso ao Poder Judiciário? Tarefa hercúlea – se de possível consecução a médio prazo –, a exigir vontade política, alocação de recursos financeiros, ampliação dos quadros do Poder Judiciário e de seus órgãos auxiliares, democratização do comportamento dos juízes, mudança de mentalidade dos operadores do Direito sobre os reais objetivos do processo, identificação isenta e desapaixonada das raízes da grave crise que afeta esse Poder em todos os seus níveis, reformas processuais coerentes e consistentes. Mais – e principalmente: a compreensão de que nenhuma dessas reformas e posturas logrará sucesso se não direcionadas ao estabelecimento de uma ordem jurídica justa a que alude Kazuo Watanabe"* (MARCATO, Antonio Carlos, *A crise da justiça...*, cit., p. 97/98).

[116] WATANABE, Kazuo. *Cultura da sentença e cultura da pacificação*, In YARSHELL, Flavio Luiz; MORAES, Maurício Zanoide de (Coord.). *Estudos em homenagem à professora Ada Pellegrini Grinover*. DPJ, 2005, pp. 684-690.

adequadamente resolvidos fora do ambiente adversarial do processo judicial. É necessário avaliar os casos nos quais seja mais conveniente, mais econômico e, ao mesmo tempo, lícito que o conflito se resolva pela autocomposição.

Neste contexto, surge também a arbitragem como meio adequado de solução de controvérsias envolvendo a Administração Pública. Diferentemente da adoção de técnicas de resolução de demandas repetitivas e do estímulo aos meios autocompositivos, a arbitragem não auxiliará a reduzir o volume de processos judiciais[117], porém, principalmente nos conflitos oriundos de relações contratuais que envolvam elevadas quantias e questões jurídicas e técnicas complexas e específicas, será meio mais adequado que o processo judicial.

Constatada a necessidade de aprimoramento do sistema de justiça brasileiro, algumas sugestões podem ser destacadas, visando estimular o uso de meios alternativos de solução de controvérsias. A primeira delas é a inclusão de disciplinas específicas sobre estes mecanismos na grade curricular dos cursos de Direito.[118]

Além disso, acrescentem-se outras sugestões: (i) capacitação dos membros da Advocacia Pública a respeito dos meios alternativos de solução de conflitos e suas vantagens; (ii) criação e ampliação de novos postos de CEJUSC no Judiciário e de Câmaras de Prevenção e Resolução Administrativa de Conflitos nas Advocacias Públicas, onde houver, visando proporcionar ambientes adequados para solução consensual de conflitos judicial e extrajudicialmente, respectivamente; (iii) alteração na legislação estadual e municipal para autorizar e estimular a realização de acordos pelo Poder Público; e (iv) efetiva implementação de mecanismos de solução consensual dos conflitos, conforme será detalhado adiante.

---

[117] Pelo menos, neste momento, numa visão de médio prazo, não se imagina a arbitragem como mecanismo efetivo para auxiliar a crise de justiça em relação aos conflitos que envolvem a Administração Pública, pois adequada para uma quantidade muito pequena de litígios em comparação aos existentes nos escaninhos judiciais.

[118] Na velha e sempre nova Academia, isto é, a Faculdade de Direito da Universidade de São Paulo, existem as disciplinas de graduação DPC 0427 – Arbitragem e DPC 0433 – Mediação e Conciliação Judiciais e Extrajudiciais. Já no curso de pós-graduação, há 2 disciplinas sobre arbitragem. Nota-se, contudo, que a negociação ainda não possui a mesma relevância, pelo menos do ponto de vista acadêmico, que os demais mecanismos alternativos de solução de controvérsias.

2. Sistema Multiportas de Solução de Controvérsias: Abertura ao Poder Público

2.1. Meios Alternativos ou Adequados de Solução de Controvérsias?

Há décadas, o Brasil está envolvido num programa ambicioso e de lenta implantação, que tende a dotá-lo de mecanismos variados e eficazes de acesso à ordem jurídica justa. Neste sentido, foi criado um *sistema multi-portas de solução de controvérsias*.[119]

Se por um lado, é possível afirmar que o Judiciário é meio adequado para solução de uma série de conflitos, por outro lado, a conciliação, a mediação, a negociação e a arbitragem são meios alternativos ao Judiciário para a solução de controvérsias. Ser uma via alternativa significa que constitui um desvio autorizado às partes, com renúncia ao caminho ordinário representado pelo recurso à jurisdição estatal.[120]

---

[119] O que aqui se denominou sistema multiportas, Fernanda Tartuce denomina "sistema pluriprocessual": ordenamento jurídico processual que disponibiliza aos contendores uma gama de diferenciados mecanismos para compor o conflito, compreendendo a mediação, arbitragem e processo judicial, entre outros. Para a mesma autora, *sistema multiportas* é o serviço prestado pelas Cortes de Justiça para orientar os contendores sobre as diversas alternativas existentes para a composição do conflito (TARTUCE, Fernanda. *Mediação nos Conflitos Civis.* São Paulo: Método, 2008, p. 298).

[120] Dinamarco elenca as vantagens das soluções alternativas: "*consistem principalmente em evitar as dificuldades que empecem e dificultam a tutela jurisdicional, a saber: a) o custo financeiro do processo (taxas judiciárias, honorários de advogados, perícias etc.); b) a excessiva duração dos trâmites processuais, que muitas vezes causa a diluição da utilidade do resultado final; c) o necessário cumprimento das formas processuais, com a irracional tendência de muitos a favorecer o formalismo. Indicam-se também, em prol da arbitragem, (d) o melhor conhecimento do* thema decidendum *pelos árbitros especializados, além (e) do menor apego à rigidez da lei, dada a possibilidade de optar pelo juízo de equidade (CPC, art. 1.075, inc. IV) e (f) da ausência de publicidade, que favorece a preservação da privacidade ou mesmo de segredos*

Esses meios alternativos são, na verdade, *meios mais adequados* para a solução de controvérsias. Tal expressão vem se consagrando na medida em que se percebe que para determinados tipos de conflitos a solução pela via do Poder Judiciário não se mostra conveniente ou adequada, de forma que a negociação, a mediação, a conciliação ou a arbitragem proporcionam uma melhor resposta aos interessados, isto é, mais adequada e eficiente.

Um sistema multiportas de resolução de disputas oferece aos litigantes diversos métodos, sendo necessário que o operador saiba identificar aquele mais adequado ao caso concreto.[121]

Isso não significa, contudo, que a expressão "meios alternativos" esteja equivocada ou ultrapassada. Primeiro, porque efetivamente os meios citados são alternativos ao processo judicial no Poder Judiciário, que seria o meio ordinário de solução de conflitos. Segundo, porque a utilização da expressão é amplamente difundida e conhecida, de forma que o destinatário da comunicação identifica de pronto qual o assunto tratado. Inclusive, a expressão é derivada da homônima em língua inglesa *Alternative Dispute*

---

empresariais" (DINAMARCO, Cândido Rangel. *Instituições de Direito Processual Civil*, vol. I, cit., p. 143).

[121] De forma elucidativa, Carlos Alberto Carmona explica essa ideia: "*Hoje soa claro que para uma questão de mudança de guarda de filho o meio mais adequado (sempre em linha de princípio, como é evidente) seria a mediação, que facilitaria o diálogo (normalmente difícil) entre pais separados, em prol dos interesses do filho; uma pendenga que envolva sócios oriundos de uma mesma família também pode ser mais bem dirimida com a intervenção de um mediador, que propicie o diálogo entre os sócios (na verdade, diálogo entre parentes!) para propiciar a sobrevivência do bem comum (a sociedade). Já uma disputa entre empresas possivelmente será mais bem solucionada se entrar em cena um conciliador, que funcione como verdadeira 'usina de ideias', apresentando parâmetros para diminuir perdas ou riscos por conta de alegados inadimplementos contratuais. De outra banda, já se sabe que levar ao Poder Judiciário uma controvérsia de caráter comercial, com seus naturais ingredientes de complexidade, pode não ser o melhor caminho para uma solução eficaz (e verdadeiramente pacificadora) da contenda: a arbitragem pode, então, ser uma alternativa adequada para tais causas do comércio, nacional ou internacional, graças à possibilidade de nomeação de julgador privado especializado, que resolverá com rapidez e sigilo questões técnicas e muitas vezes delicadas*" (CARMONA, Carlos Alberto, *A Arbitragem como Meio Adequado de Resolução de Litígios*, in *Conciliação e mediação: estruturação da política judiciária nacional*, RICHA, Morgana de Almeida e PELUSO, Antonio Cezar (coord.), Rio de Janeiro: Forense, 2011, p. 200).

Resolution – ADR.[122][123] Por fim, porque nem sempre será simples identificar qual o meio é o mais adequado para a solução de determinado conflito.[124]

Por outro lado, Carlos Alberto Carmona afirma que mais razoável e lógico seria afirmar o contrário, ou seja, que o processo estatal seria um meio alternativo de solução de litígios, quando os demais mecanismos não puderem ser implementados.[125]

Ainda sobre a questão, afirma-se que os métodos consensuais não podem ser vistos apenas como meios ou métodos praticados fora do Judiciário, como sugere o adjetivo "alternativo", mas devem ser vistos também como importantes instrumentos à disposição do próprio Poder Judiciário, para a realização do princípio constitucional do acesso à Justiça, havendo uma complementaridade entre a solução adjudicada, típica do Judiciário, e as

---

[122] Segundo Paulo Eduardo Alves da Silva, a expressão em língua inglesa *ADR* é atribuída a Frank Sander, professor da Harvard Law School, em um trabalho organizado para a famosa "Pound Conference: perspectivas sobre a justiça no futuro", realizada em Mineápolis, EUA, em 1976. A conferência teve o nome de "National Conference on the Causes of Popular Dissatisfaction with the Administration of Justice" [Cf. ALVES DA SILVA, Paulo Eduardo. *Solução de Controvérsias: Métodos Adequados para Resultados Possíveis e Métodos Possíveis para Resultados Adequados*. In SALLES, Carlos Alberto de; LORENCINI, Marco Antonio Garcia Lopes; ALVES DA SILVA, Paulo Eduardo (Coord.), *Negociação, Mediação e Arbitragem – Curso Básico para Programas de Graduação em Direito*. São Paulo; Método, 2012, pp. 4/5].

[123] Leciona Carlos Alberto de Salles que a experiência de utilização de mecanismos alternativos nos Estados Unidos é bastante enraizada historicamente, havendo notícia que a primeira lei data de 1888. Os maiores passos naquele país para generalização do uso desses mecanismos foram dados na década de 90 do século XX, citando o *Administrative Dispute Resolution Act* de 1990, o *Civil Justice Reform Act* do mesmo ano, o *Administrative Dispute Resolution Act* dirigido à Administração Pública de 1996, e o *Alternative Dispute Resolution Act* de 1998 (Cf. SALLES, Carlos Alberto de, *Arbitragem em Contratos Administrativos*, cit., p. 171).

[124] Para Carlos Alberto Carmona, foi-se o tempo em que se falava de *meios alternativos de solução de litígios*. A expressão, que ganhou força nos anos 1970, partia do pressuposto de que o processo judicial forneceria o método paradigmático para a solução de todo e qualquer litígio, sendo necessário encontrar alternativas a tal método. O engano da premissa, segundo Carmona, é patente, pois não soa adequado imaginar que, diante de uma controvérsia, as partes corram para entregá-lo à solução dos juízes estatais (CARMONA, Carlos Alberto, *A Arbitragem como Meio Adequado de Resolução de Litígios*, cit., p. 199).

[125] CARMONA, Carlos Alberto, *A Arbitragem como Meio Adequado de Resolução de Litígios*, cit., p. 199. Isso porque, para o autor, é natural que antes de recorrer ao Judiciário (meio mais pesado e mais difícil) as partes procurem os meios mais fáceis, mais simples, mais diretos e mais eficazes de pôr fim a uma contenda.

soluções não adjudicadas. Por isso, há autores que usam a expressão *meios integrados*, formando um modelo de sistema de justiça multiportas.[126]

Há quem prefira a expressão *meios extrajudiciais de solução de conflitos* – MESCs. Mas, considerando que a grande parte das conciliações e mediações ocorrem nos CEJUSCs – que são órgãos do Judiciário – e que os acordos são homologados por sentença, tornando-se títulos executivos judiciais, tal nomenclatura gera confusão.

Antonio Carlos de Araújo Cintra, Ada Pellegrini Grinover e Cândido Rangel Dinamarco utilizam a expressão "meios alternativos de pacificação social".[127] A Lei nº 13.140/2015 não adotou nem *alternativo*, nem *adequado*. Referiu-se à mediação simplesmente como *meio de solução de controvérsias*.

Considerando, contudo, que a maioria dos litígios são levados para solução do Judiciário[128] e que os demais mecanismos ainda estão em processo de implantação e crescimento, ainda parece fazer sentido a denominação original. Por este motivo, a expressão "meios alternativos" será utilizada no presente estudo, sempre para fazer menção aos mecanismos outros que não o processo civil com decisão imposta pelo Estado-Juiz, porém, mais adequados que este para a solução de determinados conflitos. **O que importa, na realidade, é a solução adequada das controvérsias.**[129]

Então, tratar-se-á de analisar meios de solução adequada de controvérsias. No entanto, a própria utilização do termo "controvérsia" gera controvérsia. Isso porque, é possível encontrar os termos controvérsia[130], conflito[131], litígio, lide, disputa, entre outras, para indicar o objeto de solução no processo ou meio alternativo.

---

[126] CUNHA, Leonardo Carneiro da. *Op cit.*, p. 637. Com efeito, ao tratar da mediação e da conciliação, o CPC prevê sua realização no processo judicial, sem, todavia, eliminar sua independência e flexibilidade, criando, ademais, instrumentos de comunicação e troca cooperativa com a arbitragem, como a carta arbitral.

[127] CINTRA, GRINOVER, DINAMARCO, *Teoria Geral do Processo*, cit., p. 31.

[128] Como visto no item 1.1, no fim de 2017 eram cerca de 80 milhões de processos em andamento na Justiça (Cf. Relatório Justiça em Números 2018, ano-base 2017).

[129] Ou métodos de resolução adequada de disputas (RAD), como prefere Carlos Eduardo de Vasconcelos (Cf. VASCONCELOS, Carlos Eduardo de. *Mediação de Conflitos e Práticas Restaurativas*. 6ª edição, Rio de Janeiro: Forense; São Paulo: Método, 2018, p. 47).

[130] De acordo com o dicionário Houaiss, controvérsia significa discussão, disputa, polêmica referente a ação, proposta ou questão sobre a qual muitos divergem.

[131] Fernanda Tartuce define conflito como vocábulo aplicado na linguagem jurídica com o significado de embate, oposição, pendência, pleito marcado pela contraposição de interesses

Nesta obra, serão utilizados principalmente os termos *controvérsia* e *conflito*, de maneira indistinta, para fazer menção à situação existente entre duas ou mais pessoas ou grupos, caracterizada pela pretensão a um bem ou situação da vida e impossibilidade de obtê-lo, seja porque negada por quem poderia dá-lo, seja porque a lei impõe que só possa ser obtido por via judicial.[132] [133] [134] Deste conceito de conflito encontrado na obra de Dinamarco, será relevante a primeira das causas de impossibilidade de obtenção do bem da vida, isto é, negação por quem poderia dá-lo.[135] [136]

(TARTUCE, Fernanda. *Op cit.*, p. 296). No trabalho desta autora, é utilizado como sinônimo de controvérsia, disputa, lide, litígio, impasse, independentemente de já haver demanda judicial ou não.

[132] DINAMARCO, Cândido Rangel. *Instituições de Direito Processual Civil*, vol. I, cit., p. 136. Essa situação chama-se conflito, porque significa sempre o choque entre dois ou mais sujeitos, como causa da necessidade do uso do processo.

[133] O conceito de conflito não é muito claro em doutrina. A mais abalizada tentativa de defini-lo foi a que o envolveu na ideia de *lide*, apontada como *conflito de interesses qualificado por uma pretensão resistida* (Carnelutti). A esse respeito, leciona Dinamarco: "*o conflito, elemento substancial da lide, seria representado pela incidência de interesses de dois ou mais sujeitos sobre o mesmo bem, sendo este insuficiente para satisfazer a ambos, ou a todos esses interesses. A exteriorização do conflito, ou seu elemento formal, seria a tensão entre a exigência externada por um sujeito (pretensão) e a resistência oposta pelo outro. Essa construção, além de exageradamente ligada a relações de direito privado, dá destaque a algo que socialmente é quase indiferente, ou seja, ao* conflito conforme definido pelo seu autor. *Na vida social o que incomoda e aflige não é a teórica incidência de interesses sobre o bem, mas justamente as* exigências não satisfeitas. *Aí estão os conflitos que o processo visa a dirimir*" (Cf. DINAMARCO, Cândido Rangel. *Instituições de Direito Processual Civil*, vol. I, cit., p. 136).

[134] Já Carlos Alberto de Salles distingue as expressões conflito, controvérsia e disputa ou litígio. Para o autor, conflito é o aspecto mais amplo da litigiosidade reinante entre as partes; controvérsia é cada um daqueles pontos integrantes do conflito, que podem – ou não – ser submetidos a um mecanismo de solução, de acordo com deliberação da parte. O conflito, assim, indica sempre a situação de maior abrangência. Disputa ou litígio, por sua vez, são utilizados para referir, genericamente, a qualquer divergência entre partes consideradas (Cf. SALLES, Carlos Alberto de, *Arbitragem em Contratos Administrativos*, cit., p. 8).

[135] Nem sempre a utilização de meios alternativos à jurisdição estatal é cabível. Marcato ensina que há situações em que a jurisdição representa o único meio disponível e eficaz para a solução do conflito intersubjetivo, como ocorre nos denominados *processos necessários* (v.g., ação de anulação de casamento, ação negatória de paternidade etc.) (Cf. MARCATO, Antonio Carlos, *Procedimentos Especiais*, cit., p. 5).

[136] Ainda segundo Dinamarco, interesse, nessa linguagem e nesse sistema, é uma relação de complementariedade entre a pessoa e o bem – aquela dependendo deste para satisfazer necessidades, esse sendo potencialmente hábil a satisfazer necessidades, este sendo potencialmente hábil a satisfazer necessidades das pessoas. Interesse, nesse sentido objetivo, não é ideia que guarde necessária relação com as aspirações dos sujeitos, ou seja, com a postura

2.2. Autocomposição e Heterocomposição

A eliminação dos conflitos ocorrentes na vida em sociedade pode-se verificar por obra de um ou de ambos os sujeitos dos interesses conflitantes ou por ato de terceiro. Lecionam Antonio Carlos Araújo Cintra, Ada Pellegrini Grinover e Cândido Rangel Dinamarco que, na primeira hipótese, um dos sujeitos ou cada um deles, consente no sacrifício total ou parcial do próprio interesse (autocomposição) ou impõe o sacrifício do interesse alheio (autodefesa ou autotutela). Na segunda hipótese, enquadram-se a defesa de terceiro, a conciliação, a mediação e o processo.[137]

Os métodos de solução de conflitos são comumente divididos pela doutrina entre autocompositivos e heterocompositivos.

Niceto Alcalá-Zamora y Castillo distingue a autocomposição em três formas: desistência (*desistimiento*) ou renúncia à pretensão, reconhecimento e submissão à pretensão recebida (*allanamiento*) e transação (*transacción*). Além da autocomposição, o autor indica o processo e a autotutela (*autodefensa*) como formas de solução de conflitos. A obra desse autor influenciou boa parte da doutrina.[138]

A autotutela, como espécie egoísta de autocomposição unilateral, é antissocial e incivilizada, razão por que, em princípio, a lei a proscreve e sanciona, como o crime de exercício arbitrário das próprias razões (art. 345 do Código Penal).[139] A legislação brasileira contempla algumas hipóteses, de forma excepcional, em que o emprego de tal meio

---

mental destes em relação ao bem (Cf. DINAMARCO, Cândido Rangel. *Instituições de Direito Processual Civil*, vol. I, cit., p. 136).

[137] CINTRA, GRINOVER, DINAMARCO, cit., p. 27.

[138] ALCALÁ-ZAMORA y CASTILLO, Niceto. *Proceso, autocomposición y autodefensa*. 2. ed. México: UNAM, 1970, passim. Verifica-se essa influência em Cintra, Grinover e Dinamarco, para quem são três as formas de autocomposição: (i) desistência, quando ocorre renúncia à pretensão, (ii) submissão, quando ocorre renúncia à resistência oferecida à pretensão, e (iii) transação, quando ocorrem concessões recíprocas (autocomposição bilateral) (Cf. CINTRA, GRINOVER, DINAMARCO, *Teoria Geral do Processo*, cit., p. 27).

[139] São dois fundamentalmente os traços característicos da autotutela: ausência de juiz distinto das partes e imposição da decisão por uma das partes à outra. É considerada um método precário e arbitrário, pois não garante a justiça, mas a vitória do mais forte, mais astuto ou mais ousado sobre o mais fraco ou mais tímido.

é permitido, como a legítima defesa, o exercício regular de direito e o estado de necessidade.[140]

No caso da negociação, da conciliação e da mediação, a busca é pela autocomposição do conflito, isto é, as próprias partes chegam à solução do impasse, com ou sem a ajuda de um terceiro facilitador que é o mediador ou conciliador. Por outro lado, na decisão judicial e na arbitragem, ocorre a heterocomposição, quando um terceiro neutro e imparcial, não envolvido nos interesses conflitantes, determina quem tem razão no caso concreto, com força de título executivo judicial.

A autocomposição também pode ser judicial, quando a solução do conflito praticada pelas próprias partes envolvidas ocorre em juízo ou quando o acordo extraprocessual passa por posterior homologação judicial. Assim, a autocomposição judicial não é somente aquela cujas tratativas se realizam em juízo, mas, igualmente, a que é efetivada pelas partes em quaisquer circunstâncias e que obtenham participação conclusiva posterior do juiz.[141]

De acordo com o CNJ, 12,1% das sentenças e decisões proferidas em 2017 pelo Judiciário brasileiro foram homologatórias de acordo. A Justiça que mais faz conciliação é a Trabalhista, que consegue solucionar 25% de seus casos por meio de acordo, valor que aumenta para 38% quando apenas a fase de conhecimento de primeiro grau é considerada. Na fase de conhecimento dos juizados especiais, o índice de conciliação foi de 16%, sendo 18% na Justiça Estadual e 10% na Justiça Federal. Na execução, os índices são ainda menores e alcançam 6% no total do Judiciário. No 2º grau, a conciliação é praticamente inexistente, e as sentenças homologatórias de acordo representam apenas 0,7% dos processos julgados.[142]

No entendimento de Ada Pellegrini Grinover, sobressalta-se a função pacificadora da autocomposição, muito superior à pacificação obtida pela sentença autorizativa do juiz, que deixará sempre uma das partes – e, frequentemente, ambas – descontente com o resultado do processo. Para a

---

[140] No mais, confere-se ao Estado o poder-dever de anular os seus próprios atos inválidos e existe também a chamada auto-executoriedade dos atos administrativos.

[141] CALMON, Petronio. *Fundamentos da Mediação e da Conciliação*, 2ª edição, Brasília: Gazeta Jurídica, 2013, pp. 131/132.

[142] Cf. Relatório Justiça em Números 2018, ano base 2017, pp. 137/141. O relatório esclarece que não foram considerados os acordos celebrados nos CEJUSCs pré-processuais, mas que esses números serão considerados para o relatório de 2019, ano-base 2018.

ARBITRAGEM, MEDIAÇÃO E OUTROS MÉTODOS DE SOLUÇÃO DE CONFLITOS

processualista, a justiça consensual é mais eficaz inclusive em relação à arbitragem.[143]

Por outro lado, o autor norte-americano Owen Fiss defende que a função do Judiciário é dar um significado adequado aos valores públicos e reorganizar instituições a partir do desempenho dessa função. Segundo o autor, quando as partes em conflito realizam um acordo, não estão conferindo força aos valores e cumprindo a lei, podendo haver um desequilíbrio de poder em razão da disparidade de recursos.[144] Fiss sustenta que ser contra o acordo não é exigir que as partes sejam "forçadas" a litigar, mas é apenas sugerir que, quando as partes celebram um acordo, a sociedade obtém menos do que parece, por um preço que não sabe que está pagando; isto é, as partes podem compor-se amigavelmente sem que a justiça seja feita.[145] [146]

---

[143] GRINOVER, Ada Pellegrini. Apresentação da primeira edição da obra *Fundamentos da Mediação e da Conciliação*, de Petronio Calmon.

[144] FISS, Owen. *Contra o acordo*. In *Um novo processo civil: estudos norteamericanos sobre jurisdição, constituição e sociedade*. Tradução: SALLES, Carlos Alberto de (Coord.). São Paulo: Revista dos Tribunais, 2004, pp. 124/125. Para o autor, a disparidade de recursos entre as partes pode influenciar o acordo de três formas. Primeiro, a parte mais pobre pode ser menos passível de reunir e analisar as informações necessárias à previsão da decisão do litígio, o que a deixaria em desvantagem no processo de negociação. Segundo, pode necessitar, de imediato, da indenização, o que a tenderá a aceitar um valor inferior ao que conseguiria no Judiciário. Terceiro, a parte mais pobre pode ser forçada a celebrar um acordo em razão de não possuir os recursos necessários para o financiamento do processo judicial.

[145] FISS, Owen. *Contra o acordo*, cit., p. 140. Fiss ainda afirma que, a despeito de poder haver falhas, não acredita que a adjudicação corre esse risco com maior intensidade do que qualquer outra instituição. Afirma o autor: "*Ela é mais apta a fazer justiça do que a conversação, a mediação, a arbitragem, o acordo, o rent-a-judge, os procedimentos de instrução e julgamento com trâmite reduzido, as discussões comunitárias ou outras invenções da ADR, precisamente porque investe de poderes estatais agentes que atuam como quem recebeu confiança do público, sendo altamente identificáveis e comprometidos com a razão*" (Cf. FISS, Owen. *Fora do Paraíso*. In *Um novo processo civil: estudos norteamericanos sobre jurisdição, constituição e sociedade*. Tradução: SALLES, Carlos Alberto de (Coord.). São Paulo: Revista dos Tribunais, 2004, pp. 151/152).

[146] Carlos Alberto de Salles, para bem compreender a posição do autor, esclarece que, nos Estados Unidos, em média, menos de 10% dos casos chega a julgamento, terminando em acordo. Assim, é natural ver nesse instituto um risco para uma maior efetividade da atuação do poder jurisdicional do Estado. Para o leitor brasileiro, que vive uma situação bastante diferente, com baixíssimos índices de composição amigável, a posição de Fiss deve servir como alerta (Cf. SALLES, Carlos Alberto. *Apresentação geral: por uma abordagem do Direito Processual Civil*. In *Um novo processo civil: estudos norteamericanos sobre jurisdição, constituição e*

SISTEMA MULTIPORTAS DE SOLUÇÃO DE CONTROVÉRSIAS

Aqui no Brasil, cuja realidade é bastante distinta da norte-americana, o termo autocomposição foi adotado pelo legislador no Novo Código de Processo Civil: repete-se 20 (vinte) vezes no texto do código, sendo que, no CPC de 73, não foi utilizado nenhuma vez. O art. 515 do NCPC, por exemplo, prevê os títulos executivos judiciais e, dentre eles, estão a *decisão homologatória de autocomposição judicial* e a *decisão homologatória de autocomposição extrajudicial de qualquer natureza*.

Da mesma forma, a autocomposição também foi utilizada na Lei Federal nº 13.140/2015, que além de regulamentar o instituto da mediação, dispôs sobre a *autocomposição de conflitos em que for parte pessoa jurídica de direito público* (arts. 32 a 40), com a previsão de câmaras de prevenção e resolução administrativa de conflitos.

Cândido Rangel Dinamarco alerta que, nas obras mais modernas, apresenta-se uma dicotomia representada pelos *métodos adversariais* e *métodos consensuais*, os quais expressam a heterocomposição e autocomposição, respectivamente. Já Carlos Alberto de Salles prefere a classificação norte-americana entre meios consensuais, adjudicatórios e mistos, na qual o foco não está nas partes e sim nos vários agentes encarregados de propiciar o resultado esperado.[147] [148]

Dentre as formas de autocomposição, a transação merece maior detalhamento.

---

sociedade. Tradução: SALLES, Carlos Alberto de (Coord.). São Paulo: Revista dos Tribunais, 2004, pp. 9/10).

[147] SALLES, Carlos Alberto de, *Arbitragem em Contratos Administrativos*, cit., p. 173.

[148] Segundo Daniela Monteiro Gabbay, Marc Galanter apresenta uma divisão considerando uma taxonomia de acordo com o número de partes: três partes (adjudicação, arbitragem, mediação, *fact finding*, decisões administrativas, decisões políticas, terapias); formas intermediárias (estaria entre três e duas partes, havendo a figura de um terceiro que assume posição peculiar, como a do *ombudsman*); duas partes (negociação e *bargaining*); uma parte (resignação, ato de evitar ou finalizar os conflitos, autoajuda); nenhuma parte (falha na apreensão do remédio, violação e demanda) (Cf. GALANTER, Marc. *Adjudication, litigation, and related phenomena*, in LIPSON, Leon; WHEELER, Stanton. *Law and the social sciences*. New York: Russel Sage Foundation, 1986, p. 160, *Apud* GABBAY, Daniela Monteiro. *Negociação*, In *Conciliação e mediação: estruturação da política judiciária nacional*, RICHA, Morgana de Almeida e PELUSO, Antonio Cezar (coord.), Rio de Janeiro: Forense, 2011, pp. 213-214, nota 6).

2.2.1. Transação

Para existência de um conflito, há um interesse resistido e, enquanto perdurar a resistência, mantém-se a necessidade de se obter uma prestação jurisdicional, a fim de entregar o bem da vida àquele que tem razão. Por outro lado, quando as pessoas em conflito buscam a solução consensual, pode haver concessões mútuas, cada qual cedendo um pouco, de forma que a cessação da resistência afasta a necessidade da prestação jurisdicional.[149]

A transação é instituto tratado no Código Civil como um contrato em espécie. O legislador dispõe no art. 840 que é lícito aos interessados prevenirem ou terminarem o litígio mediante concessões mútuas. Da definição legal, extrai-se que tal negócio jurídico existe como forma de solução amigável de um conflito, mediante concessões mútuas. Portanto, transação é ato jurídico de direito material, não processual.[150]

Cândido Rangel Dinamarco define-a como autêntico contrato, isto é, negócio jurídico bilateral, que exige mútuas concessões.[151] Não caracteriza transação a abdicação, a renúncia unilateral ou a concessão feita por apenas uma das partes.

É comum encontrar como sinônimo da transação o termo "acordo". A expressão pode ser um sinônimo de transação, mas possui sentido mais amplo. O acordo não exige necessariamente sua formalização como negócio jurídico, podendo bastar, para sua verificação, o consenso genuinamente estabelecido e declarado entre as partes. Para obtenção do acordo, elas podem realizar, apenas entre si, atividades de negociação ou se valerem

---

[149] CUNHA, Leonardo José Carneiro da, *A Fazenda Pública em Juízo*, cit., p. 135.

[150] A transação está prevista nos art. 840 a 850 do Código Civil, cabendo a citação dos arts. 840 a 843:

"Art. 840. É lícito aos interessados prevenirem ou terminarem o litígio mediante concessões mútuas.

Art. 841. Só quanto a direitos patrimoniais de caráter privado se permite a transação.

Art. 842. A transação far-se-á por escritura pública, nas obrigações em que a lei o exige, ou por instrumento particular, nas em que ela o admite; se recair sobre direitos contestados em juízo, será feita por escritura pública, ou por termo nos autos, assinado pelos transigentes e homologado pelo juiz.

Art. 843. A transação interpreta-se restritivamente, e por ela não se transmitem, apenas se declaram ou reconhecem direitos."

[151] DINAMARCO, Cândido Rangel, *Processo Civil Empresarial*, São Paulo, Malheiros, 2010, p. 522.

da mediação de um terceiro.[152] A discussão entre um casal acerca do local onde irão jantar à noite que resulte em um consenso nada mais é do que a obtenção de um acordo.

A transação pode destinar-se a prevenir que um litígio seja submetido à apreciação judicial. Caso já exista a demanda em curso, a transação poderá operar-se *endoprocessualmente*, mediante a formalização de transação judicial. Nesta hipótese haverá extinção do processo com resolução do mérito a ser concretizada por meio de uma sentença homologatória (art. 487, inc. III, alínea "b" do NCPC). O processo de execução também pode ser extinto pela transação (art. 924, inc. III do NCPC).

Apresenta-se a transação como um dos contratos mais úteis à obtenção da paz social. Tem como principal efeito a extinção da obrigação e do litígio subjacente.

Pela sistemática atual, a transação judicial deve ser feita por escritura pública ou por termo nos autos. Desse modo, a transação poderá ser feita por instrumento particular subscrito pelas partes e submetido ao crivo do juiz para que este a homologue, tendo o mesmo efeito de transação feita perante o cartório ou em audiência, na presença do juiz, que ali mesmo procede à imediata homologação. Note-se que a transação judicial homologada pelo juiz será, assim como a escritura pública, título executivo, com a diferença que a primeira será título executivo judicial (art. 515, inciso II do NCPC), enquanto a escritura pública ostenta a feição de título executivo extrajudicial (art. 784, inciso II do NCPC). Tal distinção repercute no procedimento da execução, como a matéria de defesa a ser alegada.[153]

Se a transação for extrajudicial, o NCPC prevê que o instrumento de transação referendado pelo Ministério Público, pela Defensoria Pública, pela Advocacia Pública, pelos advogados dos transatores ou por conciliador

---

[152] TARTUCE, Fernanda. *Mediação nos Conflitos Civis*, cit., p. 295. Segundo a autora, acordo é encontro de vontades dos sujeitos envolvidos em uma relação de fato ou de direito.

[153] O Código Civil de 1916 atribuía no art. 1.030 o efeito de *coisa julgada* à transação, de sorte que, se um dos transigentes propusesse posteriormente à transação uma nova demanda em face do outro transigente, contendo do pedido a mesma causa de pedir, este último poderia suscitar preliminar de coisa julgada, com a consequente extinção do processo sem resolução do mérito. A doutrina criticava esse efeito de coisa julgada, pois sua força obrigatória resulta em verdade do *pacta sunt servanda*, sendo que a coisa julgada emana de um ato estatal, que é a sentença. O legislador corrigiu esse erro e, no Código de 2002, não há mais essa previsão, sendo mantida sua força de vinculação oriunda do contrato, com natureza de título executivo.

ou mediador credenciado por tribunal, é título executivo extrajudicial, conforme o art. 784, inciso IV do código.

Obtida, pois, a transação no curso do processo, cumpre ao juiz fazer apenas o exame externo do ato, também conhecido por delibação. São cinco os pontos periféricos que ao juiz cumpre verificar quando encontra uma transação relevante para a causa que irá julgar: (a) se realmente houve uma transação, (b) se os transigentes[154] são verdadeiramente titulares dos direitos ou situações jurídicas dos quais dispõem, (c) se são capazes de transigir, (d) se estão adequadamente representados e (e) se a matéria comporta disposição (art. 841 do CC) ou, sendo indisponível o direito, se comporta transação.

A esse respeito, o Código Civil só admite a transação quanto a direitos patrimoniais de caráter privado. Porém, a transação também pode ocorrer em relação a direitos indisponíveis. É o que previu o legislador no art. 3º da Lei Federal nº 13.140/2015, segundo o qual *pode ser objeto de mediação o conflito que verse sobre direitos disponíveis ou sobre direitos indisponíveis que admitam transação*. Para este último caso, o consenso das partes envolvendo direitos indisponíveis, mas transigíveis, deve ser homologado em juízo, exigida a oitiva do Ministério Público (art. 3º, § 2º, LM).

Da mesma forma, a doutrina já admitia, em certa medida e atendidas certas exigências substanciais e formais, a possibilidade de transação por entes públicos e também em matéria não patrimonial, como o acordo para separação consensual ou para a conversão da litigiosa em consensual.[155]

Não se pode confundir, portanto, indisponibilidade com intransigibilidade, pois esta somente se afigura nas situações em que a lei expressamente veda a transação, como ocorre no art. 17, § 1º da Lei nº 8.429/1992, que versa sobre improbidade administrativa.[156] Não obstante, mesmo em casos

---

[154] Daí o termo "intransigente" atribuído a quem não faz concessões.

[155] Cf. DINAMARCO, Cândido Rangel. *Instituições de Direito Processual Civil*, vol. I, cit., p. 140. Ademais, o direito de visitas ou a alimentos são outros exemplos de indisponibilidade, porém, que admitem transação entre as partes, fazendo um acordo.

[156] SOUZA, Luciane Moessa de. *Resolução de conflitos envolvendo o poder público: caminhos para uma consensualidade responsável e eficaz*. In GABBAY, Daniela Monteiro; TAKAHASHI, Bruno (coord.), *Justiça Federal: inovações nos mecanismos consensuais de solução de conflitos*, Brasília, DF: Gazeta Jurídica, 2014, p. 194. A esse respeito, Juliana Bonacorsi de Palma afirma que, a princípio, não há objeto que não possa ser transacionado no âmbito do direito administrativo, ressalvados os casos em que por expressa previsão normativa seja defeso à Administração negociar sobre determinado direito, como no exemplo da lei de improbidade administrativa. Mesmo as prerrogativas públicas, em especial a prerrogativa imperativa, podem ser negociadas

de atos de improbidade administrativa, o Ministério Público do Estado de São Paulo tem celebrado termos de autocomposição com os interessados e o Poder Público, submetendo-os à homologação judicial.[157]

É importante esclarecer que a solução do conflito que verse sobre direito indisponível que admita transação não resultará na disposição do direito, já que este é indisponível. A transação, neste caso, se dará em relação a prazos e condições do exercício do direito, para ensejar a justa prevenção ou reparação do dano.

Muito embora não pareça necessária a presença de advogados na celebração da transação, é bem de ver que, se somente uma das partes estiver acompanhada de advogado, haverá um desequilíbrio de tratamento, podendo significar ofensa ao princípio da isonomia. Ademais, constitui infração disciplinar e até ilícito penal se um advogado estabelecer entendimento com a parte adversa sem autorização do seu cliente ou do advogado contrário.[158]

A Lei de Mediação, a respeito, prevê que se uma das partes comparece acompanhada de advogado ou defensor público, o mediador suspenderá o procedimento até que todas estejam devidamente assistidas (art. 10, p.ú., LM). Já no caso da audiência de conciliação ou de mediação do procedimento comum do Código de Processo Civil, o legislador prevê que as partes devem estar acompanhadas por seus advogados ou defensores públicos (art. 334, § 9º, NCPC).

2.2.1.1. Competência para Transacionar

Já se viu que a transação é um contrato e, como tal, exige que para sua validade seja celebrada por pessoas capazes (art. 104, inc. I do Código Civil). No caso da Administração Pública, o representante poderá realizar o negócio, desde que detenha competência para tanto, de acordo com a legislação.

---

pela Administração com os administrados diretamente interessados no provimento final, dado o correspondente caráter instrumental (PALMA, Juliana Bonacorsi de. *Sanção e Acordo na Administração Pública*. São Paulo: Malheiros, 2015, p. 187).

[157] Um desses casos, envolvendo o Município de São Paulo e a empresa Odebrecht, no qual o MP obteve o compromisso da empresa de devolver R$ 21,2 milhões que diz ter pago de caixa 2 a um ex-Prefeito da Capital, foi homologado pelo Poder Judiciário (processo nº 1061823-03.2017.8.26.0053, 9ª VFP, TJ-SP).

[158] Art. 34, inc. VIII do Estatuto da Advocacia e da OAB – EAOAB (Lei Federal nº 8.906/94), prevê que constitui infração disciplinar estabelecer entendimento com a parte adversa sem autorização do cliente ou ciência do advogado contrário.

A esse respeito, ao desempenharem o poder, os governantes exercitam competências, não direitos subjetivos. O juiz, o legislador e o administrador não têm o direito de, respectivamente, julgar, legislar ou administrar, mas sim, competência para fazê-lo.[159]

A competência significa o poder conferido pelo ordenamento, cujo exercício só é lícito, segundo Carlos Ari Sundfeld, se realizado: a) pelo sujeito previsto; b) sobre o território sob sua jurisdição; c) em relação às matérias indicadas na norma; d) no momento adequado; e) à vista da ocorrência dos fatos indicados na norma; e especialmente f) para atingir a finalidade que levou à outorga do poder. Em outras palavras, a competência é um poder intensamente condicionado.[160]

Em relação à Administração Pública Federal, a Lei Federal nº 9.469/1997 – que regulamenta o inciso VI do art. 4º da Lei Complementar nº 73/1993[161] –, alterada pelas Leis nºs 11.941/2009, 12.716/2012 e 13.140/2015, prevê que o Advogado-Geral da União, diretamente ou mediante delegação[162], e os dirigentes máximos das empresas públicas federais, em conjunto com o dirigente estatutário da área afeta ao assunto, poderão autorizar a realização de acordos ou transações para prevenir ou terminar litígios, inclusive os judiciais (art. 1º).

A lei prevê também que o Procurador-Geral da União, o Procurador-Geral Federal, o Procurador-Geral do Banco Central do Brasil e os dirigentes

---

[159] Celso Antônio Bandeira de Mello ensina que competência pode ser conceituada como o círculo compreensivo de um plexo de deveres públicos a serem satisfeitos mediante o exercício de correlatos e demarcados poderes instrumentais, legalmente conferidos para a satisfação de interesses públicos (Cf. BANDEIRA DE MELLO, Celso Antônio, *Curso de Direito Administrativo*, cit., p. 148).

[160] SUNDFELD, Carlos Ari, *Fundamentos de Direito Público*, cit., p. 112.

[161] A LC 73/93 institui a Lei Orgânica da Advocacia-Geral da União.

Art. 4º. São atribuições do Advogado Geral da União: (...)

VI – desistir, transigir, acordar e firmar compromisso nas ações de interesse da União, nos termos da legislação vigente.

[162] Quando o litígio envolver valores superiores aos fixados em regulamento, o acordo ou a transação, sob pena de nulidade, dependerá de prévia e expressa autorização do Advogado-Geral da União e do Ministro de Estado a cuja área de competência estiver afeto o assunto, ou ainda do Presidente da Câmara dos Deputados, do Senado Federal, do Tribunal de Contas da União, de Tribunal ou Conselho, ou do Procurador-Geral da República, no caso de interesse dos órgãos dos Poderes Legislativo e Judiciário ou do Ministério Público da União, excluídas as empresas públicas federais não dependentes, que necessitarão apenas de prévia e expressa autorização dos dirigentes mencionados (art. 1º, § 4º).

SISTEMA MULTIPORTAS DE SOLUÇÃO DE CONTROVÉRSIAS

das empresas públicas federais mencionadas acima poderão autorizar, diretamente ou mediante delegação[163], a realização de acordos para prevenir ou terminar, judicial ou extrajudicialmente, litígio que envolver valores inferiores aos fixados em regulamento.[164]

No âmbito do Município de São Paulo, o art. 4º, inciso VI da Lei nº 10.182/1986 prevê como competência do Procurador Geral do Município confessar, desistir, transigir, firmar compromissos e reconhecer pedidos nas ações de interesse da Fazenda Municipal, podendo delegar essas atribuições.[165]

A atribuição de competência administrativa é matéria reservada à lei, devendo o administrador estar devidamente investido na função pública prevista em lei. Frise-se que a competência, apesar de inderrogável, pode ser delegada, bem como avocada pelo agente público superior.[166] [167]

---

[163] No caso das empresas públicas federais, a delegação é restrita a órgão colegiado formalmente constituído, composto por, pelo menos, um dirigente estatutário (§ 1º, art. 2º).

[164] A regra de pagamento de honorários advocatícios no processo judicial está prevista no art. 85 do NCPC. No caso de transação, não há vencedor nem vencido, porquanto as partes, mediante *concessões mútuas*, resolvem o litígio. Havendo transação e nada tendo as partes disposto quanto às despesas, o art. 90, §§ 2º e 3º do NCPC dispõe que estas serão divididas igualmente entre os litigantes, acrescentando que se a transação ocorrer antes da sentença as partes ficam dispensadas do pagamento das custas processuais remanescentes, se houver. O Estatuto da OAB prevê a regra geral no art. 24, § 4º, de que o acordo feito pelo cliente do advogado e a parte contrária, salvo aquiescência do profissional, não lhe prejudica os honorários, quer os convencionais, quer os concedidos por sentença. Afinal, não é permitido às partes dispor de direito autônomo do advogado. No caso da Lei 9.469/97, dispõe o art. 1º, § 5º que na transação ou acordo celebrado diretamente pela parte ou por intermédio de procurador para extinguir ou encerrar processo judicial, inclusive os casos de extensão administrativa de pagamentos postulados em juízo, as partes poderão definir a responsabilidade de cada uma pelo pagamento dos honorários dos respectivos advogados.

[165] Essa competência é delegada aos diretores de departamento da Procuradoria Geral.

[166] As características da competência, segundo Bandeira de Mello, são: a) de exercício *obrigatório* para os órgãos e agentes públicos; b) *irrenunciáveis*, significando que o seu titular não pode abrir mão delas enquanto as titularizar; c) *intransferíveis*, cabendo, tão somente, nos casos previstos em lei, delegação de seu exercício, sem que o delegante perca, com isso, a possibilidade de retomar-lhes o exercício, retirando-o do delegado; d) *imodificáveis* pela vontade do próprio titular; e e) *imprescritíveis*, isto é, inocorrendo hipóteses de sua utilização, não importa por quanto tempo, nem por isto deixarão de persistir existindo (Cf. BANDEIRA DE MELLO, Celso Antônio, *Curso de Direito Administrativo*, cit., pp. 149/150).

[167] A esse respeito, é muito comum que a autoridade legalmente competente para determinado ato administrativo delegue tal atribuição a algum subordinado. Os Chefes do Executivo normalmente o fazem por decreto (muitas vezes expressamente permitindo nova delegação).

2.3. Meios de Solução de Conflitos

Muitos conflitos não são solucionados em razão da falta de comunicação entre as partes. Muitos relacionamentos deixam de existir porque as pessoas, ao entrarem em conflito, param de se falar. Às vezes por um motivo tolo, como uma discussão sem nenhuma importância. Essa interrupção na comunicação não só não resolve o conflito como também afasta as pessoas, o que pode provocar sentimentos de profunda tristeza.

A busca pela solução dos conflitos significa a busca pela justiça. O processo civil é um instrumento de solução de conflitos. É possível afirmar que o Poder Judiciário é um mecanismo adequado para a solução de alguns conflitos. Contudo, em regra, os órgãos estatais incumbidos desta função não conseguem realizar justiça em tempo razoável, possuem custo elevado e atendem apenas aqueles que conseguem afastar os obstáculos ao seu acesso.

Segundo Grinover, contribuem para demonstrar a insuficiência ou inadequação da exclusividade da tutela estatal o formalismo, a complicação procedimental, a burocratização, a dificuldade de acesso ao Judiciário, o aumento das causas de litigiosidade numa sociedade cada vez mais complexa e conflituosa e a própria mentalidade dos operadores do direito.[168] Todas as dificuldades têm conduzido os processualistas modernos a excogitar novos meios para a solução dos conflitos.

Neste sentido, os meios alternativos – tanto os que proporcionam solução autocompositiva, como heterocompositiva – têm por característica maior proporcionar a *justiça restauradora*, fornecendo remédio para o dano e para o sofrimento. Vai ganhando corpo a consciência de que, se o que importa é pacificar, torna-se irrelevante que a pacificação venha por obra do Estado ou por outros meios, desde que eficientes.

A chamada justiça conciliativa corresponde aos métodos consensuais de solução de conflitos aplicados à justiça: negociação, mediação, conciliação e outros institutos que facilitam o consenso entre as partes, como a

---

Demais autoridades, tais como Ministros e Secretários, normalmente o fazem por portaria. Tais atos são oficiais e publicados em Diário Oficial, em observância ao princípio da publicidade. Note-se que a competência para realizar acordos ou transações é específica e, normalmente, não está inserida na competência para celebrar contratos.

[168] GRINOVER, Ada Pellegrini. *Os Métodos Consensuais de Solução de Conflitos no Novo CPC*. In *O Novo Código de Processo Civil: questões controvertidas*, vários autores, São Paulo: Atlas, 2015, p. 2.

SISTEMA MULTIPORTAS DE SOLUÇÃO DE CONTROVÉRSIAS

avaliação neutra de terceiro ou a antecipação da prova fora das situações de urgência.[169]

A primeira característica dessas vertentes alternativas é a ruptura com o formalismo processual. A *desformalização*, segundo Cintra, Grinover e Dinamarco, é uma tendência, quando se trata de dar pronta solução aos litígios, constituindo fator de celeridade. Além disso, os autores citam a *gratuidade* e a *delegalização* como características dessa tendência.[170]

Carlos Alberto de Salles, discorrendo sobre a garantia constitucional da inafastabilidade da jurisdição, afirma que deve esta ser entendida de forma a permitir a assimilação pelo sistema jurídico de mecanismos alternativos à prestação do serviço judiciário pelo Estado. O próprio conceito de jurisdição, segundo o autor, nesse contexto, resta fortemente impactado, com vários elementos centrais à sua definição colocados em xeque.[171]

Na realidade, tais mecanismos devem ser vistos inseridos em um amplo quadro de política judiciária, de modo a serem enquadrados como instrumentos complementares ao processo formal, mais adequados do que este para a solução de diversos conflitos e igualmente destinados ao acesso à justiça, entendido como acesso à ordem jurídica justa.[172] [173]

---

[169] GRINOVER, Ada Pellegrini. *Os Métodos Consensuais de Solução de Conflitos no Novo CPC.* cit., p. 2. Esta última – antecipação da prova fora das situações de urgência – é tratada no art. 381, inc. II e III do novo CPC. Conciliativa, porque todos tendem à conciliação. Justiça, porque perderam sua antiga característica negocial, para se enquadrarem no amplo quadro da política judiciária. Trata-se, em última análise, de acesso à justiça.

[170] Os meios informais gratuitos (ou, pelo menos, baratos) são obviamente mais acessíveis a todos e mais céleres. Por outro lado, a delegalização é caracterizada por amplas margens de liberdade nas soluções não-jurisdicionais (juízos de equidade e não juízos de direito, como no processo jurisdicional) (CINTRA, GRINOVER, DINAMARCO, cit., p. 33).

[171] SALLES, Carlos Alberto de. *"Mecanismos alternativos de solução de controvérsias e acesso à justiça: a inafastabilidade da tutela jurisdicional recolocada"*, In: FUX, Luiz; NERY JR, Nelson, WAMBIER, Teresa (Org.). Processo e Constituição: Estudos em homenagem ao professor José Carlos Barbosa Moreira. São Paulo: RT, 2006, p. 779/780. Segundo o autor, alguns dos chamados mecanismos alternativos se propõem a substituir inteira e definitivamente a jurisdição estatal. Outros se colocam como requisitos à prestação de jurisdição pelo Estado, apresentam-se como sucedâneos válidos a seu exercício ou trazem-lhe uma completa inversão de objetivos, no sentido de dar ênfase às soluções consensuais. (p. 780).

[172] GRINOVER, Ada Pellegrini. Prefácio da obra *Arbitragem em Contratos Administrativos*, de Carlos Alberto de Salles.

[173] Carlos Alberto de Salles, discorrendo sobre a utilização de mecanismos alternativos pelos Estados Unidos, ressalta dois aspectos importantes: (i) a flexibilidade na escolha e modelagem de mecanismos adequados para solucionar controvérsias consensualmente; (ii)

Ademais, o bom-senso parece indicar que os contendentes devem tentar negociar diretamente ou procurar a ajuda de um terceiro em quem tenham confiança para facilitar-lhes o diálogo ou ainda procurar o subsídio de alguém que possa dar-lhes sugestão de como encerrar a disputa.

Neste sentido, a diversidade de litígios decorre da multiplicação dos direitos, da globalização das relações sociais, da expansão das relações jurídicas, o que exige especialização. Imaginar que os juízes estatais possam transitar com facilidade por todos os ramos do Direito com excelência é, segundo Carmona, visão alucinada da realidade, que precisa ser evitada. **Compreender que há meios mais ou menos adequados a determinados tipos de conflitos parece ser o caminho certo da implantação de um sistema multiportas, que permite àqueles que estão em conflito escolher, dentre uma gama tão variada quanto possível, o tipo de método mais ajustado ao caso concreto.**[174] [175]

---

amplo emprego de mecanismos alternativos para solução de conflitos administrativos. Tais aspectos remetem o autor a relevantes pontos de vista. Primeiro, a perspectiva de adequação processual relativamente a determinados conflitos e a introdução, no processo, do objetivo de propiciar soluções consensuais. Em segundo, a imperiosa necessidade de a Administração Pública reconhecer-se em situações de conflito, aparelhando-se para resolvê-los de maneira eficiente e criativa, com melhores resultados para o Estado e para os particulares, utilizando do consenso sem ferir as premissas pelas quais se deve pautar qualquer ação estatal (Cf. SALLES, Carlos Alberto de, *Arbitragem em Contratos Administrativos*, cit., pp. 193/194).

[174] CARMONA, Carlos Alberto, *A Arbitragem como Meio Adequado de Resolução de Litígios*, cit., p. 200.

[175] A esse respeito, Humberto Dalla Bernardina de Pinho afirma que o melhor modelo é aquele que admoesta as partes a procurar a solução consensual, com todas as suas forças, antes de ingressar com a demanda judicial. Por outro lado, não concorda com a ideia de mediação ou conciliação obrigatória, por ser da essência desses procedimentos a voluntariedade. Conclui: *"Mas é forçoso reconhecer que em certos casos a mediação e a conciliação devem ser etapas regulamentares do procedimento, na medida em que tais ferramentas se mostram as mais adequadas ao deslinde daquele conflito em especial. Pensar em uma instância prévia e obrigatória de conciliação, em hipóteses em que se discute apenas uma questão patrimonial, ou impor sanções pela não aceitação de um acordo razoável (como o pagamento das custas do processo ou dos honorários advocatícios, mesmo em caso de vitória, quando aquele valor é exatamente o que foi decidido pelo magistrado na sentença), podem ser soluções válidas"* (PINHO, Humberto Dalla Bernardina de. *Marco Legal da Mediação no Direito Brasileiro*. In GABBAY, Daniela Monteiro; TAKAHASHI, Bruno (coord.), *Justiça Federal: inovações nos mecanismos consensuais de solução de conflitos*, Brasília, DF: Gazeta Jurídica, 2014, p. 81).

2.3.1. Negociação

Em primeiro lugar, é importante identificar a negociação como mecanismo de solução de conflitos, que visa a autocomposição, caracterizado pela conversa direta entre os envolvidos, sem haver intervenção de terceiro como auxiliar ou facilitador. É uma das formas mais simples para resolução de controvérsia e apresenta diversos benefícios.

Parte da doutrina tem reconhecido e apontado a negociação como mecanismo de solução de controvérsias, ao lado da conciliação, da mediação e da arbitragem. Assim, além de ser uma ferramenta fundamental para a realização de negócios, também tem sido mecanismo importante na solução de conflitos oriundos ou não de relações contratuais.

Afinal, as pessoas negociam o tempo todo. Em casa, no ambiente de trabalho, com a família, amigos, vizinhos, na escola, como consumidores, empregadores, empregados, enfim, nos atos da vida civil. A realização de acordos, desde os mais simples até os mais complexos, não prescinde da negociação.

Não há uma única forma de lidar com os conflitos, aplicáveis em todos os contextos. A postura depende da situação, das pessoas envolvidas etc. Mas o que não se coloca em dúvida é que é inevitável, na interação com outras pessoas e na rotina do dia a dia, deparar-se com situações nas quais seja necessário negociar.[176]

Neste sentido, negociação como mecanismo de solução de controvérsias é diálogo somente entre os envolvidos em um conflito, com vistas a resolvê-lo de forma amigável, permitindo a continuidade pacífica das relações interpessoais.[177] Trata-se de um mecanismo estruturado e profissional, que permite iniciar um diálogo inexistente, retomar o abandonado ou prosseguir em conversações amistosas e frutíferas.[178] [179]

---

[176] GABBAY, Daniela Monteiro. *Negociação*, cit., pp. 211/212.

[177] CALMON, Petronio. *Fundamentos da Mediação e da Conciliação*, cit., p. 170.

[178] Fernanda Tartuce define a negociação como processo de comunicação em que dois ou mais indivíduos, com interesses comuns ou antagônicos, estabelecem contatos para a definição de aspectos relevantes de seus interesses. Fenômeno recorrente nas relações interpessoais, tal mecanismo permite o controle das partes sobre todo o processo, visto que não há regras rígidas ou terceiros intervenientes que possam determinar seus rumos de forma vinculativa. Constitui espécie do gênero autocomposição bilateral e sua realização vem sendo estimulada nos mais diversos campos (TARTUCE, Fernanda. *Mediação nos Conflitos Civis*, cit., p. 297).

[179] É uma atividade inerente à condição humana, pois o homem e a mulher têm por hábito apresentar-se diante da outra pessoa envolvida sempre que possui interesse a ela ligado.

Distinguir a negociação dos demais mecanismos para a obtenção da autocomposição é simples: inexistência de terceiro imparcial facilitador. O que normalmente ocorre é o auxílio de negociadores profissionais e/ou advogados, os quais se põem ao lado daquele que o contratou, visando auxiliá-lo em obter o melhor acordo possível.

Destarte, para o estudo dos demais meios de solução de conflitos – especialmente os consensuais, como a conciliação e a mediação – é indispensável conhecer as técnicas e ferramentas de negociação, o que denota a importância deste método. Há importantes autores, como William Ury e Marshall B. Rosenberg, que estudam as técnicas de negociação e os métodos de comunicação visando aprimorar relacionamentos pessoais e profissionais, que são fundamentais para prevenir conflitos e para obter acordos satisfatórios.[180]

2.3.2. Mediação

Mediação é mecanismo para obtenção da autocomposição, caracterizado pela participação de um terceiro imparcial que facilita a comunicação entre as partes em conflito, investigando seus reais interesses, através de técnicas próprias, e fazendo com que se criem opções, até a escolha da melhor, chegando as próprias partes à solução do conflito.[181]

Segundo Ada Pellegrini Grinover, a mediação é um processo cooperativo, que leva em conta as emoções, as dificuldades de comunicação e a

---

Ao apresentar-se para demonstrar seu interesse, sua pretensão, é sempre possível que seja atendido, não se caracterizando a resistência e, portanto, não havendo que se falar em conflito. Por outro lado, em havendo resistência, constitui-se o conflito e se inicia o diálogo com vistas à solução do conflito. Aqui já há negociação (Cf. CALMON, Petronio. *Fundamentos da Mediação e da Conciliação*, cit., p. 107).

[180] O estudo da negociação e das teorias desses autores será feito com maior aprofundamento no Capítulo 3.

[181] Fernanda Tartuce assim define a mediação: "*método que consiste na atividade de facilitar a comunicação entre as partes para propiciar que estas próprias possam, ao entender melhor os meandros da situação controvertida, protagonizar uma solução consensual. É espécie do gênero autocomposição, sendo ainda considerada um 'meio alternativo de solução de conflitos' ou equivalente jurisdicional. Para alguns estudiosos, identifica-se com a conciliação, que também busca o estabelecimento de um consenso. Todavia, as técnicas divergem pela atitude do terceiro facilitador do diálogo, que na mediação não deve sugerir termos para o acordo e pode, na conciliação, adotar tal conduta mais ativa e influenciadora do ajuste final*" (TARTUCE, Fernanda. *Mediação nos Conflitos Civis*, cit., p. 297).

necessidade de equilíbrio, respeito dos conflitantes e que pode resultar num acordo viável, fruto do comprometimento dos envolvidos com a solução encontrada. Para tanto, exige-se que os participantes sejam plenamente capazes de decidir, pautando-se o processo na livre manifestação da vontade dos participantes, na boa-fé, na livre escolha do mediador, no respeito e cooperação no tratamento do problema e na confidencialidade.[182]

A Lei Federal nº 13.140/2015 representa um marco muito importante em relação à mediação. A lei considera mediação a atividade técnica exercida por terceiro imparcial sem poder decisório, que, escolhido ou aceito pelas partes, as auxilia e estimula a identificar ou desenvolver soluções consensuais para a controvérsia.

O mediador de conflitos é figura essencial da mediação. Conhecer as técnicas e saber usá-las pode ser determinante para o sucesso da mediação. O diálogo não mediado corretamente pode acirrar os ânimos e piorar a situação do conflito. Só a sensibilidade do mediador diante do caso concreto vai indicar quais técnicas são realmente necessárias e quais são desnecessárias.

A lei prevê em seu art. 3º que pode ser objeto de mediação o conflito que verse sobre direitos disponíveis ou sobre direitos indisponíveis que admitam transação.[183] Contudo, neste segundo caso, o consenso das partes envolvendo direitos indisponíveis, mas transigíveis, deve ser homologado em juízo, exigida a oitiva do Ministério Público (§ 2º).

---

[182] GRINOVER, Ada Pellegrini. *Os Métodos Consensuais de Solução de Conflitos no Novo CPC.* cit., p. 4. Ainda segundo a autora, nessa visão todos os conflitos interpessoais podem ser trabalhados pela mediação e, se esta não culminar num acordo, pelo menos os participantes terão esclarecido o conflito e aprendido a dialogar entre si de forma respeitosa e produtiva. O verdadeiro objetivo do mediador não é obter um acordo, mas sim, restabelecer o diálogo entre as partes, permitindo que melhorem o relacionamento, para que, por si sós, cheguem às soluções de seus problemas. A mediação representa, assim, uma fusão das teorias e das práticas das disciplinas da psicologia, assistência social, assessoria, direito e outros serviços do campo das relações humanas, sendo interdisciplinar (p. 4).

[183] Assim, podem ser objeto de mediação tanto direitos disponíveis como indisponíveis, desde que transacionáveis. Adolfo Braga Neto ressalta que não há limitação para o emprego da mediação de conflitos. Ao contrário do que muitos defendem, o autor afirma que a mediação não se limita à resolução de conflitos envolvendo direitos disponíveis e, portanto, poderá ser empregada em diversos contextos, desde que seus participantes sejam, no sentido legal, potenciais titulares de direitos (*Op cit.*, p. 120).

A mediação não visa pura e simplesmente o acordo. Visa, antes, construir soluções com base na satisfação dos interesses, expectativas, desejos e atendimento dos valores e necessidades das pessoas nele envolvidas. Neste método pacífico, busca-se propiciar momentos de criatividade para que os próprios envolvidos possam melhor refletir que opções desejam em face da relação existente, geradora da controvérsia.

Por tal motivo, identifica-se a mediação como método adequado para solução de conflitos muito específicos envolvendo o Poder Público.[184] Semelhante conclusão é estabelecida em relação à utilização da arbitragem.

2.3.3. Conciliação

Sobre a conciliação já falava a Constituição Imperial brasileira, exigindo que fosse tentada antes de todo processo, como requisito para sua realização e julgamento da causa.

Ada Pellegrini Grinover define a conciliação como o método de solução de conflitos, que se dá por intermédio da atividade desenvolvida por um terceiro facilitador, para incentivar, facilitar e auxiliar as partes a se autocomporem, adotando metodologia que permite a apresentação de propostas, visando à obtenção de um acordo, embora sem forçar as vontades dos participantes. O conciliador investiga, assim, apenas os aspectos objetivos do conflito e sugere opções para sua solução, estimulando as partes à celebração de um acordo.[185] [186]

A autora conclui que a conciliação parece ser mais útil para a solução rápida e objetiva de problemas superficiais, que não envolvem relacionamento entre as partes, não tendo a solução encontrado repercussão no futuro das vidas dos envolvidos. Diferencia-se da mediação, na medida em que apresenta procedimento mais simplificado, não tendo o conciliador

---

[184] O estudo da mediação com maior aprofundamento será feito no Capítulo 3.

[185] GRINOVER, Ada Pellegrini. *Os Métodos Consensuais de Solução de Conflitos no Novo CPC.* cit., p. 4.

[186] Conciliação, para Petronio Calmon, é a atividade desenvolvida para incentivar, facilitar e auxiliar as partes a chegarem a um acordo, adotando, porém, metodologia que permite a apresentação de proposição por parte do conciliador. O autor denomina conciliação exclusivamente quando esta atividade é praticada diretamente pelo juiz ou por pessoa que faça parte da estrutura judiciária especificamente destinada a esse fim – faz parte, é fiscalizada ou orientada pela estrutura judicial (Cf. CALMON, Petronio. *Fundamentos da Mediação e da Conciliação,* cit., pp. 132/134).

que investigar os verdadeiros interesses e necessidades das partes, subjacentes ao conflito aparente.[187]

Apesar da Lei nº 13.140/2015 regulamentar expressamente apenas a mediação, aplica-se integralmente à conciliação. A conciliação está inserida no mesmo contexto da mediação, distinguindo-se somente em relação às técnicas e aos tipos de conflitos adequados de serem resolvidos por este método. De sorte que a Lei nº 13.140/15 regulamenta a mediação e a conciliação judiciais e extrajudiciais.

O NCPC atribui ao juiz o dever de estimular a conciliação, a mediação e outros métodos de solução consensual de conflitos (art. 3º), além de prever a audiência de conciliação ou de mediação (art. 334) e, na audiência de instrução e julgamento, nova tentativa de conciliação pelo magistrado (art. 359). A lei dos juizados especiais é particularmente voltada à conciliação como meio de solução de conflitos, instituindo uma verdadeira *fase conciliatória*. A lei prevê, inclusive, a possibilidade de conciliação e transação penais, para a maior efetividade da pacificação também em matéria penal.[188]

O CPC prevê, em seu artigo 166, que a conciliação e a mediação são informadas pelos princípios da independência, da imparcialidade, da autonomia da vontade, da confidencialidade, da oralidade, da informalidade e da decisão informada. A Lei de Mediação, por sua vez, prevê que a mediação é informada pelos princípios da imparcialidade do mediador, isonomia entre as partes, oralidade, informalidade, autonomia da vontade das partes, busca do consenso, confidencialidade e boa-fé (art. 2º).

Para que haja conciliação, igualmente as partes devem negociar. Sem negociação não pode haver conciliação.[189] Daí também a importância do estudo da negociação para a aplicação da conciliação.[190]

---

[187] GRINOVER, Ada Pellegrini. *Os Métodos Consensuais de Solução de Conflitos no Novo CPC.* cit., p. 4. A conciliação vem sendo utilizada no Brasil há muitos anos, havendo normas regulamentadas no CPC de 73, na Lei nº 9.099/95 (Juizados Especiais) e na Lei nº 6.515/77 (lei do divórcio).

[188] CINTRA, GRINOVER, DINAMARCO, cit., p. 33/34.

[189] Por tal motivo, o art. 166, § 3º do NCPC expressamente admite técnicas negociais para a conciliação e a mediação, com o objetivo de proporcionar ambiente favorável à autocomposição, e, no § 4º do mesmo artigo dispõe que a mediação e a conciliação serão regidas conforme a livre autonomia dos interessados, inclusive no que diz respeito à definição das regras procedimentais.

[190] O estudo da conciliação com maior aprofundamento será feito no Capítulo 3.

2.3.4. Arbitragem

A arbitragem figura no contexto da vida e da dinâmica dos direitos entre os meios alternativos postos pela ordem jurídica para a solução de controvérsias, ao lado da conciliação, da mediação e da negociação. Distingue-se destes na medida em que não é meio consensual de solução do litígio e só é admitida quando a controvérsia envolver direitos patrimoniais disponíveis.

Segundo define Carlos Alberto Carmona, arbitragem é meio alternativo de solução de controvérsias através da intervenção de uma ou mais pessoas que recebem seus poderes de uma convenção privada, decidindo com base nela, sem intervenção estatal, sendo a decisão destinada a assumir a mesma eficácia da sentença judicial. É colocada à disposição de quem quer que seja, para solução de conflitos relativos a direitos patrimoniais acerca dos quais os litigantes possam dispor.[191]

O principal atrativo da arbitragem consiste na ampla autonomia da vontade que permeia esse método de solução de controvérsias, a liberdade conferida às partes, não só em relação à escolha dos árbitros e da legislação material e procedimental aplicável, mas também no que concerne ao poder do árbitro de flexibilizar a condução do procedimento.[192] A expertise dos árbitros, a celeridade do procedimento, a privacidade, maior informalidade, a definitividade da decisão sem possibilidade de recurso, a economia, o sigilo do procedimento e menor grau de agressividade ou beligerância esperada das partes são outras características atrativas do instituto.

A arbitragem foi finalmente regulamentada no Brasil com a Lei Federal nº 9.307/96. Antes da lei, basicamente eram dois os grandes obstáculos que a legislação brasileira criava para a utilização da arbitragem. Primeiramente, o legislador ignorava a cláusula compromissória, que não era prevista nem no Código Civil de 1916 ou no Código de Processo Civil de 1973. Além disso, o diploma processual, seguindo a tradição de nosso direito, exigia a homologação judicial do laudo arbitral.[193]

---

[191] CARMONA, Carlos Alberto. *Arbitragem e Processo: um comentário à Lei nº 9.307/96*. 3a. Ed. rev., atual. e ampl., São Paulo: Atlas, 2009, p. 31.

[192] AMARAL, Paulo Osternack. *Arbitragem e Administração Pública – Aspectos Processuais, Medidas de Urgência e Instrumentos de Controle*. Belo Horizonte: Fórum, 2012, p. 35.

[193] CARMONA, Carlos Alberto, *Arbitragem e Processo*, cit., p. 4. O autor afirma que a cláusula arbitral ou cláusula compromissória – dispositivo contratual em que as partes preveem que resolverão eventuais disputas surgidas em determinado negócio jurídico por meio da

SISTEMA MULTIPORTAS DE SOLUÇÃO DE CONTROVÉRSIAS

O resultado da experiência da arbitragem no Brasil atualmente é surpreendente. É difícil encontrar um acordo de acionistas, por exemplo, que não contenha cláusula compromissória, enquanto nos contratos comerciais cresce a preocupação dos contratantes em escolher órgãos arbitrais internacionais. O Superior Tribunal de Justiça, que desde 2004 passou a ter competência para analisar os pedidos de homologação de sentença estrangeira, possui julgados capazes de fixar os parâmetros e os limites para a recepção dessas sentenças.[194]

Assim, com todas as vantagens e diante da possibilidade de um equilibrado controle judicial das sentenças arbitrais, a arbitragem vai sendo gradualmente assimilada na cultura jurídica nacional.[195]

Na mesma linha, há casos nos quais a própria Administração tem interesse em se submeter à arbitragem, de forma a excluir a jurisdição estatal para solução das controvérsias, notadamente para *conflitos oriundos de relações contratuais* que envolvam elevadas quantias de dinheiro e questões complexas na execução contratual.

Contudo, ainda existem algumas posições contrárias à utilização desse meio alternativo por parte da Administração Pública, especialmente

arbitragem – foi totalmente desprestigiada no direito interno brasileiro até o advento da Lei nº 9.307/96, de tal sorte que o CPC não permitia a instauração do juízo arbitral, a não ser na presença do compromisso arbitral, único instrumento a autorizar a exceção de que tratava o art. 301, inc. IX, do CPC/73, em sua versão original (p. 4). Por outro lado, enquanto a Bélgica (1972), a França (1980), Portugal (1986), a Itália (1983) e a Espanha (1988) aboliam ou pelo menos mitigavam a exigência de homologação de laudos arbitrais, o legislador brasileiro mantinha-se fiel às suas tradições históricas, emperrando a utilização do mecanismo de solução de controvérsias (p.5).

[194] CARMONA, Carlos Alberto, *A Arbitragem como Meio Adequado de Resolução de Litígios*, cit., p. 209. A doutrina alerta para a existência milenar do instituto, que já era empregado na Antiguidade Clássica grega, a partir das reformas implantadas por Sólon, e também pelos romanos, evidentemente não da forma como a conhecemos hoje, mas com as características principais da decisão por um árbitro como método de heterocomposição. No Brasil o instituto já era previsto no Código Comercial de 1850 e chegou a ser obrigatório para a solução de alguns casos específicos, como conflitos que resultassem de contratos de locação mercantil e todas as questões sociais que se suscitassem entre sócios durante a existência da sociedade ou companhia, sua liquidação ou partilha (arts. 245 e 294). No entanto, desde 1866, prevalece a essência de voluntariedade da arbitragem no Brasil, convencionada com base na autonomia da vontade das partes.

[195] Registre-se que o Supremo Tribunal Federal repudiou através do julgamento do Agravo Regimental em Sentença Estrangeira SE 5.206-EP a alegação de inconstitucionalidade do instituto.

por Tribunais de Contas, sob o argumento de que o interesse público é indisponível. É preciso entender por que e como utilizar a arbitragem para solucionar controvérsias surgidas em contratos envolvendo a Administração Pública.[196][197]

2.3.5. Dispute Board (Comitê de Prevenção e Solução de Disputas)

Também é importante mencionar o *Dispute Board* ou Junta de Disputa ou Comitê de Prevenção e Solução de Disputas, que vem ganhando espaço no Brasil em contratos de infraestrutura e grandes obras, como do Metrô de São Paulo. O *Dispute Board* é um comitê formado no início da execução de um contrato, por profissionais imparciais e sem vinculação com as partes, que acompanham todo o desenvolvimento da obra e o surgimento de conflitos.

Integrado preferencialmente por dois engenheiros e um advogado, o comitê analisa as disputas que vão surgindo e, por estar acompanhando de perto e desde o início a execução contratual, tem muito mais condições de avaliar e indicar as soluções adequadas. Ao mesmo tempo que o comitê realiza um trabalho de mediação ao colocar as partes em contato para discutirem os conflitos em reuniões[198], também tem a função de resolver as contendas quando os interessados não chegam consensualmente à solução.

O próprio contrato dispõe sobre a eventual vinculação das partes às soluções do comitê, que poderão ser meras recomendações ou mesmo decisões vinculantes, que somente poderão ser revistas pela via jurisdicional – Judiciário ou arbitragem. Por este motivo, não é simples definir a natureza jurídica do *Dispute Board*, se método autocompositivo ou heterocompositivo, ou nenhum dos dois quando a decisão for apenas uma recomendação. Na realidade, a definição vai depender da previsão contratual para o caso concreto e da atuação do comitê.

O Município de São Paulo promulgou a Lei nº 16.187, de 22 de fevereiro de 2018, que prevê a possibilidade de utilização de *Dispute Board*, com o nome de "Comitês de Prevenção e Solução de Disputas", para dirimir

---

[196] É o que pretendeu fazer Carlos Alberto de Salles em estudo sobre o assunto (Cf. SALLES, Carlos Alberto de, *Arbitragem em Contratos Administrativos*, cit.).

[197] O estudo da arbitragem com maior aprofundamento será feito no Capítulo 4.

[198] Por este motivo é recomendável que os membros do comitê possuam capacitação em mediação de conflitos.

conflitos relativos a direitos patrimoniais disponíveis em contratos administrativos continuados da Prefeitura de São Paulo. De acordo com a lei, o comitê pode ter natureza revisora, adjudicativa ou híbrida[199], sendo que, no caso das decisões adjudicativas, a parte inconformada terá que questioná-las judicialmente ou por arbitragem, se for o caso.

A lei também prevê que os valores a serem desembolsados pelo órgão contratante para pagamento de honorários dos membros do Comitê deverão compor o orçamento da contratação, sendo certo que ao contratado privado caberá o pagamento da integralidade dos custos atinentes à instalação e manutenção do Comitê, enquanto competirá ao órgão contratante reembolsá-lo da metade de tais custos, após aprovação das medições previstas no contrato (art. 4º)[200].

Os editais de concessão publicados em 2018 pela Prefeitura de São Paulo – citem-se o do Parque do Ibirapuera e do Estádio do Pacaembu – já incluíram na cláusula de solução de disputas o *Dispute Board*.[201]

No âmbito federal, foi apresentado no Senado o PLS nº 206/2018, que de forma semelhante regulamenta a instalação de Comitês de Prevenção e Solução de Disputas em contratos administrativos continuados celebrados pela Administração Direta e Indireta da União, o qual se encontra em tramitação no Congresso Nacional.

---

[199] Ao Comitê por Revisão é conferido o poder de emitir recomendações não vinculantes às partes em litígio. Ao Comitê por Adjudicação é conferido o poder de emitir decisões contratualmente vinculantes às partes em litígio. Ao Comitê Híbrido poderá tanto recomendar quanto decidir sobre os conflitos, cabendo à parte requerente estabelecer a sua competência revisora ou adjudicativa (art. 2º, caput).

[200] Reportando-se o edital de licitação ou contrato às regras de alguma instituição especializada, o Comitê será instituído e processado de acordo com as regras de tal instituição, podendo-se, igualmente, definir em anexo contratual a regulamentação própria para a instalação e processamento (art. 3º).

[201] Os editais mencionados previram um escalonamento entre mediação, *Dispute Board* e arbitragem. Na prática, o escalonamento entre mediação e o Comitê pode dificultar a atuação deste, pois fica subordinado ao fracasso da mediação. Como visto, a atuação do Comitê também é preventiva, durante toda a execução do contrato, o que é, de certa forma, incompatível com a mediação como primeiro método de solução de conflitos.

2.3.6. Outros Métodos

Por fim, cumpre acrescentar que, embora não se confundam arbitragem, conciliação e mediação, existem hoje, graças à popularidade que vêm alcançando os meios alternativos, variações que devem ser levadas em consideração no momento de escolher o mecanismo que mais convenha aos litigantes para a solução de seus conflitos.

Especificamente quanto à arbitragem, Carlos Alberto Carmona aponta três variações que vêm sendo empregadas com sucesso. A primeira, denominada *med/arb*, leva os litigantes a estabelecer as premissas para uma mediação que, não produzindo resultados, autoriza o mediador a agir como árbitro e proferir uma decisão vinculante[202]. Note-se que com a lei de mediação de 2015, passou a ser vedado àquele que atua como mediador a atuar como árbitro no mesmo caso (art. 7º).[203] Com isso, a cláusula Med-Arb prevista num contrato estabelece que os conflitos devem ser inicialmente solucionados por mediação e, em caso de insucesso, por arbitragem. A Câmara pode até ser a mesma, porém terão de ser distintos o mediador e o árbitro.

A segunda variação, conhecida como *high-low arbitration* (ou com limitação de danos), procura reduzir os riscos de uma sentença inaceitável,

---

[202] Em caráter exemplificativo, cite-se a cláusula detalhada escalonada prevista pelo Centro de Arbitragem e Mediação da Câmara de Comércio Brasil-Canadá ("CAM/CCBC"):
"1- Qualquer controvérsia originária do presente contrato, inclusive quanto à sua interpretação ou execução, será submetida obrigatoriamente à Mediação, administrada pelo Centro de Arbitragem e Mediação da Câmara de Comércio Brasil-Canadá ("CAM/CCBC"), de acordo com o seu Roteiro e Regimento de Mediação, a ser coordenada por Mediador participante da Lista de Mediadores do CAM/CCBC, indicado na forma das citadas normas.
1.1- A controvérsia não resolvida pela mediação, conforme a cláusula de mediação acima, será definitivamente resolvida por arbitragem, administrada pelo mesmo CAM/CCBC, de acordo com o seu Regulamento.
2.1- A arbitragem será administrada pelo CAM/CCBC e obedecerá às normas estabelecidas no seu Regulamento, cujas disposições integram o presente contrato.
2.2- O tribunal arbitral será constituído por [um/três] árbitros, indicados na forma prevista no Regulamento do CAM/CCBC.
2.3-. A arbitragem terá sede em [Cidade, Estado].
2.4-. O procedimento arbitral será conduzido em [idioma].
2.5-. [lei aplicável]"
[203] Art. 7º O mediador não poderá atuar como árbitro nem funcionar como testemunha em processos judiciais ou arbitrais pertinentes a conflito em que tenha atuado como mediador.

estabelecendo as partes, previamente, limites mínimo e máximo para a autoridade do árbitro.

A terceira variação leva as partes a optarem por uma arbitragem não vinculante, ou seja, se a decisão é aceitável para os litigantes, eles a cumprirão, em caso contrário, poderão utilizar a sentença em suas negociações futuras.[204]

Finalmente, Diego Faleck cita a *avaliação neutra-prévia*, que é uma avaliação objetiva e franca do caso em estágios iniciais da disputa, em bases confidenciais, após as partes apresentarem suas razões, que as ajuda a alinharem suas expectativas e, no caso de não haver acordo, prosseguirem no litígio com maior objetividade; a *escuta confidencial*, na qual o neutro, sob o dever de sigilo, busca informações individualmente com as partes em disputa e avalia a existência de zona possível para acordo; e a *arbitragem de oferta final*, quando cada parte submete uma proposta monetária final para a resolução da disputa ao árbitro, a quem caberá escolher uma delas, sem modificá-la.[205]

Com isso, verifica-se que existem diversas formas de solução de conflitos, para além do processo judicial, que podem e devem ser utilizados pelo Poder Público nas situações que são mais adequados para a pacificação social.

2.3.7. Design de Sistemas de Disputas

O desenho de sistemas de solução de disputas, ou *Dispute System Design* (DSD), compreende a arquitetura de sistemas de resolução de disputas, que envolvem um conjunto de procedimentos criados sob medida para lidar com um conflito determinado e complexo, ou uma série destes. A complexidade pode advir dos fatos, dos temas de direito ou do envolvimento de múltiplas partes na disputa.[206]

---

[204] CARMONA, Carlos Alberto, *Arbitragem e Processo*, cit., p. 33/34.

[205] FALECK, Diego. *Um passo adiante para resolver problemas complexos: desenho de sistemas de disputas*. In SALLES, Carlos Alberto de; LORENCINI, Marco Antonio Garcia Lopes; ALVES DA SILVA, Paulo Eduardo (Coord.), *Negociação, Mediação e Arbitragem – Curso Básico para Programas de Graduação em Direito*. São Paulo; Método, 2012, pp. 265/266.

[206] Cf. FALECK & Associados, em <http://www.faleck.com.br/pt/servicos_dsd.asp>, acesso em 24/05/2018.

Os cenários podem abranger desde uma moldura mais restrita como a de um ambiente empresarial ou de trabalho, passando por câmaras indenizatórias estruturadas em casos de acidentes, até conflitos complexos envolvendo políticas públicas com efeitos amplos e difusos. O desenho abrange não somente elementos objetivos, decorrente da matéria conflituosa, como também elementos subjetivos, ou seja, as características e interesses das partes envolvidas.

A customização de um sistema permite a implementação de via opcional e alternativa ao Poder Judiciário, capaz de atender as necessidades únicas de cada caso concreto com eficiência, evitando custos e permitindo maior participação das partes, maior satisfação para os envolvidos e preservação de relacionamentos.

Para citar alguns exemplos de DSD desenvolvidos no Brasil, dois deles foram relativos a acidentes aéreos com vítimas: voo TAM 3054 de Porto Alegre para São Paulo – Congonhas (2007) e voo Air France 447 de São Paulo para Paris (2009), nos quais foram criados programas de indenização às famílias das pessoas que perderam a vida nessas tragédias, com a participação de diversas instituições públicas e privadas[207]. Outro exemplo é o acidente com o rompimento da barragem da mineradora Samarco em Mariana, Minas Gerais (2015).

O DSD pode ser o mecanismo ideal para solução de conflitos complexos envolvendo o Poder Público, tanto em casos de responsabilidade extracontratual (ex. indenizações decorrentes de acidentes por omissão do Poder Público), como de gerenciamento de volume de processos administrativos e judiciais, decorrentes de deveres legais da Administração, de relações contratuais e de créditos fazendários.

2.4. Políticas de Estímulo à Utilização de Meios Alternativos

É certo que nem todos os conflitos encontram sua melhor solução pelos meios consensuais ou pela arbitragem. Ada Grinover leciona que, quando se trata de conflitos complexos, cujo tratamento dependa de perícia ou do

---

[207] Paulo Henrique Raiol Ostia analisa detidamente esses dois casos em sua dissertação de mestrado defendida na USP em 2014, intitulada *Desenho de Sistema de Solução de Conflito: Sistemas Indenizatórios em Interesses Individuais Homogêneos.*

exame aprofundado da matéria de direito, a Justiça conciliativa pode não suplantar o processo estatal.[208] A autora afirma também que os métodos consensuais só podem funcionar devidamente em situações de equilíbrio entre as partes, pois o terceiro facilitador – no caso da mediação e da conciliação ou da negociação assistida – terá mais dificuldades do que o juiz para superar as diferenças econômicas, sociais, psicológicas, de modo a que o consenso obtido seja realmente livre e devidamente informado.[209]

Neste ponto, para Petronio Calmon, não é salutar considerar a crise da justiça estatal como fundamento para a difusão de meios alternativos de solução de conflitos. Para o autor, o fato de um mecanismo não funcionar bem não significa que outro funcionará melhor. Assim, para que os meios alternativos sejam eficientes, é fundamental que haja a possibilidade de uma opção idônea entre a solução contenciosa e a consensual, o que não ocorre no caso de uma das opções se apresentar morosa, caótica e ineficiente.[210]

O já mencionado professor da Universidade de Yale, nos Estados Unidos da América, Owen Fiss, sustenta que as partes podem compor-se amigavelmente sem que a justiça seja feita, sobretudo em prejuízo das partes econômica e socialmente hipossuficientes.[211]

A despeito disso, o fato é que, em três décadas, os mecanismos alternativos de solução de controvérsias ganharam largo espaço em sistemas de justiça de todo o mundo. A arbitragem é hoje talvez a principal forma de resolução de conflitos no comércio internacional; a mediação e a conciliação têm sido amplamente utilizadas para a solução de conflitos de variados perfis; a negociação, que nunca deixou de ser praticada, foi sistematizada e começou a ganhar espaço nos programas escolares.[212]

A previsão para utilização de meios alternativos não é novidade na legislação. A Constituição Federal dispõe já em seu preâmbulo que a sociedade brasileira é comprometida, na ordem interna e internacional, com a solução pacífica das controvérsias. A CF prevê, ainda, como princípio das relações

---

[208] GRINOVER, Ada Pellegrini. *Os Métodos Consensuais de Solução de Conflitos no Novo CPC.* cit., p. 3.

[209] GRINOVER, Ada Pellegrini. *Os Métodos Consensuais de Solução de Conflitos no Novo CPC.* cit., p. 5.

[210] CALMON, Petronio. cit., pp. 42/43.

[211] FISS, Owen, *Contra o Acordo*, cit., pp. 123/125.

[212] ALVES DA SILVA, Paulo Eduardo. *Solução de Controvérsias...*, cit., p. 7.

internacionais da República Federativa do Brasil, a solução pacífica dos conflitos (art. 4º, inc. VII).

O Código de Processo Civil de 1973 previa, desde 1994, no art. 125 como dever do juiz *tentar, a qualquer tempo, conciliar as partes*, conforme o inciso IV, inserido pela Lei nº 8.952/94. Esta lei também alterou o art. 331 do CPC/73 para tornar obrigatória a audiência de tentativa de conciliação, o que não resistiu por muito tempo, pois, em 2002, a Lei nº 10.444/02 transformou tal obrigação em mera faculdade, com a inserção do § 3º no art. 331, que permitiu ao juiz sanear o feito desde logo, se não fosse provável a obtenção da conciliação.

O novo CPC prevê expressamente no art. 3º, § 2º que *o Estado promoverá, sempre que possível, a solução consensual dos conflitos*. Além disso, dispõe, no § 3º, que a conciliação, a mediação e outros métodos de solução consensual de conflitos *deverão ser estimulados* por magistrados, advogados, defensores públicos e membros do Ministério Público, inclusive no curso do processo judicial.

No mesmo sentido, o art. 139 dispõe que incumbe ao juiz promover, a qualquer tempo, a autocomposição, **preferencialmente com auxílio de conciliadores e mediadores judiciais** (inc. V). Da mesma forma, referido código dispõe para o procedimento ordinário que o juiz, ao receber a petição inicial, designará audiência de conciliação ou de mediação, previamente à apresentação da contestação pelo réu, conforme art. 334. O § 1º do dispositivo prevê que **o conciliador ou mediador, onde houver, atuará necessariamente na audiência de conciliação ou de mediação**.

A experiência tem demonstrado que o conciliador e o mediador, devidamente capacitados, possuem mais condições de conduzir a conversa entre as partes e obter um acordo do que o juiz, que, normalmente, tem uma pauta apertada de audiências e pouco tempo para tentar realizar a conciliação. Ademais, o juiz está treinado e acostumado a fazer o julgamento, ao passo que o conciliador não pode decidir quem tem razão, mas apenas auxiliar os litigantes a tentarem resolver o conflito de forma consensual e pacífica.

O § 4º do art. 334 dispõe que a audiência de conciliação ou de mediação somente não será realizada no processo em que não se admita a autocomposição e quando ambas as partes manifestarem, expressamente, desinteresse na composição consensual. Ora, o código tornou regra a realização da audiência para processos que envolvam direitos disponíveis ou indisponíveis que admitam transação.

Vai além o código: o não comparecimento injustificado do autor ou do réu à audiência de conciliação é considerado ato atentatório à dignidade da justiça e será sancionado com multa de até dois por cento da vantagem econômica pretendida ou do valor da causa, revertida em favor da União ou do Estado (§ 8º). Só não fica claro como cumprir o dispositivo quando a parte ausente for exatamente a União ou o Estado.[213] Outra questão que surge é que o dispositivo menciona apenas a audiência de conciliação, ficando a lacuna se também será considerado ato atentatório o não comparecimento à audiência de mediação.[214]

Mais adiante, quando o código disciplina a audiência de instrução e julgamento, prevê que instalada a audiência, *o juiz tentará conciliar as partes, sem prejuízo do emprego de outros métodos de solução consensual de conflitos*, como a mediação e a arbitragem (art. 359). Aqui cabe apenas uma crítica, pois não é simples imaginar como que o juiz, em meio a uma audiência de instrução e julgamento, poderá empregar a arbitragem, que nem é método consensual de solução de conflitos, nem poderá ser conduzida pelo magistrado. De toda forma, denota que o legislador visou estimular o uso dos meios alternativos e forçar o juiz a buscá-los a todo momento.

Já existe em vigor, portanto, comando ao juiz de que tente a solução consensual do conflito. O que se nota, contudo, é que o dispositivo é pouco utilizado pelos magistrados, notadamente quando uma das partes é a Fazenda Pública. É comum ver em mandados de citação da Fazenda Pública a menção pelo juiz de que, em razão de os procuradores sempre alegarem a impossibilidade de transação por ser indisponível o interesse público, fica dispensada a audiência de conciliação, devendo a Fazenda Pública apresentar contestação no prazo legal. Tal prática, com a devida vênia, mais que equivocada, é ilegal.

De outra parte, Ada Pellegrini Grinover afirma que se pode falar hoje de um *minissistema brasileiro de métodos consensuais de solução judicial de conflitos*, formado pela Resolução nº 125/2010 do CNJ, pelo Novo CPC e pela

---

[213] É factível supor que ao Estado cabe multa revertida em favor da União e à União cabe multa revertida em favor do Estado.

[214] Não há por que fazer a distinção. A interpretação sistemática é que será ato atentatório à dignidade da justiça a ausência injustificada à audiência de conciliação ou de mediação. Na prática, as audiências estão sendo marcadas sem a especificação se de conciliação ou de mediação, até porque inútil a distinção de forma prévia.

Lei de Mediação, naquilo em que não conflitarem.[215] O art. 26 da LINDB, acrescido pela Lei nº 13.655/2018, pode ser incluído nesse rol.

É possível citar ainda outros exemplos de políticas de estímulo de utilização de meios alternativos de solução de controvérsias.

Pelo já mencionado Programa Município Amigo da Justiça do TJ-SP, busca-se a redução do número de ações judiciais em que o Município figure como autor ou réu, especialmente as de natureza executiva fiscal, mediante a adoção de soluções alternativas de resolução de conflitos e de medidas bilaterais concretas destinadas a viabilizá-las.

No âmbito da Justiça Federal, a Resolução nº 398/2016 do Conselho da Justiça Federal dispôs sobre a Política Judiciária de solução consensual dos conflitos de interesse, com vistas à efetiva resolução e pacificação social. A política tem por objetivo atender ao cidadão e promover a conciliação e a mediação entre as partes, nas fases pré-processual e processual, independentemente da natureza, da instância ou da forma de apresentação do conflito.[216]

O Ministério da Justiça, por sua vez, lançou em 2014 a Estratégia Nacional de Não Judicialização – ENAJUD, reunindo instituições dos setores público e privado para evitar que cheguem ao Judiciário conflitos que podem ser resolvidos por meios alternativos como a mediação, a negociação e a conciliação. A Enajud integra o Ministério da Justiça, por meio da Secretaria de Reforma do Judiciário, a Advocacia Geral da União – AGU e o Ministério da Previdência Social. Conta, ainda, com a colaboração do Conselho Nacional de Justiça – CNJ, do Conselho Nacional do Ministério Público – CNMP e de instituições do Sistema de Justiça e instituições privadas.

Também em 2014 foi editada a Resolução nº 118 do Conselho Nacional do Ministério Público, que dispõe sobre a Política Nacional de Incentivo à Autocomposição no âmbito do Ministério Público, com o objetivo de assegurar a promoção da justiça e a máxima efetividade dos direitos e interesses que envolvem a atuação da Instituição[217]. De acordo com a re-

---

[215] GRINOVER, Ada Pellegrini. *Os Métodos Consensuais de Solução de Conflitos no Novo CPC.* cit., p. 1/2.

[216] No Tribunal Regional Federal da 3ª Região, a Resolução PRES nº 42/2016 normatiza o Programa de Conciliação e Mediação no âmbito da Justiça Federal da 3ª Região.

[217] Disponível em <www.cnmp.mp.br/portal/images/Resolucoes/Resolução-118.pdf>, acesso em 15/12/2017.

solução, ao Ministério Público brasileiro incumbe implementar e adotar mecanismos de autocomposição, como a negociação, a mediação, a conciliação, o processo restaurativo e as convenções processuais, bem assim prestar atendimento e orientação ao cidadão sobre tais mecanismos.

Atualmente, tramita na Câmara Municipal de São Paulo o Projeto de Lei nº 472/2017, que institui a Política de Desjudicialização no âmbito da Administração Pública Municipal Direta e Indireta, com o objetivo de reduzir a litigiosidade; estimular a solução adequada de controvérsias; promover, sempre que possível, a solução consensual dos conflitos; e aprimorar o gerenciamento do volume de demandas administrativas e judiciais. Se aprovado, dará ainda mais força para a atuação da Procuradoria Geral do Município de São Paulo visando a solução consensual de conflitos e certamente servirá de referência para outros Municípios e Estados do País.[218]

Verifica-se, portanto, que existem diversas políticas sendo previstas e implementadas, visando estimular a utilização dos meios alternativos de solução de controvérsias. Para melhor compreensão, a seguir serão especificadas algumas delas.

2.4.1. Resolução nº 125/2010 do Conselho Nacional de Justiça

O Conselho Nacional de Justiça – CNJ editou, em 2010, a Resolução nº 125, que trata da Política Judiciária Nacional de tratamento adequado dos conflitos de interesses no âmbito do Poder Judiciário, tendente a assegurar a todos o direito à solução dos conflitos por meios adequados à sua natureza e peculiaridade, em especial os meios consensuais, como a mediação e a conciliação.[219]

Assim, cabe ao Judiciário organizar não apenas os serviços processuais, como também os serviços de solução de conflitos através de métodos alternativos à solução adjudicada por meio da sentença e os serviços que atendam os cidadãos de modo mais abrangente, como a solução de simples problemas jurídicos, a orientação jurídica, a assistência social e a obtenção de documentos essenciais ao exercício da cidadania.[220]

---

[218] Este autor teve a oportunidade de contribuir com a redação do substitutivo do projeto de lei com o gabinete da Vereadora Janaína Lima, autora da iniciativa.

[219] Disponível em <www.cnj.jus.br/busca-atos-adm?documento=2579>, acesso em 15/12/2017.

[220] Uma das responsáveis pela elaboração da minuta da resolução, Valeria Ferioli Lagrasta Luchiari, afirma que a Política Judiciária Nacional de tratamento adequado de conflitos

O real objetivo da política pública instituída pelo CNJ é o de promover efetiva, adequada e tempestiva tutela dos direitos, o que leva à pacificação social e à consequente obtenção do acesso à Justiça ("acesso à ordem jurídica justa"), tendo como objetivo secundário, mas não menos importante, a contribuição para a solução da crise que enfrenta a Justiça.[221]

A Resolução prevê a criação de Núcleos Permanentes de Métodos Consensuais de Solução de Conflitos (Núcleos) e de Centros Judiciários de Solução de Conflitos e Cidadania (Centros ou Cejuscs).

O núcleo é integrado por magistrados da ativa ou aposentados e servidores, com experiência em métodos consensuais de solução de conflitos, e é o responsável pelo planejamento, pela implementação, pela manutenção e pelo aperfeiçoamento de ações voltadas ao cumprimento da política pública e suas metas, exercendo uma função eminentemente política, atuando na interlocução com outros tribunais, entidades públicas e privadas, inclusive universidades e instituições de ensino, subseção da OAB, Defensoria Pública, Procuradorias, Ministério Público e Poder Executivo.[222]

O núcleo tem a função também de realizar gestões junto às empresas e às agências reguladoras de serviços públicos, a fim de que modifiquem sua política interna, incentivando práticas autocompositivas, função esta que converge com o estabelecido no inciso VII do art. 6º da Resolução 125, pois, através do acompanhamento estatístico de seu banco de dados,

---

de interesses tem por objetivo a utilização dos meios alternativos de solução de conflitos, principalmente da conciliação e da mediação, no âmbito do Poder Judiciário e sob a fiscalização deste, e, em última análise, a mudança de mentalidade dos operadores do Direito e das próprias partes, com a obtenção do escopo magno da jurisdição, que é a pacificação social (LUCHIARI, Valeria Ferioli Lagrasta, *A Resolução n. 125 do Conselho Nacional de Justiça: Origem, Objetivos, Parâmetros e Diretrizes para a Implantação Concreta*, in *Conciliação e mediação: estruturação da política judiciária nacional*, RICHA, Morgana de Almeida e PELUSO, Antonio Cezar (coord.), Rio de Janeiro: Forense, 2011, pp. 230/231).

[221] Por outro lado, Petronio Calmon afirma que, considerando a realidade brasileira de total ausência de planejamento e coordenação, tanto em relação à atividade jurisdicional, quanto em relação aos demais meios de solução de conflitos, é que se propõe a formulação de uma política nacional de incentivo aos mecanismos para a obtenção da autocomposição. O autor reconhece a importância da Resolução, mas ressalta sua limitação, pois trata apenas do papel do Judiciário. Para o processualista, a iniciativa deveria partir do Poder Executivo, a quem cabe planejar os rumos do país e pôr o tema na pauta política (Cf. CALMON, Petronio. *Fundamentos da Mediação e da Conciliação*, cit., p. 198 e 206).

[222] LUCHIARI, Valeria Ferioli Lagrasta, *A Resolução n. 125...*, cit., p. 234/235.

o CNJ atribuirá "selo de qualidade" às empresas e agências reguladoras voltadas a essas práticas.[223]

Uma das principais funções do núcleo é a instalação e fiscalização dos CEJUSCs. Para tanto, deverá promover capacitação, treinamento e atualização permanentes de magistrados, servidores, conciliadores e mediadores em métodos consensuais de solução de conflitos, com a realização de cursos e seminários, criar e manter cadastro de conciliadores e mediadores que atuem em seus serviços, regulamentando o processo de inscrição e de desligamento, além de regulamentar a remuneração de conciliadores e mediadores, nos termos da legislação específica.

Uma previsão importante da resolução é a obrigatoriedade de que os conciliadores e mediadores que atuam nos CEJUSCs e demais órgãos judiciários que realizem conciliação e mediação façam capacitação, observadas as diretrizes curriculares do Anexo I. O propósito é o de acabar com a sessão de conciliação conduzida por pessoa despreparada, que não conhece as técnicas próprias para estimular o diálogo entre as pessoas.[224]

O CNJ ressalta a necessidade desses mecanismos diante do crescente número de processos na Justiça.[225] Segundo o conselho, a criação dos Nú-

---

[223] LUCHIARI, Valeria Ferioli Lagrasta, *A Resolução n. 125...* cit, p. 235. A autora afirma que, dentre as funções não previstas expressamente na Resolução mas que podem ser atribuídas ao núcleo, destacam-se: 1) a indicação, ao Presidente do Tribunal de Justiça, dos juízes aptos a atuar como coordenadores e adjuntos (se necessário) dos Centros Judiciários de Solução de Conflitos e Cidadania, entre aqueles que realizaram o treinamento exigido pelo artigo 9º; 2) a gestão perante o Tribunal de Justiça para que as atividades relacionadas aos métodos consensuais de solução de conflitos sejam consideradas nas promoções e remoções de magistrados, pelo critério de merecimento, e no plano de carreira dos servidores; 3) o acompanhamento legislativo de projetos voltados aos métodos consensuais de solução de conflitos; 4) a decisão de apreciação, com exclusividade, de todos os expedientes e processos afetos aos métodos consensuais de solução de conflitos, bem como à instalação e desativação de órgãos voltados ao trabalho com tais métodos, no âmbito do Tribunal de Justiça; 5) a solução de dúvidas e a resposta às consultas, de magistrados e servidores, atinentes aos métodos consensuais de solução de conflitos e sua utilização no âmbito do Poder Judiciário; e 6) a criação e controle do banco de dados das atividades desenvolvidas pelos "Centros", nos moldes previstos no seu Anexo IV, e a divulgação de resultados (p. 235).

[224] Aquela simples pergunta realizada pelo juiz ou pelo conciliador às partes "e aí, tem acordo?" não tem mais espaço nas tentativas de conciliação. É necessário observar técnicas de conciliação e mediação, com paciência e perfil adequado para tanto.

[225] *"O aumento contínuo de casos novos é um desafio que deve buscar soluções alternativas, tais como os empreendimentos de conciliação e mediação. A Resolução CNJ 125/2010, que institui a Política Judiciária Nacional de tratamento adequado dos conflitos de interesses no âmbito do Poder Judiciário, representa*

cleos e dos CEJUSCs constitui uma alternativa capaz de solucionar conflitos antes mesmo da instauração do processo, além de ser uma política consonante com as orientações do Novo Código de Processo Civil. Os Núcleos e os CEJUSCs em atividade nos tribunais brasileiros já evidenciam o poder da conciliação como mecanismo profícuo de autocomposição dos conflitos e de pacificação social.[226]

Ressalte-se que, para consolidar o Movimento pela Conciliação, o CNJ tem promovido semanas de conciliação com atuações planejadas em relação aos litigantes habituais e ao contencioso de massa, numa campanha que envolve todos os tribunais brasileiros.

Os CEJUSCs, previstos na Resolução 125 do CNJ, passaram a ter previsão legal em 2015, merecendo item próprio, a seguir.

2.4.2. Centros Judiciários de Solução Consensual de Conflitos – CEJUSCs

Não bastasse o quanto disposto pelo CNJ, a nova lei processual, no art. 165, usou linguagem imperativa para prever que **os tribunais criarão** *centros judiciários de solução consensual de conflitos*, responsáveis pela realização de sessões e audiências de conciliação e mediação e pelo desenvolvimento de programas destinados a auxiliar, orientar e estimular a autocomposição.

---

iniciativa em busca de uma justiça com o protagonismo das partes, constituindo uma política de incentivo e aperfeiçoamento dos mecanismos consensuais de solução de conflitos" (p. 484 do Relatório Justiça em Números 2015 do CNJ).

[226] Especialmente em relação à Justiça Federal, a institucionalização dos meios consensuais, em especial a conciliação, não se iniciou por meio da Resolução n. 125/2010 do CNJ, pois na 3ª Região, através da Resolução n. 258/2004 do Conselho de Administração do Tribunal (CATRF3R), foi implantado como projeto-piloto o Programa de Conciliação, com o objetivo de celebrar acordos relativos ao Sistema Financeiro de Habitação em processo que tivessem como parte a Caixa Econômica Federal. Posteriormente, foi instituído o Gabinete de Conciliação e diversas Centrais de Conciliação, ampliando-se as matérias, como desapropriações, danos morais, ações coletivas, medicamentos, questões funcionais de servidores, execução de acórdãos do Tribunal de Contas da União, cobranças de FGTS, dentre outras. Além disso, as Centrais de Conciliação passaram a realizar conciliações pré-processuais, em formato totalmente virtualizado, não se limitando a casos já ajuizados (GABBAY, Daniela Monteiro; TAKAHASHI, Bruno. *Desenho de Sistemas e Mecanismos Consensuais de Solução de Conflitos na Justiça Federal: Uma Introdução*, In *Justiça Federal: inovações nos mecanismos consensuais de solução de conflitos*, GABBAY, Daniela Monteiro; TAKAHASHI, Bruno (coord.), Brasília, DF: Gazeta Jurídica, 2014, p. 6/7).

A composição e a organização dos centros serão definidas pelo respectivo tribunal, observadas as normas do CNJ.

A esse respeito, a supracitada Resolução nº 125 do CNJ já havia previsto, nos arts. 8º a 11[227], a criação pelos tribunais dos Centros Judiciários de Solução de Conflitos e Cidadania (CEJUSCs), responsáveis pela realização das sessões e audiências de conciliação e mediação que estejam a cargo de conciliadores e mediadores, bem como pelo atendimento e orientação ao cidadão.

Os parâmetros utilizados para a criação dos Centros foram o gerenciamento do processo e os Setores de Conciliação e Mediação do Tribunal de Justiça do Estado de São Paulo, e o Fórum de Múltiplas Portas do Tribunal Multiportas (*Multidoor Courthouse*) do direito norte-americano.

No primeiro caso, cita-se a experiência bem-sucedida em Patrocínio Paulista e Serra Negra, de gerenciamento de casos com estímulo à solução consensual. No segundo caso, o *"ADR Movement"* – movimento dos meios alternativos de solução de conflitos – resultou na criação do tribunal multiportas, na década de 70. Constitui uma forma de organização judiciária na qual o Poder Judiciário funciona como um centro de resolução de disputas, com vários e diversos procedimentos, cada qual com suas vantagens e desvantagens, que devem ser levadas em consideração, no momento da escolha, em função das características específicas de cada conflito e das pessoas nele envolvidas.

Neste sentido, o sistema de uma única porta – que é o do processo judicial – é substituído por um sistema composto de variados tipos de procedimento, que integram um "centro de resolução de disputas", organizado pelo Estado, composto de pessoas treinadas para receber as partes e direcioná-las ao procedimento mais adequado para o seu tipo de conflito. O Tribunal Multiportas apresenta como diferencial a triagem pela qual as partes necessariamente devem passar antes de iniciarem qualquer um dos procedimentos colocados à sua disposição pelo tribunal.

Além da Resolução nº 125/2010 do CNJ e o NCPC, a Lei nº 13.140/2015 também previu os centros judiciários de solução consensual de conflitos, nos artigos 24 a 29, igualmente com comando imperativo de que os tribunais os criarão, em redação quase idêntica à do art. 165 do NCPC,

---

[227] Artigos que foram alterados pelas Emendas nºs 1/2013 e 2/2016.

acrescentando que as sessões e audiências de conciliação e mediação poderão ser **pré-processuais e processuais**.

Isso porque a utilização do Centro não exige a existência de um processo já ajuizado. Alguns CEJUSCs atuam somente com conflitos pré-processuais, quando as partes procuram a solução consensual pela conciliação ou mediação antes de tentar a via judicial.

A Lei de Mediação prevê, para a mediação judicial – que é realizada no CEJUSC –, que as partes deverão estar acompanhadas de advogado ou defensor público, ressalvadas as hipóteses previstas nas Leis nos 9.099/1995 e 10.259/2001 (art. 26). A Lei nº 9.099/95 prevê que nas causas de valor até 20 (vinte) salários mínimos, as partes poderão ser assistidas por advogado, sendo obrigatório somente nas causas de valor superior (art. 9º). O limite do JEC é de causas de até 40 (quarenta) salários mínimos (art. 3º, inciso I). Já a Lei nº 10.259/01 prevê que as partes nos Juizados Especiais Federais Cíveis poderão designar, por escrito, representantes para a causa, advogado ou não. O limite do JEF é de causas de até 60 (sessenta) salários mínimos (art. 3º).

Diante disso, é possível conceber que **as partes não precisarão estar acompanhadas de advogado ou defensor público** nas audiências de tentativa de conciliação nas demandas em trâmite nos Juizados Especiais de valor até 20 (vinte) salários mínimos, bem como naquelas em trâmite nos Juizados Especiais Federais de valor até 60 (sessenta) salários mínimos. **Por analogia, igualmente não precisarão estar acompanhadas de advogado ou defensor público** nas audiências de tentativa de conciliação nos casos **pré-processuais** de valor até 20 (vinte) salários mínimos, sendo que, nos casos de competência da Justiça Federal, o valor a ser considerado é de até 60 (sessenta) salários mínimos. Não obstante, é recomendável que as partes estejam acompanhadas de advogado ou, ao menos, que tenham buscado prévia orientação jurídica.

A LM prevê também que se houver acordo no procedimento de mediação no centro, o juiz determinará o arquivamento do processo e só homologará o acordo por sentença se for requerido pelas partes (art. 28, p.ú.). Na prática, entretanto, **todos os acordos realizados no CEJUSC são homologados pelo juiz**, nos termos do art. 334, § 11, c.c art. 487, inciso III, do CPC, passando as partes a possuir título executivo judicial. É melhor que assim o seja, já que a mediação é judicial e o acordo é celebrado em órgão do Poder Judiciário, com respaldo do Estado-Juiz.

O Tribunal de Justiça do Estado de São Paulo é o campeão nacional em número de CEJUSCs. Ao final de 2017 já haviam sido instalados 210 (duzentos e dez) CEJUSCs e 39 (trinta e nove) postos em todo o Estado[228], num total de 249 (duzentas e quarenta e nove) unidades em funcionamento[229]. Alguns Centros são instalados em razão de parcerias celebradas pelo TJ-SP com entidades públicas e privadas, especialmente com Prefeituras.

A Prefeitura do Município de São Paulo possui um CEJUSC instalado em imóvel da Procuradoria Geral do Município, de acordo com o Convênio nº 262/2015 celebrado com o TJ-SP. As instalações e equipamentos são mantidos pela PGM, enquanto os mediadores são servidores da Guarda Civil Metropolitana dedicados exclusivamente a esta atividade.[230] Há uma parceria com a Defensoria Pública, que encaminha casos para solução por mediação, especialmente familiares. O Cejusc Municipal possui impressionante índice de acordos, superior a 90%.

Outro Centro que merece destaque é o CEJUSC da Fazenda Pública de São Paulo, instalado no Fórum Hely Lopes Meirelles no final de 2016 com início de funcionamento em 2017 e que realiza sessões de tentativa de conciliação de casos enviados pelos juízes das Varas da Fazenda Pública e das Varas dos Juizados Especiais da Fazenda Pública.

2.4.3. Juizados Especiais Federais e Juizados Especiais da Fazenda Pública

A Constituição Federal prevê no artigo 98 que a União, no Distrito Federal e nos Territórios, e os Estados criarão juizados especiais, providos por juízes togados, ou togados e leigos, competentes para a conciliação, o julgamento e a execução de causas cíveis de menor complexidade e infrações penais de menor potencial ofensivo, mediante os procedimentos oral e sumariíssimo, permitidos, nas hipóteses previstas em lei, a transação e o julgamento de recursos por turmas de juízes de primeiro grau.

---

[228] Os postos são unidades menores, vinculados a um CEJUSC.

[229] Cf. notícia de 13/12/2017 veiculada na página do TJ-SP na internet <http://www.tjsp.jus.br/Noticias/Noticia?codigoNoticia=49769&pagina=1>, acesso em 15/12/2017.

[230] Para regulamentar esse serviço à população, foi editada a Portaria Intersecretarial nº 01/2017-SMSU/SMJ/PGM entre a Secretaria de Segurança Urbana, a Secretaria de Justiça e a Procuradoria Geral do Município, publicada no Diário Oficial da Cidade de 21/03/2017, pág. 01, bem como a Ordem Interna Conjunta nº 01/2018-SMSU/PGM.

A Lei Federal nº 10.259 de 2001 criou os Juizados Especiais Cíveis e Criminais no âmbito da Justiça Federal. Compete ao Juizado Especial Federal Cível processar, conciliar e julgar causas de competência da Justiça Federal até o valor de sessenta salários mínimos, bem como executar as suas sentenças (art. 3º).

O legislador previu no art. 10, parágrafo único da Lei nº 10.259/2001 que os representantes judiciais da União, autarquias, fundações e empresas públicas federais, bem como os indicados pelas partes, ficam autorizados a conciliar, transigir ou desistir, nos processos da competência dos Juizados Especiais Federais.

Há, portanto, desde 2001 previsão legal permissiva da realização de acordos por entes públicos federais, através de seus representantes – notadamente advogados da União, procuradores federais e advogados de empresas públicas federais –, visando encerrar conflitos no âmbito dos Juizados Especiais.

Posteriormente, em 2009 foi editada a Lei Federal nº 12.153 que dispõe sobre os Juizados Especiais da Fazenda Pública no âmbito dos Estados, do Distrito Federal, dos Territórios e dos Municípios. É de competência dos Juizados Especiais da Fazenda Pública processar, conciliar e julgar causas cíveis de interesse dos Estados, do Distrito Federal, dos Territórios e dos Municípios, até o valor de 60 (sessenta) salários mínimos (art. 2º).

De forma semelhante à Lei nº 10.259/01, o art. 8º da Lei nº 12.153/2009 dispõe que os representantes judiciais dos réus[231] presentes à audiência poderão conciliar, transigir ou desistir nos processos da competência dos Juizados Especiais, nos termos e nas hipóteses previstas na lei do respectivo ente da Federação.

No âmbito da União, a Lei Federal nº 9.469/1997 e alterações posteriores regulamenta o art. 4º, inciso VI da Lei Complementar nº 73/1993 e dá outras providências. O mencionado dispositivo da LC nº 73/93 prevê como atribuição do Advogado Geral da União desistir, transigir, acordar e firmar compromisso nas ações de interesse da União, nos termos da legislação vigente. Já a Lei nº 9.469/97 prevê que o Advogado-Geral da União, diretamente ou mediante delegação, e os dirigentes máximos das empresas públicas federais, em conjunto com o dirigente estatutário da área afeta

---

[231] Estados, Distrito Federal, Territórios e Municípios, bem como autarquias, fundações e empresas públicas a eles vinculadas (art. 5º, inciso II da Lei).

ao assunto, poderão autorizar a realização de acordos ou transações para prevenir ou terminar litígios, inclusive os judiciais (art. 1º).[232]

Com a delegação autorizada e diante da previsão expressa acima citada, a participação dos advogados federais no âmbito do JEF é marcada pelo grande número de acordos celebrados, que estão sendo negociados especialmente nas **Centrais de Conciliação** (CECONs).

Já no âmbito dos Estados e Municípios, contudo, ainda há muito avançar, mesmo nos processos que tramitam nos Juizados. **A edição de lei específica do ente, nos termos do art. 8º da Lei nº 12.153/09, é fundamental para regulamentar e fomentar o uso desse mecanismo de forma segura e transparente.**[233]

2.4.4. Câmara de Conciliação e Arbitragem da Administração Federal – CCAF

Em relação ao Poder Executivo, e mais especificamente à Administração Pública Federal, apesar da União e seus órgãos da Administração Direta e Indireta serem tidos como grandes litigantes, tanto no âmbito judicial, como extrajudicialmente, estão sendo adotadas medidas de redução de litigiosidade, bem como a prática conciliatória tem sido incentivada, especialmente no âmbito da Câmara de Conciliação e Arbitragem da Administração Federal – CCAF, pertencente à Advocacia Geral da União.

A CCAF é órgão da Consultoria-Geral da União e foi criada pelo Ato Regimental nº 05/2007. Tem sua forma de atuação prevista pelo art. 18 do Decreto Federal nº 7.392/2010 e pela Portaria AGU nº 1.281/2007. O objetivo principal da CCAF é evitar e solucionar litígios entre órgãos e entidades da Administração Pública Federal e destes com a Administração Pública Estadual, ou do Distrito Federal e Municipal.

Compete à CCAF, especialmente, avaliar a admissibilidade dos pedidos de resolução de conflitos, por meio de conciliação, no âmbito da Advocacia-Geral da União; dirimir, por meio de conciliação, as controvérsias entre órgãos e entidades da Administração Pública Federal, bem como

---

[232] V. a respeito sobre a competência para transacionar, item. 2.2.1.1.

[233] Além da lei específica, é importante também a edição de um decreto regulamentar, prevendo o procedimento de autorização no âmbito administrativo para a celebração de acordo, que pode ser judicial ou extrajudicial.

entre esses e a Administração Pública dos Estados, do Distrito Federal, e dos Municípios; buscar a solução de conflitos judicializados, nos casos remetidos pelos Ministros dos Tribunais Superiores e demais membros do Judiciário, ou por proposta dos órgãos de direção superior que atuam no contencioso judicial; promover, quando couber, a celebração de Termo de Ajustamento de Conduta nos casos submetidos a procedimento conciliatório; propor, quando couber, ao Consultor-Geral da União, o arbitramento das controvérsias não solucionadas por conciliação; e orientar e supervisionar as atividades conciliatórias no âmbito das Consultorias Jurídicas nos Estados.

Note-se que pode ser objeto de solução por conciliação na CCAF qualquer controvérsia de natureza jurídica. Havendo conciliação, é lavrado termo, que será submetido à homologação do Advogado-Geral da União, segundo o art. 10 da referida portaria.

Os casos eventualmente não conciliados podem ser solucionados por meio de arbitramento, quando há emissão de parecer pela Consultoria-Geral da União, também submetido ao Advogado-Geral da União. Após aprovação deste, o parecer pode ser aprovado pelo Presidente da República e vinculará toda a Administração Federal. Trata-se de ato administrativo, vale dizer, este arbitramento não tem a natureza jurídica da arbitragem, regulada pela Lei nº 9.307/96. Até por isso, os conflitos envolvendo Estados, Distrito Federal ou Municípios não podem ser solucionados pelo arbitramento, em virtude do princípio da autonomia dos entes federativos, que proíbe a ingerência impositiva de um ente político sobre outro.[234]

Admite-se que os envolvidos na conciliação façam uma releitura das normas e princípios que eventualmente se chocam, sendo estimulada a criatividade e a construção de um novo direito aplicado com singularidade àquele caso específico. A CCAF também tem promovido um ambiente propício de articulação institucional do Poder Executivo e de consenso administrativo.[235]

---

[234] COSTA, Helena Dias Leão. *Os Meios Alternativos na Solução de Conflitos e a Experiência da Câmara de Conciliação e Arbitragem da Administração Federal – CCAF*. In *Justiça Federal: inovações nos mecanismos consensuais de solução de conflitos*, GABBAY, Daniela Monteiro; TAKAHASHI, Bruno (coord.), Brasília, DF: Gazeta Jurídica, 2014, p. 610.

[235] COSTA, Helena Dias Leão. *Os Meios Alternativos na Solução de Conflitos e a Experiência da Câmara de Conciliação e Arbitragem da Administração Federal – CCAF*, cit., p. 612. A autora conclui que muitas são as vantagens desse ambiente de resolução de conflitos, tais como rápida

SISTEMA MULTIPORTAS DE SOLUÇÃO DE CONTROVÉRSIAS

O caso mais importante já solucionado pela CCAF foi o acordo relativo à correção das aplicações financeiras na poupança durante a vigência dos planos econômicos de 1980 e 1990, que envolveu várias entidades representativas dos poupadores e dos bancos e foi homologada pelo Supremo Tribunal Federal. Já o caso mais polêmico submetido à CCAF foi o relativo ao auxílio moradia dos magistrados, encaminhado pelo Ministro Luiz Fux a pedido das partes, em março de 2018, visando a tentativa de autocomposição, que restou infrutífera.[236]

A CCAF acabou influenciando o legislador para a previsão de criação da Câmara de Prevenção e Resolução Administrativa de Conflitos na Lei nº 13.140/15 de forma ampla nos órgãos da Advocacia Pública de todo o Brasil. A corroborar a afirmação, verifica-se que a redação do art. 32 da lei de mediação é muito semelhante à do art. 18 do mencionado Decreto nº 7.392/2010.

2.4.5. Câmaras Especializadas

A Lei Federal nº 13.140/15, além de regulamentar a mediação e prever a autocomposição dos conflitos envolvendo pessoas jurídicas de direito público, alterou os artigos 1º e 2º da Lei Federal nº 9.469/97 e, com isso, facultou a criação de *câmaras especializadas*, compostas por servidores públicos ou empregados efetivos das administrações federais direta e indireta, com o objetivo de analisar e formular propostas de acordos ou transações para prevenir ou terminar litígios, inclusive os judiciais.

Pela localização topológica na lei, qual seja, o § 1º do art. 1º, é possível concluir que a atuação das câmaras se dará no âmbito da AGU e das empresas públicas federais. A lei prevê também que regulamento disporá sobre a forma de composição das câmaras, que deverão ter como integrante pelo menos um membro efetivo da Advocacia-Geral da União ou,

---

solução do conflito, especialmente quando comparado ao tempo que o Poder Judiciário tem decidido suas questões; redução dos gastos suportados pelos envolvidos durante a tramitação do processo e redução do número de conflitos levados ao Poder Judiciário, que assim ganha condições de julgar mais rapidamente os conflitos que com ele permanecem.

[236] A respeito da CCAF e análise dos casos a ela submetidos: SALVO, Silvia Helena Picarelli Gonçalves Johonson di. *Mediação na administração pública brasileira: o desenho institucional e procedimental*, São Paulo: Almedina, 2018.

no caso das empresas públicas, um assistente jurídico ou ocupante de função equivalente.

A lei prevê que as câmaras serão formadas por servidores públicos ou empregados efetivos das administrações federais direta e indireta, isto é, pessoas vinculadas à própria Administração e não um terceiro neutro e independente.

Diante desse entendimento e dos propósitos desta obra, as câmaras serão objeto de estudo no Capítulo 3.[237]

2.4.6. Câmaras de Prevenção e Resolução Administrativa de Conflitos

A Lei Federal nº 13.140/2015 instituiu importante mecanismo de solução de conflitos envolvendo entes públicos. O Capítulo II da Lei, denominado "Da Autocomposição de Conflitos em que for Parte Pessoa Jurídica de Direito Público", prevê a faculdade de criação, pela União, os Estados, o Distrito Federal e os Municípios, de câmaras de prevenção e resolução administrativa de conflitos, no âmbito dos respectivos órgãos da Advocacia Pública, onde houver, com competência para (i) dirimir conflitos entre órgãos e entidades da administração pública; (ii) avaliar a admissibilidade dos pedidos de resolução de conflitos, por meio de composição, no caso de controvérsia entre particular e pessoa jurídica de direito público; e (iii) promover, quando couber, a celebração de termo de ajustamento de conduta (art. 32).

Houve uma grande abertura pelo legislador com a previsão de possibilidade não só de solução de conflitos entre entes da Administração Pública, como também entre particular e pessoa jurídica de direito público.

Ressalte-se que o art. 32 não denomina a câmara como "de mediação", mas o art. 33 prevê que enquanto não forem criadas as *câmaras de mediação*, os conflitos poderão ser dirimidos nos termos das disposições comuns da mediação, previstas nos arts. 14 a 20 da lei. Sendo uma câmara que visa a autocomposição de conflitos, é possível afirmar que se admite a realização da mediação, da conciliação e da negociação.

O NCPC, por sua vez, prevê no art. 174 que a União, os Estados, o Distrito Federal e os Municípios **criarão câmaras de mediação e conciliação,**

---

[237] V. item 3.10.

com atribuições relacionadas à solução consensual de conflitos no âmbito administrativo, tais como (i) dirimir conflitos entre órgãos e entidades da administração pública; (ii) avaliar a admissibilidade dos pedidos de resolução de conflitos, por meio de composição, no caso de controvérsia entre particular e pessoa jurídica de direito público; e (iii) promover, quando couber, a celebração de termo de ajustamento de conduta.

Ora, trata-se da mesma câmara prevista pela Lei nº 13.140/15. Ocorre que o NCPC, assim como fez para o CEJUSC no art. 165, usou o imperativo "criarão câmaras de mediação e conciliação" no âmbito administrativo para as pessoas jurídicas de direito público. Por outro lado, a Lei nº 13.140/15 previu que tais câmaras serão criadas no âmbito dos respectivos órgãos da Advocacia Pública, onde houver, enquanto o NCPC silenciou a respeito. Propõe-se, portanto, uma interpretação sistemática dos dispositivos das duas leis.

Neste sentido, a Lei nº 13.140 prevê a necessidade de elaboração de regulamento de cada ente federado, a fim de prever o modo de composição e funcionamento da câmara. Basta que o regulamento preveja a possibilidade de obtenção da autocomposição através da mediação, conciliação ou negociação para os casos que especificar.

Diante desse entendimento e dos propósitos desta obra, as câmaras serão objeto de estudo no Capítulo 3.[238]

2.5. Supostos Obstáculos aos Meios Alternativos para o Poder Público

Embora o uso de meios consensuais pelo Poder Público em geral e pela Administração Pública federal em particular tenha se expandido nos últimos anos, ainda há alguns focos de resistência.[239]

---

[238] V. item 3.10.

[239] A Administração não está totalmente fechada à composição com os administrados e contratados. Desde a autorização e discussão acerca de decisões administrativas até a manutenção e regularização de obrigações e contraprestações nas relações contratuais, a dinâmica de atuação do gestor público exige muitas vezes o diálogo com relação às demandas e insatisfações de ambos os lados. E não há nada de errado nisso. Contudo, para os casos nos quais não há diálogo, disposição política ou mesmo possibilidade jurídica de atendimento, o conflito acaba sendo direcionado ao Judiciário.

É evidente que, por se tratar da Administração Pública, algumas exigências e restrições devem necessariamente ser observadas, sob pena de a solução alternativa ao processo judicial ser considerada inválida. Todavia, não é correta a conclusão de que a Administração jamais poderá realizar um acordo ou se valer da arbitragem para solução de um conflito. Muito pelo contrário.

Em pesquisa empírica realizada no Programa Pensando o Direito do Ministério da Justiça sobre "O Desenho de Sistemas de Resolução Alternativa de Disputas para Conflitos de Interesse Público"[240], foram identificadas as barreiras mais comumente mencionadas à autocomposição pela Administração, dentre elas: as restrições orçamentárias, a responsabilidade do gestor público – sob a égide das leis de responsabilidade fiscal e de improbidade administrativa –, a indisponibilidade do bem público, a inafastabilidade da jurisdição, o princípio da legalidade e a posição restritiva do Tribunal de Contas quanto aos meios alternativos de solução de conflitos.[241]

A esse respeito, Daniela Gabbay e Bruno Takahashi citam quatro argumentos principais, utilizados para fundamentar a posição restritiva: **o desequilíbrio de poder, a legalidade, a isonomia e a indisponibilidade do interesse público.**[242]

Em relação ao desequilíbrio de poder normalmente existente entre o ente público litigante habitual e o particular litigante eventual, este argumento não é um obstáculo intransponível ao uso de meios consensuais, sendo relevante saber quais as condicionantes e os cuidados necessários para que esse uso possa ser legítimo e adequado. Na realidade, o trabalho do conciliador ou do mediador com as técnicas adequadas tende a mitigar ou mesmo acabar com o desequilíbrio, proporcionando mais condições de uma solução justa através do consenso.[243]

---

[240] GABBAY, Daniela Monteiro; CUNHA, Luciana Gross (Coord.) *O Desenho de Sistemas de Resolução Alternativa de Disputas para Conflitos de Interesse Público.* Série Pensando o Direito, n. 38/2011.

[241] GABBAY, Daniela Monteiro; TAKAHASHI, Bruno. *Desenho de Sistemas e Mecanismos Consensuais de Solução de Conflitos na Justiça Federal: Uma Introdução,* cit., p. 17.

[242] GABBAY, Daniela Monteiro; TAKAHASHI, Bruno. *Desenho de Sistemas e Mecanismos Consensuais de Solução de Conflitos na Justiça Federal: Uma Introdução,* cit., p. 19.

[243] A esse respeito, assim pondera Luciane Moessa de Souza: "*o melhor argumento para se buscar uma decisão a respeito da adequação da mediação de conflitos à resolução de conflitos na seara pública consiste em realizar a sua comparação com o processo adversarial tradicional, seja ela na esfera administrativa ou em juízo. Será que o processo contencioso, com seu formalismo e rigoroso sistema de preclusões, oferece maiores condições de igualdade? Será que o processo judicial, em que tantas e tantas vezes a questão de direito material é esquecida em prol de discussões processuais, e em que é comum que o*

Ademais, a previsão constitucional e em diversas leis da possibilidade do uso de meios consensuais pelo Poder Público enfraquece o argumento de ofensa à legalidade. O art. 98 da Constituição Federal prevê a criação de juizados especiais nos Estados, no Distrito Federal e nos Territórios e permite, nas hipóteses previstas em lei, a conciliação.

De toda sorte, se havia dúvida acerca da legalidade da utilização de meios alternativos pelo Poder Público, as Leis nº 13.105/2015 (Novo CPC), nº 13.129/2015[244] (alterou a Lei de Arbitragem) e nº 13.140/2015 (Lei de Mediação) encerraram a celeuma, a favor da possibilidade.

Neste sentido, Gabbay e Takahashi sustentam que, caso se dote a legalidade de um sentido unilateral estabelecido pela Administração, não seria possível a solução consensual dos conflitos. Assim, se o sentido for prévia e unilateralmente estabelecido pela Administração, negociar representaria reconhecer anterior ilegalidade, impedindo-se a revisão interna, em bases participativas. Nesse contexto, e em sentido oposto, a noção de legalidade, dentro do direito administrativo consensual, deve se pautar pela busca do interesse público e ser construída em conjunto com o administrado.[245]

Já quanto à isonomia, ao invés de ser usada para impedir a utilização dos meios consensuais, deve fundamentar a criação de mecanismos que imponham à Administração a apresentação de propostas semelhantes em situações semelhantes às quais já foram objeto de acordo. Para tanto, é conveniente que existam leis e normas administrativas claras que imponham, dentro de parâmetros razoáveis, o tratamento isonômico dos casos, observada a devida publicidade.[246]

'vencedor' seja quem melhor manipula o procedimento, por ter o melhor advogado, é um processo baseado em maior equilíbrio de poder? É evidente que não. As possibilidades de enfrentar o desequilíbrio de poder, em realidade, são muito mais profícuas na mediação" (Cf. SOUZA, Luciane Moessa de, *Resolução de conflitos envolvendo o poder público: caminhos para uma consensualidade responsável e eficaz*, cit., p. 199).

[244] Dentre as alterações na Lei de Arbitragem, destaca-se a redação dada ao art. 1º, § 1º, que prevê expressamente que a administração pública direta e indireta poderá utilizar-se da arbitragem para dirimir conflitos relativos a direitos patrimoniais disponíveis.

[245] GABBAY, Daniela Monteiro; TAKAHASHI, Bruno. *Desenho de Sistemas e Mecanismos Consensuais de Solução de Conflitos na Justiça Federal: Uma Introdução*, cit., p. 20/21. O que importa é que os acordos envolvendo o Poder Público, como atos administrativos que são, sejam fundamentados. Sobre a consensualidade na Administração Pública, v. item 2.6.1.

[246] GABBAY, Daniela Monteiro; TAKAHASHI, Bruno. *Desenho de Sistemas e Mecanismos Consensuais de Solução de Conflitos na Justiça Federal: Uma Introdução*, cit., p. 21/22. Sobre os requisitos de validade da solução negociada, v. item 3.4.

Por fim, a indisponibilidade do interesse público – que será mais profundamente estudada adiante[247] – não deve ser confundida com a disponibilidade do bem patrimonial. Por vezes, a disposição do bem representa exatamente a consecução do interesse público.

É certo que a realização de um acordo ou a participação numa arbitragem encontra um importante limite na indisponibilidade de determinados direitos e interesses. Para a Administração Pública, a questão é especialmente sensível, pois acaba sendo um importante condicionamento de suas possibilidades de intervenção no domínio privado, bem como da gestão de seus próprios bens.

2.5.1. A Ilegalidade na Não Realização do Acordo

Se por um lado é possível identificar uma série de temas que não são adequados de serem levados à solução consensual, já há vozes que apontam para a ilegalidade ou até improbidade do administrador que, diante de uma situação patente de existência de direito da parte adversária, simplesmente se nega a reconhecer esse direito e a fazer um acordo, ou, ao menos, de apresentar uma proposta de composição.

Ora, **quanto mais tempo a Fazenda Pública demora para cumprir a obrigação, mais oneroso aos cofres públicos fica o seu cumprimento**, considerando os juros moratórios e a correção monetária, além das custas processuais e honorários advocatícios nos processos em que é sucumbente.

Neste sentido, a **ilegalidade** não está mais entre os óbices à utilização dos meios consensuais pela Administração Pública, mas passa a ser fator determinante ao administrador para reconhecer a existência do direito do interessado (total ou parcialmente) para, em razão disso, definir a posição que irá tomar visando a solução do conflito.

Não se pode perder de vista que o ato do administrador que causa prejuízo ao erário é previsto como ímprobo, nos termos do art. 10 da Lei nº 8.429/92 – ação ou omissão, dolosa ou culposa, que enseje perda patrimonial, constitui ato de improbidade administrativa.

A partir dessa consciência, torna-se fundamental mudar a forma de dialogar com aqueles que litigam com a Administração, notadamente através

---

[247] V. item 2.6.2.

das técnicas de negociação colaborativa, ou baseada em princípios, conforme se verá adiante nos métodos de negociação.

O Poder Público tem que dar o exemplo. Não pode se utilizar da morosidade do Judiciário e da fila dos precatórios para se esquivar do cumprimento de seus deveres legais.

Resta saber se os operadores do Direito assimilarão as políticas implementadas ou se continuarão avessos aos meios alternativos. Há elementos suficientes para impulsionar a busca por solução consensual dos litígios, inclusive aqueles que envolvam o Poder Público, que representam grande parte dos processos em trâmite na Justiça.

2.6. Consensualidade na Solução de Conflitos Envolvendo o Poder Público

A consensualidade na consecução dos objetivos de interesse público tem sido tema de instigante estudo e debate por administrativistas e por processualistas. Isto porque a defesa da possibilidade de utilização de meios alternativos de solução de controvérsias pela Administração Pública está inserida no contexto da consensualidade.

Seu embasamento jurídico passa pelo entendimento de contratualização administrativa, do princípio da indisponibilidade do interesse público, bem como da disponibilidade ou indisponibilidade dos direitos objeto do conflito.

2.6.1. Consensualidade na Administração Pública

A compreensão da utilização pela Administração Pública de meios consensuais de solução de controvérsias e da arbitragem, bem como de uma postura mais contundente na prevenção do surgimento dos conflitos, não prescinde um estudo, ainda que breve, da consensualidade, que cada vez mais aparece entre os doutrinadores do Direito Administrativo.[248]

Inicialmente, cumpre considerar que o Direito Administrativo[249] tradicional compreende a atividade administrativa como aquela formalizada

---

[248] Ainda que a linha de pesquisa desta obra seja de direito processual, é certo que o tema exige estudo interdisciplinar, que envolve tanto o direito processual como o administrativo.
[249] Direito Administrativo, conforme leciona Maria Sylvia Zanella Di Pietro, é o ramo do direito público que tem por objeto os órgãos, agentes e pessoas jurídicas administrativas que integram a Administração Pública, a atividade jurídica não contenciosa que exerce e os

em atos administrativos dotados de atributos característicos, que denotam a supremacia da Administração Pública perante o particular.[250]

O direito público pátrio – especialmente o direito administrativo – é muito influenciado pelo direito francês. Segundo Pierre Devolvé, o princípio da legalidade é o mais importante do direito público francês, anterior à própria legislação republicana e em razão da importância da jurisprudência administrativa impõe sua observância a todas autoridades administrativas. A legalidade constitui garantia essencial dos cidadãos e da cidade.[251]

Ainda de acordo com o autor francês, o direito administrativo foi, antes de tudo, uma criação da justiça administrativa: foi a jurisdição administrativa e essencialmente o Conselho de Estado que o elaboraram.[252]

Ocorre que o direito administrativo clássico, de origem francesa, não se adequa mais às necessidades atuais, que exigem agilidade do administrador público, bem como participação do administrado no processo de tomada de decisões.

Neste contexto, o contrato administrativo é cada vez mais utilizado na prática administrativa, embora a atuação administrativa típica continue com o primado da autoridade sobre o consenso.

---

bens de que se utiliza para a consecução de seus fins, de natureza pública (DI PIETRO, Maria Sylvia Zanella. *Direito Administrativo*, 26ª ed., São Paulo: Atlas, 2013, p. 48). Celso Antônio Bandeira de Mello, por sua vez, define o Direito Administrativo como ramo do Direito Público que disciplina o exercício da função administrativa, bem como pessoas e órgãos que a desempenham (BANDEIRA DE MELLO, Celso Antônio. *Curso de Direito Administrativo.* cit., p. 29). Em outra passagem, o autor dá conceito quase idêntico: "*o direito administrativo é o ramo do direito público que disciplina a função administrativa, bem como pessoas e órgãos que a exercem*" (p. 37). Já Hely Lopes Meirelles conceitua Direito Administrativo como conjunto harmônico de princípios jurídicos que regem os órgãos, os agentes e as atividades públicas tendentes a realizar concreta, direta e imediatamente os fins desejados pelo Estado (Cf. MEIRELLES, Hely Lopes. *Direito Administrativo Brasileiro*, cit., p. 40).

[250] As normas de direito administrativo regulam a realização do interesse público e conferem à Administração, encarregada de buscá-lo, poderes de autoridade, cujo exercício produz relações jurídicas verticais (em que ela tem uma posição de superioridade frente ao particular). Mas esses poderes são muito condicionados: a Administração só os tem quando previstos em lei (legalidade); seu exercício não é mera faculdade, mas dever do administrador, e só pode ocorrer para realizar os fins previstos em lei (função). Para permitir seu registro e controle, a ação administrativa está sujeita à publicidade e ao formalismo, exigindo a realização de procedimentos e a observância de inúmeros requisitos formalísticos (Cf. SUNDFELD, Carlos Ari, *Fundamentos de Direito Público*, cit., p. 105).

[251] DEVOLVÉ, Pierre. *Le droit administratif,* 6ª edição, Paris: Dalloz, 2014, p. 52.

[252] DEVOLVÉ, Pierre. cit, p. 77.

A expressão "contratos da Administração", conforme leciona Maria Sylvia, é utilizada em sentido amplo, para abranger todos os contratos celebrados pela Administração Pública, seja sob regime de direito público, seja sob regime de direito privado. E a expressão contrato administrativo, ainda segundo a autora, é reservada para designar tão somente os ajustes que a Administração, nessa qualidade, celebra com pessoas físicas ou jurídicas, públicas ou privadas, para a consecução de fins públicos, segundo regime jurídico de direito público.[253] [254] Hely Lopes Meirelles utiliza a mesma classificação, mas os denomina como *contrato semipúblico da Administração* e *contrato administrativo propriamente dito*.[255]

Eros Roberto Grau, apesar de sustentar que a Constituição Federal atribui a todos os contratos celebrados pela Administração a denominação de contratos administrativos, afirma que, na relação contratual administrativa, o Estado-aparato (Administração) atua vinculado pelas mesmas estipulações que vinculam o particular. Ambos se submetem à lei, ou seja, a Administração não exerce atos de autoridade no bojo da relação contratual.[256]

Assiste-se hoje, no âmbito da Administração Pública, ao desenvolvimento de uma das mais promissoras – e desafiadoras – técnicas de ação administrativa, que é a **atuação administrativa consensual**. Este modelo desafia a ação tradicionalmente utilizada pelo Poder Público visando à satisfação de finalidades públicas[257]. Entretanto, definir consensualidade

---

[253] DI PIETRO, Maria Sylvia Zanella. *Direito Administrativo*, cit., p. 260. Afirma a autora que se costuma dizer que, nos contratos de direito privado, a Administração se nivela ao particular, caracterizando-se a relação jurídica pelo traço da horizontalidade e que, nos contratos administrativos, a Administração age como poder público, com todo seu poder de império sobre o particular, caracterizando-se a relação jurídica pelo traço da verticalidade.

[254] A Constituição Federal reserva privativamente à União competência para legislar sobre normas gerais de contratação, cabendo aos Estados, Distrito Federal e Municípios estabelecer normas suplementares.

[255] MEIRELLES, Hely Lopes. *Direito Administrativo Brasileiro*, cit., p. 225.

[256] GRAU, Eros Roberto. *Arbitragem e Contrato Administrativo*. Revista da Escola Paulista da Magistratura, v. 3, nº 2, julho/dezembro – 2002, p. 54. Para o autor, não há diferença entre contrato administrativo e contrato privado, senão na medida em que a ambos se aplicam múltiplos regimes jurídicos.

[257] Gustavo Justino de Oliveira ensina que a Lei Alemã de Procedimento Administrativo, editada em 1976, estabelece a noção de "contrato de direito público", cujo significado traduz precisamente o impulso conferido à Administração consensual na atualidade. No § 54 do diploma aludido consta que "uma relação jurídica de direito público pode ser criada,

não é uma tarefa trivial e deve ser feita de acordo com a natureza dos instrumentos em uso pela Administração Pública, de modo que se admitem diferentes conceitos de consensualidade no Direito Administrativo brasileiro.[258]

A consensualidade, em sentido amplíssimo, corresponde a qualquer forma de ingerência privada na Administração Pública, ainda que não vinculante. Neste caso, a atuação consensual é verificada nos casos em que a Administração abre seu procedimento para que o administrado participe, como nas hipóteses dos instrumentos participativos, audiências públicas e consultas públicas, bem como na realização de instrumentos jurídicos

---

modificada ou extinta por contrato (contrato de direito público), desde que isso não seja vedado por lei. Especialmente, pode a Administração, em lugar de editar ato administrativo, celebrar contrato de direito público com quem seria o destinatário do ato administrativo". Segundo o autor, a disciplina normativa germânica expressa a consagração do fenômeno da *Administração por acordos*, o qual espraiou-se para diversos outros países europeus. A Lei Italiana 241, de 7.8.1990, prescreve em seu art. 11 que a Administração competente pode concluir, sem prejuízo dos direitos de terceiros, e sempre em atendimento ao interesse público, acordos com os interessados, com o fim de determinar o conteúdo discricionário da decisão final ou, nos casos previstos em lei, a substituição da mesma. Na Espanha, o art. 88.1 da Lei 30/1992 (Regime Jurídico das Administrações Públicas e do Procedimento Administrativo Comum – LRJ-PAC) estipula que as Administrações Públicas poderão celebrar acordos, pactos, convênios ou contratos com pessoas de direito público ou de direito privado, sempre que não sejam contrários ao ordenamento jurídico, nem versem sobre matérias não suscetíveis de transação e tenham por objeto satisfazer o interesse público a elas confiado, com o alcance, efeitos e regime jurídico específico que em cada caso preveja a disposição que o regule, podendo tais atos representar o término dos procedimentos administrativos, ou inserir-se nos mesmos em caráter prévio, vinculante ou não, à decisão que os finalize. Por fim, cita o Código de Procedimento Administrativo de Portugal, que reconhece a existência, no art. 185º, 3, (a), dos "contratos administrativos com objecto passível de acto administrativo". Diante disso, conclui: *"em face de todos os dispositivos acima aludidos, resta claro que tanto o* ato administrativo *quanto o* contrato administrativo *são atualmente entendidos como* formas jurídicas adotadas pela Administração Pública para a consecução de suas tarefas. Ato *e* contrato *configuram, pois, instrumentos de ação administrativa"* (Cf. OLIVEIRA, Gustavo Henrique Justino. *A Arbitragem e as Parcerias Público-Privadas.* In SUNDFELD, Carlos Ari (Coord.), *Parcerias Público-Privadas*, São Paulo: Malheiros, 2005, pp. 581/582).

[258] PALMA, Juliana Bonacorsi de. *A Consensualidade na Administração Pública e seu Controle Judicial.* In *Justiça Federal: inovações nos mecanismos consensuais de solução de conflitos*, GABBAY, Daniela Monteiro; TAKAHASHI, Bruno (coord.), Brasília, DF: Gazeta Jurídica, 2014, p. 148.

como ajustes de conduta, acordos governamentais, transações judiciais, contratos administrativos e meios de resolução extrajudicial de conflitos.[259]

Em sentido amplo, a consensualidade corresponde a qualquer acordo de vontades envolvendo a Administração Pública.[260] Em relação ao sentido amplíssimo, ficam excluídos todos os instrumentos de participação administrativa.[261]

Juliana Bonacorsi de Palma ainda sugere um sentido estrito e um sentido restritíssimo de consensualidade. No primeiro caso, consensualidade corresponde a qualquer forma de acordo de vontades envolvendo a Administração Pública no âmbito administrativo, ou seja, exclui as transações e os acordos judiciais.

Já no sentido restritíssimo, a consensualidade corresponde à concertação administrativa, isto é, à negociação de prerrogativa imperativa que a Administração Pública detém para impor unilateralmente suas decisões administrativas.[262] Esta ocorre no curso de um processo administrativo e exige que a negociação seja parte integrante deste processo, seja por meio

---

[259] PALMA, Juliana Bonacorsi de. *A Consensualidade na Administração Pública e seu Controle Judicial*, cit., p. 148.

[260] Tomada em sentido amplo, a consensualidade corresponde a qualquer forma de acordo de vontades da Administração Pública, abrangendo indistintamente acordos judiciais, acordos intragovernamentais e os contratos administrativos em geral. Esta conceituação de consensualidade determina a definição de atuação administrativa consensual como a ação da Administração Pública por meio de acordos em sentido amplo, seja na esfera administrativa ou judicial, seja entre Administração Pública e administrado ou exclusivamente no âmbito do Poder Público. (Cf. PALMA, Juliana Bonacorsi de, *Sanção e Acordo na Administração Pública*, cit., p. 111).

[261] PALMA, Juliana Bonacorsi de. *A Consensualidade na Administração Pública e seu Controle Judicial*, cit., p. 152.

[262] Gustavo Justino de Oliveira alude à administração concertada, citando alguns doutrinadores, como aquela em que a Administração renuncia ao emprego de seus poderes com base na imperatividade e unilateralidade, aceitando realizar acordos com os particulares destinatários da aplicação concreta desses poderes, ganhando assim uma colaboração ativa dos administrados. Ação concertada ou concertação, portanto, é método flexível de governar ou de administrar em que os representantes do Governo ou da Administração participam em debates conjuntos com representantes doutros corpos sociais autônomos com vista à formação de um consenso sobre medidas de política econômica e social a adotar (Cf. OLIVEIRA, Gustavo Justino de. *Contrato de Gestão*. São Paulo: RT, 2008, pp. 36/37).

da transcrição da negociação por reuniões ou juntada da correspondente ata.[263]

O administrador público passa a perceber que a atuação administrativa muitas vezes deve ser feita por meio de acordos administrativos, de forma que a consensualidade se mostra cada vez mais um mecanismo viável e eficaz na promoção das finalidades públicas pela Administração. Compete à Administração Pública decidir o modo de exercício da função administrativa, se imperativo ou consensual.[264]

Gustavo Henrique Justino de Oliveira afirma que, com a ascensão de fenômenos como o Estado em rede e governança pública, emerge uma nova forma de administrar, cujas referências são o diálogo, a negociação, o acordo, a coordenação, a descentralização, a cooperação e a colaboração.[265] Trata-se, segundo o autor, da Administração consensual, a qual marca a evolução de um modelo centrado no ato administrativo (unilateralidade) para um modelo que passa a contemplar os acordos administrativos (bilateralidade e multilateralidade).

Neste contexto, a consensualidade é fenômeno recente que leva a Administração a adotar mecanismos de diálogo, composição e engajamento do administrado na consecução de finalidades públicas. Torna-se instrumento para a viabilização do agir administrativo. A consensualidade atua tanto na perspectiva de fundamento da ação administrativa, como na perspectiva do método da atividade administrativa e ainda nos instrumentos de atuação administrativa.[266]

---

[263] PALMA, Juliana Bonacorsi de. *A Consensualidade na Administração Pública e seu Controle Judicial*, cit., pp. 153/154.

[264] Juliana Bonacorsi de Palma sustenta que o lugar da consensualidade na Administração Pública é no processo administrativo, pois é por meio do processo administrativo que a decisão de natureza consensual é desenhada. É em seu âmbito que a negociação dos termos do pacto é realizada, com ampla publicidade e dinamizada pelo contraditório. Também no curso do processo administrativo são reunidos documentos que compõem a instrução probatória e com base nos quais a decisão administrativa será tomada, seja ela uma decisão de caráter consensual, seja de caráter imperativo (Cf. PALMA, Juliana Bonacorsi de. *A Consensualidade na Administração Pública e seu Controle Judicial*, cit., pp. 178/179).

[265] OLIVEIRA, Gustavo Justino de. *A Administração consensual como a nova face da Administração pública no século XXI: fundamentos dogmáticos, formas de expressão e instrumentos de ação.* In: OLIVEIRA, Gustavo Justino de. *Direito administrativo democrático.* Belo Horizonte: Fórum, 2010. p. 228.

[266] Como fundamento, a consensualidade vai servir de um elemento para que a Administração busque uma legitimação do seu agir naquelas perspectivas em que a lei já não serve mais como

Por outro lado, Fernando Dias Menezes de Almeida pondera que a noção de *administração consensual* deve ser entendida no contexto histórico e no tempo presente. Ainda que a intensidade do fenômeno contratual seja crescente atualmente, o estabelecimento de mecanismos de consenso entre Administração e indivíduos não é fato exclusivo do tempo presente.[267]

O autor chama atenção para uma necessária distinção entre o fenômeno da Administração consensual e a utilização de módulos convencionais pela Administração, pois são elementos distintos, ainda que contenham ideias parcialmente coincidentes. Se, por um lado, o consenso integra a essência da figura do contrato – o fenômeno da Administração consensual envolve, entre outros fatores, uma utilização mais intensa dos módulos convencionais – por outro lado, o espírito de consenso na ação administrativa vai muito além do uso do instrumento convencional propriamente dito.[268]

Nota-se que os institutos da supremacia do poder estatal, autoexecutividade das decisões, presunção de legalidade dos atos, entre outros, estavam ligados à incontrastabilidade do poder. Surgiram, então, mecanismos de contenção deste poder estatal, como o princípio da legalidade e a controlabilidade do exercício do poder. Ocorre que a premissa de que o interesse

---

fundamento dessa ação. É o que ocorre em questões conflituosas em que o administrador submete à população uma decisão a seu respeito. Como método, a consensualidade se apresenta como utilização de mecanismos, procedimentos, que abram o agir administrativo à participação do administrado, como no processo administrativo, as consultas públicas, audiências públicas etc. Como instrumento, utilizam-se os modos consensuais, pactos, contratos, como vetor para a execução das finalidades administrativas, tal como no fomento de atividades, com concurso de particulares. A corroborar o argumento, o art. 26 da LINDB dispõe sobre a celebração de compromisso pela autoridade administrativa com o interessado para eliminar irregularidade, incerteza jurídica ou situação contenciosa na aplicação do direito público.

[267] ALMEIDA, Fernando Dias Menezes de. *Contrato Administrativo*, cit., p. 339. Neste sentido, o autor cita Sabino Cassese que, ao analisar as transformações do Direito administrativo do século XIX ao XXI, aponta, entre elas, a substituição da supremacia e da unilateralidade, pelo consenso e a bilateralidade; bem como a adoção, pelo Direito administrativo, de formas tradicionais identificadas com o Direito privado. Afirma que também é de Cassese a afirmação de que a *mais intensa* utilização de módulos convencionais pela Administração em sua atividade institucional representa uma de suas características salientes na época contemporânea (p. 340).

[268] ALMEIDA, Fernando Dias Menezes de. *Contrato Administrativo*, cit., p. 340/341. Conclui: *"ou então haveria que se alargar a noção de contrato – ou de convenção – de tal modo, que se perderia a necessária precisão para efeito tanto de análise teórica, como de operacionalidade prática. Seria, no limite, o caso de reduzir toda a ação estatal à convenção política primordial, que funda o próprio Estado e que se renova, em especial, nas eleições e na produção do Direito pelo legislador"*.

público e a lei limitam a atuação do administrador não contempla todas as situações da Administração Pública, o que gera a necessidade de utilização da consensualidade para as perspectivas mais sofisticadas.[269]

Atualmente, considera-se que o consenso continua sendo definido no âmbito normativo, mas não exclusivamente. A lei passa a ser delimitadora de competências, que pensa a regra do jogo e não o resultado do jogo. A lei confere parâmetros para que o administrador construa o consenso. Este consenso na aplicação do direito passa a ser não mais *ex ante*, mas sim, *ad hoc*, que se forma nos sistemas econômico, político e social.

Fernando Menezes registra, ainda, que o modelo da Administração consensual deve ser visto com certas ressalvas, para que não seja tomado como fim em si mesmo, nem como solução universal para as questões que se apresentam ao Estado no desempenho de sua função administrativa. A esse respeito, sustenta que duas dimensões distintas devem ser reconhecidas na abordagem do tema: uma abordagem científica, que pretenda apreender a realidade da ação administrativa no tempo atual[270], e uma abordagem ideológica, visando a defesa da adoção do modelo, a partir da manifestação subjetiva de preferência pelos princípios que o modelo encerra.[271] [272]

---

[269] Assim, uma característica da consensualidade é renúncia à discricionariedade unilateral. Consensualidade, em si, não é derrogatória da discricionariedade. A lei sempre deixa uma margem de liberdade decisória, ora menor, ora maior.

[270] Desta abordagem, decorrem a constatação da expansão do modelo consensual da Administração, bem como a avaliação objetiva das virtudes do modelo na facilitação da consecução da função própria da Administração (ALMEIDA, Fernando Dias Menezes de. *Contrato Administrativo*, cit., p. 343).

[271] O autor reconhece que, bem compreendidos em sua função, os mecanismos de consenso na ação administrativa podem constituir importante meio de atração dos indivíduos para que se envolvam nos assuntos da Administração e do Estado em geral (ALMEIDA, Fernando Dias Menezes de. *Contrato Administrativo*, cit., p. 347).

[272] Segundo Floriano de Azevedo Marques Neto, são desafios da consensualidade: (i) discutir sobre a autonomia do direito administrativo; (ii) respeito à isonomia; (iii) como delimitar a discricionariedade diante da resistência cultural; (iv) desafio cultural; (v) desafio de motivação da escolha do modo consensual; (vi) dever de explicitar o interesse público, de forma a explicitar que outros interesses públicos não serão integralmente contemplados, mas que esse escolhido é o mais importante no momento, que deve prevalecer; (vii) deslocamento da vinculação do administrador à lei para a covinculação ao acordo (cláusulas exorbitantes não podem levar o acordo consensual para rescisão unilateral); e (viii) controle dos atos consensuais (como fornecer instrumentos, mecanismos para o controle, como cultuar órgãos de controle a admitir esses atos consensuais) [Anotações de aula da matéria Consensualidade na Administração Pública (DES5822), do curso de pós-graduação na Faculdade de Direito da

Em relação ao controle, devido à potencial redução da litigiosidade na consensualidade administrativa, o controle judicial dos acordos celebrados pelo Poder Público será fundamentalmente motivado por terceiros que se sintam prejudicados pela celebração do pacto ou por instituições de controle, que acionarão o Judiciário para requerer a invalidação do acordo diante de denúncias de ilegalidade na celebração do pacto. Não obstante, quando o acordo envolver direitos indisponíveis que admitam transação, será necessária a manifestação do Ministério Público e homologação judicial, conforme previsto no art. 3º, § 2º da Lei de Mediação.[273]

Por outro lado, rígidos controles podem ser incentivos negativos à celebração de acordos pelo Poder Público, visando a redução de litigiosidade.[274]

Por fim, ressalte-se que depois de obtido o consenso, a Administração só pode alterar ou revogar/rescindir unilateralmente o ato sob argumento de interesse público ou de nulidade, devidamente motivado, sob pena de enfraquecimento da consensualidade.[275]

USP, no segundo semestre de 2014, lecionada pelos Professores Floriano Peixoto de Azevedo Marques Neto e Vitor Rhein Schirato].

[273] A regra não se aplica para o caso de compromisso de ajustamento de conduta, nos termos da Lei nº 7.347/85. A respeito dos conflitos passíveis de solução consensual (negociabilidade objetiva), v. item 3.3.

[274] PALMA, Juliana Bonacorsi de. *A Consensualidade na Administração Pública e seu Controle Judicial*, cit., pp. 169. A esse respeito, a autora afirma que os acordos administrativos constituem um tipo especial de contrato (atos administrativos bilaterais), particularizados por envolverem a negociação do modo de exercício dos poderes públicos. Da teoria dos elementos do ato administrativo, a autora extrai dois parâmetros de controle judicial da consensualidade administrativa: o vício quanto ao sujeito e o vício quanto à forma. Afirma ainda que o controle da consensualidade administrativa pelo Judiciário é eminentemente um controle procedimental, de forma que o foco do controle judicial não recai sobre o acordo administrativo (conveniência e oportunidade): "*o controle da consensualidade administrativa é um controle marcadamente processual, o que significa que o foco de atenção do juiz deve ser deslocado para a regularidade na tomada de decisão administrativa, qualquer que seja ela (consensual ou imperativa). Primeiramente, deve-se verificar se todas as fases procedimentais previstas o regime jurídico aplicável ao acordo administrativo foram respeitadas, incluindo a fase de negociação administrativa. Outro elemento de análise corresponde ao atendimento do princípio da publicidade administrativa, de modo que todos os atos interlocutórios tenham sido devidamente publicados para amplo conhecimento, conforme a Lei de Acesso à Informação Pública, o que tanto permite o controle social quanto a intervenção de terceiros interessados ao procedimento de celebração de acordos administrativos. Por fim, o controle procedimental implica na análise da motivação da decisão final, ou seja, da exposição das razões de fato e de direito que ensejaram a celebração de acordo administrativo*" (cit., pp. 180-182).

[275] A esse respeito, Luciane Moessa de Souza defende que ainda que o conflito não esteja judicializado, a homologação judicial do acordo pode ser recomendável para dar mais

2.6.2. Princípio da Indisponibilidade do Interesse público

A utilização dos meios consensuais, do Comitê de Resolução de Disputas – ou *Dispute Board* – e da arbitragem pelo Poder Público para solução de conflitos não pode esbarrar no princípio da indisponibilidade do interesse público. Ao contrário, deve significar o atendimento do interesse público, para que sejam válidos, úteis e adequados.[276]

Não obstante, é necessário analisar a convivência entre a indisponibilidade do interesse público e a existência de direito patrimonial disponível da Administração Pública para, então, tentar conceituá-lo.

2.6.2.1. Princípio da Supremacia do Interesse Público Sobre o Privado

No âmbito do Direito Administrativo, tanto se fala em princípio do interesse público, como em princípio da supremacia do interesse público. Este último constitui um dos alicerces de todo o direito público, mas, atualmente, tem sido muito questionado, diante da existência dos direitos fundamentais constitucionalmente garantidos. Critica-se a indeterminação do conceito de interesse público e se defende a necessidade de uma ponderação de interesses, para verificar, em cada caso, qual deve prevalecer.

Odete Medauar, por exemplo, afirma que este princípio, se algum dia existiu, está ultrapassado.[277] Da mesma forma, Daniel Sarmento e

---

segurança jurídica a todas as partes envolvidas, *notadamente quando se trata de conflitos envolvendo o Poder Público, em razão da alternância periódica no comando dos poderes políticos, por decorrência do sistema democrático (e subsequente alteração na titularidade de cargos comissionados), é fundamental garantir eficácia executiva ao acordo celebrado, coroando assim todos os esforços realizados para a obtenção do consenso* (Cf. SOUZA, Luciane Moessa de, *Resolução de conflitos envolvendo o poder público...*, cit., p. 204).

[276] A respeito do princípio da indisponibilidade do interesse público, confira TONIN, Mauricio Morais. *Solução de Conflitos e a Disponibilidade do Direito Patrimonial do Estado*. In: ALMEIDA, Fernando Menezes de; ZAGO, Marina Fontão (coord.). *Direito Público Francês – Temas Fundamentais*. São Paulo: Quartier Latin, 2018, pp. 417-431. Sobre o mesmo tema e a definição de direito patrimonial disponível da Administração Pública: TONIN, Mauricio Morais. *Direito patrimonial disponível da Administração Pública: tentativa de definição*, In Revista Brasileira de Arbitragem, ano XV, nº 59, jul-ago-set 2018, Curitiba: Comitê Brasileiro de Arbitragem, 2018, pp. 61-79.

[277] A autora cita várias razões para justificar sua posição, dentre as quais o fato de a Constituição priorizar direitos fundamentais, essencialmente individuais, razão pela qual soa ilógico e

Humberto Ávila são autores que corroboram com a desconstrução do princípio da supremacia do interesse público sobre o privado.[278] [279]

Para Maria Sylvia Zanella Di Pietro, por outro lado, negar a existência do princípio da supremacia do interesse público é negar o próprio papel do Estado.[280] Floriano de Azevedo Marques Neto o concebe como princípio

incoerente invocá-lo como princípio do direito administrativo (MEDAUAR, Odete. *Direito Administrativo Moderno*, cit., p. 149).

[278] Daniel Sarmento defende que o princípio da supremacia do interesse público sobre o interesse particular não constitui critério adequado para a resolução das colisões entre interesses públicos e privados no ordenamento brasileiro. Neste sentido, leciona que, de um tempo para cá, vozes autorizadas na doutrina vêm defendendo a inexistência deste princípio ou dando a ele nova formulação, mais compatível com os direitos fundamentais do administrado e com o Estado Democrático de Direito. Ao autor, parece que o referido princípio se baseia numa compreensão equivocada da relação entre pessoa humana e Estado, francamente incompatível com o conteúdo axiológico do Estado Democrático de Direito, qual seja, o de que as pessoas não existem para servir aos poderes públicos ou à sociedade política, mas, ao contrário, estes é que se justificam como meios para a proteção e promoção dos direitos humanos. Para ele, a visão que existe sobre o princípio da supremacia do interesse público sobre o privado apresenta indisfarçáveis traços autoritários, que não encontram respaldo na ordem constitucional brasileira, cujo centro é o princípio da dignidade humana. (Cf. SARMENTO, Daniel. *Interesse Públicos* vs. *Interesses Privados na Perspectiva da Teoria e da Filosofia Constitucional*. In SARMENTO, Daniel (org.), *Interesses Públicos versus Interesses Privados: Desconstruindo o Princípio da Supremacia do Interesse Público*, 2ª tiragem, Rio de Janeiro: Lumen Juris, 2007, passim).

[279] Humberto Ávila entende que o dito princípio da supremacia do interesse público sobre o privado não é, rigorosamente, um princípio jurídico ou norma-princípio e não pode ser tido como um postulado explicativo do Direito Administrativo, porém, não nega a importância jurídica do interesse público. Ressalta que o equívoco se encontra no modo como se lida com ele no ordenamento jurídico. Segundo leciona o autor, o que deve restar claro é que, mesmo nos casos em que ele legitima determinada ação estatal, deve haver a ponderação em relação aos interesses privados e à medida de sua restrição. Na realidade, tal ponderação deve ser o critério para balizar a atuação administrativa. Desta maneira, não há que se cogitar sobre a supremacia do interesse público sobre o privado antes de se realizar a ponderação. Esta determinará os bens jurídicos envolvidos e procurará proteger, ao máximo, tais bens. Muito diferente disso é a aplicação do princípio da supremacia do interesse público de pronto, sem maiores análises do caso em discussão (Cf. ÁVILA, Humberto. *Repensando o 'Princípio da Supremacia do Interesse Público sobre o Particular*. In SARMENTO, Daniel (org.), *Interesses Públicos versus Interesses Privados: Desconstruindo o Princípio da Supremacia do Interesse Público*, cit., passim).

[280] DI PIETRO, Maria Sylvia Zanella. *Discricionariedade Administrativa na Constituição de 1988*. 3ª ed., São Paulo: Atlas, 2012, p. 229 e 249. A autora afirma que se prega a substituição do princípio da supremacia do interesse público pelo princípio da razoabilidade e que há quem lhe negue a natureza de princípio. Porém, Maria Sylvia defende que o princípio da supremacia do interesse público está na base de todas as funções do Estado e não só da função administrativa. Por isso mesmo, ele constitui fundamento essencial de todos os ramos do direito público,

da *prevalência dos interesses públicos,* desdobrando-se em três subprincípios balizadores da função administrativa: (i) a interdição do atendimento de interesses particularísticos (p.ex., aqueles desprovidos de amplitude coletiva, transindividual); (ii) a obrigatoriedade de ponderação de todos os interesses públicos enredados no caso específico; e (iii) a imprescindibilidade de explicitação das razões de atendimento de um interesse público em detrimento dos demais.[281]

Celso Antônio Bandeira de Mello, por sua vez, afirma que todo o sistema de Direito Administrativo se constrói sobre esses dois princípios: o *princípio da supremacia do interesse público sobre o privado* e o *princípio da indisponibilidade do interesse público pela Administração.*[282] Em relação ao primeiro, defende ser princípio geral de Direto inerente a qualquer sociedade, sendo a própria condição de sua existência.

Ao se pensar em interesse público, pensa-se, habitualmente, em uma categoria contraposta à de interesse privado, individual, isto é, ao interesse pessoal de cada um. Celso Antônio sustenta que interesse público se constitui no interesse do todo, ou seja, do próprio conjunto social, não se confundindo com a somatória dos interesses individuais, peculiares de cada qual, sendo errôneo supor que se trata de um interesse autônomo, desvinculado dos interesses de cada uma das partes que compõem o todo.[283]

Em outras palavras, Bandeira de Mello define interesse público como o interesse resultante do conjunto de interesses que os indivíduos

---

sendo que no direito administrativo está na base de quatro tipos de atividade: serviço público, fomento, intervenção e polícia administrativa, além da regulação. Ademais, o princípio da supremacia do interesse público não coloca em risco os direitos fundamentais, pelo contrário, os protege.

[281] MARQUES NETO, Floriano Peixoto de Azevedo. *Regulação Estatal e Interesses Públicos.* São Paulo: Malheiros, 2002, p. 165.

[282] BANDEIRA DE MELLO, Celso Antônio, *Curso de Direito Administrativo,* cit., pp. 55/57. O autor considera o princípio da supremacia do interesse público como verdadeiro axioma reconhecível no moderno Direito Público, o qual proclama a supremacia do interesse da coletividade, firmando a prevalência dele sobre o do particular, como condição, até mesmo, da sobrevivência e asseguramento deste último.

[283] BANDEIRA DE MELLO, Celso Antônio, *Curso de Direito Administrativo,* cit., p. 59/60. O autor esclarece que embora seja claro que pode haver um interesse público contrário a um dado interesse individual, a toda evidência não pode existir um interesse público que se choque com os interesses de cada um dos membros da sociedade. Seria inconcebível um interesse do todo que fosse, ao mesmo tempo, contrário ao interesse de cada uma das partes que o compõem.

pessoalmente têm quando considerados em sua qualidade de membros da sociedade e pelo simples fato de o serem.[284]

O princípio do interesse público está expressamente previsto no *caput* do art. 2º da Lei Federal nº 9.784/99, o qual prevê, para os processos administrativos federais, a observância do critério de *atendimento a fins de interesse geral*, vedada a renúncia total ou parcial de poderes ou competências, salvo autorização legal.[285]

Maria Sylvia Zanella Di Pietro cinde interesse público em princípio político e princípio jurídico. No primeiro caso, o interesse público coloca-se como o próprio fim do Estado, identifica-se com a ideia de bem comum e reveste-se de aspectos axiológicos, na medida em que se preocupa com a dignidade do ser humano. Serve de critério, de fundamento e de inspiração à aplicação do direito.[286] [287] Já como princípio jurídico, o interesse público cumpre a função de dar solução concreta a casos singulares, isto é, trata-se de princípio a ser levado em consideração pelo agente público no momento de adotar soluções para os casos concretos que lhe são colocados.[288]

---

[284] BANDEIRA DE MELLO, Celso Antonio, *Curso de Direito Administrativo*, cit., p. 62.

[285] O interesse público, pois, é irrenunciável pela autoridade administrativa.

[286] DI PIETRO, Maria Sylvia Zanella. *Discricionariedade Administrativa na Constituição de 1988*, cit., p. 233. A autora leciona que conforme o tipo de Estado, conforme a ideologia, a noção do que seja o interesse público foi variando no decurso do tempo. Na Idade Média, sob influência do cristianismo, o interesse público identificava-se com o bem comum, em cuja base inseria-se a ideia de solidariedade social. Posteriormente, com as teses contratualistas e o triunfo do individualismo, desaparece a ideia de solidariedade, substituída pela de interesse geral, de cunho utilitarista.

[287] Está previsto em inúmeras normas da Constituição, de forma abstrata, como critério orientador da atuação concreta a ser posta em prática pela Administração Pública e pela lei em que ela se funda (ex. de um lado, a previsão da propriedade privada, da livre concorrência, da livre iniciativa, do tratamento favorecido para empresas de pequeno porte, de outro, a justiça social, a função social da propriedade, a defesa do consumidor, a defesa do meio ambiente, a redução das desigualdades regionais e sociais). Porém, no momento de efetuar uma desapropriação, de fazer uma requisição, de efetuar um tombamento, de alterar ou rescindir unilateralmente um contrato, de revogar um ato administrativo válido, de defender o consumidor, o meio ambiente e outros interesses públicos, a Administração tem que avaliar a aplicação do princípio no caso concreto. Aí o interesse público aparece como conceito jurídico que tem que ser interpretado pela Administração diante da situação de fato que se lhe apresenta (DI PIETRO, Maria Sylvia Zanella. *Discricionariedade Administrativa na Constituição de 1988*, cit., p. 242).

[288] DI PIETRO, Maria Sylvia Zanella. *Discricionariedade Administrativa na Constituição de 1988*, cit., p. 241.

A autora sustenta que o princípio do interesse público para o Direito Administrativo está presente tanto no momento da elaboração da lei, como no da sua execução em concreto pela Administração Pública. Ele inspira o legislador e vincula a autoridade administrativa em toda a sua atuação.[289] [290]

Já Hugo Nigro Mazzilli afirma que a clássica dicotomia entre o interesse público e o interesse privado – que existe em todos os países de tradição romana do Direito – passou a ser criticada, primeiramente, porque a expressão interesse público se tornou equívoca quando passou a abranger também interesses sociais, interesses indisponíveis do indivíduo e da coletividade e até os interesses coletivos ou os interesses difusos; em segundo lugar, porque tem-se reconhecido que existe uma categoria intermediária de interesses que, embora não sejam propriamente estatais, são mais que meramente individuais, porque são compartilhados por grupos, classes ou categorias de pessoas.[291]

Marçal Justen Filho conclui que não há um conteúdo próprio, específico e determinado para interesse público. O autor indica a imperfeição da teoria do interesse público, que pressupõe a existência de um único interesse público, na medida em que haverá situações concretas em que conflitarão diversos interesses públicos. Assim, deverá ser aferido em cada caso concreto, realizando-se ponderação entre os interesses perseguidos pela Administração Pública e pelos particulares, segundo valores e princípios consagrados constitucionalmente.[292]

---

[289] DI PIETRO, Maria Sylvia Zanella. *Discricionariedade Administrativa na Constituição de 1988*, cit., p. 245.

[290] Maria Sylvia afirma que ainda que a lei não use expressamente a expressão *interesse público*, sabe-se que, em toda a atividade administrativa, deve ele ser observado. Quando a atividade é vinculada, o legislador já definiu, na norma jurídica, os meios de ação aptos ao atendimento adequado daquele objetivo. Porém, quando o legislador não faz essa opção, cabe à Administração Pública fazê-lo diante do caso concreto. A sua liberdade na discricionariedade administrativa nunca é total, pois estará limitada não apenas por normas legais de competência, finalidade e forma, como também pelos princípios da razoabilidade, moralidade, motivação. O interesse público, ao invés de implicar, necessariamente, discricionariedade administrativa, constitui um dos princípios limitadores desta discricionariedade (Cf. DI PIETRO, cit., pp. 260/261).

[291] MAZZILLI, Hugo Nigro, *A defesa dos interesses difusos em juízo: meio ambiente, consumidor, patrimônio cultural, patrimônio público e outros interesses*, 28ª ed. rev., ampl. e atual., São Paulo: Saraiva, 2015, p. 48.

[292] Marçal rejeita a pura e simples afirmativa da supremacia do interesse público, segundo o qual é argumento utilizado com frequência em licitações para justificar decisões que, muitas

SISTEMA MULTIPORTAS DE SOLUÇÃO DE CONTROVÉRSIAS

Em sentido semelhante, Carlos Alberto de Salles sustenta que a definição de interesse público apresenta dificuldades, devido à necessidade de formulação de um conceito suficientemente genérico para abranger um número muito grande de situações, envolvendo opções entre uma pluralidade de interesses dispersos pela sociedade e, na maior parte dos casos, excludentes. Portanto, a definição do interesse público implica uma decisão estatal envolvendo um certo grau de discricionariedade, com a escolha de um entre vários interesses concorrentes.[293]

Outrossim, Floriano Azevedo Marques Neto afirma que a Administração não é mais tutora exclusiva do interesse público, pois não é lhe é mais possível exercer o papel de hermeneuta autoritária do interesse público, determinando unilateralmente o que é e o que não é interesse geral da coletividade. Assim, a Floriano parece razoável que o Poder Público migre de uma estruturação piramidal para uma nova configuração, em que os poderes são ordenados como uma rede, articulada com os entes sociais.[294]

Neste sentido, o autor afirma que interesse público não pode ser algo tão genérico a ponto de se resumir ou pela negativa – como interesses não privados – ou a partir dos abstratos interesses definidos por um Estado plenipotenciário e distante dos reais interesses existentes no cada vez mais complexo corpo social. Por isso, deve-se enfocar o interesse público como um elo de mediação de interesses privados dotados de legitimidade.[295]

---

vezes, são incompatíveis com a ordem jurídica (Cf. JUSTEN FILHO, Marçal, *Comentários à Lei de Licitações e Contratos Administrativos*, cit., pp. 70/71).

[293] SALLES, Carlos Alberto de. *Processo Civil de Interesse Público*. In SALLES, Carlos Alberto de (org.), *Processo Civil e Interesse Público – o processo como instrumento de defesa social*. São Paulo: Revista dos Tribunais, 2003, pp. 58/59.

[294] MARQUES NETO, Floriano Peixoto de Azevedo. *Regulação Estatal e Interesses Públicos*, cit., p. 157. Para Floriano, a noção de interesse público vive duas crises: uma endógena e outra exógena. A primeira parte da interpretação e aplicação do interesse público, que de início era diretamente vinculada ao princípio da legalidade – que identificava o interesse público com a expressa locução legal – e se esgarçou a partir da crescente necessidade de interpretação ou preenchimento da feição aberta que assume a legalidade. Já a crise exógena é imposta por fatores externos à Administração Pública e ao Direito Administrativo, a partir de fenômenos econômicos, sociais e políticos que desafiam a legitimidade do monopólio do poder político para dizer e efetivar o interesse geral, levando a uma crise operacional do conceito.

[295] MARQUES NETO, Floriano Peixoto de Azevedo. *Regulação Estatal e Interesses Públicos*, cit., pp. 148/149.

Maria Sylvia, a respeito, sustenta que a indeterminação do conceito de interesse público não pode servir de empecilho à aplicação das normas constitucionais, pois, por serem conceitos jurídicos, são passíveis de interpretação. O importante é que existem interesses públicos que merecem a proteção do Estado, ainda que em detrimento de interesses individuais. É do ordenamento jurídico que se extrai, segundo a autora, o conteúdo do interesse público e quais os interesses públicos a proteger. Assim, interesses públicos, correspondentes ou não à soma de interesses individuais, sempre existiram e sempre vão existir, a menos que se queira negar o papel do Estado como garantidor do bem comum.[296]

Por fim, ressalte-se que **a proteção do interesse privado nos termos do que estiver disposto na Constituição é, também ela, um interesse público**, tal como qualquer outro, a ser fielmente resguardado. Em outras palavras, a defesa deste interesse particular é de interesse de toda a coletividade, mesmo que contra ato ou interesse do Poder Público.[297]

---

[296] DI PIETRO, Maria Sylvia Zanella. *Discricionariedade Administrativa na Constituição de 1988*, cit., p. 251.

[297] BANDEIRA DE MELLO, Celso Antonio, *Curso de Direito Administrativo*, cit., p. 69. Explica o autor: "é de interesse público *que o sujeito que sofrer dano por obra realizada pelo Estado seja cabalmente indenizado, como previsto no art. 37, § 6º do texto constitucional. É de interesse* público *que o desapropriado receba prévia e justa indenização, a teor do art. 5º, XXIV, do mesmo diploma. E é também evidente que* nisto há proteção ao interesse privado *de quem sofreu lesão por obra do Estado ou de quem foi por ele desapropriado*, de par com a proteção do interesse público obrigado nestas normas. *De resto, tais previsões, como é meridianamente óbvio, foram feitas na Constituição exata e precisamente porque foi considerado de interesse público estabelecê-las*". No mesmo sentido, Marçal Justen Filho afirma: "*nenhum 'interesse público' autoriza ignorar ou violar direitos fundamentais garantidos constitucionalmente. Os direitos adquiridos e os efeitos de atos jurídicos perfeitos são insuscetíveis de desfazimento – respeitadas as hipóteses em que tal seja autorizado normativamente, mas sempre mediante indenização prévia e justa, a ser paga em dinheiro (como regra)*" (Cf. JUSTEN FILHO, Marçal, *Comentários à Lei de Licitações e Contratos Administrativos*, cit., p. 71).

2.6.2.2. Interesse Público e Interesse da Administração Pública

A Administração Pública não titulariza interesses públicos, mas sim o Estado, que, em certa esfera, os protege e exercita através da função administrativa, mediante o conjunto de órgãos.[298] A esta assertiva de Bandeira de Mello há concordância de Di Pietro, a qual ressalta que embora o vocábulo *público* seja equívoco, pode-se dizer que, quando utilizado na expressão *interesse público*, refere-se aos beneficiários da atividade administrativa e não aos entes que a exercem.

A Administração Pública, portanto, não é a titular do interesse público, mas apenas a sua guardiã. Daí a indisponibilidade do interesse público: se a Administração não é titular dos interesses que administra, ela não pode deles dispor.[299]

No mesmo sentido, Rodolfo de Camargo Mancuso afirma que o acesso dos interesses metaindividuais em juízo vem clarificando as distinções entre interesse público (concernente ao Estado), interesse social (prioritariamente concernente à coletividade) e interesse fazendário (precipuamente ligado à Administração), fundada na distinção de Renato Alessi entre interesse público primário e secundário.[300] [301]

Tem tal distinção fundamento no fato de o Estado, tal como os demais particulares, ser, também ele, uma pessoa jurídica que existe e convive no universo jurídico em concorrência com todos os demais sujeitos de direito. Em razão disso, possui interesses que lhe são particulares, individuais, que são os interesses secundários, os quais não podem se chocar com os interesses públicos propriamente ditos.[302] O interesse público primário

---

[298] BANDEIRA DE MELLO, Celso Antonio, *Curso de Direito Administrativo*, cit., p. 77.

[299] DI PIETRO, Maria Sylvia Zanella. *Discricionariedade Administrativa na Constituição de 1988*, cit., p. 253.

[300] MANCUSO, Rodolfo de Camargo. *A Proteção Judicial de Interesses Difusos e Coletivos: Funções e Significados*. In SALLES, Carlos Alberto de (org.), *Processo Civil e Interesse Público – o processo como instrumento de defesa social*. São Paulo: Revista dos Tribunais, 2003, pp. 128/129.

[301] Maria Sylvia, a esse respeito, sustenta que a expressão *interesse público*, em sentido amplo, constitui o gênero que compreende várias modalidades: o *interesse geral*, afeto a toda a sociedade; o *interesse difuso*, pertinente a um grupo de pessoas caracterizadas pela indeterminação e indivisibilidade; e o *interesse coletivo*, que diz respeito a um grupo de pessoas determinadas ou determináveis (DI PIETRO, Maria Sylvia Zanella. *Discricionariedade Administrativa na Constituição de 1988*, cit., pp. 254/255).

[302] BANDEIRA DE MELLO, Celso Antonio, *Curso de Direito Administrativo*, cit., p. 66.

é o interesse social, ou seja, da sociedade ou da coletividade como um todo.[303] [304]

Por essa dicotomia, o interesse secundário atina tão só ao aparelho estatal enquanto entidade personalizada, mas que só pode ser validamente perseguido pelo Estado quando coincidente com o interesse público primário.

Na realidade, o que se denomina por interesse público secundário, nada mais é que o interesse da Administração Pública enquanto pessoa jurídica. Afirma-se que este interesse não pode conflitar com o interesse público (primário), mas o interesse de qualquer particular também não pode conflitar com o interesse público: daí o princípio da prevalência do interesse público sobre o privado.[305]

Por este motivo, preferimos a dicotomia *interesse público* e *interesse da Administração Pública*, ao invés de interesse público primário e interesse público secundário.

---

[303] Essa tese encontra respaldo de doutrinadores como Celso Antônio Bandeira de Mello e Maria Sylvia Zanella Di Pietro. Hugo Nigro Mazzilli afirma que essa distinção, que ganhou relevância com Renato Alessi, permite evidenciar que nem sempre coincidem o interesse público primário e o secundário (MAZZILLI, Hugo Nigro, *A defesa dos interesses difusos em juízo...*, cit., p. 48).

[304] Beatriz Lancia Noronha de Oliveira faz a tradução livre de Renato Alessi (*Diritto Amministrativo*, Milão: Giuffré, 1949, v. 1, pp. 112-124): *"Esses interesses públicos, coletivos, de que a administração deve garantir a satisfação, não são, note-se, apenas o interesse da administração entendida como uma entidade autônoma, mas também aquele que tem sido chamado interesse coletivo* primário, *formado pelo complexo de interesses individuais prevalentes em uma determinada organização jurídica da coletividade, enquanto que o interesse da entidade administrativa é simplesmente um dos interesses* secundários *existentes na comunidade, e que pode ser satisfeito apenas no caso de coincidência – e limites de tal coincidência – com o interesse público primário"* (Cf. OLIVEIRA, Beatriz Lancia Noronha de. *A arbitragem nos contratos de parceria público-privada.* Dissertação de Mestrado, Universidade de São Paulo, 2012, p. 84).

[305] Celso Antônio Bandeira de Mello, porém, afirma que os interesses da Administração são similares aos interesses de qualquer sujeito, mas não iguais. Isto porque a generalidade de tais sujeitos pode defender estes interesses individuais, ao passo que o Estado, concebido que é para a realização de interesses públicos (situação, pois, inteiramente diversa dos particulares), só poderá defender seus próprios interesses privados quando, sobre não se chocarem com os interesses públicos propriamente ditos, coincidam com a realização deles. Tal situação ocorrerá sempre que a norma donde defluem os qualifique como instrumentais ao interesse público e na medida em que o sejam, caso em que sua defesa será, *ipso facto*, simultaneamente a defesa de interesses públicos, por concorrerem indissociavelmente para a satisfação deles (Cf. BANDEIRA DE MELLO, Celso Antonio, *Curso de Direito Administrativo*, cit., p. 66).

De forma distinta, porém, entende Hugo Nigro Mazzilli, que fala em mitigação da indisponibilidade do interesse público e aponta que a jurisprudência a admite, conforme julgamento do RE 253.885-MG, pelo Supremo Tribunal Federal, que assentou que há casos em que o princípio da indisponibilidade do interesse público deve ser atenuado, mormente quando se tem em vista que a solução adotada pela Administração é a que melhor atenderá à ultimação deste interesse.[306]

Na realidade, com a devida vênia ao entendimento, o que ocorre não é a mitigação da indisponibilidade do interesse público, mas, conforme visto acima, a ponderação de interesses, prevalecendo sempre o interesse público em relação aos interesses privados, mesmo que este interesse privado seja da Administração Pública.

A despeito disso, parte da doutrina, para alcançar o conceito de direitos patrimoniais disponíveis estatais, trabalha atividade meio e atividade fim da Administração, interesse público primário e indisponibilidade de direitos, e interesse público secundário e disponibilidade de direitos. Afirma-se que a disponibilidade de direitos patrimoniais não se confunde com indisponibilidade de interesse público, pois indisponível é o interesse público primário, não o interesse da Administração.[307]

Para Selma Lemes, a distinção entre interesse público primário e secundário é o critério que deve ser considerado para determinar se o direito em questão é indisponível ou disponível, passível ou não de submissão de solução pela arbitragem.[308]

---

[306] RE 253.885-MG, 1ª Turma, STF, j. 04/06/02, v.u., rel. Min. Ellen Gracie, DJU 21/06/02. Assim definiu o STF: *"em regra, os bens e o interesse público são indisponíveis, porque pertencem à coletividade. E, por isso, o administrador, mero gestor da coisa pública, não tem disponibilidade sobre os interesses confiados à sua guarda e realização. Todavia, há casos em que o princípio da indisponibilidade do interesse público deve ser atenuado, mormente quando se tem em vista que a solução adotada pela Administração é a que melhor atenderá à ultimação deste interesse"* (MAZZILLI, Hugo Nigro, *A defesa dos interesses difusos em juízo...*, cit., p. 456).

[307] LEMES, Selma Ferreira. *Arbitragem na administração pública*. São Paulo: Quartier Latin, 2007, p. 130.

[308] Em trabalho anterior, Lemes fez a mesma distinção, acrescentando que no direito administrativo há matérias que são de direitos indisponíveis, em que o ente público age com poder de império, e outras, no campo do direito privado (poder de gestão), em que lhe é autorizado margem de negociação que não agrida, ou conflite com o interesse público (LEMES, Selma Maria Ferreira. *Arbitragem na Concessão de Serviços Públicos – Arbitrabilidade Objetiva. Confidencialidade ou Publicidade Processual?*. In ALMEIDA GUILHERME, Luiz

A propósito, o Governo do Estado do Rio de Janeiro editou o Decreto nº 46.245, de 19 de fevereiro de 2018, que regulamenta a adoção da arbitragem para dirimir os conflitos que envolvam o Estado ou suas entidades, o qual prevê, no parágrafo único do artigo 1º, que se entende por conflitos relativos a direitos patrimoniais disponíveis *as controvérsias que possuam natureza pecuniária e que não versem sobre interesses públicos primários.*

Contudo, não parece ser este o critério que deva ser considerado para determinar se o direito em questão é disponível ou indisponível.

Em primeiro lugar, porque inexiste critério objetivo que permita, com relativa margem de segurança jurídica, diferenciar interesses públicos primários de secundários. Ademais, não é sempre que o interesse da Administração será necessariamente patrimonial, nem necessariamente disponível.[309]

De outra parte, não há qualquer correlação entre disponibilidade ou indisponibilidade de direitos patrimoniais estatais e disponibilidade ou indisponibilidade do interesse público. Este foi o entendimento do Superior Tribunal de Justiça no julgamento do Conflito de Competência nº 139.519-RJ, no final de 2017. O voto vencedor da Ministra Regina Helena Costa bem ressaltou a diferença entre a indisponibilidade do interesse público e a disponibilidade de direito da Administração Pública.[310]

Eros Roberto Grau é um dos defensores da tese e sustenta que, inúmeras vezes, a Administração deve dispor de direitos patrimoniais, sem que com

---

Fernando do Vale de (Coord.), *Novos Rumos da Arbitragem no Brasil*, São Paulo: Fiuza Editores, 2004, p. 369).

[309] Imagine-se um determinado órgão público que esteja em condições inadequadas de funcionamento, sem os equipamentos apropriados e servidores suficientes para atender satisfatoriamente os seus propósitos. Pois bem, é interesse da Administração adquirir ou alugar um novo imóvel, adquirir novos materiais de escritório, selecionar (por concurso) e capacitar novos servidores, para melhorar a prestação do serviço público. Seria esse interesse da Administração, patrimonial disponível?

[310] Citando lições de doutrina e a jurisprudência do próprio STJ (REsp 904.813/PR e REsp 606.345/RS), concluiu a magistrada: *"Em consequência, sempre que a Administração contrata há disponibilidade do direito patrimonial, podendo, desse modo, ser objeto de cláusula arbitral, sem que isso importe em disponibilidade do interesse público. (...) De todo o exposto, conclui-se que a Administração Pública, ao recorrer à arbitragem para solucionar litígios que tenham por objeto direitos patrimoniais disponíveis, não desatende ao interesse público, nem renuncia ao seu atendimento. Diversamente, ao assim agir, prestigia o princípio da indisponibilidade do interesse público, desdobramento que é do sobreprincípio da supremacia do interesse público sobre o particular."*

isso esteja a dispor do interesse público, porque a realização deste último é alcançada mediante a disposição daqueles.[311]

Adilson Abreu Dallari, igualmente, sustenta que o interesse público não se confunde com o mero interesse da Administração ou da Fazenda Pública, na medida em que o interesse público está na correta aplicação da lei e se confunde com a realização concreta da Justiça. Até por isso, inúmeras vezes, para defender o interesse público, é preciso decidir contra a Administração Pública.[312]

Não por outro motivo a Fazenda Pública perde diariamente milhares de processos na Justiça. O interesse da Administração defendido no processo sucumbe ao interesse da outra parte por ser ilegal ou, até mesmo, contrário ao interesse público.

Na mesma linha, Odete Medauar afirma que não se mostra adequado invocar o princípio da indisponibilidade do interesse público como impedimento à realização de acordos e à utilização de práticas consensuais e da arbitragem pela Administração. Para a autora, o interesse público, na verdade, realiza-se plenamente, sem ter sido deixado de lado, na rápida solução de controvérsias, na conciliação de interesses, na adesão de particularidades às suas diretrizes, sem os ônus e a lentidão da via jurisdicional.[313]

Carlos Ari Sundfeld e Jacintho Arruda Câmara afirmam que o raciocínio que relaciona interesse público à indisponibilidade de direitos patrimoniais é linear, fácil de ser assimilado e, talvez por isso, acabe exercendo efeito sedutor em alguns intérpretes. Os autores enaltecem que o princípio da indisponibilidade do interesse público não estabelece propriamente um dever ou proibição, de forma que não configura um *princípio-regra*. Trata-se de um *princípio-valor*, que encarna uma ideia comum a todo o sistema normativo que compõe o direito administrativo, cuja função não é a de prescrever condutas, mas sim, apontar um traço característico daquele conjunto de normas, contribuindo para sua compreensão e posterior interpretação.[314] O princípio da indisponibilidade do interesse público reforça

---

[311] GRAU, Eros Roberto. *Arbitragem e Contrato Administrativo*, cit., pp. 57/58.

[312] DALLARI, Adilson Abreu. *Arbitragem na Concessão de Serviço Público*. Revista Trimestral de Direito Público. São Paulo, n. 13, 1996, pp. 8-9.

[313] MEDAUAR, Odete. *Direito Administrativo Moderno*, cit., p. 150.

[314] SUNFELD, Carlos Ari; CÂMARA, Jacintho Arruda. *O Cabimento da Arbitragem nos Contratos Administrativos*. In SUNDFELD, Carlos Ari (Org.), *Contratações Públicas e seu Controle*, cit., pp. 255/256. Acrescentam os autores que o princípio da indisponibilidade do interesse público

a noção segundo a qual o administrador deve obediência à lei, na medida em que atua na gestão de interesses cujo titular (a coletividade) se expressa mediante decisões do Legislativo.

Carlos Alberto de Salles, a respeito, afirma que o termo indisponibilidade no tocante à Administração Pública é utilizado em sentido equívoco. Para o autor, há bens efetivamente indisponíveis por razão de sua própria natureza ou por especial proteção jurídica que lhes empresta. É o caso daqueles tipicamente coletivos, caracterizados por sua indivisibilidade e de sua atribuição a uma coletividade de sujeitos. Por outro lado, a dita indisponibilidade não representa mais que a vinculação das ações administrativas aos interesses maiores do Estado, significando a obrigatoriedade desses prevalecerem sobre aqueles dos agentes públicos e dos particulares.[315][316]

Ademais, em um Estado que cada vez mais avança para gestão de recursos públicos, atraindo os particulares para prestação de serviços de tarefas – que antes lhe competia – por intermédio do Terceiro Setor, a disponibilidade, em seu sentido material, passa a ser a regra. Em razão disso, Salles afirma que, na verdade, não existe como regra indisponibilidade dos bens públicos, mas sim o *regime de disponibilidade condicionada*, devendo sua disposição atender a determinados requisitos de ordem material, como

---

reflete importante característica do direito administrativo: a de que as autoridades não agem por vontade própria, como se dispusessem livremente dos interesses que guardam. Elas lidam com coisa alheia, pública, sobre a qual não dispõem.

[315] SALLES, Carlos Alberto de, *Arbitragem em Contratos Administrativos*, cit., p. 292/293.

[316] Salles distingue duas modalidades básicas de indisponibilidade, considerando sua origem e as consequências jurídicas que produzem: *indisponibilidade material*, relativa a bens efetivamente indisponíveis por razão de sua própria natureza ou por especial proteção jurídica que se lhes empresta (é o caso daqueles tipicamente coletivos, caracterizados por sua indivisibilidade e de sua atribuição a uma coletividade de sujeitos; o meio ambiente é o exemplo mais completo de indisponibilidade nos direitos coletivos); e *indisponibilidade normativa*, refere-se a uma qualificação das próprias normas jurídicas, indicando, na verdade, a distinção entre normas cogentes e dispositivas (volta-se a proteger a própria efetividade da norma, não um bem materialmente considerado). Em relação à Administração Pública, Salles afirma que a indisponibilidade material se verifica de maneira inteiramente excepcional. No mais das vezes existe apenas uma disponibilidade condicionada ou pura indisponibilidade normativa (Cf. SALLES, Carlos Alberto de. *A indisponibilidade e a solução consensual de controvérsias*. In GABBAY, Daniela Monteiro; TAKAHASHI, Bruno (coord.), *Justiça Federal: inovações nos mecanismos consensuais de solução de conflitos*, Brasília, DF: Gazeta Jurídica, 2014, pp. 212-215).

a vinculação a determinada finalidade, e processual, com a exigência de licitação.[317]

A indisponibilidade não esvazia, por si mesma, o poder das partes interessadas transacionarem, por exemplo, como ocorre em relação a alimentos, guarda ou visita de filhos. O mesmo entendimento é sustentado em relação às obrigações oriundas da violação de direitos indisponíveis, como da personalidade ou coletivos, quando, especialmente em relação aos difusos e coletivos *stricto sensu*, não puderem ser reparados *in natura*.[318]

Assim, não se pode confundir *disponibilidade* ou *indisponibilidade de direitos patrimoniais* com disponibilidade ou indisponibilidade do *interesse público*.

Por outro lado, não se pode deixar de citar que há autores que são contrários à possibilidade de utilização de arbitragem pelo Poder Público, posto que o interesse público seria indisponível em qualquer nível. Ricardo Marcondes Martins é um defensor da tese, alegando que se o interesse público secundário deve ser coincidente com o primário, só pode ser indisponível.[319]

Assim, se existem direitos patrimoniais disponíveis da Administração, é preciso conceituá-los.

2.6.3. Bens Públicos

Bens públicos são todos os bens que pertencem às pessoas jurídicas de direito público, vale dizer, União, Estados, Distrito Federal, Municípios, respectivas autarquias e fundações de direito público, bem como os que, embora não pertencentes a tais pessoas, estejam afetados à prestação de um serviço público.

---

[317] SALLES, Carlos Alberto de, *Arbitragem em Contratos Administrativos*, cit., p.294.

[318] Rômulo Greff Mariani defende que sob a perspectiva da arbitrabilidade dos conflitos coletivos, permite-se que alguns conflitos sejam deslocados da justiça comum para a arbitragem. Citando exemplos na seara ambiental e consumerista, o autor conclui: "*Somados os critérios de arbitrabilidade aos bens em geral tutelados por meio das ações coletivas lato sensu, aqui se conclui que em regra os direitos individuais homogêneos são arbitráveis, ao passo que, também em regra, os direitos difusos e coletivos lato sensu podem ser levados à arbitragem apenas no que tange à forma de cumprimento das obrigações (de reparação, por exemplo)*" (MARIANI, Rômulo Greff. *Arbitragens Coletivas no Brasil*. São Paulo: Atlas, 2015, pp. 110/111).

[319] MARTINS, Ricardo Marcondes. Arbitragem e Administração Pública: contribuição para o sepultamento do tema. *Revista Digital Interesse Público*, ano 12, n. 64, nov. 2010, p. 3.

Hely Lopes Meirelles define bens públicos, em sentido amplo, como todas as coisas, corpóreas ou incorpóreas, imóveis, móveis e semoventes, créditos, direitos e ações, que pertençam, a qualquer título, às entidades estatais, autárquicas, fundacionais e empresas governamentais.[320]

O Código Civil prevê, no art. 99, os bens públicos quanto à sua destinação, classificando-os em (i) bens de uso comum do povo, tais como rios, mares, estradas, ruas e praças; (ii) bens de uso especial, que são afetados a um serviço ou estabelecimento público, como as repartições públicas, universidades, teatros etc.; e (iii) bens dominicais, também chamados dominiais, que constituem o patrimônio das pessoas jurídicas de direito público, como objeto de direito pessoal ou real. O parágrafo único deste dispositivo prevê que, não dispondo a lei em contrário, consideram-se dominicais os bens pertencentes às pessoas jurídicas de direito público a que se tenha dado estrutura de direito privado.

Os bens públicos de uso comum do povo e os de uso especial são inalienáveis, enquanto conservarem a sua qualificação, na forma que a lei determinar (art. 100, CC). Já os bens públicos dominicais, que não são afetados a qualquer destino público, podem ser alienados, observadas as exigências da lei (art. 101, CC).[321] [322]

Maria Sylvia Zanella Di Pietro afirma que bens públicos de uso comum do povo e de uso especial são do *domínio público do Estado*, enquanto os bens dominicais são do *domínio privado do Estado*.[323] Para a autora, os bens de

---

[320] MEIRELLES, Hely Lopes. *Direito Administrativo Brasileiro*, cit., p. 586.

[321] A afetação é a preposição de um bem a um dado destino categorial de uso comum ou especial, assim como a desafetação é sua retirada do referido destino. A afetação ao uso comum tanto pode provir do destino natural do bem, quanto por lei ou por ato administrativo que determine a aplicação de um bem dominical ou de uso especial ao uso público. Já a desafetação dos bens de uso comum (seja para trespassar para uso especial ou para converter em bens meramente dominicais) depende de lei ou de ato do Executivo praticado na conformidade dela. A desafetação de bem de uso especial, trespassando para a classe dos dominicais, depende de lei ou de ato do próprio Executivo, desde que com respaldo na lei.

[322] Além da inalienabilidade, são características do regime jurídico dos bens públicos a impenhorabilidade e a imprescritibilidade, isto é, não podem ser usucapidos.

[323] DI PIETRO, Maria Sylvia Zanella. *Uso Privativo de Bem Público por Particular*. 3ª ed., São Paulo: Atlas, 2014, p. 7. Já Celso Antonio Bandeira de Mello define "domínio público" o conjunto de bens públicos, que inclui tanto bens imóveis como móveis (Cf. BANDEIRA DE MELLO, Celso Antonio, *Curso de Direito Administrativo*, cit., p. 931). Por fim, Hely Lopes Meirelles reconhece que a equivocidade da expressão, razão pela qual conceitua domínio público em sentido amplo, sendo o poder de dominação ou regulamentação que o Estado exerce

uso especial e os dominicais integram a categoria dos bens patrimoniais, sendo indisponíveis os primeiros e disponíveis os segundos. No mesmo sentido, Hely Lopes Meirelles utiliza a nomenclatura *"bens dominiais ou do patrimônio disponível"*.[324]

Partindo desse panorama jurídico, é possível esboçar o significado de direito patrimonial disponível da Administração Pública.

2.6.3.1. Direitos Patrimoniais Disponíveis

Dispor de direitos patrimoniais é transferi-los a terceiros. Disponíveis são os direitos patrimoniais que podem ser alienados.[325] Nem todos os bens patrimoniais são disponíveis. Não há uma correlação necessária entre disponibilidade e patrimonialidade do bem. Há bens patrimoniais em relação aos quais o Estado não possui poder de disposição, como ocorre com bens de uso especial, que se caracterizam pela inalienabilidade em razão da afetação pública que recai sobre eles. Para que sejam disponíveis, é indispensável que haja lei específica que promova sua desvinculação à satisfação de uma necessidade coletiva.

É possível encontrar na doutrina o conceito de direito patrimonial disponível, porém, não há definição pacífica dos direitos patrimoniais disponíveis da Administração Pública.

Não há disposições legais claras e diretas definindo em que consiste a indisponibilidade de direitos e os casos nos quais se impõe, mas Cândido Rangel Dinamarco parte da fórmula oferecida pelo Código Civil para se chegar a tal conceito e delimitação. Segundo o autor, do CC se infere facilmente que não são disponíveis (i) os *direitos da personalidade*, entre os quais aqueles relacionados com estado e capacidade das pessoas e (ii) os

---

sobre os bens do seu patrimônio (bens públicos), ou sobre os bens do patrimônio privado (bens particulares de interesse público), ou sobre as coisas inapropriáveis individualmente, mas de fruição geral da coletividade (*res nullius*). Meirelles também conceitua domínio público em seus desdobramentos político e jurídico, sendo este último o *domínio patrimonial*. O domínio patrimonial do Estado sobre seus bens é direito de propriedade pública, sujeito a um regime administrativo especial. A esse regime subordinam-se todos os bens das pessoas administrativas, assim considerados bens públicos e, como tais, regidos pelo Direito Público, embora supletivamente se lhes apliquem algumas regras da propriedade privada (Cf. MEIRELLES, Hely Lopes. *Direito Administrativo Brasileiro*, cit., p. 584).

[324] MEIRELLES, Hely Lopes. *Direito Administrativo Brasileiro*, cit., p. 589.

[325] Do latim *disponere*, dispor, pôr em vários lugares, regular.

de *caráter público*, assim considerados aqueles que tenham por titular um ente público.[326]

Por outro lado, Dinamarco concorda que seria exagerado excluir a disponibilidade de todos os direitos do Estado ou de suas emanações. Quando se trata de litígios em torno de *bens dominicais*, sobre os quais o Estado exerce direito de propriedade – e tal é o dinheiro –, não há indisponibilidade e o correto é permitir que sobre eles se façam transações. Para o autor, todos os casos de indisponibilidade de direitos são excepcionais no sistema jurídico e têm assento em razões de ordem pública legitimadoras dessa severa limitação à autonomia da vontade, ou liberdade negocial, que é filha da garantia constitucional da liberdade e por esta é resguardada na ordem jurídica.[327]

Para Carmona, diz-se que um direito é disponível quando ele pode ser ou não exercido livremente pelo seu titular, sem que haja norma cogente impondo o cumprimento do preceito, sob pena de nulidade ou anulabilidade do ato praticado com sua infringência. Assim, são disponíveis aqueles bens que podem ser livremente alienados ou negociados, por encontrarem-se desembaraçados, tendo o alienante plena capacidade jurídica para tanto.[328]

De maneira geral, ensina Carmona que não estão no âmbito do direito disponível as questões relativas ao direito de família – em especial, as que se referem ao estado das pessoas, tais como filiação, pátrio poder, casamento, alimentos –, aqueles atinentes ao direito de sucessão, as que têm por objeto as coisas fora do comércio, as obrigações naturais, as relativas ao direito penal, entre tantas outras.[329] Direitos não patrimoniais, como o direito à liberdade, à vida, à saúde, também são insuscetíveis de discussão em procedimento arbitral.

O autor sustenta, por outro lado, que não é possível excluir de forma absoluta do âmbito da arbitragem toda e qualquer demanda que tanja o direito de família ou o direito penal, pois as consequências patrimoniais tanto num caso, como noutro podem ser objeto de solução extrajudicial.[330]

---

[326] DINAMARCO, Cândido Rangel, *Processo Civil Empresarial*, cit., p. 525/526.

[327] DINAMARCO, Cândido Rangel, *Processo Civil Empresarial*, cit., p. 526.

[328] CARMONA, Carlos Alberto, *Arbitragem e Processo*, cit., p. 38.

[329] CARMONA, Carlos Alberto, *Arbitragem e Processo*, cit., p. 38.

[330] CARMONA, Carlos Alberto, *Arbitragem e Processo*, cit., p. 38/39.

Referido autor conclui que são arbitráveis as causas que tratem de matérias a respeito das quais o Estado não crie reserva específica por conta do resguardo dos interesses fundamentais da coletividade e desde que as partes possam livremente dispor acerca do bem sobre que controvertem. São arbitráveis, assim, as controvérsias a cujo respeito os litigantes podem transigir.[331]

Dinorá Adelaide Musetti Grotti, da mesma forma, considera direitos patrimoniais disponíveis todos aqueles que, por serem suscetíveis de valoração econômica, integram o patrimônio das pessoas e que podem ser livremente negociados por seus titulares. São disponíveis, assim, os direitos sobre os quais as partes podem abrir mão, dispor, transigir.[332]

Diogo de Figueiredo Moreira Neto afirma que são disponíveis todos os interesses e os direitos deles derivados que tenham expressão patrimonial, ou seja, que possam ser quantificados monetariamente, e estejam no comércio, e que são, por esse motivo e normalmente, objeto de contratação.[333] [334]

A esse respeito, Eduardo Talamini sustenta que cabe arbitragem sempre que a matéria envolvida possa ser resolvida pelas partes, independentemente de ingresso em juízo. Se o conflito entre o particular e a Administração é *eminentemente patrimonial* e se ele versa sobre *matéria que poderia ser solucionada diretamente entre as partes*, sem que se fizesse necessária a intervenção jurisdicional, então a arbitragem é cabível. Se o conflito pode ser dirimido pelas próprias partes, não faria sentido que não pudesse também

---

[331] CARMONA, Carlos Alberto, *Arbitragem e Processo*, cit., p. 39.

[332] GROTTI, Dinorá Adelaide Musetti. *A Arbitragem e a Administração Pública*. In ALMEIDA GUILHERME, Luiz Fernando do Vale de (Coord.), *Novos Rumos da Arbitragem no Brasil*, São Paulo: Fiuza Editores, 2004, p. 147.

[333] MOREIRA NETO, Diogo de Figueiredo. *Arbitragem nos contratos administrativos. RDA* 209. Rio de Janeiro, julho-setembro/1997, p. 85.

[334] Neste sentido, Sarah Merçon-Vargas sustenta que o critério legal da patrimonialidade não se restringe às hipóteses de expressão literalmente *pecuniária* do direito. Em tal critério legal, estão também compreendidos os direitos em relação aos quais, antes de ser perseguida a reparação *in pecunia*, deva se preferir a prestação de tutela específica (*in natura*), como é o caso do direito ao meio ambiente, à saúde etc. (Cf. MERÇON-VARGAS, Sarah. *Meios Alternativos na Resolução de Conflitos de Interesses Transindividuais*. Dissertação de Mestrado, Universidade de São Paulo, 2012, p. 65).

ser composto mediante juízo arbitral, sob o palio das garantias do devido processo legal.[335] [336]

Carlos Ari Sundfeld e Jacintho Arruda Câmara afirmam que a Lei de Arbitragem, ao prever que cabe arbitragem relativa a direitos patrimoniais disponíveis, afastou de seu âmbito de aplicação apenas os temas que não admitem contratação pelas partes, isto é, a lei limitou a aplicação do procedimento arbitral às questões referente a direito (ou interesse) passível de contratação.[337]

Neste sentido, Sundfeld e Câmara fazem uma distinção entre *atos de império* e *atos de gestão*. Em suma, os primeiros dizem respeito a matérias inerentes ao Estado, que corresponderiam ao plexo de interesses indisponíveis do Poder Público. Já os atos de gestão envolvem atos de mera administração, despidos de prerrogativas especiais, cujo objetivo é fixar relações jurídicas normais (de direito comum) entre a Administração e outras pessoas jurídicas. Diante dessa classificação, os autores afirmam que a intenção da Lei de Arbitragem foi reservar para seu escopo as matérias objeto de atos de gestão, estando excluídos de sua abrangência aqueles temas que são objeto de atos de império.[338] [339]

---

[335] TALAMINI, Eduardo, *A (in)disponibilidade do interesse público: conseqüências processuais (composições em juízo, prerrogativas processuais, arbitragem e ação monitória)*. Revista de Processo, São Paulo, a. 30, v. 128, out. 2005, p. 59/77. O autor afirma que a indisponibilidade do interesse público é decorrência direta do princípio constitucional republicano. Assim, somente é cabível falar em *renúncia* a determinado *bem indisponível* quando houver autorização legal, como a remissão e anistia a crédito tributário. Mas se a previsão fosse desfazimento de parte do território nacional, por exemplo, nem por lei tal seria possível. Fora tais hipóteses, não poderia jamais o administrador dispor de bem indisponível (perdão de dívida por ato administrativo, por exemplo). O processo, o direito processual, deve refletir fielmente os desígnios do direito material, não cabendo ao processo criar nem diminuir direitos, posto que o processo é instrumento do direito material.

[336] Segundo Talamini, a *indisponibilidade* pode ser compreendida em duas acepções, sendo a primeira a vedação à renúncia a um direito existente e a segunda como proibição de espontaneamente se reconhecer que não se tem razão e de submeter voluntariamente ao direito alheio. É esta segunda acepção que tem relevo para a aferição do cabimento da arbitragem (Cf. TALAMINI, Eduardo, cit., p. 69).

[337] SUNFELD, Carlos Ari; CÂMARA, Jacintho Arruda. *O Cabimento da Arbitragem nos Contratos Administrativos*, cit., p. 256.

[338] SUNFELD, Carlos Ari; CÂMARA, Jacintho Arruda. *O Cabimento da Arbitragem nos Contratos Administrativos*, cit., p. 257/258.

[339] Juliana Bonacorsi de Palma, por outro lado, sustenta que a distinção entre atos de império e atos de gestão está em relativo desuso e afirma que restringir a transação pela Administração

Assim como a distinção entre interesses públicos primários e secundários, apartar atos de império e atos de gestão, cuja classificação se origina do direito francês, restou dificultada na prática, além de não abranger todos os atos que a Administração pratica.[340]

Carlos Alberto de Salles, por outro lado, afirma que é preciso analisar a relação jurídica específica, envolvida em determinada situação conflitiva, para saber se nela estão envolvidos bens que sejam efetivamente indisponíveis, a chamada *indisponibilidade material*, e, ainda, se estão presentes problemas de titularidade, legitimidade ou afetação dos interesses envolvidos, de forma a viabilizar ou não uma transação entre as partes.[341] [342]

Pública apenas às matérias compreendidas nos atos de gestão comercial não se coaduna com o atual cenário operacional da consensualidade, tendo em vista as inúmeras normas que dispõem sobre instrumentos consensuais a serem aplicados em qualquer regime de disciplina da atividade administrativa (Cf. PALMA, Juliana Bonacorsi de, *A consensualidade na administração pública e seu controle judicial*, cit., pp. 164/165). Da mesma forma, Gustavo Justino de Oliveira sustenta que tal classificação está superada, diante da impossibilidade de bipartir-se a natureza da personalidade jurídica estatal e da grande dificuldade em precisar-se quando os atos praticados pela Administração enquadrar-se-iam na moldura atos de gestão. Afirma que hodiernamente faz-se alusão a atos administrativos (submetidos a regime de direito público) e atos de direito privado praticados pela Administração (disciplinados por normas de direito privado e considerados atos da Administração) (Cf. OLIVEIRA, Gustavo Justino de. *Contrato de Gestão*, cit., p. 35, nota 30).

[340] Juliana Bonacorsi de Palma afirma que a unidade de jurisdição da Constituição de 88 torna inócua a dicotomia entre atos de gestão e atos de império, sendo errôneo afirmar que a Administração pode transacionar nas situações que envolvam atos de gestão, enquanto a consensualidade estaria vedada nas hipóteses que ensejem a prática de atos de império pela Administração Pública (Cf. PALMA, Juliana Bonacorsi de, *A consensualidade na administração pública e seu controle judicial*, cit., pp. 183/184).

[341] SALLES, Carlos Alberto de, *A indisponibilidade e a solução consensual de controvérsias*, cit., p. 225.

[342] Ricardo Medina Salla sustenta que a transação feita por órgão público ainda não se encontra sedimentada na lei e os doutrinadores e defensores dessa prática ainda se baseiam em arcabouços principiológicos, como a economicidade, eficiência e celeridade, sem amparo em regulamentações positivadas. Diante disso, sugere o autor que a Lei de Arbitragem abriu margem para que as questões estatais possam ser avaliadas caso a caso, ponderando-se se as matérias são ou não disponíveis, isto é, se elas são ou não arbitráveis, sem haver qualquer preocupação de sopesamento acerca da transigibilidade dos direitos. Propõe ainda Medina que enquanto os particulares podem livremente dispor de seus bens a fim de satisfazer suas próprias vontades, preservando-se o interesse público, os entes públicos podem/devem restritivamente dispor de seus bens, a fim de satisfazer necessidades administrativas, em benefício do interesse público. Para o autor, a questão importante é verificar qual a melhor forma de fazer valer o interesse público. Se para respeitar o interesse público for necessário

O Superior Tribunal de Justiça, no julgamento do mencionado Conflito de Competência nº 139.519-RJ, tangenciou essa questão no voto vencedor da Ministra Regina Helena Costa, sustentando que o direito patrimonial objeto de contrato de concessão é direito disponível da Administração, podendo ser objeto de jurisdição arbitral.[343]

Visando dar a nossa contribuição ao tema, é possível definir **direito patrimonial disponível da Administração Pública** o bem dominical[344], suscetível de valoração econômica e que possa ser livremente negociado por seus titulares, ou seja, objeto de contratação.

A contrario sensu, se houver, no caso concreto, previsão legal acerca da afetação de bens ou inalienabilidade de bens e direitos por parte da Administração, tais bens e direitos não poderão constituir-se em objeto de acordos ou contratos administrativos que visem à sua disposição, logo são indisponíveis.[345]

---

impedir a disposição de determinados bens públicos, então não haveria que se falar em transação, nem em arbitragem. Entretanto, se para assegurar a consecução do interesse público for conveniente permitir que se disponha de certos bens públicos, questiona por que não admitir a transação ou, no mínimo, a arbitragem, já que esta não implica, absolutamente, renúncia a quaisquer direitos (SALLA, Ricardo Medina, cit., pp. 40/42).

[343] Bruno Lopes Megna afirma que, no Direito brasileiro, conceitualmente, não há diferença nos critérios de arbitrabilidade objetiva entre pessoas públicas e pessoas privadas: ambas só poderão submeter à arbitragem direitos que apresentem patrimonialidade, aferida da expressão econômica da relação jurídica (o que exclui, desde logo, os poderes de império em si, embora não exclua eventual repercussão patrimonial que possam ter), e disponibilidade, aferida da negociabilidade do objeto (o que inclui parte importante dos atos de gestão, mas não todos eles), o que pressupõe também que o objeto seja lícito, possível e determinado ou determinável (deve apresentar, portanto, *arbitrabilidade como possibilidade jurídica "lato sensu"*) (Cf. MEGNA, Bruno Lopes. *Arbitragem e Administração Pública: o processo arbitral devido e adequado ao regime jurídico administrativo*, Dissertação de Mestrado, Universidade de São Paulo, 2017, p. 152).

[344] Também chamado bem dominial, que constitui o patrimônio das pessoas jurídicas de direito público, como objeto de direito pessoal ou real.

[345] Em sentido parecido opina Gustavo Schiefler, segundo o qual *"O elemento 'patrimonial', também registrado na expressão, restringe o âmbito de aplicação da arbitragem aos litígios relacionados com direitos que podem ser convertidos ou verificados em valores financeiros, ou seja, pretensões resistidas cujo objeto pode pertencer ao patrimônio de alguém ou pode ser financeiramente valorado. Não é possível submeter à arbitragem os litígios que versam sobre deveres jurídicos não patrimoniais, como aquelas tipicamente afeitas ao processo preparatório da contratação pública, por exemplo – a obrigação de cumprir o edital licitatório, a obrigação de publicar o extrato do contrato administrativo em diário oficial, a eventual irregularidade no julgamento da licitação, a ilegalidade de algum dispositivo editalício, o cumprimento das formalidades legais para uma contratação direta, entre outros. O elemento 'disponível', por sua vez,*

Considerando, porém, que a lei prevê a possibilidade de os bens pertencentes às pessoas jurídicas de direito privado da Administração Pública (empresas públicas e sociedades de economia mista) não serem considerados dominicais (art. 99, p. ú., primeira parte, CC), e que também são bens públicos aqueles que, embora não pertencentes a uma pessoa jurídica de direito público, estejam afetados à prestação de um serviço público, são direitos patrimoniais disponíveis das empresas estatais, nesta hipótese, todos aqueles que, por serem suscetíveis de valoração econômica, integram o patrimônio dessas pessoas e que podem ser livremente negociados por seus titulares, exceto aqueles que estejam afetados à prestação de um serviço público.

No caso de haver um conflito entre o particular e a empresa estatal, sendo o objeto eminentemente patrimonial versando sobre matéria que poderia ser solucionada diretamente entre as partes, sem que se fizesse necessária a intervenção jurisdicional, então o direito é disponível.

Ressalte-se que todos os direitos dos contratados e administrados perante a Administração representam para esta um dever. O cumprimento deste dever não pode ser ignorado pelo Poder Público, sob pena de ofensa ao direito de um particular, ou de uma coletividade, ou de toda a sociedade. É relevante neste contexto a prestação pelo ente estatal que afete o seu patrimônio, de caráter disponível.[346]

Frise-se que não é só porque a Administração Pública possui direitos patrimoniais disponíveis que o administrador pode deles dispor como lhe aprouver. Em outras palavras, o administrador público não possui carta branca para abrir mão de direitos estatais. Deve fazê-lo de acordo com o

---

restringe a arbitragem aos litígios que, sob o ponto de vista hipotético, envolvem direitos patrimoniais passíveis de transferência, alienação, cessão, renúncia, transação, negociação ou, em uma concepção ampla, contratação com terceiros, 'sem que haja norma cogente impondo o cumprimento do preceito, sob pena de nulidade ou anulabilidade do ato praticado com sua infringência' (CARMONA, 1998, p. 48). Dessa sorte, por exemplo, exclui-se da arbitragem qualquer litígio sobre direitos relacionados com bens públicos de uso comum do povo ou de uso especial, que são inalienáveis por força de lei (vide art. 99 do Código Civil)" (Cf. SCHIEFLER, Gustavo Henrique Carvalho. Arbitragem nos contratos administrativos e o critério para identificação dos litígios que envolvem direitos patrimoniais disponíveis. In Revista Zênite – Informativo de Licitações e Contratos (ILC), Curitiba: Zênite, n. 272, p. 989-995, out. 2016).

[346] Todos os deveres da Administração Pública estão inseridos neste plexo de relações obrigacionais e, consequentemente, no contexto da negociabilidade, ainda que sejam relativos a direitos indisponíveis. É lícito à Administração transacionar mesmo em relação a direitos indisponíveis.

interesse público e em observância à legalidade, especialmente para observar direitos de contratados e administrados.

O ato do administrador que dispuser, sem observância da lei, de direitos do ente público pode ensejar responsabilidade funcional, civil e criminal, podendo também configurar ato de improbidade administrativa.[347]

Um campo extremamente rico para negociar direitos patrimoniais disponíveis é o dos contratos. E aqui se incluem os contratos administrativos, sob o regime da Lei nº 8.666/93, e os contratos da Administração, sob o regime do direito privado. A Administração possui milhares, quiçá milhões de contratos. Em todos eles existem direitos e deveres a serem observados pelo ente público e pelo contratado, cuja inobservância pode gerar conflitos que podem ser solucionados por acordo. Até mesmo uma controvérsia sobre a interpretação de cláusulas do contrato pode ser objeto de negociação.

Também se inserem nesse contexto os contratos de concessão, como o que gerou o Conflito de Competência nº 139.519-RJ no Superior Tribunal de Justiça, e de parceria público privadas. A Lei nº 8.987/1995, que dispõe sobre o regime de concessão e permissão da prestação de serviços públicos, prevê no art. 25-A, incluído pela Lei nº 11.196/2005, que o contrato de concessão poderá prever o emprego de mecanismos privados para resolução de disputas decorrentes ou relacionadas ao contrato, inclusive a arbitragem, a ser realizada no Brasil e em língua portuguesa. Igualmente, a Lei nº 11.079/2004, que dispõe sobre as parcerias público-privadas, prevê no art. 11, inciso II, que o edital de licitação poderá prever o emprego dos mecanismos privados de resolução de disputas, inclusive a arbitragem, a ser realizada no Brasil e em língua portuguesa, para dirimir conflitos decorrentes ou relacionados ao contrato.

---

[347] A lei de improbidade prevê como ato de improbidade, por exemplo, *doar à pessoa física ou jurídica bem como ao ente despersonalizado, ainda que de fins educativos ou assistências, bens, rendas, verbas ou valores do patrimônio de qualquer das entidades mencionadas no art. 1º desta lei, sem observância das formalidades legais e regulamentares aplicáveis à espécie* (art. 10, inc. III); *permitir ou facilitar a alienação, permuta ou locação de bem integrante do patrimônio de qualquer das entidades referidas no art. 1º desta lei, ou ainda a prestação de serviço por parte delas, por preço inferior ao de mercado* (inc. IV); *permitir ou facilitar a aquisição, permuta ou locação de bem ou serviço por preço superior ao de mercado* (inc. V).

2.6.4. Direitos Indisponíveis que Admitem Transação

Tão importante quanto definir direito patrimonial disponível da Administração Pública é conceituar direitos indisponíveis que admitem transação.

Partindo da análise supra, é possível identificar, inicialmente, como bens indisponíveis os bens de uso comum do povo (art. 99, inc. I do CC) e como direitos patrimoniais indisponíveis os bens de uso especial (art. 99, inc. II do CC). Mas os direitos indisponíveis vão muito além dos bens públicos mencionados.

Neste ponto, assim como para os direitos patrimoniais disponíveis, não só direitos da Administração devem ser considerados, mas também os direitos dos administrados e da sociedade em geral perante a Administração, que para esta representam deveres.

São indisponíveis, por exemplo, os direitos fundamentais previstos na Constituição Federal, o direito ao Meio Ambiente, os direitos das crianças e dos adolescentes e os direitos dos idosos. É indisponível, ainda, o direito à saúde. Enfim, são indisponíveis todos os direitos que não possam ser considerados como patrimoniais disponíveis.

É lícito à Administração transacionar mesmo em relação a direitos indisponíveis. A princípio, não há objeto que não possa ser transacionado no âmbito do Direito Administrativo, ressalvados os casos em que, por expressa previsão normativa, seja defeso à Administração negociar sobre determinado direito. **Não se confundem, pois, indisponibilidade e intransigibilidade.**[348] [349]

---

[348] A intransigibilidade somente se afigura nas situações em que a lei expressamente veda a transação, como ocorre no art. 17, § 1º da Lei nº 8.429/1992, que versa sobre improbidade administrativa: "Art. 17. A ação principal, que terá o rito ordinário, será proposta pelo Ministério Público ou pela pessoa jurídica interessada, dentre de trinta dias da efetivação da medida cautelar.

§ 1º É vedada a transação, acordo ou conciliação nas ações de que trata o caput."

[349] Mesmo para casos de improbidade administrativa, o Ministério Público do Estado de São Paulo tem promovido a autocomposição, com a participação do Poder Público interessado e mediante homologação no Poder Judiciário, conforme já mencionado acima no tópico da transação (item 2.2.1).

A solução do conflito que verse sobre direito indisponível que admita transação não resultará na disposição do direito, já que este é indisponível. A transação, quando admitida, se dará somente em relação às condições do exercício do direito e do cumprimento da obrigação dele advinda, como prazos, forma de execução, padrões de qualidade etc. O parcelamento do pagamento de um tributo devido, por exemplo, é plenamente válido nesse contexto.

Mesmo as prerrogativas públicas, em especial a prerrogativa imperativa, podem ser negociadas pela Administração com os administrados diretamente interessados no provimento final, dado o correspondente caráter instrumental.[350] Citem-se os termos de compromisso de ajustamento de conduta e os acordos de leniência como exemplos de negociação envolvendo a possibilidade de aplicação de uma sanção e a assunção de obrigações, em razão do descumprimento de uma previsão legal.

2.7. Estratégias para o Uso dos Meios Alternativos pelo Poder Público

A análise da utilização dos meios alternativos se divide, inicialmente, entre os casos nos quais a Administração é credora e nos quais é demandada como devedora. A Fazenda Pública possui milhões de processos de execução fiscal, nos quais executa um crédito tributário ou não tributário perante um devedor previamente inscrito na dívida ativa. Por outro lado, a Fazenda Pública também é ré em milhões de processos nos quais interessados alegam possuir direito a uma prestação.

No caso da Fazenda credora, é possível implementar mutirões de cobrança amigável da dívida ativa, seja administrativamente, seja judicialmente. Já há casos de iniciativas bem-sucedidas de mutirões de conciliação promovidos em parceria com o Poder Judiciário nos CEJUSCs, oportunidade na qual os contribuintes são orientados a respeito do pagamento dos débitos e celebram o acordo para quitação com as eventuais vantagens

---

[350] PALMA, Juliana Bonacorsi de. *Sanção e Acordo na Administração Pública*, cit., p. 187.

oferecidas. O ambiente neutro e imparcial da Justiça permite aos jurisdicionados uma maior confiança na solução do problema.[351]

A margem de negociação nesses casos, porém, é bastante limitada. Normalmente são oferecidos parcelamentos e/ou descontos nos juros moratórios e multa, desde que com previsão legal. Não se imagina que o servidor público representante do Fisco possa negociar o valor a ser pago e a forma de extinção do débito sem respaldo legal expresso.

De outra parte, mais complexa é a análise da utilização desses métodos nos casos em que a Fazenda é demandada a adimplir uma obrigação.

A primeira etapa para se avaliar se é o caso de resolução consensual de conflitos na seara pública reside na **avaliação de risco jurídico** nas ações judiciais e representações administrativas em face do Poder Público. Neste sentido, é necessário um exame sério e abrangente da consistência dos elementos fáticos e argumentos jurídicos invocados por cada interessado que esteja pleiteando algum direito ou questionando ato do Poder Público.

Em alguns casos, poderá, desde logo, concluir-se que não é caso de contestar o pedido, porque assiste razão ao particular, no todo ou em parte.[352] [353] Neste sentido, poderá a Fazenda solicitar o agendamento de audiência de tentativa de conciliação no CEJUSC, oportunidade na qual poderá apresentar uma proposta de acordo, excluindo os honorários sucumbenciais e despesas processuais, por ser mais vantajoso à Administração.[354] Neste sentido, poderá também apresentar a proposta com um

---

[351] A respeito dos executivos fiscais e propostas de alteração na lei, v. item 1.1.3.1. O CNJ editou a Resolução nº 261, de 11 de setembro de 2018 que cria e institui a Política e o Sistema de Solução Digital da Dívida Ativa, com o objetivo de melhorar a composição entre o contribuinte e as Fazendas Públicas, em atenção à eficiência da execução e à razoável duração do processo.

[352] E se a ele assiste razão, a medida mais econômica – porque evita gastos maiores posteriores, inclusive com utilização da máquina administrativa e/ou jurisdicional – e a única admissível juridicamente para um ente público, vinculado ao princípio da legalidade, é atender ao pleito. Para Luciane Moessa de Souza, não há, nestas hipóteses, espaço para uma negociação propriamente dita, mas sim para o reconhecimento total ou parcial da procedência do pedido (Cf. SOUZA, Luciane Moessa de, *Resolução de conflitos envolvendo o poder público...*, cit., p. 200).

[353] Eduardo Talamini sustenta que o Poder Público tem o dever de agir dessa forma, isto é, a litispendência não imuniza a Administração de seu dever maior, que é observância da legalidade. Além disso, cabe ao agente público procurar mitigar os prejuízos que a Administração sofreria com a derrota judicial (Cf. TALAMINI, Eduardo. *A (in)disponibilidade do interesse público: consequências processuais*, cit., pp. 64/65).

[354] Se o processo estiver no Juizado Especial da Fazenda Pública, onde não incidem essas verbas (arts. 54 e 55 da Lei nº 9.099/95) e normalmente não são agendadas audiências de tentativa

deságio previamente estipulado pela Administração, visando tornar menos oneroso o cumprimento daquele acordo.

Outras vezes, a conclusão a partir desta análise, ainda que preliminar, pode ser a de que o pleito do particular não tem fundamento fático e/ ou jurídico, de modo que tampouco resta alternativa senão contestá-lo, protegendo o interesse público e o interesse da Administração Pública.

Em tantas outras ocasiões, porém, se verificará que existe algum grau de probabilidade de que o particular tenha razão, mas não existe ainda certeza fática ou jurídica, por ser necessária produção de provas e por serem admitidas diversas interpretações das normas jurídicas aplicáveis, respectivamente. Eventualmente, a própria jurisprudência pode estar dividida acerca do tema ou não estar consolidada em enunciado de súmula ou através de julgamento de casos repetitivos, nos termos do art. 928 do novo CPC[355]. Aí também reside espaço para a utilização da resolução consensual de conflitos.[356]

O Código de Processo Civil, a esse respeito, previu a possibilidade de produção antecipada de prova quando a prova a ser produzida seja suscetível de viabilizar a autocomposição ou outro meio adequado de solução de conflito (art. 381, inc. II). Dependendo do resultado, as partes terão mais subsídios para definir sua estratégia e, eventualmente, celebrar um acordo.

Segundo Luciane Moessa de Souza, nos casos em que se verificar a incerteza, deve-se proceder a uma avaliação de risco, de modo que se verifiquem quais são as chances de o particular ter êxito em seu pleito num processo adversarial, à luz das provas e do direito aplicável. Se estas chances forem significativas, valerá a pena buscar uma solução consensual.[357]

---

de conciliação, o advogado público poderá apresentar uma petição de reconhecimento da procedência do pedido, que será homologada pelo juiz, nos termos do art. 487, inciso III, alínea "a" do CPC.

[355] Art. 928. Para os fins deste Código, considera-se julgamento de casos repetitivos a decisão proferida em:

I – incidente de resolução de demandas repetitivas;

II – recursos especial e extraordinário repetitivos.

Parágrafo único. O julgamento de casos repetitivos tem por objeto questão de direito material ou processual.

[356] SOUZA, Luciane Moessa de, *Resolução de conflitos envolvendo o poder público...*, cit., p. 201.

[357] Em relação à renúncia a direitos pelo particular na composição com a Administração, Eduardo Talamini ressalta que se poderia cogitar de ofensa ao princípio da moralidade e da boa-fé, por parte da Administração, quando esta passa a usar tal expediente de modo reiterado

No mesmo sentido, Marcella Araujo da Nova Brandão defende que o advogado público deve ter a garantia de independência e assumir sua missão constitucional, de forma a garantir os melhores resultados à Administração Pública em juízo, o que muitas vezes passa pela celebração de acordos, especialmente em demandas fadadas ao insucesso. Afirma a autora que a melhor defesa do cliente, no caso a Administração Pública, passa não apenas pela escolha da melhor tese jurídica, mas também pelo **aspecto econômico da demanda**, de forma a proteger o erário, evitando gastos desnecessários com o prosseguimento de demandas sem chances de êxito.[358]

Neste sentido, a condenação no pagamento de uma prestação vem acompanhado da atualização monetária (se prestação pecuniária), juros de mora, honorários advocatícios e despesas processuais. Fica muito caro à Administração protelar o encerramento de um processo que já se sabe que será contrário à posição defendida pela Fazenda Pública em juízo.

Ademais, a criação e manutenção da estrutura necessária para dar conta de um grande volume de demandas é bastante onerosa, pois exige a realização de concursos públicos para nomeação de advogados e servidores administrativos, aquisição ou locação de imóveis, computadores, material de escritório, material de consumo, serviços de apoio, transporte aos fóruns etc.

Sendo o Poder Público o maior litigante na Justiça – e, portanto, grande responsável pela crise de morosidade do Judiciário e de pacificação social –, **a solução consensual dos conflitos deve ser utilizada como *estratégia* de proteção dos interesses da Administração Pública, combinado com o compromisso de realização do interesse público, que, por vezes, significa a observância de um direito do particular.**

Para viabilizar a adoção desse caminho, no entanto, é desejável que existam **parâmetros prévios** estabelecidos em normas legais ou administrativas, que estipulem critérios para a celebração de acordos ou transações,

---

e sistemático para aviltar os direitos dos particulares. Por isso, é censurável a eventual postura da Administração de inicialmente resistir ao cumprimento de suas obrigações, embora sabedora da sua falta de razão, apenas para mais adiante obter uma composição com parcial renúncia a direitos pelo particular (Cf. TALAMINI, Eduardo. *A (in)disponibilidade do interesse público: consequências processuais*, cit., p. 66).

[358] Cf. BRANDÃO, Marcella Araujo da Nova. *A Consensualidade e a Administração Pública em Juízo*, Dissertação de Mestrado, Fundação Getúlio Vargas, Rio de Janeiro, 2009, p. 96.

bem como as **autoridades encarregadas** de realizar a análise de risco e, por fim, de autorizar os acordos em cada caso.[359]

Além disso, em prestígio ao **princípio da isonomia**, deverá ser analisada a eventual ocorrência de conflitos repetitivos, de forma a viabilizar técnica e financeiramente o cumprimento de acordos com outros que se encontrem em situação semelhante.[360] Em todas essas etapas, a participação da Advocacia Pública é imprescindível, pois é o órgão responsável pelas atividades de consultoria e assessoramento jurídico do Poder Executivo, bem como é a instituição que representa, judicial e extrajudicialmente, o ente público.[361]

Neste sentido, um fator importante para a análise da estratégia é que o instrumento de transação referendado pelo Ministério Público, pela Defensoria Pública, pela Advocacia Pública, pelos advogados dos transatores ou por conciliador ou mediador credenciado por tribunal, é título executivo extrajudicial, conforme o art. 784, inciso IV do NCPC. Já o acordo celebrado no Cejusc será homologado por sentença e terá força de título executivo judicial, conforme arts. 487, inciso III, c.c 515, inciso II do NCPC.

Ressalte-se que a adoção dos meios alternativos, notadamente para conflitos já judicializados – como na Justiça Federal –, já possui em si um viés gerencial do volume de demandas. No entanto, é importante que os meios consensuais se adaptem às peculiaridades do conflito e das partes envolvidas, ou seja, que haja uma *customização* para que a técnica se adapte ao conflito e não o inverso. Os limites desse uso e da própria adaptação dos meios decorrem menos da legislação do que da mentalidade dos agentes envolvidos.[362]

---

[359] SOUZA, Luciane Moessa de, *Resolução de conflitos envolvendo o poder público...*, cit., p. 201. A autora defende ser conveniente que essas decisões sejam tomadas de forma colegiada, com a participação de pessoas ligadas à área jurídica bem como à área técnica afetada.

[360] Sobre as condições de validade da solução negociada, v. item 3.4.

[361] Cf. arts. 131 e 132 da Constituição Federal, que dispõem sobre a Advocacia-Geral da União e sobre os Procuradores dos Estados e do Distrito Federal, organizados em carreira. Há uma forte reivindicação pela aprovação da PEC 17, a qual inclui no art. 132 as procuradorias municipais, nas quais o ingresso também dependerá de concurso público de provas e títulos. Sobre a atuação da Advocacia Pública na negociação e na arbitragem, v. itens 3.15 e 4.10, respectivamente.

[362] GABBAY, Daniela Monteiro; TAKAHASHI, Bruno. *Desenho de Sistemas e Mecanismos Consensuais de Solução de Conflitos na Justiça Federal: Uma Introdução*, cit., p. 24/25. A esse respeito, especialmente em relação ao Poder Judiciário, Rodolfo Camargo Mancuso ressalta que deve

Assume relevância também o **Design de Sistema de Disputa (DSD)** que é adotado. O DSD escolhido deve considerar as peculiaridades próprias do conflito que irá tratar. A utilização do processo de DSD é um tipo de intervenção que permite que se lide de forma sistemática com um córrego de disputas, ao invés de tratá-las como episódios únicos. No entendimento de Diego Faleck, a participação do Judiciário e sua supervisão num sistema de resolução de disputas potencialmente outorga legitimidade ao sistema e, por isso, as partes, sobretudo as hipossuficientes, sentem-se mais confortáveis e seguras em participar.[363][364]

Outrossim, a partir da experiência na Justiça Federal, Gabbay e Takahashi afirmam que há ao menos duas constantes nos DSDs adotados pelo Poder Judiciário: a necessidade de **diálogo interinstitucional entre os grandes litigantes e o Judiciário** e a **concentração das sessões de mediação ou conciliação de acordo com os grandes litigantes e os temas tratados**. A reunião interinstitucional é realizada entre representantes do Judiciário e o litigante habitual e visa mitigar os efeitos adversos da

---

haver "*o necessário engajamento do juiz moderno no esforço comum pela composição justa dos conflitos, não necessariamente por meio da sentença de mérito (e, em alguns casos, preferencialmente sem ela), mas consentindo outros meios, auto e heterocompositivos*" (MANCUSO, Rodolfo Camargo. *A Resolução do Conflitos e a Função Judicial no Contemporâneo Estado de Direito*. São Paulo: Revista dos Tribunais, 2009, p. 30).

[363] FALECK, Diego. *Desenho de Sistemas de Disputas com Contexto da Justiça Federal: Uma introdução*. In *Justiça Federal: inovações nos mecanismos consensuais de solução de conflitos*, GABBAY, Daniela Monteiro; TAKAHASHI, Bruno (coord.), Brasília, DF: Gazeta Jurídica, 2014, p. 231. Faleck sustenta a importância da atuação de um *designer*, que pode ser praticada pelo próprio juiz, que possui três chapéus: é um negociador, um mediador e um especialista em resolução de disputas: "*O designer é um negociador, que deve saber lidar com os obstáculos, barreiras e jogo pesado das partes envolvidas, e ser capaz de avançar os interesses e ideias que informam o novo sistema a ser desenhado e implementado. É também um mediador, que deve ser capaz de se reunir com as partes, separadamente e em sessões conjuntas, compreender seus interesses e aproximá-las, para que um sistema que integre a todas as partes envolvidas possa ser construído. O designer, além disso, é um especialista em resolução de disputas, conhecedor da variedade dos métodos disponíveis, do processo de seleção e sequenciamento de tais métodos e de adequação destes aos objetivos e obstáculos das partes na resolução de disputas. O designer deve conhecer a variedade de casos de DSD existentes, as lições aprendidas, as proposições, informações, recomendações e principalmente os princípios da teoria, que permitem a utilização criativa e o desenvolvimento de novos métodos para lidar com problemas específicos*" (p. 235).

[364] A respeito do desenho de sistema de resolução de disputas, v. item 2.3.7.

habitualidade.[365] [366] Já a concentração das demandas em pautas específicas permite a observância da isonomia e a economia de tempo e recursos materiais.[367]

Por este motivo, também é importante uma **atuação preventiva das advocacias públicas**, no sentido de verificar temas com potencial de litigiosidade e estabelecer estratégias que poderão ser adotadas para o seu enfrentamento, discutindo a questão com o administrador público.

Um dos principais fatores positivos da adoção de meios consensuais é a aproximação entre a Administração Pública e os administrados. A prática tem demonstrado que o simples diálogo entre o representante da Administração e o interessado numa sessão de conciliação – mesmo quando seja

---

[365] GABBAY, Daniela Monteiro; TAKAHASHI, Bruno. *Desenho de Sistemas e Mecanismos Consensuais de Solução de Conflitos na Justiça Federal: Uma Introdução*, cit., p. 26. Explicam os autores: *"A reunião interinstitucional tem sido um importante elemento para a existência e o sucesso dos meios consensuais na Justiça Federal. A natureza pública dos interesses envolvidos e a necessidade de legitimar os procedimentos perante o superior hierárquico do ente público justificam sua realização. Com isso, confere-se segurança às partes: no momento da audiência, o preposto ou procurador do ente público estará amparado por uma autorização superior e, assim, poderá conciliar com maior convicção; o particular, por sua vez, saberá que os parâmetros das propostas foram previamente analisados de maneira imparcial pelo Poder Judiciário. Como a reunião institucional é prévia às sessões ou audiências, evita-se, ainda, que sejam pautados processos relativos a temas que não receberiam autorização do ente público para transação. Dessa forma, são evitados o gasto desnecessário do tempo das partes e as tentativas meramente formais de conciliação, privilegiando-se a economia processual. Em um ambiente de volume elevado de demandas judiciais, as reuniões interinstitucionais conferem maior racionalidade ao processo. Isso porque, além de se excluírem de antemão os casos em que não é viável a solução consensual, durante a reunião interinstitucional, são tratados aspectos como metodologia de trabalho, pauta, calendários, temas, dentre outros. Ademais, é importante haver ajustes prévios com a procuradoria local, a fim de viabilizar a presença de procuradores federais nas audiências de conciliação"* (p. 27/28).

[366] Mais adiante, ressaltam os autores: *"É importante referir também que a apresentação da proposta pelo ente federal admite normalmente pouca flexibilização. Isso porque, em geral, os limites da proposta já foram previamente definidos pelo superior hierárquico daquele representante que está na mesa de conciliação e que lhe teve atribuído um poder de alçada. Muitas vezes, tais limites dependeram de atos normativos específicos para, por exemplo, a concessão de anistia, de desconto ou de parcelamento, além de o procedimento ter sido tratado durante reuniões interinstitucionais, não sendo possível se alterar o que foi ajustado previamente. Isso não significa que os interesses das partes não devam ser observados e que não possa haver alternativas"* (GABBAY, Daniela Monteiro; TAKAHASHI, Bruno. *Desenho de Sistemas e Mecanismos Consensuais de Solução de Conflitos na Justiça Federal: Uma Introdução*, cit., p. 30).

[367] Por outro lado, a concentração pode representar uma pressão ainda maior para o litigante eventual, que normalmente não está tão bem preparado e informado que o litigante repetitivo (GABBAY, Daniela Monteiro; TAKAHASHI, Bruno. *Desenho de Sistemas e Mecanismos Consensuais de Solução de Conflitos na Justiça Federal: Uma Introdução*, cit., p. 30).

para o administrador ou seu representante explicar por que o pedido não será atendido – já representa uma satisfação. **Existe uma grande barreira de relacionamento entre a Administração Pública e a sociedade, que precisa ser quebrada.** E a advocacia pública pode desempenhar um relevante papel nessa tarefa.

Este é um breve panorama em relação aos meios consensuais de solução de conflitos. Porém, como visto acima, a arbitragem não é meio consensual, mas verdadeiro processo adversarial, no qual as partes submetem ao árbitro a solução do litígio, de acordo com lei própria. Portanto, evidente que, para a arbitragem, a estratégia é distinta daquela utilizada para buscar solução através da negociação, da conciliação ou da mediação.[368]

Neste sentido, há casos nos quais a Administração e a iniciativa privada têm interesse em submeter o conflito à arbitragem, notadamente para conflitos oriundos de relações contratuais, que envolvam elevados valores e questões jurídicas e técnicas complexas e específicas na execução contratual.

Por certo, a arbitragem não é caminho para a solução da crise do Judiciário, mas é relevante para retirar deste os litígios inadequados para disputa judicial, que envolvam direitos patrimoniais disponíveis. Também neste caso, defende-se a participação da Advocacia Pública para definição dessa estratégia, que normalmente é prévia, na medida em que os contratos são licitados já com a previsão de cláusula compromissória. Um campo que tem se utilizado de cláusulas compromissórias é o das concessões e das parcerias público-privadas, como será visto no Capítulo 4.

---

[368] O que não impede, por outro lado, que no curso da arbitragem seja obtido um acordo entre os litigantes.

3. Meios Consensuais e Administração Pública

Estabelecido um panorama do sistema multiportas de solução de controvérsias e sua abertura ao Poder Público, passa-se a tratar dos métodos consensuais de solução de conflitos que envolvam o Poder Público, notadamente a negociação, a conciliação e a mediação.

O novo CPC, além de prever que o Estado promoverá, sempre que possível, a solução consensual dos conflitos (art. 3º, § 2º), dispõe que a conciliação, a mediação e outros métodos de solução consensual de conflitos deverão ser estimulados por magistrados, advogados, defensores públicos e membros do Ministério Público, inclusive no curso do processo judicial (art. 3º, § 3º).

Ora, se o legislador admitiu *outros métodos de solução consensual de conflitos* para além da conciliação e da mediação, certamente abrangeu a negociação como meio alternativo a ser estimulado. Ademais, da inserção da expressão *"inclusive no curso do processo judicial"* no dispositivo, depreende-se que o código admitiu a utilização desses mecanismos de solução de conflitos também extrajudicialmente.

Reitere-se que na conciliação e na mediação é necessária a negociação entre as partes em conflito para a obtenção de uma solução autocompositiva, conduzida por um terceiro imparcial. Por este motivo, o Novo Código de Processo Civil admite no § 3º do art. 166 a aplicação de técnicas negociais à conciliação e à mediação, com objetivo de proporcionar ambiente favorável à autocomposição.[369]

Dessa forma, o estudo da negociação é fundamental à compreensão das possibilidades de participação da Administração em sessões de conciliação

---

[369] O NCPC prevê dentre os auxiliares da Justiça os conciliadores e mediadores judiciais, nos arts. 165 a 175. Já a Lei nº 13.140/15 prevê os mediadores extrajudiciais nos arts. 9º e 10 e os mediadores judiciais nos arts. 11 a 13.

e de mediação, na medida em que terá de negociar com a outra parte a solução do conflito.

Conforme analisado anteriormente, a negociação é meio importante de realização de atividades administrativas através de consensualidade, e não somente para resolver controvérsias oriundas ou não de relações contratuais. A negociação, a bem da verdade, está fortemente presente no Poder Público, tanto da esfera política, quanto na consecução dos objetivos públicos, pela implementação das políticas públicas.

Isso porque, para a formulação das políticas públicas, há negociação entre os atores envolvidos, o que inclui o Poder Legislativo na elaboração das leis, o Poder Executivo na regulamentação e planejamento da sua implementação, bem como a sociedade civil e os destinatários interessados em cada política específica.

Contudo, considerando que a linha de pesquisa desta obra é a do Direito Processual Civil, **o estudo da negociação envolvendo a Administração Pública restringir-se-á à sua utilização como meio consensual de solução de conflitos**.[370]

Reitere-se também que a indisponibilidade do interesse público não é óbice para a utilização da negociação como meio de pacificação social envolvendo um ente público. Não há correlação entre disponibilidade ou indisponibilidade de direitos patrimoniais estatais e disponibilidade ou indisponibilidade do interesse público. Portanto, não se mostra adequado invocar tal princípio como impedimento à realização de acordos, à utilização de práticas consensuais e da arbitragem pela Administração.

O interesse público, na verdade, realiza-se plenamente, sem ter sido deixado de lado, na rápida solução de controvérsias, na conciliação de interesses, na adesão de particularidades às suas diretrizes, sem os ônus e a lentidão da via jurisdicional. Além disso, a Administração não pode atuar em benefício exclusivo do seu interesse subjetivo, enquanto pessoa jurídica, se tal atuação for contrária ao interesse público, de toda a coletividade. E, em certa medida, a não observância de um direito individual pela

---

[370] Assim como o processo civil é instrumento para solução heterocompositiva do conflito, visando obtenção da pacificação social (instrumentalidade do processo). Em contraposição a esta categoria, coloca-se a negociação como meio para a criação de novos negócios. A tendência da negociação neste caso é mais positiva que a negociação para solução de controvérsias, porque muito mais naquela as partes tendem a se comunicar para explorar a possibilidade de ganhos mútuos no futuro.

Administração representa ofensa não só a este direito, mas ao interesse público de que o Direito seja cumprido.

Assim, é permitido à Fazenda Pública oferecer benefícios e parcelamento do pagamento de tributos em atraso, evitando-se a execução fiscal. É possível à Administração realizar um acordo para substituir a aplicação de uma sanção administrativa. É possível, também, ao administrador público transacionar diretamente com o Ministério Público para estabelecer o cumprimento de obrigações, visando evitar danos ao meio ambiente, ao patrimônio público ou qualquer interesse difuso.

Ainda, diante de uma tese refutada por jurisprudência dominante, ao invés de recorrer até as últimas instâncias e postergar o cumprimento da obrigação (com acréscimos legais e ônus da sucumbência), justifica-se chamar todos os interessados naquela situação para, observando critérios isonômicos e objetivos, celebrar acordos para obter a pacificação social com um bom resultado para todos, inclusive o ente público. Da mesma forma, os pedidos de ressarcimento em razão da responsabilidade extracontratual da Administração Pública podem ser resolvidos de forma negociada.

Enfim, muitos podem ser os exemplos de negociação envolvendo a Administração Pública, como uma das portas do sistema multiportas de solução de controvérsias, adequada a diversos casos. Estes casos serão analisados detidamente neste capítulo.

Para tanto, é necessário que se estabeleça um processo adequado. Não pode a Administração negociar suas disputas sem observância de princípios, critérios objetivos mínimos, métodos adequados, sem um procedimento para tanto. Não se trata de cumprir mera formalidade, mas de atender a valores próprios da disciplina jurídica do funcionamento do Poder Público.[371] Até porque a solução negociada é passível de revisão judicial, por lhe ser aplicável o princípio da inafastabilidade da tutela jurisdicional,

---

[371] Carlos Alberto de Salles, a respeito, considerando os aspectos funcionais do processo, o define como o *procedimento decisório dotado de normatividade*, pelo qual se expressa uma racionalidade jurídica determinada, significativa dos valores aos quais a decisão a ser produzida deve estar condicionada. Tal conceituação permite discutir tanto o processo administrativo, quanto o arbitral, estabelecidos fora do âmbito judicial, sendo a arbitragem desenvolvida em ambiente privado e moldado a partir da autonomia da vontade das partes. Em qualquer dos casos, a validade da decisão está submetida à obediência de condicionantes a serem observados nos respectivos procedimentos (Cf. SALLES, Carlos Alberto, *Arbitragem em Contratos Administrativos*, cit., p. 104).

expressa no art. 5º, inciso XXXV da CF. Ou seja, o ato negociado se sujeita ao controle judicial.

No mais, a tentativa de sistematização da negociação envolvendo a Administração é tarefa árdua, considerando a interdisciplinaridade de matérias e a ainda escassa produção acadêmica a este respeito. Por conta disso, será feita uma aproximação das características do estudo dos outros meios de solução de conflitos, ajustando-se às peculiaridades da negociação e, especialmente, às peculiaridades da Administração Pública.

3.1. Negociação Como Meio Consensual de Solução de Conflitos

A negociação não constitui uma novidade do Estado contemporâneo. A atuação administrativa consensual, consagrando o contrato como forma adequada à instrumentalização de compromissos no território das relações patrimoniais, ocorre há tempos.[372] Verifica-se a utilização pela doutrina de locuções como administrar por contrato, administrar por acordos, administração paritária e, finalmente, administração consensual.

Relativamente à resolução de controvérsias, a negociação tem o aspecto negativo de iniciar-se com base em algo que divide as partes e tem potencial para gerar animosidade e corte de comunicação. Sob esse prisma, ela representa um desafio adicional.[373] Porém, é uma das formas mais simples para solução de controvérsia e apresenta diversos benefícios.

Assim como a conciliação e a mediação, a negociação deve ser considerada um mecanismo consensual de solução de conflitos, que visa a autocomposição, caracterizado pela conversa direta entre os envolvidos, sem que haja a intervenção de um terceiro como auxiliar ou facilitador imparcial.

A esse respeito, Ada Pellegrini Grinover define a negociação como o método pelo qual as próprias partes envolvidas chegam a uma solução, sem que seja necessária a intervenção de um terceiro, podendo, entretanto,

---

[372] OLIVEIRA, Gustavo Justino de. *Contrato de Gestão*, cit., p. 28. Acerca da consensualidade na Administração Pública, v. item 2.6.1.

[373] SIOUF FILHO, Alfred Habib. *Negociação para Resolução de Controvérsias*. In SALLES, Carlos Alberto de; LORENCINI, Marco Antonio Garcia Lopes; ALVES DA SILVA, Paulo Eduardo (Coord.), *Negociação, Mediação e Arbitragem – Curso Básico para Programas de Graduação em Direito*. São Paulo: Método, 2012, p. 88.

contar com o auxílio de profissional especialmente capacitado para o desenvolvimento de negociações, a chamada *negociação assistida*. Para a autora, a negociação direta apresenta-se como o método adequado quando as partes mantêm bom relacionamento e conseguem tratar objetivamente as questões a decidir.[374]

Ainda que não seja comum o estudo da negociação como método de solução de conflitos, ao constituir sociedades civis ou comerciais, o homem e a mulher não deixam de agir conforme sua natureza humana e, por isso, procuram o diálogo todas as vezes que o interesse da sociedade depender da satisfação de outrem para ser plenamente atendido.

Negociação é um fato da vida. Funciona como meio básico de conseguir as coisas que se deseja de outras pessoas. É certo que as pessoas não são iguais e utilizam a negociação como verdadeiro instrumento para lidar com suas diferenças. Nos mais variados âmbitos sociais, tais como o mundo dos negócios, governo, família, relacionamentos afetivos, as pessoas chegam à maioria de suas decisões por meio de negociações.[375]

Mesmo que essa postura seja natural, a atual situação de grande litigiosidade e grande volume de processos judiciais no Brasil demonstra que nem sempre as pessoas buscam o diálogo para tentar solucionar situações conflituosas antes de ingressar com uma demanda na Justiça.

Por outro lado, a negociação entre empresas tornou-se uma prática comum, inerente, também, à sua condição. Ela é imprescindível quando o conflito surge em meio a uma relação contratual continuada, pois sua solução não só proporcionará o benefício que lhe é próprio, mas, igualmente, o prosseguimento saudável da relação.[376] [377]

---

[374] GRINOVER, Ada Pellegrini. *Os Métodos Consensuais de Solução de Conflitos no Novo CPC.* cit., p. 3/4.

[375] FISHER, Roger; URY, William; PATTON, Bruce. *Como chegar ao sim: como negociar acordos sem fazer concessões.* 3ª ed., Rio de Janeiro: Solomon, 2014, p. 21.

[376] CALMON, Petronio. *Fundamentos da Mediação e da Conciliação,* cit., p. 108.

[377] Quanto à pessoa natural, as relações continuadas não são muito comuns, mas em serviços de relação de consumo, como de telefonia, bancos, fornecimento de água e luz etc. representam na soma de todos os consumidores um volume considerável de relações jurídicas contratuais com possibilidade de surgimento de conflitos com os prestadores de serviço. Quanto à pessoa jurídica, as relações contratuais são muito mais frequentes, não interessando aos contratantes a perpetuação de eventual situação conflituosa, para que os envolvidos prossigam sua relação de negócios.

A negociação também é o principal mecanismo para resolver os conflitos internacionais, sendo um método próprio da diplomacia, que exige eficácia para resolver situações simples e complexas, para lidar com diferentes tipos de pessoas, com diferentes culturas.

Como defendido alhures, a negociação – direta ou conduzida por um mediador – deve ser um mecanismo utilizado pelo Poder Público de tentativa de resolução dos conflitos, como estratégia de proteção dos interesses da Administração Pública, combinado com o compromisso de realização do interesse público.[378]

Neste sentido, a negociação pode ser adotada para realização de acordos extrajudiciais ou em litígios já judicializados. Pode, inclusive, ser promovida no curso de uma arbitragem. Dessa forma, a negociação, se utilizada da forma adequada, pode ser um mecanismo de prevenção de litígios judiciais e, também, uma estratégia para redução dos processos judiciais em tramitação.

Alguns passos já foram dados, como nos casos dos Juizados Especiais Federais e dos Juizados Especiais da Fazenda Pública, no âmbito dos Estados e do Distrito Federal. As Leis n°s 10.259/01 e 12.153/09 preveem que os representantes da Fazenda Pública ficam autorizados a conciliar, transigir ou desistir nos processos da competência dos Juizados. Nos dois casos, a competência dos Juizados é para causas de até 60 (sessenta) salários mínimos.[379]

O próprio Judiciário é um grande interessado em estimular formas alternativas de solução de conflitos, pois não tem dado conta do passivo de processos, sem falar do custo elevadíssimo de manutenção da estrutura judiciária, pago por toda a sociedade. E não se trata apenas de uma questão de quantidade de conflitos judicializados, mas também da busca pela forma adequada da solução do conflito.

---

[378] A esse respeito, Carlos Alberto de Salles assim se posiciona: *"A possibilidade de solução de controvérsias por meio de negociação, com final formalização de um acordo, se bem entendida sua finalidade e seus limites, também, é uma alternativa para a Administração (...). A resistência à negociação no âmbito da Administração, todavia, deve-se, em grande parte, à indistinção de sua utilização em práticas consensuais, para formulação de negócio jurídico, daquela voltada a dirimir uma controvérsia previamente estabelecida. É preciso, no entanto, distinguir entre as possibilidades negociais da Administração para o estabelecimento de relações propriamente contratuais e aquelas direcionadas à solução de litígios"* (SALLES, Carlos Alberto, *Arbitragem em Contratos Administrativos*, cit., pp. 145/146).

[379] A respeito da previsão de realização de acordos nos Juizados Especiais, v. item 2.4.3.

Neste sentido, é possível afirmar que **a negociação não diminuirá a quantidade de demandas apropriadas para o Judiciário, mas poderá reduzir a quantidade de demandas inadequadas ao Judiciário, que são muitas.** O mesmo raciocínio se aplica aos outros mecanismos de solução de conflitos, mais adequados para outros tipos de litígios.

Ocorre que a negociação não é comum entre os advogados brasileiros – especialmente os advogados públicos –, que deixam de oferecer essa opção aos seus clientes, conduta que reflete a formação acadêmica voltada ao contencioso judicial, sem falar na preocupação dos causídicos com o recebimento dos honorários advocatícios de sucumbência.[380]

É muito importante que o advogado entenda muito bem os interesses que estão por trás da posição de seu cliente, assim como os interesses do outro.[381] A possibilidade de um longo e desgastante processo ou de uma custosa arbitragem, bem como a incerteza de resultados destes, podem fazer com que as partes vislumbrem um interesse comum em não deixar que a controvérsia seja resolvida por terceiros.

3.2. Negociabilidade Subjetiva

Assim como a doutrina distingue para o estudo da arbitragem a *arbitrabilidade subjetiva* e a *arbitrabilidade objetiva*, para a negociação será proposta nesta obra a divisão em **negociabilidade subjetiva** e **objetiva,** para conflitos que envolvam a Administração Pública, com os mesmos propósitos acadêmicos.

Negociabilidade é o termo que define sobre critérios *ratione materiae* e *ratione personae* parâmetros daquilo que se pode levar à negociação, ou seja, o tipo de matéria que pode ser negociada e quem pode se valer da negociação.

---

[380] Saber negociar é um componente essencial aos operadores do direito, pois todo contencioso pode requerer certo empenho neste sentido, seja na fase extrajudicial ou processual. Boa parte dos conflitos civis e comerciais, assim como outros tipos de controvérsias, são frequentemente instaurados com a consciência de que se pode chegar a um acordo durante o procedimento.

[381] Havendo um contencioso judicial em curso ou uma arbitragem, Siouf Filho afirma que o passo seguinte é estudar os documentos disponíveis, os quais comumente apenas revelam as posições das partes. Assim, é necessário buscar o interesse, sendo bastante útil começar perguntando o por que, fazendo-a explicar seus interesses.

A negociabilidade subjetiva e a negociabilidade objetiva se aplicam a todos os métodos de solução consensual de conflitos, ou seja, também se aplicam à conciliação e à mediação.

Do ponto de vista subjetivo, **podem se utilizar da negociação como meio de solução de conflitos qualquer pessoa capaz ou seu substituto processual e a Administração Pública direta e indireta**. São partes da negociação as pessoas com interesses, direta ou indiretamente, no resultado ou na solução da disputa posta, mediante um acordo.

A capacidade para contratar coincide, em geral, com a capacidade das pessoas para a prática dos atos da vida civil. O art. 1º do Código Civil dispõe que toda pessoa é capaz de direitos e deveres na ordem civil, sendo que aos 18 anos completos a pessoa fica habilitada à prática de todos os atos da vida civil (art. 5º).[382]

Pessoa, para o ordenamento jurídico, é um conjunto de direitos e deveres. O ordenamento, ao reconhecer a certo ente a qualidade de centro de direitos e deveres, lhe outorga personalidade jurídica.[383]

Verifica-se que a organização da Administração Pública segue as linhas tracejadas pelo Decreto-lei nº 200/1967, de cujos dispositivos se

---

[382] A respeito, Hans Kelsen define o conceito de pessoa como 'portador' de direitos e deveres jurídicos, podendo funcionar como portador de tais direitos e deveres não só o indivíduo (pessoa natural) como também outras entidades (pessoa jurídica ou artificial). Ser pessoa ou ter personalidade jurídica é o mesmo que ser portador de deveres jurídicos e direitos subjetivos. Para Kelsen, a pessoa, como suporte de deveres jurídicos e direitos subjetivos, não é algo diferente dos deveres jurídicos e direitos subjetivos dos quais ela se apresenta como portadora. O jurista equipara a pessoa, nessa acepção, à árvore da qual dizemos, numa linguagem substantivista, expressão de um pensamento substancializador, que tem um tronco, braços, ramos, folhas e flores não é substância diferente deste tronco, destes braços, ramos, folhas e flores mas apenas o todo, a unidade destes elementos. A pessoa física ou jurídica que tem, como sua portadora, deveres jurídicos e direitos subjetivos é estes deveres e direitos, é um complexo de deveres jurídicos e direitos subjetivos cuja unidade é figurativamente expressa no conceito de pessoa. Para Kelsen, a pessoa é tão-somente a personificação desta unidade (Cf. KELSEN, Hans. *Teoria Pura do Direito*, cit., pp. 192/193).

[383] SUNDFELD, Carlos Ari, *Fundamentos de Direito Público*, cit., pp. 60/61. A personalidade jurídica é produzida pelas normas jurídicas. O autor sintetiza a distinção entre pessoa física e jurídica da seguinte forma: "pessoa física é o centro de direitos e deveres referido a (ou, se preferirmos, 'constituído por') um ser humano, cujo comportamento é diretamente regulado pela norma, e pessoa jurídica é o centro de direitos e deveres referido a um estatuto (isto é, referido a um conjunto de regras jurídicas indicando quais são os seres humanos obrigados a realizar os comportamentos impostos pela norma)" (cit., p. 64).

extrai a divisão da Administração em *direta* e *indireta*. Recentemente, a Lei nº 13.303/2016, conhecida como a "Lei das Estatais", definiu empresa pública e sociedade de economia mista, sem revogar expressamente o DL nº 200/67.

Integram a Administração direta os órgãos componentes dos entes federativos, que são a União, os Estados, o Distrito Federal e os Municípios.[384] A par de tais pessoas jurídicas e dos órgãos que as integram, permite-se o surgimento de outras entidades administrativas, dotadas de personalidade jurídica própria, que compõem a Administração indireta. São as autarquias, as fundações públicas, as empresas públicas e as sociedades de economia mista.[385] [386]

O ordenamento jurídico, genericamente, confere ao Estado capacidade para contratar, o que é inferido de sua personalidade jurídica de direito público. Da mesma forma as entidades que compõem a administração indireta, como consequência da personalidade jurídica da qual são dotadas.

Ressalte-se que as empresas públicas e as sociedades de economia mista são pessoas jurídicas de direito privado, enquanto as demais pessoas jurídicas mencionadas possuem regime de direito público e integram o

---

[384] No âmbito dessas pessoas jurídicas de direito público estão os Ministérios e as Secretarias.

[385] O art. 5º do Decreto-Lei define a Administração indireta: autarquia, empresa pública, sociedade de economia mista e fundação pública, sendo a Autarquia o serviço autônomo, criado por lei, com personalidade jurídica, patrimônio e receita próprios, para executar atividades típicas da Administração Pública, que requeiram, para seu melhor funcionamento, gestão administrativa e financeira descentralizada; e Fundação Pública a entidade dotada de personalidade jurídica de direito privado, sem fins lucrativos, criada em virtude de autorização legislativa, para o desenvolvimento de atividades que não exijam execução por órgãos ou entidades de direito público, com autonomia administrativa, patrimônio próprio gerido pelos respectivos órgãos de direção, e funcionamento custeado por recursos da União e de outras fontes.

[386] A Lei das Estatais define empresa pública como a entidade dotada de personalidade jurídica de direito privado, com criação autorizada por lei e com patrimônio próprio, cujo capital social é integralmente detido pela União, pelos Estados, pelo Distrito Federal ou pelos Municípios (art. 3º); e sociedade de economia mista a entidade dotada de personalidade jurídica de direito privado, com criação autorizada por lei, sob a forma de sociedade anônima, cujas ações com direito a voto pertençam em sua maioria à União, aos Estados, ao Distrito Federal, aos Municípios ou a entidade da administração indireta (art. 4º).

conceito de Fazenda Pública.[387] É preciso identificar para cada uma delas a autoridade competente para celebrar acordos.[388]

Cabe mencionar que, em relação às partes, a negociação pode ser (i) simples, quando se apresentam apenas dois polos, sejam eles coletivos, difusos ou individuais; (ii) multipolos, quando há mais de dois polos na negociação, sejam eles coletivos, difusos ou individuais; ou (iii) coletiva, quando existe um ou mais grupos de sujeitos participantes de um dos polos da negociação, podendo ser coletiva simples ou multipolos, ou seja, quando se apresentam apenas dois polos de grupos ou quando há mais de dois polos de grupos na negociação.[389]

Além de observada a negociabilidade subjetiva, para resolver determinado conflito através da negociação, também deverá estar presente o requisito da negociabilidade objetiva, definida adiante.

3.2.1. Autoridade Competente para Negociar

Conforme visto acima, tendo em vista que a negociação visa a autocomposição como forma de solução do conflito, para haver desistência, submissão ou transação, terá que haver atribuição específica de competência para determinada autoridade ou agente público negociar como representante da Administração Pública.[390]

No âmbito administrativo, especialmente das câmaras de prevenção e resolução administrativa de conflitos, o representante da Administração terá que ter poderes para fazer acordo ou ter autorização no caso concreto

---

[387] O art. 41 do Código Civil prevê que são pessoas jurídicas de direito público interno a União; os Estados, o Distrito Federal e os Territórios; os Municípios; as autarquias, inclusive as associações públicas; e as demais entidades de caráter público criadas por lei. O parágrafo único dispõe que salvo disposição em contrário, as pessoas jurídicas de direito público, a que se tenha dado estrutura de direito privado, regem-se, no que couber, quanto ao seu funcionamento, pelas normas do Código Civil.

[388] A respeito do conceito de Fazenda Pública, v. item 1.1. A respeito da competência para transacionar, v. itens 2.2.1.1 e 3.2.1.

[389] ZAPPAROLLI, Célia Regina. *Procurando entender as partes nos meios de resolução pacífica de conflitos, prevenção e gestão de crises.* In SALLES, Carlos Alberto de; LORENCINI, Marco Antonio Garcia Lopes; ALVES DA SILVA, Paulo Eduardo (Coord.), *Negociação, Mediação e Arbitragem – Curso Básico para Programas de Graduação em Direito.* São Paulo; Método, 2012, p 40.

[390] Sobre competência para transacionar, v. item 2.2.1.1.

para fazê-lo, concedida pela autoridade competente. A mesma coisa para realização de acordo no âmbito judicial.

No caso dos Juizados Especiais Federais e dos Juizados da Fazenda Pública, os representantes judiciais da União, autarquias, fundações e empresas públicas federais e dos Estados, Distrito Federal, Territórios e Municípios, bem como autarquias, fundações e empresas públicas a eles vinculadas, respectivamente, poderão celebrar acordos (art. 10, p.ú., Lei nº 10.259/2001 e art. 8º, Lei nº 12.153/2009).

É de suma importância que cada ente federativo possua legislação específica sobre a autorização dos advogados públicos ou outros servidores públicos a negociarem e realizarem acordos, com os devidos parâmetros para tanto, de forma a respaldar a atuação desses profissionais. O citado art. 8º da Lei nº 12.153/09 deixa a entender que essa atividade legislativa é condição para autocomposição nos Juizados da Fazenda Pública.[391]

Neste sentido, uma das dificuldades normalmente mencionadas pelos advogados públicos é a ausência de sistematização da realização de conciliação em juízo, seja no CEJUSC, seja em audiência perante o juiz ou mesmo por petição, o que acaba inviabilizando o encerramento desses casos por acordo. O receio de punição disciplinar ou por ato de improbidade administrativa emperra o avanço dessas técnicas de solução de conflitos. É preciso que os gestores públicos e os chefes das advocacias públicas regulamentem esse assunto.

3.3. Negociabilidade Objetiva

A negociação não é solução para todo tipo de conflito. Especialmente, quando se trata de Administração Pública, é preciso identificar quais objetos em conflito podem ser submetidos à negociação.

Negociabilidade objetiva, para os fins deste estudo, explicita os conflitos passíveis de solução por negociação. Inicialmente, podem ser objeto de negociação os conflitos que envolvam direitos patrimoniais disponíveis.[392]

---

[391] "Art. 8º Os representantes judiciais dos réus presentes à audiência poderão conciliar, transigir ou desistir nos processos da competência dos Juizados Especiais, nos termos e nas hipóteses previstas na lei do respectivo ente da Federação."

[392] Acerca dos direitos patrimoniais disponíveis da Administração Pública, v. item 2.6.3.1.

Mas não é só. Diferentemente da arbitragem – que a lei expressamente restringiu sua aplicação a direitos patrimoniais disponíveis –, a negociação também pode envolver conflitos relativos a direitos indisponíveis que admitam transação.[393]

Já restou demonstrado que o legislador admite a transação para solução de conflitos que tenham por objeto direitos disponíveis e, em alguns casos, indisponíveis, quando utilizado o mecanismo da mediação. Essa foi, pelo menos, a opção legislativa, ao indicar, na Lei nº 13.140/2015, que pode ser objeto de mediação o conflito que verse sobre direitos disponíveis ou sobre direitos indisponíveis que admitam transação (art. 3º, *caput*). Contudo, prevê a lei que o consenso das partes envolvendo direitos indisponíveis, mas transigíveis, quando obtido por mediação, deve ser homologado em juízo, exigida a oitiva do Ministério Público (art. 3º, § 2º).

Ora, se o legislador admite que seja utilizada a mediação para resolução de conflitos que envolvem direitos indisponíveis que admitam transação, consequentemente também concebe que seja utilizada a negociação. Conforme visto, a mediação é um dos métodos de obtenção consensual do conflito, assim como a negociação. Diferem no método, mas não na forma de obtenção da resolução do conflito (autocomposição). Afinal, na mediação, há negociação entre as partes, com a participação de um terceiro.

Não há como critério de distinção entre a mediação e a conciliação ou entre a mediação e a negociação o fato de que a mediação permite a solução de conflitos que envolvem direitos indisponíveis que admitam transação e as demais não.

Diante disso, pode-se inferir que a negociação, como mecanismo de solução de conflitos, pode ser utilizada pela Administração Pública para tratar de direitos disponíveis ou direitos indisponíveis que admitam transação, tanto no âmbito judicial, como extrajudicialmente. Tal definição de negociabilidade objetiva se aplica a todos os métodos de solução consensual de conflitos.

Ante o exposto, **podem ser objeto de solução consensual de conflitos pela Administração Pública aqueles que versem sobre direitos disponíveis ou sobre direitos indisponíveis que admitam transação**.

A questão que surge é se a transação extrajudicial envolvendo direitos indisponíveis, mas transigíveis, obtida por negociação também deverá ser

---

[393] Acerca dos direitos indisponíveis que admitem transação, v. item 2.6.4.

homologada em juízo, mediante oitiva do *Parquet*, como exige a lei para a mediação. A resposta é que, em regra, sim. Não o será se expressamente previsto em lei de forma contrária. Assim, por exemplo, o Termo de Compromisso de Ajustamento de Conduta celebrado mediante negociação e que trate de direitos indisponíveis não precisa de manifestação do órgão do Ministério Público (se não for o tomador do compromisso), nem de homologação judicial para que tenha validade, conforme preceitua a Lei de Ação Civil Pública. Da mesma forma, o compromisso previsto no art. 26 da LINDB prescinde de manifestação ministerial e homologação judicial, exigida apenas a publicação oficial para a produção de efeitos.

3.4. Requisitos de Validade da Solução Negociada

Para que a solução do conflito por meio da negociação seja válida, deve, inicialmente, observar os critérios da negociabilidade subjetiva – pessoa capaz e a Administração Pública direta e indireta – e da negociabilidade objetiva – direitos disponíveis ou indisponíveis que admitam transação, tanto no âmbito judicial como extrajudicialmente.

Além disso, como qualquer atividade que envolva o Poder Público, deve ser consentânea com os princípios gerais da Administração Pública, dentre os quais estão a legalidade, a impessoalidade, a moralidade, a publicidade e a eficiência, para citar aqueles previstos no art. 37, *caput*, da Constituição Federal.[394]

Dentre os princípios citados, ressalte-se, em primeiro lugar, a publicidade.[395] A necessária publicidade, que acompanha a processualidade administrativa, impede o uso indevido da consensualidade para fins espúrios e ilegais, pois sujeita a atuação administrativa consensual como um todo

---

[394] Segundo tais normas fundamentais do direito administrativo, a Administração não desfruta de liberdade, só podendo agir na aplicação de leis (legalidade); os atos da Administração devem tratar isonomicamente as pessoas e dirigir-se a fins públicos impessoais (impessoalidade); a moralidade administrativa é, ao lado da lei, um padrão de observância obrigatória para os agentes públicos (moralidade); a ação administrativa deve desenrolar-se de forma transparente e aberta, sem segredos (publicidade); e a Administração não pode se limitar a cumprir formalidades, seu compromisso maior é com a realização efetiva dos interesses públicos (eficiência) (Cf. SUNDFELD, Carlos Ari, *Fundamentos de Direito Público*, cit., p. 108).

[395] A respeito do princípio da publicidade, v. item 4.8.

ao controle. Qualquer que seja o formato da negociação – presencial ou documental, por exemplo –, esta, necessariamente, deve compor a instrução do processo administrativo no qual se efetiva a consensualidade, por meio da transcrição da negociação ou da juntada da correspondente ata.[396]

Entretanto, é de se reconhecer que é difícil encontrar o adequado equilíbrio entre eficiência e publicidade. Por um lado, é fundamental que se confira a devida publicidade da negociação, base da consensualidade, a fim de evitar conluios e a captura da Administração. Porém, a excessiva publicidade pode comprometer o sucesso do acordo administrativo, na medida em que a negociação pode ocorrer em mercados competitivos, em que os agentes econômicos zelam em manter sigilosas certas informações. Ademais, a publicidade de todos os pontos da negociação pode afetar negativamente a reputação do agente econômico. Este, por certo, é um tema que necessariamente precisa ser objeto de normatização pelos órgãos e entes que dispõem de competência normativa, visando fazer uso da consensualidade para satisfação de suas finalidades públicas.[397]

Ainda, para validade da negociação é necessário que seja conferida a devida igualdade para casos na mesma situação, isto é, não pode o administrador beneficiar apenas alguns litigantes em detrimento de outros que possuam mesma situação jurídica, sob pena de ofensa à isonomia e à própria legitimidade da solução do conflito.[398]

Eduardo Talamini, a esse respeito, sustenta que existem limites e condicionantes à composição pela Administração, na seguinte conformidade: (a) é necessário prévio processo administrativo no qual a Administração constate objetivamente que não tem razão quanto à posição que está defendendo em juízo (se a questão estiver judicializada); (b) a composição

---

[396] PALMA, Juliana Bonacorsi de. *A Consensualidade na Administração Pública e seu Controle Judicial*, cit., p. 154.

[397] PALMA, Juliana Bonacorsi de. *A Consensualidade na Administração Pública e seu Controle Judicial*, cit., pp. 154/155. A excessiva publicidade pode ser um incentivo negativo à consensualidade, pela perspectiva do particular, enquanto a publicidade insuficiente pode ser determinante para o uso indevido da consensualidade. É preciso encontrar um equilíbrio.

[398] A impessoalidade é uma das facetas do princípio da isonomia. Nele se traduz a ideia de que a Administração tem que tratar a todos os administrados sem discriminações, benéficas ou detrimentosas. Nem favoritismos nem perseguições são toleráveis. Simpatias ou animosidades pessoais, políticas ou ideológicas não podem interferir na atuação administrativa e muito menos interesses sectários, de facções ou grupos de qualquer espécie (Cf. BANDEIRA DE MELLO, Celso Antonio, *Curso de Direito Administrativo*, cit., p. 86).

depende de expressa autorização da autoridade administrativa que teria competência para o cumprimento espontâneo da obrigação em questão (e não do procurador que atua no processo judicial, exceto quando tiver competência para tanto); (c) a composição não ficará necessariamente imune ao controle externo; (d) deve-se respeitar o princípio da isonomia para casos na mesma situação, cabendo inclusive um ato geral regulando as condições da composição; e (e) observância da ordem dos precatórios.[399]

Assim, são necessários procedimentos claros, prevendo autoridade competente, como são identificados os casos semelhantes e os critérios objetivos para a celebração dos acordos. Tais procedimentos e critérios deverão ser estabelecidos por lei ou regulamento – atos normativos editados pelos órgãos competentes.[400] [401] Em outras palavras, **faz-se necessário um processo adequado**.

Neste sentido, na atuação administrativa consensual, o processo administrativo passa a ser condição de validade das decisões administrativas e do próprio exercício do poder administrativo.

Em suma, os requisitos de validade da solução consensual são: (i) análise prévia acerca da vantajosidade e viabilidade jurídica, (ii) a análise deve

---

[399] TALAMINI, Eduardo, *A (in)disponibilidade do interesse público: consequências processuais*, cit., p. 66/67. A ordem dos precatórios deverá ser observada no caso de haver previsão de obrigação de pagamento de quantia certa pela Fazenda Pública, quando o acordo for homologado por sentença. A esse respeito, v. item 3.17.

[400] Luciane Moessa de Souza sustenta que cabe à Advocacia Pública estabelecer esses procedimentos e critérios, sugerindo que a lei preveja desde logo os critérios gerais para a celebração de acordos, tais como atos normativos aplicáveis ao caso, fatos comprovados durante o procedimento, jurisprudência administrativa e judicial sobre o tema, pareceres da própria Advocacia Pública, custos e duração da instrução e do processo judicial, interesses legítimos envolvidos no conflito. Tais critérios poderiam ser detalhados, para cada matéria, por atos normativos da Advocacia Pública, de modo a fornecerem parâmetros para os advogados públicos atuarem em cada conflito concreto (Cf. SOUZA, Luciane Moessa de, *Resolução de conflitos envolvendo o poder público...*, cit., p. 206).

[401] Carlos Alberto de Salles, a respeito da solução de conflitos por acordos, afirma: *"quando transacionando para por fim a uma controvérsia, a Administração atua com maior margem de liberdade se comparada à formação de um contrato, na qual ela está inteiramente jungida aos limites constitucionais, legais e do próprio edital. Tal liberdade, porém, não significa agir longe dos parâmetros da legalidade. Mostra-se, inclusive oportuna a existência disciplina legal ou regulamentar estabelecendo parâmetros para formulação de acordos. Há, de todo modo, de se garantir a observância dos princípios regentes da atividade administrativa e se evitar a prática de fraudes. Não se deve permitir, a propósito de solucionar uma controvérsia, o atingimento de objetivos vedados nas práticas contratuais do Estado"* (SALLES, Carlos Alberto, *Arbitragem em Contratos Administrativos*, cit., pp. 146/147).

ser feita em processo administrativo; (iii) observância da negociabilidade subjetiva – pessoa capaz e servidor da Administração Pública direta e indireta com poderes para celebrar acordo – e da negociabilidade objetiva – direitos disponíveis ou indisponíveis que admitam transação; (iv) existência de previsão legal para fundamentar o ato; (v) garantia da isonomia para qualquer interessado em situação similar que pretenda solucionar o conflito consensualmente; e (vi) edição de ato regulamentar das condições e parâmetros objetivos para celebração de acordos a respeito de determinada controvérsia repetitiva, quando for o caso.

3.5. Métodos de Negociação

Embora a negociação seja um fato corriqueiro na vida em sociedade, encontrar estratégias adequadas e eficazes de negociação, que solucionem o conflito material de modo satisfatório para as partes, é matéria de profundo estudo acadêmico, haja vista a complexidade do assunto.

Isso porque nenhuma técnica de solução de conflitos é universalmente adequada em todos os casos e contextos. A escolha da técnica adequada para o caso concreto, que pode ser feita por diferentes atores e em diferentes momentos, deve ter em pauta uma série de questões relacionadas aos interesses das partes, ao tipo de conflito e às potencialidades de cada técnica. Ainda devem ser consideradas variáveis como celeridade, privacidade, custos, manutenção de relação entre as partes, necessidade de uma solução vinculante, complexidade técnica do caso, nível de controle do processo e do resultado pelas partes, dentre outros.[402]

No entendimento de Petronio Calmon, três perguntas fundamentais devem ser formuladas ao se optar pela negociação: *por que negociar? Com quem negociar? Como negociar?* A negociação se funda sobre a necessidade de evitar uma inútil perda de tempo, de conter os custos decorrentes de uma possível deterioração ou ruptura dos relacionamentos entre as partes.[403]

---

[402] GABBAY, Daniela Monteiro, *Negociação*, cit., p. 220. Alguns destes objetivos estão relacionados ao processo e outros ao resultado substancial da demanda, havendo ainda alguns que impactam sobre ambos (como os custos).

[403] CALMON, Petronio. *Fundamentos da Mediação e da Conciliação*, cit., p. 108.

MEIOS CONSENSUAIS E ADMINISTRAÇÃO PÚBLICA

A realidade levou ao desenvolvimento de técnicas e métodos de negociação, transformando o simples hábito natural à condição humana em atividade inerente, também, à administração das empresas e à gestão pública. As técnicas de negociação são variadas, sendo desenvolvidas teorias e teses que procuram ensinar aos envolvidos a melhor maneira de resolver conflitos e atingir seus objetivos.

A negociação envolve elementos de inúmeras áreas de atividade humana. Ela é encarada em seu aspecto psicológico, social, econômico, estatístico, administrativo e jurídico. A busca de acordos eficientes é um empreendimento interdisciplinar.

Por isso, faz-se necessária a compreensão das modalidades de barreiras de negociação, que podem ser, basicamente, táticas e estratégicas, psicológicas, organizacionais, institucionais e estruturais. Estas barreiras, que constituem verdadeiros entraves para a negociação, devem ser estudadas para serem superadas durante as resoluções de disputas.[404]

É certo que nenhuma perspectiva teórica e nenhuma disciplina possui o monopólio de percepções úteis com relação às barreiras para a resolução justa e eficiente de conflitos. O sucesso na resolução do conflito estará calcado na habilidade de pessoas de diferentes disciplinas em perceber as nuances do problema e buscar soluções adequadas para cada caso, utilizando técnicas específicas para se chegar na resolução negociada de conflitos.[405]

Daí existir a negociação profissional, que é uma atividade especializada baseada em um conjunto de regras técnicas, táticas e estratégicas, com o objetivo de se obter efetividade. Como já visto, a negociação não é um simples processo intuitivo, baseado nas atitudes pessoais, nem é uma mera capacidade persuasiva de conduzir. É necessário aprender teorias negociais, desenvolver eficazes estratégias e aperfeiçoar as próprias capacidades profissionais mediante a experiência prática.

---

[404] MNOOKIN, Robert H.; ROSS, Lee. *Introdução* a ARROW, Kenneth J. et al. (Coord.), *Negociação: barreiras para resolução de conflitos*. São Paulo: Saraiva, 2011 (Série GV-law), pp. 30/31. As barreiras negociais podem ser encaradas partindo-se de inúmeras perspectivas, o que as aproxima da Teoria dos Jogos, Economia da Negociação, Economia de Mandante/Mandatário, Psicologia Cognitiva e Psicologia Social. Não só isso. Tal constatação não exclui a colaboração de outras disciplinas, que podem ser úteis para a realização mais satisfativa da negociação (cit., p. 52).

[405] MNOOKIN, Robert H.; ROSS, Lee. *Introdução*, cit., pp. 52-53.

Normalmente, as pessoas se veem diante de duas formas de negociação: a afável e a dura. O negociador afável busca evitar conflitos pessoais e faz concessões sempre que entender necessário para se chegar ao acordo. Ele quer resolver o problema, entretanto, pode vir a se sentir explorado e amargurado. Já o negociador duro analisa a situação como uma competição de vontades, em que será ganhador aquele que se mantiver irredutível e adotar posições extremas. Porém, geralmente acaba produzindo uma resposta igualmente dura que exaure seus recursos e a ele, pessoalmente, e deteriora o relacionamento com a outra parte.[406]

Há, todavia, uma terceira forma de negociar, que não é afável, nem dura, mas as duas coisas ao mesmo tempo. É o método de negociação baseada em princípios ou em méritos, desenvolvido pelo Projeto de Negociação de Harvard. Este método merece especial atenção.[407]

3.5.1. Negociação Baseada em Princípios

Para compreender os diferentes métodos, faz-se a imagem do iceberg, em que a ponta é aquilo que se vê, ou seja, a *posição*, enquanto na base do iceberg, sua maior parte que se encontra submersa, estão o *interesse* e as *necessidades*.

A negociação centrada nas posições é a *negociação distributiva*, caracterizada por ser o processo mediante o qual as partes se dividem e negociam mediante pressões e concessões recíprocas. Essa forma mais competitiva (adversarial, também conhecida como *hard* ou *distributional bargaining*) parte da premissa de que o que um ganha o outro perde e, com a distribuição de valores limitados, visa a garantir para si o maior pedaço do bolo.[408]

A "barganha posicional", situação em que cada parte assume uma posição, luta por ela e faz concessões para chegar a um acordo, culmina por

---

[406] FISHER, Roger; URY, William; PATTON, Bruce. *Como chegar ao sim: como negociar acordos sem fazer concessões*, cit., p. 22.

[407] Fazendo um apanhado geral, nesta mesma linha de raciocínio, Petronio Calmon aponta dois métodos tradicionais de negociação: o *regateio de posições*, com uma variante branda e outra dura; e a negociação *baseada em princípios* (também denominada integrativa ou colaborativa). O autor ressalva, entretanto, que a denominada *teoria dos jogos* não pode deixar de ser considerada como um método de negociação (Cf. CALMON, Petronio. *Fundamentos da Mediação e da Conciliação*, cit., pp. 109/110).

[408] GABBAY, Daniela Monteiro, *Negociação*, cit., pp. 214/215.

produzir resultados insensatos, de forma ineficiente e não amigável, segundo Roger Fisher, William Ury e Bruce Patton, da escola de Harvard.[409]

Mais equilibrada é a **negociação cooperativa ou baseada em princípios**, que pressupõe a possibilidade de que os negociadores possam satisfazer seus recíprocos interesses, mediante a criação de alternativas à promoção do esforço conjunto das partes para resolver o conflito. Para negociar de forma cooperativa, é necessário separar as pessoas do problema, concentrar-se nos interesses e não nas posições, gerando opções satisfatórias para todas as partes.

As pessoas devem falar para serem entendidas, ou seja, **o diálogo é a base do entendimento**. Uma negociação não é um debate, mas sim uma conversa para se atingir o acordo, que é o seu objetivo.[410]

Há um esforço conjunto para fazer "crescer o bolo", criando valor e buscando uma solução mais vantajosa para ambos os lados (*soft bargaining* ou *creating value approach*). O problema dessa abordagem ocorre quando apenas um dos lados atua de forma cooperativa, o que deixa em desvantagem em relação ao negociador competitivo.[411] A efetividade da estratégia depende não apenas dela mesma, mas também da estratégia da outra parte que está negociando. Este é o *dilema do negociador*, isto é, saber como atuar sem correr o risco de ser explorado ou deixado para trás por uma abordagem negocial competitiva da outra parte.[412]

---

[409] FISHER, Roger; URY, William; PATTON, Bruce. *Como chegar ao sim: como negociar acordos sem fazer concessões*, cit., p. 28.

[410] A separação de posições e interesses é ilustrada pela parábola da disputa entre duas meninas a respeito de uma laranja. Cada uma queria a laranja para si. Elas negociaram e acordaram dividi-la ao meio. Uma das meninas usou a metade de sua laranja para extrair o suco e jogou a casca fora. A outra menina extraiu a casca de sua metade para fazer um doce e jogou a polpa (com o suco) fora. A posição de cada uma das meninas na negociação era 'quero a laranja inteira'. Porém, o interesse que estava por trás dessa posição era diferente. Se uma das meninas tivesse olhado para além das posições e entendido os interesses que estavam em jogo, seria possível um acordo em que as duas sairiam ganhando – uma com o suco de laranja inteira e a outro com a casa de uma laranja inteira (SIOUF FILHO, Alfred Habib, cit., p. 90).

[411] GABBAY, Daniela Monteiro, *Negociação*, cit., p. 215.

[412] Siouf Filho alerta que a utilização desse método não pressupõe o abandono da negociação para buscar uma fatia maior do bolo que está sendo cortado. Uma abordagem que ignorasse por completo o fato de que o bolo deve ser cortado coloca em xeque os interesses da parte que usa essa abordagem e o representa em situação de suscetibilidade à exploração pela outra parte. Em vez de desprezar a divisão do bolo, os defensores do método de cooperação (também chamado de *criação de valor*) sugerem trabalhar com ambos ao mesmo tempo.

O método de negociação cooperativa (ou de negociação baseada em princípios ou *problem-solving*)[413] consiste em deliberar sobre as questões em pauta levando em conta os seus méritos e não promovendo um processo de regateio focado naquilo que cada lado afirma que fará ou deixará de fazer. O método é duro em relação aos métodos e afável em relação às pessoas.[414]

Por este método, a negociação é definida como um meio básico de conseguir o que você necessita de outras pessoas ou como um processo de comunicação de ida e volta com o propósito de chegar a uma decisão conjunta. Esta abordagem busca lidar de forma diferente com o risco de ser explorado pela outra parte, buscando a decisão das questões a partir de seus méritos. Fundamenta-se nos interesses subjacentes das partes que motivam suas posições, buscando ganhos mútuos através da exploração das diferenças, e não vendo a negociação como um jogo de soma zero.[415]

O método de Fisher, Ury e Patton encontra-se estabelecido em **quatro princípios gerais: pessoas, interesses, opções e critérios**. Para tanto,

Entretanto, se não trabalhar-se ao mesmo tempo com a criação de valor e com a negociação distributiva, privilegiando esta em detrimento daquela, corre-se o risco de adotar uma posição de negociador "durão" (SIOUF FILHO, Alfred Habib, cit., p. 93).

[413] Desenvolvido como Projeto de Negociação da Universidade de Harvard dos Estados Unidos da América, inicialmente pelos especialistas Roger Fisher e William Ury e nas edições mais recentes também por Bruce Patton.

[414] O método consta de dois níveis, três critérios, quatro elementos e cinco passos. Em apertada síntese, os dois níveis são um explícito, referente à substância e outro implícito, a respeito do procedimento de chegar à substância. O primeiro é endereçado à matéria do conflito, o segundo focado no modo de tratar a matéria. Os três critérios são a produção de acordos sensatos e eficientes e cuidar da preservação do relacionamento. Os quatro elementos são as percepções, as emoções, a comunicação e o estabelecimento de uma relação de trabalho. Os cinco passos são não se fixar nas posições, identificar e dar prioridade aos interesses, tomar as decisões em conformidade a critérios objetivos, gerar opções e identificar qual é a melhor alternativa para um acordo negociado (Cf. CALMON, Petronio. *Fundamentos da Mediação e da Conciliação*, cit., p. 110).

[415] GABBAY, Daniela Monteiro, *Negociação*, cit., p. 216. A autora esclarece a diferença entre modelos de negociação através dos célebres exemplos da divisão do bolo e da fruta. O modelo distributivo ou competitivo é exposto quando na divisão do bolo entre os dois filhos o pai diz: um corta e o outro escolhe a primeira fatia. As partes precisam neste caso distribuir os ganhos e as perdas, tendendo a buscar um meio-termo. Já o modelo de negociação baseado em princípio, por outro lado, é exemplificado quando duas pessoas estão brigando pela mesma fruta, mas enquanto a primeira quer a casca para fazer um bolo, a outra quer o interior da fruta para fazer um suco. Neste caso, se a fruta fosse dividida em duas partes, as duas pessoas perderiam, mas se fossem levados em conta os seus interesses ambas poderiam sair totalmente satisfeitas (cit., pp. 216/217).

apresentam-se os seguintes conselhos, respectivamente: **separe as pessoas do problema**[416]; **concentre-se nos interesses em jogo, não na posição das partes**[417]; **crie uma variedade de possibilidades de ganho mútuo antes de decidir o que fazer**[418]; **e insista em que o resultado tenha por base critérios objetivos.**[419]

Desta forma, a negociação com base em méritos ou em princípios, tida como técnica de negociação mais eficiente e razoável, pode ser identificada por meio de algumas características. Os participantes da negociação devem ser solucionadores de problemas e o objetivo é chegar a uma solução sensata, de forma eficiente e amigável. Pessoas devem ser separadas do problema em discussão e os participantes devem ser afáveis entre eles e duros com o problema em si. A negociação deve continuar, independentemente da confiança que as partes depositam uma na outra. Elas devem se

---

[416] O primeiro ponto responde ao fato de que os seres humanos não são computadores, mas criaturas com fortes emoções, que, com frequência, têm percepções radicalmente diferentes e dificuldade de se comunicar com clareza. Os participantes devem perceber-se como trabalhando lado a lado, atacando o problema e não uns aos outros. Este princípio ensina que lidar com um problema substancial e manter uma boa relação de trabalho não precisam ser metas conflitantes, caso as partes estejam empenhadas para tratar de cada um destes objetivos separadamente, segundo os méritos do problema.

[417] O segundo ponto destina-se a superar o inconveniente de concentrar-se nas posições declaradas das pessoas, quando o objetivo na negociação é satisfazer seus interesses subjacentes. Para se chegar aos interesses, que nem sempre estão explícitos, uma técnica básica consiste em se colocar no lugar do outro e pensar em sua escolha (pergunta "por quê?"; "por que não?") para reconhecer os interesses do outro como parte do problema, olhando para frente (futuro), e não somente para trás (passado).

[418] O terceiro ponto concerne à dificuldade de conceber soluções ótimas enquanto se está sob pressão. Deve-se reservar um tempo na negociação para pensar em uma vasta gama de soluções possíveis que promovam os interesses comuns e conciliem criativamente os interesses divergentes. Para tanto, é preciso (i) separar o ato de inventar opções do ato de julgá-las, (ii) ampliar as opções sobre a mesa, em vez de buscar uma resposta única, (iii) buscar benefícios mútuos, e (iv) inventar meios de facilitar a decisão dos outros.

[419] O quarto ponto recomenda a somente aceitar uma solução justa, rejeitando soluções arbitrárias e intransigentes. A negociação deve se pautar em um debate sobre algum padrão razoável e em critérios objetivos, independentemente da vontade pura e simples de qualquer das partes, como o valor de mercado, a opinião especializada, os costumes, a lei, a eficiência, os custos, o precedente de um Tribunal, dentre outros (Cf. FISHER, Roger; URY, William; PATTON, Bruce. *Como chegar ao sim: como negociar acordos sem fazer concessões*, cit., passim; GABBAY, Daniela Monteiro, *Negociação*, cit., pp. 217/218).

concentrar em interesses e não em posições e aqueles devem ser explorados.[420] Deve-se, também, evitar estabelecer um resultado, mas opções de ganhos mútuos devem ser criadas, inventadas. Múltiplas opções devem ser desenvolvidas, para que se escolha uma delas, mais tarde. O investimento deve ser na utilização de critérios objetivos, já que o resultado deve ser baseado em padrões, independentemente de vontades. Por fim, as partes devem argumentar e estar abertas ao debate, devendo ceder a princípios, não à pressão.[421]

Interessante também notar que há técnicas de negociação que podem ser inspiradas em comportamentos de crianças e que podem solucionar desde a crise entre a Grécia e seus credores até os embates entre o governo brasileiro e o Congresso. A ideia é do professor também da Universidade Harvard e diretor do Programa Internacional de Negociação, Daniel Shapiro, que investiga as raízes emocionais dos conflitos e da negociação. Para o pesquisador, o primordial é achar uma atitude de cooperação, em que ninguém se sinta derrotado. Neste sentido, crianças são boas negociadoras, sabem usar emoções e explorá-las.[422]

Para Shapiro, não há um método universal, o melhor é que as pessoas evitem abordagem de adversário e procurem cooperação, seja em disputa de negócios, seja em conflito político. O objetivo é mostrar que o problema não está do outro lado, e, sim, na frente de ambos.[423]

---

[420] Alfred Habib Siouf Filho afirma que para negociar buscando a cooperação é fundamental identificar corretamente os interesses. Isso por parecer trivial, mas uma análise mais aprofundada, segundo o autor, mostra exatamente o contrário, pois as pessoas tendem a focar nas posições e não nos interesses: *"Quando uma parte na negociação diz 'querer' alguma coisa, ela está revelando sua posição, mas não seu interesse. Pode-se dar a ela o que ela está pedindo, ou perguntar: 'Por que você quer isso?'. A resposta pode revelar o interesse que está por trás daquela posição. Conhecendo o interesse, este pode ser atendido de outra forma, não necessariamente dando-lhe o que pede"* (SIOUF FILHO, Alfred Habib. *Negociação para Resolução de Controvérsias*, cit., p. 89).

[421] FISHER, Roger; URY, William; PATTON, Bruce. *Como chegar ao sim: como negociar acordos sem fazer concessões*, cit., p. 34.

[422] SHAPIRO, Daniel. Entrevista à Folha de S.Paulo, disponível na edição impressa de 16/07/2015 e na página da internet no link <http://www1.folha.uol.com.br/fsp/mercado/226299-criancas-sao-bons-mestres-para-os-que-vao-negociar.shtml>, acesso em 02/08/2015.

[423] SHAPIRO, Daniel. Continua o autor: *"E isso não significa ser fraco. É ser duro com o problema. Os brasileiros são emocionais, e uma parte importante do meu trabalho é analisar como lidamos com o lado emocional nas negociações. As pessoas geralmente dizem: 'livre-se das emoções, deixe-as de fora*

MEIOS CONSENSUAIS E ADMINISTRAÇÃO PÚBLICA

Há também o modelo competitivo de negociação, segundo o qual cada parte vai à mesa de negociação com um limite máximo até o qual aceitaria negociar. Trata-se de um limite de barganha entre as partes (*reservation point*). O máximo que qualquer método de negociação pode fazer é atender a dois objetivos: protegê-lo de fazer um acordo que você deveria rejeitar e ajudá-lo a extrair o máximo dos recursos de que efetivamente dispõe, para que qualquer acordo obtido satisfaça seus interesses tanto quanto possível.

Neste sentido, Fisher, Ury e Patton criaram o BATNA (*Best Alternative to a Negotiated Agreement*) ou MAPAN (melhor alternativa para um acordo negociado), que é uma garantia de que a parte não aceitará um acordo que a coloque em situação pior do que poderia estar, caso buscasse outras alternativas, protegendo-a em relação aos maus acordos ou mesmo em relação ao desnível de poder com a outra parte.[424] A ideia de que *mais vale um mau acordo do que uma boa demanda* não conhece a MAPAN.

A MAPAN vai além do estabelecimento de valores, é mais do que um limite de barganha (*reservation point*), pois implica pensar alternativas concretas ao acordo. Quanto melhor a MAPAN, maior o poder na negociação. Por isso, é importante refletir sobre ele antes de negociar, além de também parecer adequado considerar a MAPAN na perspectiva da parte que está do outro lado.[425]

Fisher, Ury e Patton, ao analisarem o modo pelo qual o participante protege a si mesmo – um dos objetivos do método de negociação proposto por eles –, desenvolvem alguns pontos que devem estar presentes na negociação. Segundo os autores, o participante deve conhecer sua MAPAN, pois não ter refletido sobre o que se pode fazer, caso não se chegue a um acordo, é o mesmo que negociar com os olhos vendados e deve criar um sistema de alerta, para que tenha uma margem de negociação.

---

das negociações, fora dos contratos'. Eu digo o oposto: 'traga as emoções para dentro da negociação, mas certifique-se de que elas sejam úteis'".

[424] GABBAY, Daniela Monteiro, *Negociação*, cit., p. 219.

[425] A razão pela qual se negocia é produzir um resultado melhor do que se conseguiria sem negociação. Eis aí a necessidade de conhecer bem a MAPAN que, em suma, pode ser caracterizada como o padrão de medição com que qualquer proposta de acordo deve ser comparada. A MAPAN não é apenas uma forma de mensuração melhor. Tem a vantagem de ser suficientemente flexível para permitir a exploração de soluções imaginativas. Ao invés de eliminar qualquer solução que não alcance o seu valor final, pode-se comparar a proposta feita à MAPAN do indivíduo que deseja efetivamente negociar (Cf. FISHER, Roger; URY, William; PATTON, Bruce. *Como chegar ao sim: como negociar acordos sem fazer concessões*, cit.. p.105-108).

Já ao analisarem o modo pelo qual o participante pode extrair o máximo de seus ativos, ensinam que, quanto melhor a MAPAN, maior o poder do participante, pois o poder de negociação não é determinado por recursos como riqueza, conexões políticas, força física, amigos e poder militar e, além disso, que se deve também ter em conta a MAPAN do outro lado negociante.[426] Revelar ou não a MAPAN à parte contrária pode ser conveniente ou não, situação que deve ser analisada no caso concreto.[427]

Todavia, não obstante um dos participantes estar disposto a negociar com base em méritos e princípios, pode acontecer de a outra parte não ter interesse neste modelo de negociação, por ser mais poderosa ou, simplesmente, por não estar interessada em entrar no "jogo". Há três procedimentos para se tentar modificar este cenário.

O primeiro é centrado naquilo que o próprio participante pode fazer. Ele foca em méritos e interesses dele mesmo. O segundo concentra-se naquilo que a parte que está numa barganha posicional pode fazer. Há um redirecionamento dos movimentos básicos da barganha posicional de forma a dirigir a atenção deles para os méritos ou princípios. Isto é o que Fisher, Ury e Patton denominam *negociação jiu-jítsu*.[428] Qualquer ataque

---

[426] Ainda segundo os autores norte-americanos, para criar possíveis opções de MAPAN, são necessárias três operações distintas: inventar uma lista de ações que o participante possa realisticamente adotar, caso não chegue a um acordo; aperfeiçoar algumas das ideias mais promissoras, convertendo-as em alternativas práticas e, por fim, selecionar, provisoriamente, a alternativa que pareça melhor. Depois de passar por estes três passos, o negociante terá sua MAPAN formulada. Cada oferta deve ser avaliada em comparação com ela. Quanto melhor a MAPAN, maiores as chances de melhorar os termos de qualquer acordo negociado. Saber o que fazer se a negociação falhar dá à parte maior confiança durante o processo. Além disso, é mais fácil interromper uma negociação se se souber para onde se está indo e este poder de interrupção dá maior liberdade para o participante negociar da forma que lhe for mais proveitosa (Cf. FISHER, Roger; URY, William; PATTON, Bruce. *Como chegar ao sim: como negociar acordos sem fazer concessões*, cit., p.105-108).

[427] FISHER, Roger; URY, William; PATTON, Bruce. *Como chegar ao sim: como negociar acordos sem fazer concessões*, cit., p.110-111.

[428] FISHER, Roger; URY, William; PATTON, Bruce. *Como chegar ao sim: como negociar acordos sem fazer concessões*, cit., p. 113. No caso de se lançar mão da técnica da negociação jiu-jítsu, algumas ações devem ser desenvolvidas. Basicamente, não se revida a ataques pessoais, mas sim, desvia-se deles e se ataca o problema. Assim como nas artes orientais do judô e do jiu-jítsu, evita-se fazer resistência aos ataques sofridos, mas se usa a habilidade para desviar e direcionar as forças em favor dos propósitos pessoais. Desta forma, a posição da outra parte jamais deverá ser atacada, devendo ser verificado o real interesse que há por trás dela.

pessoal deve ser transformado em ataque ao problema e devem ser feitas perguntas e pausas, durante o trâmite das tratativas do acordo.

Já o terceiro procedimento, caso a negociação baseada em princípios e a negociação jiu-jítsu não alterem a situação, é o que os citados autores chamam de *procedimento de texto único*, com a ajuda de um terceiro mediador. Este terceiro, após ouvir as partes e elaborar um texto, vai modificando este texto de acordo com as críticas que as próprias partes fazem a ele, de acordo com seus interesses. Ao final, o mediador chega a um texto único e recomenda que seja aceito pelas partes.[429]

A busca das partes por satisfação se dá não só em relação aos resultados da demanda, mas também em relação ao processo pelo qual eles são gerados. Trata-se da distinção entre a justiça do processo e a justiça do resultado. Fisher, Ury e Patton partem dessa premissa ao considerar que a negociação ocorre em dois níveis: no nível da substância e no do procedimento para lidar com a substância.[430] Enquanto que, nos meios consensuais, é possível que as partes definam e controlem o procedimento, no processo judicial, o procedimento vem estabelecido em lei e não está sujeito a adaptações. Ressalte-se, entretanto, que o art. 190 do Novo CPC mitigou esta última barreira, com os negócios jurídicos processuais.[431]

Desta forma, pode-se notar que, dos métodos abordados, a negociação estritamente distributiva, quando muito, é adequada para negociações pontuais, nas quais não há uma relação continuada e as partes provavelmente nunca mais se encontrarão. A negociação baseada em princípios, por sua vez, é mais adequada às operações continuadas, nas quais as opções

---

[429] FISHER, Roger; URY, William; PATTON, Bruce. *Como chegar ao sim: como negociar acordos sem fazer concessões*, cit., pp. 117/121. Os autores citam diversos exemplos concretos, como a Conferência de Camp David nos Estados Unidos em 1978, na mediação entre Egito e Israel, bem como em parte da negociação na elaboração da Constituição da África do Sul, que culminou com o fim do apartheid e criou uma democracia multilateral inclusiva.

[430] GABBAY, Daniela Monteiro, *Negociação*, cit., p. 222. Por exemplo, a primeira negociação se refere ao salário, aos termos de um contrato de aluguel ou a um preço a ser pago; a segunda negociação refere-se ao modo como se ira negociar a questão substantiva: através da barganha posicional competitiva, colaborativa ou através de outro método. A percepção como o processo é mais difícil de ser atestada por dados estatísticos do que a satisfação com o resultado ou acordo obtido, pois decorre de percepção (subjetiva) do jurisdicionado de que o procedimento foi justo (pp. 222/223).

[431] V. item 3.16.

criativas são possíveis. Nesses casos, são importantes a boa relação de longo prazo, a confiança e a credibilidade.[432]

Após a publicação do *best seller* "Como Chegar ao Sim" na década de 80 do século passado, William Ury publicou outros livros sobre técnicas de negociação, indispensáveis para qualquer estudioso do assunto. Destacam-se as obras "Supere o Não – Negociando com pessoas difíceis", "O Poder do NÃO Positivo – como dizer NÃO e ainda chegar ao SIM" e "Como chegar ao SIM com você mesmo – o primeiro passo em qualquer negociação, conflito ou conversa difícil". Este último é uma obra-prima de William Ury no estudo do tema, pois parte da premissa que o principal entrave para acordos bem-sucedidos e relacionamentos satisfatórios não é a outra parte, mas nós mesmos. Ury propõe um exercício de reflexão para entendermos quais são as nossas verdadeiras necessidades e o que de fato vai nos deixar felizes, para criarmos as bases para compreender e influenciar os outros.

3.5.2. Comunicação Não-Violenta

Para negociar, é preciso dialogar. O diálogo é a base da negociação. A comunicação, portanto, é indispensável para o processo de negociação. A forma de se comunicar é determinante para o sucesso ou fracasso dessa empreitada.

É importante lembrar que os gestores públicos não só precisam atender os administrados e as pessoas da sociedade usuárias do serviço público, como também precisam manter uma relação diária de trabalho com os servidores públicos a eles subordinados. Estes, da mesma forma, mantêm relações profissionais com suas chefias, colegas de trabalho e o público em

---

[432] Siouf Filho enaltece uma discussão do livro *Beyond Winning* (MNOOKIN, R.H.; PEPPET, S.R.; TULUMELLO, A. S.; *Beyond Winning: negotiating to create value in deals and disputes.* The Belknap Press of Harvard University Press, 2000), que identifica uma tensão entre a criação e a distribuição de valor como uma tensão a ser administrada em uma negociação: *"A maneira de trabalhar com essa tensão é imaginar duas mesas de negociação separadas e negociar alternativamente em uma e em outra, mudando de mesa muitas vezes. Isso deve ser feito para as diferentes questões em discussão. Ao separar a negociação de diferentes questões, é possível encontrar oportunidades de ganho entre elas. Trabalhando paralelamente na mesa de criação de valor e na mesa da negociação distributiva, as partes tendem a encontrar um acordo quando este for possível, e a criar o máximo de valor, não deixando qualquer valor na mesa que não tenha sido distribuído a uma das partes"* (SIOUF FILHO, Alfred Habib, cit., p. 96).

geral. A comunicação que se estabelece entre todas essas pessoas – com interesses conflitantes ou não – é fundamental para o sucesso da gestão pública.

O método de comunicação com compaixão de Marshall B. Rosenberg é amplamente conhecido e visa aprimorar relacionamentos pessoais e profissionais das pessoas, bem como solucionar conflitos.

Enquanto estudava os fatores que afetam a capacidade das pessoas de se manterem compassivas, Rosenberg ficou impressionado com o papel crucial da linguagem e do uso das palavras. Desde então, identificou uma abordagem específica da comunicação – falar e ouvir – que leva as pessoas a se entregarem de coração, ligando-as a si mesmas e aos outros de maneira tal que permite que a compaixão natural das pessoas floresça. Denominou essa abordagem de **Comunicação Não-Violenta** (*nonviolent communication*), usando o termo "não-violência" na mesma acepção que lhe atribuía Gandhi, referindo-se ao estado compassivo natural das pessoas quando a violência houver se afastado do coração.[433]

Em algumas comunidades, o processo descrito por Rosenberg é conhecido como comunicação compassiva. A Comunicação Não-Violenta (CNV) se baseia em habilidades de linguagem e comunicação que fortalecem a capacidade das pessoas continuarem humanas, mesmo em condições adversas. Segundo Rosenberg, ela não tem nada de novo, pois tudo que foi integrado à CNV já era conhecido havia séculos.[434]

---

[433] ROSENBERG, Marshall B. *Comunicação não-violenta: técnicas para aprimorar relacionamentos pessoais e profissionais*. São Paulo: Ágora, 2006, p. 21. Ensina o autor: *"Embora possamos não considerar 'violenta' a maneira de falarmos, nossas palavras não raro induzem à mágoa e à dor, seja para os outros, seja para nós mesmos."* (cit., p. 21).

[434] ROSENBERG, Marshall B. *Op cit.*, p. 21. Continua o autor: *"O objetivo é nos lembrar do que já sabemos – de como nós, humanos, deveríamos nos relacionar uns com os outros – e nos ajudar a viver de modo que se manifeste concretamente esse conhecimento. A CNV nos ajuda a reformular a maneira pela qual nos expressamos e ouvimos os outros. Nossas palavras, em vez de serem reações repetitivas e automáticas, tornam-se respostas conscientes, firmemente baseadas na consciência do que estamos percebendo, sentindo e desejando. Somos levados a nos expressar com honestidade e clareza, ao mesmo tempo que damos aos outros uma atenção respeitosa e empática. Em toda troca, acabamos escutando nossas necessidades mais profundas e as dos outros. A CNV nos ensina a observarmos cuidadosamente (e sermos capazes de identificar) os comportamentos e as condições que estão nos afetando. Aprendemos a identificar e a articular claramente o que de fato desejamos em determinada situação. A forma é simples, mas profundamente transformadora"* (cit., pp. 21/22).

O processo da CNV é baseada em 4 componentes: observação, sentimento, necessidades e pedido.[435]

Primeiramente, observamos o que está de fato acontecendo numa situação: o que estamos vendo os outros dizerem ou fazerem que é enriquecedor ou não para nossa vida? O truque é ser capaz de articular essa observação sem fazer nenhum julgamento ou avaliação, mas simplesmente dizer o que nos agrada ou não naquilo que as pessoas estão fazendo. Isso porque, quando combinamos observações com avaliações, os outros tendem a receber isso como crítica e resistir ao que dizemos.

Em seguida, identificamos como nos sentimos ao observar aquela ação: magoados, assustados, alegres, divertidos, irritados etc. Desenvolver um vocabulário de sentimentos que nos permita nomear ou identificar de forma clara e específica nossas emoções nos conecta mais facilmente uns com os outros. Ao nos permitirmos ser vulneráveis por expressarmos nossos sentimentos, ajudamos a resolver conflitos.

Em terceiro lugar, reconhecemos quais de nossas necessidades estão por trás de nossos sentimentos. Quanto mais diretamente pudermos conectar nossos sentimentos a nossas necessidades, mais fácil será para os outros reagirem compassivamente. Temos consciência desses três componentes quando usamos a CNV para expressar clara e honestamente como estamos.

O quarto componente é um pedido específico. Esse componente enfoca o que estamos querendo da outra pessoa para enriquecer a nossa vida ou torná-la mais maravilhosa. Quando nossas necessidades não estão sendo atendidas, depois de expressarmos o que estamos observando, sentindo e precisando, fazemos então um pedido específico: pedimos que sejam feitas ações que possam satisfazer nossas necessidades. A esse respeito, Rosenberg defende o uso de uma linguagem positiva ao fazer pedidos, na forma de ações concretas, evitando frases vagas, abstratas ou ambíguas.

---

[435] O autor esclarece que a CNV é mais que processo ou linguagem. Num nível mais aprofundado, ela é um lembrete permanente para mantermos nossa atenção concentrada lá onde é mais provável acharmos o que procuramos. Leciona ainda que: "À medida que a CNV substitui nossos velhos padrões de defesa, recuo ou ataque diante de julgamentos e críticas, vamos percebendo a nós e aos outros, assim como nossas intenções e relacionamentos, por um enfoque novo. A resistência, a postura defensiva e as reações violentas são minimizadas. Quando nos concentramos em tornar mais claro o que o outro está observando, sentindo e necessitando em vez de diagnosticar e julgar, *descobrimos a profundidade de nossa própria compaixão. Pela ênfase em escutar profundamente – a nós e aos outros – a CNV promove o respeito, a atenção e a empatia e gera o mútuo desejo de nos entregarmos de coração*" (*Op cit*. pp. 22/23).

Quanto mais claros fomos a respeito do que queremos obter, mais provável será que o consigamos.

A Comunicação Não-Violenta é dividida em duas partes em relação a esses 4 elementos: expressar as 4 informações muito claramente e receber aquelas mesmas 4 informações dos outros. Em outras palavras, as duas partes da CNV são expressar-se com honestidade e receber com empatia.

A empatia é a compreensão respeitosa do que os outros estão vivenciando. Em vez de oferecermos empatia, muitas vezes sentimos uma forte urgência de dar conselhos ou encorajamento e de explicar nossa própria posição ou nossos sentimentos.[436]

Neste sentido, para usar a CNV, as pessoas com quem se está comunicando através dela não precisam conhecê-la, ou mesmo estar motivadas a se comunicar compassivamente. Se aquele que se comunica pela CNV se ativer aos seus princípios, motivado somente a dar e receber com compaixão, e fizer tudo que puder para que os outros saibam que esse é o único interesse, eles se unirão ao primeiro no processo e todos conseguirão se relacionar com compaixão uns com os outros.[437]

O método da CNV é uma abordagem que se aplica de maneira eficaz a todos os níveis de comunicação e a diversas situações, tais como relacionamentos íntimos, famílias, escolas, organizações e instituições, terapia e aconselhamento, negociações diplomáticas e comerciais e disputas e conflitos de toda natureza.[438]

---

[436] Segundo Rosenberg, a empatia requer que esvaziemos nossa mente e escutemos os outros com a totalidade de nosso ser. Na CNV, não importa quais palavras os outros usem para se expressar, simplesmente prestamos atenção em suas observações, sentimentos, necessidades e pedidos. Podemos então desejar repetir o que ouvimos, parafraseando o que compreendemos. Permanecemos assim em empatia, permitindo que os outros tenham ampla oportunidade de se expressar antes de começar a propor soluções ou pedir por amparo. Ainda segundo o autor, precisamos sentir empatia para dar empatia. Quando percebemos que estamos sendo defensivos ou incapazes de oferecer empatia, precisamos (i) parar, respirar, sentir empatia por nós mesmos, ou (ii) gritar de modo não-violento ou (iii) dar-nos um tempo (*Op cit.*, pp. 150/151).

[437] "À medida que mantivermos nossa atenção concentrada nessas áreas e ajudarmos os outros a fazerem o mesmo, estabeleceremos um fluxo de comunicação dos dois lados, até a compaixão se manifestar naturalmente: o que estou observando, sentindo e do que estou necessitando; o que estou pedindo para enriquecer a minha vida; o que você está observando, sentindo e do que está necessitando; o que você está pedindo para enriquecer a sua vida..." (*Op cit.*, pp. 25/26).

[438] ROSENBERG, Marshall B. *Op cit.*, p. 27. A respeito da solução de conflitos, afirma o autor: "*Hoje, em todo o mundo, a CNV serve como recurso valioso para comunidades que enfrentam conflitos*

Assim, para os casos adequados, especialmente naqueles em que a falta de comunicação ou a comunicação inadequada esteja ampliando o conflito, a utilização desse método pelo Poder Público poderá ser decisiva para a solução da questão. É importante que políticos, gestores, servidores, líderes sindicais e comunitários e representantes em geral tomem conhecimento desse método, visando pacificar as relações e solucionar conflitos.

3.5.3. A Utilização dos Métodos de Negociação pelo Poder Público

O estudo dos métodos de negociação e de comunicação, assim como a sua prática, deve ser compreendido de forma a considerar a provável situação de desequilíbrio da relação quando umas das partes do conflito for a Administração Pública. Isso deve ser analisado previamente tanto pelos representantes do Poder Público, quanto do interessado do outro lado, para a elaboração da estratégia de negociação.

Caso a situação de conflito envolva uma relação contratual, as chamadas cláusulas exorbitantes do contrato conferem ao ente público um poder importante. Ademais, o fato de a Fazenda Pública se valer do regime de precatórios para pagamento em caso de condenação judicial também deixa o particular em situação vulnerável na negociação, pois já sabe de antemão que, se tiver que se socorrer do Judiciário para reaver uma quantia devida, em regra levará muito tempo para receber esse recurso.[439]

Por outro lado, quando a negociação se dá entre a Administração e o Ministério Público, essa situação pode se inverter, na medida em que o administrador público normalmente estará diante de um negociador duro, que tem o poder de levar o assunto em discussão ao Judiciário através da ação civil pública ou até de processá-lo por improbidade administrativa.

É certo que em controvérsias relativas à implementação de políticas públicas sensíveis à Administração, seu ímpeto em busca de um acordo na ocorrência de um conflito é maior. Uma grande obra de infraestrutura que demande vultoso dispêndio de recursos públicos, por exemplo, é de

---

violentos ou graves tensões de natureza étnica, religiosa ou política. O avanço do treinamento em CNV e seu uso em mediações entre partes em conflito em Israel, no território da Autoridade Palestina, na Nigéria, em Ruanda, em Serra Leoa e em outros lugares têm sido motivo de especial satisfação para mim" (p. 31).
[439] Alguns entes públicos chegam a demorar mais de dez anos para pagar dívidas de precatórios, como é o caso do Município de São Paulo. A União, por outro lado, tem capacidade para pagar um precatório em poucos meses.

interesse tanto do Poder Público, quanto da empresa contratada, a solução a bom termo de eventuais conflitos, como também de todos que contam com aquela melhoria.

Assim, considerando-se as técnicas de negociação explicitadas, é importante ao administrador ter em mente que não é dono do processo para realização do acordo. Cada negociação deve ser pensada e adaptada ao tema em conflito e às partes contrárias, seguindo seu próprio ritmo. Com bons negociadores, há ferramentas efetivas para influenciar o processo, e não para simplesmente determiná-lo.

Um exemplo recente de má condução de uma negociação pelo Poder Público foi em maio de 2018 com a greve dos caminhoneiros no Brasil. O governo federal não deu a devida atenção aos pleitos dessa categoria que vinham sendo apresentados nos meses antecedentes, o que culminou em greve e bloqueio de diversas estradas em todo o País. Em poucos dias, houve um grave desabastecimento de combustíveis e mercadorias, afetando serviços essenciais à sociedade, levando diversos Municípios a decretarem situação de emergência. Este acontecimento evidenciou a grande dependência da economia brasileira ao transporte rodoviário.

Durante as negociações que se iniciaram, pelo que foi comunicado pela mídia foi possível depreender que não foram utilizadas as técnicas de negociação baseada em princípios nem de CNV, o que atrasou mais a solução do impasse. Diversas ações judiciais foram propostas, entretanto não foram capazes de evitar a paralização da categoria. Diante da gravidade da situação e a enorme pressão social, o governo não teve alternativa senão ceder em todos os pedidos, gerando um enorme desgaste a um elevado custo (perde-ganha).

No entanto, a solução negociada que resulte em acordo pode ser boa tanto para o administrado ou grupo de pessoas, quanto para o ente estatal (ganha-ganha), mantendo uma boa relação entre si e evitando a judicialização do conflito. Em verdade, o acordo que envolve o Poder Público não é bom apenas para as partes, mas também para toda a sociedade, o que representa um ganha-ganha-ganha.

3.6. Negociação com a Administração Pública

A Administração Pública resolve diversos conflitos diariamente através de negociação. Os interessados são recebidos pessoalmente, ou mesmo por telefone, por servidores e autoridades públicas para dialogarem sobre controvérsias relativas a demandas individuais e coletivas. Mas nem sempre essa via de comunicação está aberta a todos os interessados. É preciso democratizar o acesso à tentativa de composição consensual de conflitos com a Administração.

Mais uma vez, é importante identificar a negociação como mecanismo de solução de conflitos, que visa a autocomposição, caracterizado pela conversa direta entre os envolvidos, sem haver intervenção de terceiro como auxiliar ou facilitador. É uma das formas mais simples para resolução de controvérsia e apresenta diversos benefícios.

A negociação com a Administração Pública deve observar o quanto já disposto neste Capítulo, vale dizer, a presença da negociabilidade subjetiva e objetiva e os requisitos de validade da solução negociada, através de um *processo adequado*.

Normalmente, a negociação ocorre administrativamente, fora do Judiciário. Um ambiente ideal para a implementação da negociação com a Administração é o das câmaras administrativas de solução de conflitos, que podem admitir tanto a conciliação como a negociação direta entre os interessados, sem o terceiro facilitador.

A despeito disso, em muitos casos a presença de um mediador será determinante para o sucesso da negociação. É fundamental, para esses casos, que tanto os negociadores, quanto o mediador, conheçam as técnicas de negociação colaborativa.

3.7. Conciliação com a Administração Pública

Ainda que exista uma enorme possibilidade de solução de conflitos pela negociação, a prática tem mostrado que a maioria dos acordos que são firmados pelo Poder Público judicial e extrajudicialmente ocorrem através da conciliação.

O papel da conciliação e da mediação é o de estabelecer a comunicação das partes em conflito através de técnicas específicas, visando resolver o problema, especialmente quando há questões jurídicas envolvidas.

O NCPC previu, no art. 165, § 2º que o conciliador atuará preferencialmente nos casos em que não houver vínculo anterior entre as partes e que poderá sugerir soluções para o litígio, sendo vedada a utilização de qualquer tipo de constrangimento ou intimidação para que as partes conciliem.[440]

Por este motivo, **a conciliação é muito mais comum com a Administração Pública do que a mediação.** Normalmente, as partes não se conhecem e nem voltarão a se relacionar após a negociação visando o acordo. De um lado, há um administrado e, de outro, um representante do Poder Público, que pode ser o administrador ou um advogado público com poderes para fazer acordo. A sessão de conciliação ficará restrita à discussão do conflito, sem que a relação entre os negociadores seja um elemento relevante que demande as técnicas da mediação.

Uma infinidade de assuntos poderá ser resolvida por conciliação com o Poder Público, como, por exemplo, (i) pagamento de débitos tributários ou não tributários inscritos em dívida ativa em favor da Fazenda Pública, com benefícios legais e/ou parcelamento[441]; (ii) conflitos relativos à interpretação e execução de contratos (pagamento, forma de prestação do serviço, prazos, reajuste, revisão de preços, sanções); (iii) indenização por responsabilidade civil (dano a veículo ocasionado por buraco na via, queda de árvore em veículo), inclusive por dano moral (queda em bueiro ou em buraco na rua, erro médico, assédio dentro de escolas e prédios públicos); (iv) anulação de multa de trânsito (veículo clonado, erro na anotação da placa, ausência ou demora na notificação); (v) repetição de indébito tributário; (vi) pagamentos e demais benefícios a servidores públicos.

A conciliação pode ser judicial ou extrajudicial. No primeiro caso, pode ocorrer por iniciativa das próprias partes, por iniciativa do juiz ou em

---

[440] Entendendo que a conciliação tem por escopo obter um acordo entre as partes e que, normalmente, o acordo obtido se constitui em transação, Petronio Calmon afirma que o estudo dos dois institutos – conciliação e transação – tem sido muitas vezes elaborado em conjunto, com grandes dificuldades de compreensão. Para ele, na realidade, é mais importante para o direito processual o estudo dos mecanismos operados para atingir a transação ou outra forma de autocomposição (Cf. CALMON, Petronio. *Fundamentos da Mediação e da Conciliação,* cit., pp. 133).

[441] O parcelamento com ou sem benefícios também pode ser negociado diretamente entre as partes, sem a necessidade de um conciliador. Por outro lado, a conciliação promovida num CEJUSC, por exemplo, confere um ambiente neutro e imparcial que favorece ao devedor aderir ao acordo.

audiência de tentativa de conciliação no Centro Judiciário de Solução de Conflitos e Cidadania – CEJUSC, com a participação de conciliador credenciado no tribunal correspondente.[442]

Já a conciliação extrajudicial ocorre no âmbito das câmaras administrativas de solução de conflitos, como a Câmara de Prevenção e Resolução Administrativa de Conflitos, onde houver.

Os CEJUSCs admitem a realização de conciliação pré-processual e processual. Na pré-processual, procura-se o CEJUSC para tentativa de solução consensual do conflito antes do ajuizamento da demanda. Ainda não há um ambiente de beligerância com contencioso judicial, o que aumenta a chance de autocomposição. No caso de insucesso e permanecendo a necessidade de solução da questão, deve a parte interessada ingressar em juízo com a ação própria.

Já a conciliação processual pressupõe a existência do processo, ocorre concomitantemente ao processo, é desenvolvida no ambiente judicial e pode ser levada a efeito pelo próprio juiz da causa[443] ou por um conciliador[444]. Esta modalidade ainda é mais comum no Brasil do que a conciliação pré-processual, especialmente em relação à Administração Pública. Apesar de não evitar o processo e a atividade jurisdicional em sentido amplo, pode evitar o labor valorativo do juiz e reduzir o tempo do processo em muitos anos.[445]

---

[442] Conforme mencionado supra, o Tribunal de Justiça de São Paulo possui um CEJUSC específico da Fazenda Pública da Capital, no Fórum Hely Lopes Meirelles, que realiza sessões de tentativa de conciliação de casos enviados pelos juízes das Varas da Fazenda Pública e dos Juizados Especiais da Fazenda Pública, com bons resultados a partir de seu primeiro ano de funcionamento, em 2017.

[443] A conciliação realizada pelo juiz é criticada, pois para conciliar bem o conciliador deve se envolver, ao mesmo tempo que, para julgar bem, o juiz deve se preservar. Com uma conversa mais longa o juiz corre o risco de comprometer o futuro de sua atividade jurisdicional, envolvendo-se em demasia com a pretensão de uma das partes ou de ambas. Deve evitar adiantar seu ponto de vista sobre os fatos e o direito aplicável, sob pena de uma das partes desistir do acordo ao perceber que vai obter decisão judicial favorável. Até por isso, o § 1º do art. 334 do CPC dispõe que o conciliador ou mediador judicial, onde houver, atuará necessariamente na audiência de conciliação e mediação do procedimento comum.

[444] O conciliador não é órgão jurisdicional, nem exerce jurisdição. É auxiliar da justiça e vale como multiplicador da capacidade de trabalho do juiz, como agente catalizador na busca de reações proveitosas entre pessoas e conflitos.

[445] CALMON, Petronio. *Fundamentos da Mediação e da Conciliação*, cit., pp. 137/138. O procedimento das reclamações trabalhistas inclui duas tentativas de conciliação (arts. 847 e 850 da CLT).

Tanto na conciliação pré-processual, quanto na processual realizada no CEJUSC, o acordo é homologado por sentença, constituindo título executivo judicial.

A audiência de conciliação ou de mediação foi incorporada ao procedimento comum do Código de Processo Civil, no art. 334, sem nenhuma ressalva à Fazenda Pública. Antes mesmo da apresentação de contestação pelo réu, as partes devem comparecer e tentar a solução amigável. Só não haverá a audiência quando não se admitir a autocomposição ou quando ambas as partes manifestarem, expressamente, desinteresse na composição consensual (art. 334, § 4º, CPC).[446]

Para que esse mecanismo seja eficiente, é preciso que os advogados públicos não só tenham poderes para celebrar acordos, como também acreditem nessa forma de solução de conflitos. São comuns as reclamações de procuradores de terem que se deslocar até o fórum para participar de uma sessão de tentativa de conciliação, na qual já sabem que não haverá possibilidade de acordo.

É necessário compreender que a participação na audiência de tentativa de conciliação faz parte do trabalho do advogado, mesmo que seja para dizer à parte contrária que ela não tem direito ao que pleiteia ou, ao menos, explicar por que a Administração tem esse entendimento. Ademais, a ausência injustificada à audiência de tentativa de conciliação pode ser considerada ato atentatório à dignidade da Justiça, sujeito a multa de até dois por cento da vantagem econômica pretendida ou do valor da causa (art. 334, § 8º, CPC).

Torna-se primordial disseminar a cultura de paz, explicar as vantagens de solução de conflitos através dos meios consensuais, apresentar os métodos judiciais e extrajudiciais de autocomposição, especialmente aos advogados.

Uma recomendação importante é a de que os administradores públicos comecem a inserir **cláusulas de mediação**[447] nos contratos administrativos. Com isso, antes que eventuais conflitos sejam levados ao Judiciário, ficam as partes obrigadas a participar de ao menos uma reunião de tentativa

---

[446] O procedimento das reclamações trabalhistas, por sua vez, inclui duas tentativas de conciliação (arts. 847 e 850 da CLT).

[447] Apesar da lei falar em *cláusula de mediação*, tal previsão também é válida para a conciliação. A lei de mediação se aplica também à conciliação.

de autocomposição. Esta política pode evitar muitos processos judiciais, além de manter uma boa relação entre Administração e as suas contratadas, proporcionando um ambiente de maior segurança jurídica.

A esse respeito, a cláusula deve ter, preferencialmente, previsão de utilização da câmara administrativa de solução de conflitos, onde houver, em razão da gratuidade desse serviço e da expertise dos seus conciliadores e mediadores. Caso contrário, a Administração terá de contratar um mediador *ad hoc* ou uma câmara de mediação privada, encontrando a mesma dificuldade atualmente existente para contratação da câmara de arbitragem, descrita no Capítulo 4.[448]

Dentre os princípios aplicáveis à conciliação e à mediação[449], merecem atenção especial em relação à Administração Pública os **princípios da imparcialidade do mediador, da isonomia entre as partes e da confidencialidade**.

Tais princípios devem ser observados tanto na conciliação ou mediação judicial e extrajudicial. Mas há diferença quando ocorre num CEJUSC, que é órgão do Poder Judiciário, ou na câmara administrativa de solução de conflitos, que é órgão do próprio ente interessado na solução do conflito.

Neste sentido, se a conciliação ocorrer no CEJUSC, o conciliador será pessoa capacitada nos termos da Resolução nº 125/2010 do CNJ e não poderá possuir qualquer relação com as partes em conflito. Já se a conciliação ocorrer na câmara administrativa, o conciliador poderá ser servidor público do ente que instituiu a câmara. Caberá ao mediador garantir a isonomia entre as partes, principalmente considerando que na maioria das vezes a Administração Pública estará em patamar de superioridade, enquanto o administrado será hipossuficiente nessa relação.

Já quanto à confidencialidade, por se tratar de um ente público, o sigilo imposto às partes não poderá seguir a mesma lógica da conciliação entre particulares. Somente as sessões de conciliação, notadamente em relação às negociações travadas entre as partes, permanecerão confidenciais, de

---

[448] Sobre a contratação da câmara de arbitragem, v. item 4.5.2.

[449] O CPC prevê, em seu artigo 166, que a conciliação e a mediação são informadas pelos princípios da independência, da imparcialidade, da autonomia da vontade, da confidencialidade, da oralidade, da informalidade e da decisão informada. A Lei de Mediação, por sua vez, prevê que a mediação é informada pelos princípios da imparcialidade do mediador, isonomia entre as partes, oralidade, informalidade, autonomia da vontade das partes, busca do consenso, confidencialidade e boa-fé (art. 2º).

forma a preservar a estratégia de cada parte até a solução do conflito. Tal proposta encontra respaldo na Lei de Acesso à Informação, nos termos do art. 7º, § 3º da Lei nº 12.527/2011.[450] Deverão ser públicos o resultado da tentativa de conciliação e a motivação administrativa da decisão do eventual acordo ou a recusa de sua celebração.

3.8. Mediação com a Administração Pública

Considera-se mediação a atividade técnica exercida por terceiro imparcial sem poder decisório, que, escolhido ou aceito pelas partes, as auxilia e estimula a identificar ou desenvolver soluções consensuais para a controvérsia. Esta é a definição da Lei de Mediação (art. 1º, parágrafo único da Lei nº 13.140/2015).

A mediação assemelha-se à conciliação, na medida em que os interessados autorizam a intermediação do terceiro, para chegarem à pacificação do seu conflito, mas distingue-se dela, porque a conciliação busca sobretudo acordo entre as partes, enquanto a mediação objetiva trabalhar o conflito, surgindo o acordo como mera consequência. Trata-se mais de uma diferença de método, mas o resultado acaba sendo o mesmo.[451]

Adolfo Braga Neto sustenta que a mediação de conflitos significa atender a pessoas e não a casos. Em outras palavras, seu foco de ação visa privilegiar as pessoas com base em suas próprias perspectivas pessoais. Ela parte do pressuposto da existência de dificuldades e limitações momentâneas das pessoas em administrar seus conflitos e, em razão disso, um terceiro poderá lhes auxiliar na sua gestão. Com isso, a referência desse método de resolução de conflitos é muito diferente da de outros instrumentos facilmente confundidos com ele, como a atividade de assessoramento, que nada mais é do que disponibilizar informações para que as pessoas saibam como melhor optar pelo caminho a ser percorrido. Também difere

---

[450] "§ 3º O direito de acesso aos documentos ou às informações neles contidas utilizados como fundamento da tomada de decisão e do ato administrativo será assegurado com a edição do ato decisório respectivo".

[451] CINTRA, GRINOVER, DINAMARCO, cit., p. 34.

da conciliação, que se constitui em uma tentativa de acordo com o auxílio de um terceiro, o conciliador.[452]

Ada Pellegrini Grinover leciona que a distinção entre mediação e conciliação nasceu da doutrina e prática tipicamente brasileiras, pois, nos Estados Unidos da América a conciliação vem absorvida pela mediação e, em outros países, como a França e a Itália, o termo conciliação é utilizado mais amplamente, englobando a mediação.[453] [454]

A lei de mediação prevê a *cláusula de mediação* – que seria o equivalente à cláusula compromissória da arbitragem –, que obriga as partes a comparecerem à primeira reunião de mediação.[455] Por outro lado, dispõe que ninguém é obrigado a permanecer em procedimento de mediação, isto é, caso fracassada a primeira reunião de mediação, as partes podem se socorrer do processo judicial ou outro meio que entendam mais adequado para a solução do conflito.[456]

Apesar da lei falar em cláusula de *mediação*, tal previsão também é válida para a conciliação, conforme visto anteriormente. Repita-se: a lei de mediação se aplica também à conciliação. A recomendação supra de inserção pelos administradores públicos de cláusulas de mediação nos contratos administrativos vale tanto para a conciliação, quanto para a mediação. O método que será utilizado para a solução do conflito será identificado no momento do surgimento da controvérsia.

---

[452] BRAGA NETO, Adolfo. *Mediação de Conflitos: Conceito e Técnicas*. In SALLES, Carlos Alberto de; LORENCINI, Marco Antonio Garcia Lopes; ALVES DA SILVA, Paulo Eduardo (Coord.), *Negociação, Mediação e Arbitragem – Curso Básico para Programas de Graduação em Direito*. São Paulo; Método, 2012, p. 107.

[453] GRINOVER, Ada Pellegrini. *Os Métodos Consensuais de Solução de Conflitos no Novo CPC.* cit., p. 5.

[454] Para Petronio Calmon, mediação é a intervenção de um terceiro imparcial e neutro, sem qualquer poder de decisão, para ajudar os envolvidos em um conflito a alcançar voluntariamente uma solução mutuamente aceitável. A mediação se faz, em regra, mediante um procedimento voluntário e confidencial, estabelecido em método próprio, informal, porém, coordenado (CALMON, Petronio. *Fundamentos da Mediação e da Conciliação*, cit., p. 113).

[455] O art. 23 da lei prevê que se, em previsão contratual de cláusula de mediação, as partes se comprometerem a não iniciar procedimento arbitral ou processo judicial durante certo prazo ou até o implemento de determinada condição, o árbitro ou o juiz suspenderá o curso da arbitragem ou da ação pelo prazo previamente acordado ou até o implemento dessa condição.

[456] A lei dispõe ainda sobre os mediadores judiciais e extrajudiciais e sobre o procedimento de mediação (disposições comuns, mediação extrajudicial e mediação judicial) e sobre a confidencialidade e suas exceções.

O Novo Código de Processo Civil prevê dentre os auxiliares da Justiça os conciliadores e mediadores judiciais, nos arts. 165 a 175. Em relação ao mediador, prevê no art. 165, § 3º, que atuará preferencialmente nos casos em que houver vínculo anterior entre as partes, o qual auxiliará aos interessados a compreender as questões e os interesses em conflito, de modo que eles possam, pelo restabelecimento da comunicação, identificar, por si próprios, soluções consensuais que gerem benefícios mútuos.

Por este motivo, não será muito comum a participação da Administração Pública em processos de mediação. É certo que, em pequenos municípios, onde o administrador público é conhecido por todos e está mais presente na vida cotidiana da coletividade, a possibilidade de utilização da mediação será maior. Da mesma forma, a partir do momento em que os *players* passam a se conhecer e a manter contato mais próximo, mesmo em grandes municípios, a mediação se torna possível de ser utilizada para solução dos conflitos. Por outro lado, mesmo não havendo contato anterior entre os representantes, quando se tratar de assuntos complexos que envolvam direitos fundamentais e exijam várias reuniões, também será recomendável o uso da mediação.

Para que haja mediação, as partes devem negociar. Sem negociação não pode haver mediação. O mediador conhece os procedimentos eficazes de negociação e pode ajudar os envolvidos a coordenar suas atividades e ser mais eficaz em seu desiderato. Portanto, ou a mediação interfere em uma negociação sem perspectiva de resultado positivo, ou interfere em uma disputa sem diálogo com vistas a proporcionar o início de uma negociação profícua.[457]

Alguns assuntos podem ser elencados como suscetíveis de serem resolvidos por mediação com a Administração Pública, por envolverem temas sensíveis e complexos, tais como (i) conflitos relativos à implementação de políticas públicas, especialmente com o Ministério Público, no bojo de uma

---

[457] CALMON, Petronio. *Fundamentos da Mediação e da Conciliação*, cit., p. 113. Por tal motivo, o art. 166, § 3º do NCPC expressamente admite técnicas negociais para a conciliação e a mediação, com o objetivo de proporcionar ambiente favorável à autocomposição. Ademais, o § 4º do mesmo artigo dispõe que a mediação e a conciliação serão regidas conforme a livre autonomia dos interessados, inclusive no que diz respeito à definição das regras procedimentais.

ação civil pública[458] (obrigações, metas, prazos, qualidade do serviço público prestado); (ii) reintegração de posse de áreas públicas, especialmente quando ocupadas por famílias sem moradia (prazos, contrapartidas); (iii) negociação com entidades de classe de servidores públicos a respeito de política salarial e outros direitos dos representados.

Um exemplo de mediação bem-sucedida envolvendo o Poder Público foi a determinada pelo Ministro Luiz Fux do Supremo Tribunal Federal, em ação proposta pelo Ministério Público Federal, em 2014, relacionada à captação de águas do Rio Paraíba do Sul pelo Estado de São Paulo para o abastecimento do Sistema Cantareira.[459] O Rio sempre foi utilizado, principalmente, para a produção de energia elétrica, mas a crise hídrica fez com que o Governo de São Paulo iniciasse o projeto de captação.[460]

Na audiência de mediação, realizada em novembro de 2014, o Ministro identificou a ausência de predisposição das partes em litigar, mas, ao

---

[458] Quando a iniciativa ainda está em fase de inquérito civil, normalmente não há mediação, mas negociação direta entre o membro do *Parquet* e o administrador público.

[459] Ação Cível Originária – ACO n. 2536, proposta pelo Ministério Público Federal, em 2014, a fim de proibir que a Agência Nacional de Águas (ANA) autorize o Estado de São Paulo a realizar obras com objetivo de captar águas do Rio Paraíba do Sul – que banha os Estados do Rio de Janeiro, de São Paulo e Minas Gerais – para o abastecimento do Sistema Cantareira. O MPF alega que a realização de obras de captação de águas oferece sérios riscos ao meio ambiente, bem como à vida e à saúde das populações dos estados, e sustenta a necessidade de estudos adicionais para a exata aferição dos efeitos dos impactos ambientais decorrentes da redução da vazão do Rio Paraíba do Sul, decorrente da possível transposição de suas águas. Também argumenta a necessidade de se compatibilizar o desenvolvimento socioeconômico com a qualidade ambiental. Na ACO, o Ministério Público Federal pede que a Agência Nacional de Águas não autorize a realização de obras ou que suspenda eventual autorização concedida até que sejam feitos estudos ambientais pelo Ibama – com a participação dos órgãos estaduais de licenciamento ambiental de Minas Gerais e do Rio de Janeiro. Pede, ainda, que seja realizada consulta pública a todas as comunidades a serem afetadas pela diminuição da vazão do rio.

[460] Ao indeferir o pedido liminar do MPF, o ministro marcou audiência de mediação, em seu gabinete, entre o MPF, a União Federal, a Agência Nacional de Águas (ANA), o Instituto Brasileiro do Meio Ambiente e dos Recursos Naturais Renováveis (Ibama) e o Estado de São Paulo. Isso porque a solução do caso demandava não apenas uma análise técnica como, também, um "imprescindível diálogo propositivo entre os estados da federação diretamente afetados pelo problema, especialmente porque todos os entes envolvidos buscam um mesmo objetivo: a melhor maneira de fornecer água para as suas populações". Salientou ainda o Ministro que, através da mediação, as autoridades de cúpula das partes envolvidas poderiam, em conjunto com o Ministério Público Federal, evitar um desnecessário conflito, que apenas originaria um profundo desperdício de energia, e focar na resolução técnica da dificuldade a ser enfrentada. Os Estados do Rio de Janeiro e Minas Gerais foram incluídos no polo passivo.

contrário, de construir a solução para o caso conjuntamente, razão pela qual foi estabelecido um acordo que disciplinou os passos para solução do problema.[461] A partir daí foi feito um trabalho conjunto em busca da melhor solução e, em 10 de dezembro de 2015, foi estabelecido um acordo entre todos os envolvidos, relativo às regras para gestão compartilhada do Rio Paraíba do Sul, que abastece os Estados de São Paulo, Rio de Janeiro e Minas Gerais, permitindo transposição do rio para o sistema Cantareira, que abastece a Grande São Paulo.

3.8.1. Principais Técnicas de Mediação

Todo mediador ou conciliador judicial precisa fazer um curso de capacitação para mediação judicial, nos termos da Resolução nº 125/2010 do CNJ,

---

[461] Confira-se trecho do despacho do Ministro: *"Ab initio, colho o ensejo para agradecer a presença de todos nesta audiência de mediação, porquanto fundamental para o pleno estreitamento do diálogo entre as partes em conflito e o encaminhamento propositivo de soluções.*

A leitura dos autos releva dois aspectos a serem destacados. Em primeiro lugar, não há uma predisposição das partes, em especial, da União, Estados-membros envolvidos (Rio de Janeiro, São Paulo e Minas Gerais) e do Ministério Público Federal em litigar. Ao revés, tal como evidenciado na data de hoje, as partes estão construindo, conjuntamente, uma solução técnica para o problema de gravidade ímpar da falta de água na região Sudeste provocada pela falta de chuvas na região.

Em segundo lugar, a solução do problema narrado nos autos reclama a adoção de medidas de caráter técnico que já estão sendo devidamente estudadas no âmbito administrativo pelas partes em conjunto com os órgãos estatais ambientais e de gestão de recursos hídricos. Não se identifica, nesse pormenor, qualquer recusa das partes quanto à identificação de uma resposta técnica para o problema, o que, em observância ao princípio da deferência, justifica o estímulo do encaminhamento da matéria na esfera administrativa e, em especial, através de um trabalho conjunto com os órgãos ambientais competentes para decidir a matéria sob o prisma técnico.

Diante desse cenário, foi proposto por este juízo e aceito, integralmente, por todas as partes desta ação, inclusive pelo Ministério Público Federal, um acordo, nos seguintes termos:

1) As partes se comprometem a envidar esforços no sentido de dar prosseguimento à busca de uma solução conjunta para o problema da falta de água na região Sudeste no âmbito dos fóruns competentes na esfera administrativa, vedada qualquer alteração do statu quo por atuação abrupta e unilateral de qualquer das partes.

2) As partes se comprometem a não adotar qualquer medida unilateral capaz de reduzir a vazão de água de qualquer um dos três entes da federação, sendo certo que qualquer medida nesse sentido apenas poderá ser adotada após anuência conjunta dos três entes da federação afetados.

3) Os Estados ficam, desde já, autorizados a realizar licitações e obras necessárias ao implemento do presente acordo. (...)

Ex positis, e na forma do art. 265, inciso II, do CPC, as partes concordam com a suspensão deste processo e da ACO nº 2.550 até 28/02/2015, prazo dentro do qual as partes acostarão aos autos o acordo a ser firmado contendo os parâmetros técnicos para o enfrentamento da crise hídrica na região Sudeste."

no qual irá aprender as técnicas de mediação. Posteriormente, como requisito para obtenção do certificado de mediador judicial, precisa realizar 60 (sessenta) horas de estágio como observador e co-mediador, oportunidade na qual irá vivenciar sessões de conciliação e mediação com a utilização das técnicas na prática.

Além das técnicas, é fundamental à atuação do mediador na condução da conversa: postura ativa, escuta, paciência, respeito, ausência de julgamentos e colocar-se no lugar das pessoas em conflito.

Antes do início da sessão de tentativa de conciliação, ocorre o acolhimento, quando as pessoas são recebidas pelo mediador em ambiente propício para o diálogo, preferencialmente numa mesa redonda ou cadeiras posicionadas em círculo, de forma a evitar lados opostos. Até a cor das paredes influencia na conversa, sendo preferível cores claras, como um verde claro.

Dentre as principais técnicas de mediação, podem ser citadas a declaração de abertura, escuta ativa, co-mediação, recontextualização, enfoque prospectivo, produção de opções, troca de papeis, afago, sessões individuais e teste de realidade.

A declaração de abertura ocorre logo após o acolhimento, quando o mediador se apresenta, pergunta se as partes já participaram de uma mediação antes, explica o processo de mediação e as regras da conversa, como a que impede que uma pessoa interrompa a outra enquanto estiver falando; que prevalece a voluntariedade das partes e a autonomia da vontade; que é um facilitador e não juiz; que é imparcial; que poderá fazer sessões individuais se achar necessário; questiona se as partes ficaram com alguma dúvida e inicia ouvindo uma das pessoas.

O terceiro facilitador conduz o diálogo, estando atento a todas as formas de comunicação das partes, especialmente a linguagem não verbal, como gestos, postura e reações. É a chamada escuta ativa, técnica através da qual o mediador tenta fazer com que as partes revelem os seus verdadeiros interesses, para além de suas posições.

Para casos mais difíceis e com muitas pessoas participando, é recomendável fazer em co-mediação, quando mais de uma pessoa atua na função de mediador. É importante deixar claro desde o início a todos os participantes que ambos estarão atuando como mediadores, para que não reste dúvidas.

A recontextualização é quando o mediador, ao ouvir parte ou toda a exposição de uma pessoa, faz uma paráfrase, um breve resumo do que entendeu, para que não fique nenhuma dúvida da comunicação e de todas as questões expostas por aquela pessoa.

É muito comum que as pessoas em conflito fiquem se apegando a questões do passado para continuar mantendo a posição de ataque. O enfoque prospectivo é técnica através da qual o mediador estimula as pessoas a pensar no presente e no futuro, visando solucionar o conflito, deixando de lado essas pendências do passado.

Quando o mediador percebe que há interesse das pessoas em tentar chegar a um acordo, mas que as partes estão com dificuldades para encontrar soluções, pode realizar perguntas orientadas à solução, produzir opções ou tentar identificar propostas implícitas nas falas das pessoas, visando a busca do consenso.

Em determinados momentos, as pessoas focam apenas nos seus próprios interesses, recusando-se a enxergar o conflito sob o ponto de vista do outro. A troca de papeis é técnica através da qual o mediador estimula essa reflexão, evitando manifestar julgamentos próprios.

Para que o mediador consiga conduzir bem a conversa é muito importante que ele obtenha empatia dos mediandos. É o chamado *rapport*. O afago é técnica que visa construir essa confiança com as partes, quando o mediador enaltece ou elogia uma postura ou uma fala da pessoa na mediação, como positiva para a obtenção da solução do conflito.

Em algumas conversas, o clima de tensão ou o não oferecimento de todas as informações ao mediador podem sugerir a realização de sessões individuais (*caucus*) com os mediandos. Na conversa privada, a pessoa poderá contar ao mediador coisas que não tinha contado antes na frente do outro e que facilitarão a compreensão das nuances do conflito e a melhor estratégia para a continuidade da mediação. Cabe ao mediador conversar individualmente com todas as pessoas em mediação e não apenas com uma, para garantir a isonomia e a imparcialidade.

Por fim, dentre as técnicas importantes de se destacar está o teste de realidade, pois nem sempre a solução acordada entre as partes na mediação poderá ser implementada na prática. Pode ocorrer de as pessoas não se darem conta disso. Por isso, cabe ao mediador questionar se é possível cumprir o acordo, vale dizer, se é factível. Caso perceba-se pela impossibilidade, a mediação poderá continuar visando a obtenção de outra solução que passe no teste de realidade.

3.9. O Mediador na Mediação com a Administração Pública

Como visto anteriormente, a lei processual civil atribui ao juiz o dever de tentar obter a autocomposição pelas partes, conciliando-as. A experiência demonstrou que tal opção não é adequada, por vários motivos.

Leonardo Carneiro da Cunha, a esse respeito, aponta cinco motivos. Primeiro, o juiz foi formado para julgar, não tendo preparação satisfatória para adoção das técnicas de convencimento ou de ajuda à obtenção da autocomposição. Segundo, o juiz tem suas preocupações voltadas para os julgamentos e as prolações das decisões a seu cargo, não reunindo condições de tempo para as tentativas de autocomposição. Terceiro, o ambiente da sala de audiência, que ostenta símbolos formais que intimidam, não se revela adequado nem satisfatório para convencer as partes a uma autocomposição. Quarto, não é igualmente adequado aglutinar a função de conciliador e de julgador, pois muitas das informações prestadas na sessão de conciliação influenciam o convencimento, eliminando o sigilo e a confidencialidade que são relevantes para que se tente obter a autocomposição. Quinto, não há distinção satisfatória entre conciliação e mediação, não sendo utilizadas as técnicas corretas para cada caso específico.[462]

Neste contexto, **o mediador assume papel de extrema importância**[463]. O mediador conduzirá o procedimento de comunicação entre as partes, buscando o entendimento e o consenso e facilitando a resolução do conflito (art. 4º, § 1º da Lei nº 13.140/15). O mediador não é psicólogo nem fará terapia com as partes. Ele fará, exclusivamente, a *terapia do conflito*, ou seja, o diálogo ficará restrito ao problema levado para aquela tentativa de solução consensual.

No âmbito judicial, prevalece a regulamentação de cada tribunal acerca do recrutamento dos mediadores judiciais. Em relação à Fazenda Pública, atuará como mediador dos casos que forem levados para tentativa de autocomposição aquele que estiver vinculado ao CEJUSC da Fazenda Pública ou ao CEJUSC que atenda os casos enviados pelos juízes das Varas da Fazenda Pública ou das Varas dos Juizados Especiais da Fazenda Pública.[464]

---

[462] CUNHA, Leonardo Carneiro da. *A Fazenda Pública em Juízo*, cit., p. 650.

[463] Neste tópico, a distinção técnica entre mediador e conciliador será ignorada, utilizando-se a expressão "mediador" genericamente para referir-se a ambos.

[464] Na Comarca de São Paulo, há um CEJUSC específico da Fazenda Pública, no Fórum Hely Lopes Meirelles, especializado em casos que envolvam a Administração e o Direito Público.

A mesma coisa no âmbito da Justiça Federal, nos Centros de Conciliação – CECONs. É evidente que, além de ser capacitado para atuação de mediador, **é fundamental que o mediador conheça o Direito Público**, em especial o Direito Administrativo, para que possa ter mais condições de auxiliar as partes na solução do conflito.

Essa regra de especialização vale, na verdade, para todas as especialidades da mediação (mediação familiar, mediação escolar, mediação empresarial etc.), pois são muito distintos os tipos de conflito e as matérias subjacentes que são levadas para tentativa de solução pela mediação.

No caso das mediações extrajudiciais, a definição de quem atuará como conciliador nas câmaras especializadas e nas câmaras de prevenção e resolução administrativa de conflitos tem gerado debates entre os especialistas do tema. A Lei de mediação prevê no art. 6º que o mediador fica impedido, pelo prazo de um ano, contado do término da última audiência em que atuou, de assessorar, representar ou patrocinar qualquer das partes. Assim, este dispositivo, a princípio, impediria que advogados públicos atuassem em conflitos que envolvam o ente público para o qual advogam.

De fato, a imparcialidade deste conciliador pode ser questionada, já que é advogado de uma das partes em conflito. Por outro lado, a previsão de que essas câmaras serão instaladas nos órgãos da advocacia pública indica a intenção do legislador de que os advogados públicos atuem nas conciliações.

A Lei nº 9.469/97 prevê que as câmaras especializadas serão formadas por servidores públicos ou empregados efetivos das administrações federais direta e indireta, isto é, pessoas vinculadas à própria Administração e não um terceiro neutro e independente. Se por um lado não parece haver dúvidas de que servidores públicos, notadamente advogados públicos, atuarão nessas câmaras na defesa dos interesses do ente público em conflito, por outro lado há necessidade de maior reflexão sobre a participação desses servidores como conciliadores.

O art. 13 da Portaria nº 1.281/2007 da AGU, que dispõe sobre a CCAF, prevê que poderão ser designados conciliadores os integrantes da Consultoria-Geral da União, por ato do Consultor-Geral da União, e os integrantes da Advocacia-Geral da União, por ato do Advogado-Geral da União.

No Estado do Rio Grande do Sul, a Lei nº 14.794/2015 instituiu o Sistema Administrativo de Conciliação e Mediação e foi regulamentada pela Resolução nº 112/2016 da PGE, que previu que ato do Procurador-Geral do Estado credenciará, dentre Procuradores do Estado, os mediadores e conciliadores que oficiarão no Centro de Conciliação e Mediação (art. 4º).

Da mesma forma, o artigo 2º, inciso III da Portaria nº 26/2016-PGM do Município de São Paulo prevê que o mediador da Câmara da PGM será designado dentre integrantes da carreira de Procurador do Município.

Neste sentido, é possível conceber a participação do advogado público como mediador de conflitos nas câmaras administrativas, com algumas condições: ele não pode estar lotado no órgão participante da conciliação (ex. Ministério da Fazenda, INSS, Secretaria de Estado da Cultura, Secretaria Municipal de Educação, Fundação de Proteção e Defesa do Consumidor – PROCON etc.); preferencialmente, deve ter feito o curso de capacitação para atuação como conciliador e mediador, nos termos da Resolução nº 125/2010 do CNJ; não deve, pelo prazo de um ano a contar da última audiência em que atuar, ser removido para o órgão participante da conciliação; e não pode, durante ou após a conciliação, orientar o advogado público ou outro servidor responsável sobre o caso.

A resolução do Rio Grande do Sul acima mencionada prevê que o Procurador do Estado, na atuação como mediador ou conciliador, fica impedido de funcionar como testemunha em processos judiciais ou arbitrais relativos ao objeto do conflito e de assessorar, representar ou patrocinar a Administração Pública Direta e Indireta, inclusive suas fundações, empresas públicas e sociedades de economia mista, em relação ao outro participante e ao seu objeto, cumulativamente (art. 6º).

Para os casos de conciliação da Administração com particular, recomenda-se a realização da co-mediação, com um mediador externo à Administração Pública, para garantir maior equilíbrio e isonomia entre as partes, mitigando-se os questionamentos do único mediador ser servidor público do ente interessado.[465]

---

[465] Não se vislumbra óbice legal à previsão de que as conciliações nessas câmaras sejam conduzidas por conciliadores que não sejam servidores da Administração em questão, semelhante como ocorre hoje nos CEJUSCs, nos quais os conciliadores são voluntários, sem vínculo estatutário com o tribunal e que não recebem remuneração, apesar da previsão legal. Caberia ao órgão de Advocacia Pública selecionar os mediadores e distribuir os casos aos credenciados.

3.10. Câmaras Administrativas de Solução de Conflitos

No âmbito extrajudicial de solução de conflitos por autocomposição, encontram-se as câmaras especializadas e as câmaras de prevenção e resolução administrativa de conflitos.[466]

A Lei Federal nº 13.140/15 alterou os artigos 1º e 2º da Lei Federal nº 9.469/97 e com isso facultou a criação de **câmaras especializadas** no âmbito da AGU e das empresas públicas federais, compostas por servidores públicos ou empregados efetivos das administrações federais direta e indireta, com o objetivo de analisar e formular propostas de acordos ou transações para prevenir ou terminar litígios, inclusive os judiciais.

Diante disso, é possível inferir que é lícito às câmaras obter a autocomposição através da negociação, da conciliação e da mediação.

A lei prevê que regulamento disporá sobre a forma de composição das câmaras, que deverão ter como integrante pelo menos um membro efetivo da Advocacia-Geral da União ou, no caso das empresas públicas, um assistente jurídico ou ocupante de função equivalente.[467]

Assim, deve o regulamento prever o procedimento para que a câmara receba e proponha propostas de acordos ou transações para prevenir ou terminar os litígios, inclusive os judiciais, dispondo sobre a negociação, a conciliação e a mediação. Tal regulamento deverá observar o quanto já disposto acerca destes meios de solução de conflitos, notadamente acerca da negociabilidade subjetiva e objetiva e sobre os requisitos de validade da solução negociada.

Portanto, a solução consensual deverá ser obtida através de processo administrativo, cujo procedimento será previsto no regulamento.

De outra parte, a Lei Federal nº 13.140/2015 instituiu importante mecanismo de solução de conflitos envolvendo entes públicos. No Capítulo II da Lei, denominado "Da Autocomposição de Conflitos em que for Parte Pessoa Jurídica de Direito Público", previu a faculdade de criação, pela União, os Estados, o Distrito Federal e os Municípios, de **câmaras de prevenção e resolução administrativa de conflitos**, no âmbito dos

---

[466] Acerca das câmaras especializadas, v. item 2.4.4. Acerca das câmaras de prevenção e resolução administrativa de conflitos, v. item 2.4.5.

[467] Quando a lei faz referência a regulamento, normalmente este se faz na forma de decreto do Chefe do Poder Executivo.

respectivos órgãos da Advocacia Pública, onde houver, com competência para (i) dirimir conflitos entre órgãos e entidades da administração pública; (ii) avaliar a admissibilidade dos pedidos de resolução de conflitos, por meio de composição, no caso de controvérsia entre particular e pessoa jurídica de direito público; e (iii) promover, quando couber, a celebração de termo de ajustamento de conduta (art. 32).[468]

Da mesma forma, o Novo Código de Processo Civil prevê no art. 174 que a União, os Estados, o Distrito Federal e os Municípios criarão câmaras de mediação e conciliação, com atribuições relacionadas à solução consensual de conflitos no âmbito administrativo, tais como (i) dirimir conflitos entre órgãos e entidades da administração pública; (ii) avaliar a admissibilidade dos pedidos de resolução de conflitos, por meio de composição, no caso de controvérsia entre particular e pessoa jurídica de direito público; e (iii) promover, quando couber, a celebração de termo de ajustamento de conduta.

Ora, trata-se da mesma câmara. Ocorre que o NCPC usou o imperativo "criarão câmaras de mediação e conciliação" e a Lei nº 13.140/15 previu que tais câmaras serão criadas no âmbito dos respectivos órgãos da Advocacia Pública, onde houver. Propõe-se, portanto, uma interpretação sistemática dos dispositivos do NCPC e da LM.

Neste sentido, a Lei nº 13.140/15 prevê a necessidade de elaboração de regulamento de cada ente federado, a fim de prever o modo de composição e funcionamento da câmara. Deve o regulamento prever a possibilidade de obtenção da autocomposição através da mediação, conciliação ou negociação para os casos que especificar. Tal regulamento também deverá observar a negociabilidade subjetiva e objetiva e os requisitos de validade da solução negociada.

---

[468] Conforme raciocínio disposto anteriormente (item 2.4.6), o art. 32 não denomina a câmara como "de mediação", mas a insere no contexto de autocomposição de conflitos e denomina a câmara como *de prevenção e resolução administrativa de conflitos*. No mesmo sentido, o art. 1º da Lei prevê que o diploma legal dispõe sobre a mediação como meio de solução de controvérsias entre particulares e *sobre a autocomposição de conflitos no âmbito da administração pública*. Por outro lado, no art. 33, prevê que enquanto não forem criadas as *câmaras de mediação*, os conflitos poderão ser dirimidos nos termos das disposições comuns da mediação, previstas nos arts. 14 a 20 da lei. Diante disso, à primeira vista, poder-se-ia concluir que o legislador pretendeu criar tais câmaras como sendo exclusivamente de mediação. Contudo, é possível extrair interpretação extensiva ao dispositivo em questão, no sentido de que o legislador também admite a realização da conciliação e da negociação como forma de autocomposição por essas câmaras.

Portanto, a solução consensual deverá ser obtida através de processo administrativo, cujo procedimento será previsto no regulamento.

Ambas as câmaras são um excelente mecanismo criado pelo legislador a fim de estimular a solução consensual de conflitos. No caso das câmaras do art. 32 da LM, tem a vantagem de poder ser implementada em todos os entes federativos. Deve ser utilizada tanto pela Administração Pública, quanto pelo particular que litiga com ela.

Quando tiverem sido amplamente implementadas, imagina-se que o particular deverá, estrategicamente, primeiro buscar a solução do conflito na câmara especializada – conflitos com entes federais – ou na câmara de prevenção e resolução administrativa de conflitos – conflitos com entes federais, dos Estados, Distrito Federal e Municípios –, para somente depois, se ainda insatisfeito com o resultado, buscar a via judicial, especialmente nos casos que seja credor de quantia em dinheiro.

A Procuradoria Geral do Município de São Paulo foi uma que instituiu a câmara em sua estrutura, pelo Decreto Municipal nº 57.263/2016. A Câmara de Solução de Conflitos da Administração Municipal foi criada pelo art. 33 do decreto, vinculada à Coordenadoria Geral do Consultivo. A Portaria nº 26/2016-PGM estabeleceu o regulamento da câmara. Assim como na CCAF da AGU, não há, por ora, previsão de solução de conflitos envolvendo particulares e a Administração, mas, somente, entre órgãos e entidades da Administração Pública Municipal.

Dentre as previsões da legislação mencionada, merecem destaque as previsões de que (i) a submissão de um conflito entre órgãos e entidades da Administração Pública Municipal Direta e Indireta à câmara constitui etapa prévia obrigatória à formulação de demandas em juízo; (ii) em caso de não composição entre os entes municipais, há possibilidade de arbitramento do conflito pelo Secretário Municipal de Justiça, isto é, por decisão administrativa esta autoridade decide a questão, ato este que não está imune ao controle judicial; (iii) atuará como mediador necessariamente um integrante da carreira de Procurador do Município de São Paulo, com possibilidade de designação de mediadores especializados a pedido das partes interessadas, que atuarão em co-mediação com o procurador municipal.

Uma previsão da Portaria nº 1.281/2007 da AGU que merece atenção é a do artigo 10, que dispõe que havendo conciliação, será lavrado o respectivo termo, que será submetido à homologação do Advogado-Geral da União. Nota-se que a lei não exige homologação do Advogado-Geral da União ou de qualquer outra autoridade para que a autocomposição que envolva a Administração Pública tenha validade, de sorte que tal previsão pode, eventualmente, ser considerada ilegal. Não se deve confundir e equiparar a homologação da conciliação judicial pelo juiz com a homologação da conciliação extrajudicial pelo Advogado-Geral da União.

Já em patamar legal, no Rio Grande do Sul a Lei nº 14.794/2015 prevê que a eficácia dos termos de transação administrativa e dos termos de mediação administrativa resultantes dos processos submetidos ao Sistema instituído pela Lei dependerá de homologação do Procurador-Geral do Estado (art. 7º, § 1º).

Tais câmaras são importantes ferramentas previstas pelo legislador com enorme potencial de alavancar a utilização de métodos consensuais de solução de conflitos pelo Poder Público.

3.11. Solução Consensual em Matéria Tributária

Atualmente, a doutrina tem defendido o uso de formas alternativas para resolução de conflitos inclusive em matéria tributária, tanto de modo preventivo – para situações antecedentes a contenciosos formalmente qualificados –, como para as que se encontrem já na forma litigiosa, servindo de objeto para processos administrativos ou judiciais em curso.

Heleno Taveira Torres, um dos defensores da tese, afirma que, no modo preventivo, há diversas modalidades de procedimentos, alguns dos quais já adotados com plena eficácia, como é o caso do parcelamento (art. 155-A, CTN), denúncia espontânea (art. 138, CTN), consignação em pagamento (art. 164, CNT), anistia (art. 180, CTN); bem como outras que poderiam merecer reconhecimento e experiência administrativa, como é o caso da arbitragem. Já no outro caso, como alternativa para a solução de conflitos em andamento, parece ao autor que a conciliação judicial, a mediação e a transação (administrativa, art. 171, CTN) e outros pactos na relação tributária seriam os instrumentos recomendáveis, dentro dos limites que a legislação possa impor.[469]

---

[469] TORRES, Heleno Taveira. *Arbitragem e Transação em Matéria Tributária*. In JOBIM, Eduardo; MACHADO, Rafael Bicca (coord.), *Arbitragem no Brasil: Aspectos Jurídicos Relevantes*. São Paulo: Quartier Latin, 2008, pp. 180/181.

Isso poderia ocorrer em hipóteses como de tributo quitado (inclusive com registro no Cadin, protesto ou certidão positiva, quando a alegação seja de pagamento da dívida que ensejou a restrição, com o respectivo comprovante), imunidade ou isenção tributária, erro no lançamento, homonímia etc. Uma vez comprovadas essas situações e reconhecidas administrativamente, não haveria motivo para recusa à autocomposição.

Neste cenário, é recomendável à Fazenda Pública, ao reconhecer a procedência do pedido, propor a conciliação, visando a diminuição do ônus ao erário mediante acordo para extinguir a dívida, enquanto o autor abre mão das custas, despesas e honorários advocatícios de sucumbência, bem como de danos morais, quando for o caso.

Na ótica dos incentivos, é importante considerar a economia que pode ser gerada pelos acordos, além dos custos relacionados à imagem da Administração.

Neste sentido, o Conselho Nacional de Justiça editou a Resolução nº 261, de 11 de setembro de 2018, que cria e institui a Política e o Sistema de Solução Digital da Dívida Ativa, com o objetivo de melhorar a composição entre o contribuinte e as Fazendas Públicas, em atenção à eficiência da execução e à razoável duração do processo.[470] Compete ao CNJ desenvolver o Sistema de Solução Digital da Dívida Ativa com o objetivo de estimular e facilitar o acordo entre as partes, incentivando a pacificação social e a redução dos litígios fiscais, ampliando a probabilidade de recebimento de dívidas consideradas irrecuperáveis (art. 3º).[471]

3.12. Procedimento Administrativo de Reparação de Danos

A despeito da possibilidade de resolução de conflitos através das câmaras criadas pela Lei nº 13.140/15 e pelo NCPC, já existe há algum tempo

---

[470] Pela Resolução 261/18, o CNJ desenvolverá o Sistema – que poderá atender às execuções fiscais relativas ao Judiciário Federal e Estadual, pré-processuais ou processuais, tributárias ou não – e criará grupo de trabalho específico, a fim de propor parâmetros para a fixação de percentuais de remissão dos créditos federais.

[471] O § 2º do artigo 3º da resolução prevê que nos termos do art. 172 do Código Tributário Nacional, combinado com o art. 38 da Lei nº 13.140/2015, o Sistema de Solução Digital da Dívida Ativa demandará lei própria do respectivo ente federado, podendo valer-se do modelo constante do Anexo da Resolução.

previsão legal de solução administrativa de pretensões envolvendo o ressarcimento por danos a particular, ao qual também podem ser aplicadas técnicas de negociação.

A responsabilidade extracontratual da Administração Pública é objetiva, nos termos do art. 37, § 6º da Constituição Federal[472]. Assim, basta ao lesado comprovar o dano e o nexo causal, ficando a existência de culpa ou dolo do agente público apenas como critério de regresso.

No Estado de São Paulo, a Lei nº 10.177/98 prevê, no art. 65, a possibilidade de qualquer pessoa que pretender da Fazenda Pública ressarcimento por danos causados por agente público, agindo nesta qualidade, pedir indenização administrativamente. O Decreto Estadual nº 44.422/99 regulamentou o processo administrativo de reparação de danos e prevê que tal processo visa "fundamentalmente à solução extrajudicial de litígios, de modo a evitar para o Estado o ônus da condenação judicial" (art. 1º).

Até por esse motivo, exige-se do requerente que declare a inexistência de ação judicial ou, se houver, que desista dela. Posterior opção do interessado pela via judicial implicará a extinção do processo administrativo.

O decreto prevê que o processo, no âmbito da Administração direta (centralizada) será dirigido por Procurador do Estado, denominado Procurador Instrutor, o qual terá os poderes e responsabilidades típicos de um Juízo instrutor, cabendo-lhe elaborar o relatório final, com proposta fundamentada de decisão, podendo ainda lhe ser delegada competência para decidir, nos casos especificados no art. 4º.

Referido decreto dispõe que a decisão deverá ser compatível com a jurisprudência consagrada, adotando-se critérios objetivos para determinação do valor do ressarcimento (art. 1º, § 3º). Neste ponto, há margem para negociação entre a Administração Pública e o requerente, pois este último poderá contribuir para definir o valor considerado justo de indenização. Tal participação, que consagra a já mencionada consensualidade administrativa, pode ocorrer pela apresentação dos argumentos de jurisprudência e comprovação do dano sofrido por escrito, bem como através da realização de audiência com representantes da Administração estadual.

---

[472] § 6º As pessoas jurídicas de direito público e as de direito privado prestadoras de serviços públicos responderão pelos danos que seus agentes, nessa qualidade, causarem a terceiros, assegurado o direito de regresso contra o responsável nos casos de dolo ou culpa.

MEIOS CONSENSUAIS E ADMINISTRAÇÃO PÚBLICA

Ainda que o procedimento do art. 55 da Lei nº 10.177/98 preveja um contencioso formal sem esta audiência com a autoridade pública, não há óbice para que tal ato seja realizado, notadamente em razão das alterações promovidas pelo NCPC e pela Lei Federal nº 13.140/15.

Uma previsão importante da Lei nº 10.177/98 é a de que, acolhido o pedido de indenização, total ou parcialmente, será feita, em 15 (quinze) dias, a inscrição, em registro cronológico, do valor atualizado do débito, intimando-se o interessado.[473] Os débitos inscritos até 1º de julho serão pagos até o último dia útil do exercício seguinte, à conta de dotação orçamentária específica. Nas indenizações pagas nestes termos não incidirão juros, honorários advocatícios ou qualquer outro acréscimo (art. 66), o que gera sensível economia para os cofres públicos.

É de se ressaltar que o legislador estadual criou um mecanismo semelhante ao do precatório, mas que com ele não se confunde. O precatório é emitido pelo Poder Judiciário em razão de condenação da Fazenda Pública em sentença transitada em julgado. Já o mecanismo da Lei nº 10.177/98 é administrado pelo próprio Estado e é pago por conta de dotação orçamentária própria. A PGE é a responsável pela inscrição do débito, comunicando-o à Secretaria de Economia e Planejamento e o valor será pago pela Secretaria da Fazenda, na ordem cronológica de sua inscrição (art. 5º do decreto).

No Município de São Paulo, o Decreto Municipal nº 57.739/2017 estabelece o procedimento administrativo para reparação de danos pela Fazenda Pública Municipal.[474] Dentre os requisitos mínimos do requerimento, deverão constar os fundamentos de fato e de direito do pedido e a indicação

---

[473] A lei prevê que a ausência de manifestação expressa do interessado, em 10 (dez) dias, contados da intimação, implicará em concordância com o valor inscrito; caso não concorde com esse valor, o interessado poderá, no mesmo prazo, apresentar desistência, cancelando-se a inscrição e arquivando-se os autos (art. 65, inc. VII). Ou seja, o legislador não previu a possibilidade de o interessado anuir com parte da indenização reconhecida pelo Estado e reivindicar a diferença em juízo. Ou bem ele aceita aquele valor ou terá que requerer o valor total em juízo. É claro que, por outro lado, o juiz deverá levar em consideração o valor já anteriormente aceito administrativamente pela Administração quando for apreciar o caso.

[474] Até então, o Decreto nº 53.066/2012 estabelecia o procedimento administrativo para reparação de danos pela Fazenda Municipal causados por ação ou omissão na prestação dos serviços públicos, considerando que a solução extrajudicial de litígios constitui valioso instrumento para evitar o excessivo ônus financeiro imposto à Fazenda Pública Municipal, em decorrência de sua condenação judicial.

precisa do montante atualizado da indenização pretendida, acompanhado das provas documentais de que disponha o interessado. Ao procedimento se aplicam as disposições constantes da lei de processo administrativo municipal e seu respectivo regulamento.[475]

Neste caso, o decreto prevê a criação de duas listas dos pedidos deferidos total ou parcialmente. A Lista 1 é de débitos de valor igual ou inferior àquele definido como pequeno valor para fins de requisição judicial (RPV) e serão pagos, preferencialmente, no mesmo exercício em que forem inscritos, observando-se a ordem cronológica de inscrição. A Lista 2 é de débitos superiores àquele definido como pequeno valor para fins de requisição judicial e, quando inscritos até 1º de julho, serão pagos até o último dia útil do exercício seguinte.

Da mesma forma, defende-se a possibilidade de haver negociação entre o interessado e o Município, através de seus representantes legais, no contexto de consensualidade, para se determinar se há dever da Administração de indenizar e qual o seu montante. É preciso utilizar critérios objetivos e a maior transparência possível, a fim de se evitar injustiças ou favorecimentos.

Por outro lado, uma alteração que seria interessante de ser realizada na legislação mencionada é a previsão de que haja uma tentativa de conciliação na câmara administrativa de solução de conflitos. Em caso de acordo, este seria levado à homologação pela autoridade competente para apreciar o pedido de indenização.

3.13. Acordos para Ajuste de Conduta

Um indicativo da ampla compreensão da consensualidade como acordo de vontades consiste na referência ao ajuste de conduta como instrumento consensual, tanto na esfera administrativa, quanto na esfera judicial. Os termos de ajustamento de conduta e os termos de compromisso para substituição de sanção são alguns exemplos utilizados na seara administrativa.

---

[475] Lei Municipal nº 14.141/2006 e Decreto Municipal nº 51.714/2010.

3.13.1. Termo de Ajustamento de Conduta – TAC

Também denominado como compromisso de ajustamento de conduta, foi introduzido no nosso sistema pelo art. 221 do Estatuto da Criança e do Adolescente (Lei nº 8.069/90) e, posteriormente, incorporado à Lei de Ação Civil Pública (Lei nº 7.347/85) pelo art. 113 do Código de Defesa do Consumidor (Lei nº 8.078/90).[476] O TAC pode ser considerado um mecanismo extrajudicial de solução de litígio (autocomposição), notadamente voltado aos conflitos que envolvam interesses difusos e coletivos.

A ação civil pública é ação de responsabilidade por danos morais e patrimoniais causados ao meio ambiente, ao consumidor, a bens e direitos de valor artístico, estético, histórico, turístico e paisagístico, a qualquer outro interesse difuso ou coletivo, por infração da ordem econômica, à ordem urbanística, à honra e à dignidade de grupos raciais, étnicos ou religiosos e ao patrimônio público e social (art. 1º da LACP). São legitimados a propor a ação o Ministério Público, a Defensoria Pública, a União, os Estados, o Distrito Federal e os Municípios, a autarquia, empresa pública, fundação ou sociedade de economia mista e associações que atendam aos requisitos da lei (art. 5º).

De acordo com o art. 5º, § 6º da LACP, o Ministério Público e os órgãos públicos legitimados para propor ação civil pública poderão, a título de prevenção ou reparação de danos, tomar dos interessados compromisso de ajustamento de sua conduta às exigências legais. Portanto, não são todos os legitimados ativos para a ação civil pública que também o serão para firmar o compromisso.[477]

---

[476] Também são encontradas previsões de ajuste de conduta em matéria de concorrência (art. 85, Lei 12.529/11), ambiental (art. 79-A, Lei 9.605/1998), idoso (art. 74, X, Lei 10.741/2003), fiscalização das instituições de ensino (art. 46, § 1º, Lei 9.394/1996), trabalho (arts. 627-A e 876 da CLT) e agências reguladoras (ANEEL, ANATEL, ANP, ANTT, ANTAQ, ANS, PREVIC) (Cf. SOUZA, Luciane Moessa de, *Resolução de conflitos envolvendo o poder público: caminhos para uma consensualidade responsável e eficaz*, cit., pp. 193/194).

[477] Hugo Nigro Mazzilli registra haver divergência doutrinária em relação à determinação de tais órgãos. Para Mazzilli, a melhor resposta a este questionamento da doutrina encontra-se no entendimento de que há 3 categorias de legitimados ativos e para cada qual, uma solução. Desta forma, há os legitimados ativos que representam o Estado, pois são pessoas de direito público interno. Estes podem, incontroversamente, tomar compromisso de ajustamento de conduta. Ha também aqueles que, incontroversamente, não podem tomar o compromisso, já que não são órgãos públicos, quais sejam, associações civis, fundações privadas e sindicatos.

O compromisso permite a solução rápida e amigável do conflito, seja na fase pré-processual – hipótese em que valerá como título executivo extrajudicial – seja no curso do próprio processo – constituindo, nesse caso, desde que homologado pelo juiz, título executivo judicial.

De início, verifica-se que a Administração Pública poderá estar na condição de executora da conduta irregular a ser ajustada, assim como poderá ser o tomador do ajustamento de conduta de um terceiro. Por este motivo, o TAC é instrumento muito relevante para o administrador público. Note-se, contudo, que a maioria dos ajustes é proposta pelo Ministério Público, seja perante um particular, seja perante a própria Administração.

Fernando Gajardoni afirma que o conteúdo do TAC está muito mais próximo do reconhecimento de uma obrigação legal a cumprir (reconhecimento jurídico do pedido) do que uma transação, já que tecnicamente esta pressupõe concessões mútuas, o que seria impossível em sede de direitos difusos, indisponíveis que são.[478] Contudo, para a celebração do ajuste,

---

Então, com relação a estas duas categorias, não restaria qualquer dúvida. Já a terceira categoria enseja controvérsias e se refere aos órgãos da administração indireta do Estado (autarquias, empresas públicas e sociedades de economia mista, bem como as fundações públicas). Estes são entes pelos quais o Estado executa ações ou dos quais participa, em maior ou menor medida. Em princípio, é admissível que as autarquias e fundações públicas, entes estatais dotados de autonomia e prestadores de serviço de interesse coletivo, com inegável fim social, possam celebrar compromisso de ajustamento de conduta. Como exemplo, há o Procon de São Paulo, que é fundação pública e celebra compromissos de ajustamento. No que diz respeito às empresas públicas e sociedades de economia mista, Mazzilli adota posição que leva em conta o tipo de atividade explorada. O autor resolve a questão de legitimidade da seguinte forma: (a) quando se trate de órgãos pelos quais o Estado administra o interesse público, ainda que integrem a administração indireta (como autarquias, fundações públicas ou empresas públicas), nada obsta que tomem compromissos de ajustamento quando ajam na qualidade de entes estatais. É o caso do CADE que, como autarquia, pode tomar compromisso de cessação de prática sob investigação, gerando um título executivo extrajudicial. Dessa forma, por exemplo, quando as empresas estatais ajam como prestadoras ou exploradoras de serviço público, em tese é aceitável que também possam tomar ajustamento de condutas. Por outro lado, (b) quando os órgãos estatais ajam na qualidade de exploradores da atividade econômica, não se admite possam tomar compromissos de ajustamento. Com efeito, a esses órgãos e empresas dos quais o Estado participa, quando concorram na atividade econômica em condições empresariais, não se lhes pode conceder a prerrogativa de tomar compromissos de ajustamento de conduta, sob pena de estimular desigualdades afrontosas à ordem jurídica, como é o caso das sociedades de economia mista ou das empresas públicas, quando ajam em condições de empresas de mercado (cit., p. 462-465).

[478] GAJARDONI, Fernando da Fonseca. *Técnicas de Aceleração do Processo*, cit., pp. 121/122.

há efetiva negociação entre os entes em conflito, para além do simples reconhecimento da obrigação a cumprir, inclusive quando se trata de direitos difusos.

Hugo Nigro Mazzilli, por sua vez, ao afirmar que os legitimados são verdadeiros substitutos processuais – já que defendem interesses alheios em nome próprio –, sustenta que não possuem disponibilidade sobre o conteúdo material da lide. Assim, a rigor, o legitimado não poderia transigir sobre direitos dos quais não é titular[479]. Entretanto, o autor leciona que com o desenvolver do processo coletivo, surgiu a necessidade prática de mitigação do princípio da indisponibilidade da ação pública, situação já ocorrida anteriormente na área penal[480]. E então, a transação na seara dos processos coletivos passou a ser aplicada.[481] [482]

---

[479] A ausência de manifestação dos terceiros titulares de direitos transindividuais não impede que haja a efetivação da transação. Isto porque os lesados poderiam por meio da chamada *exceptio male gesti processus* repudiar o reflexo da transação firmada (hipóteses do art. 55 do CPC de 73). Somando-se a isso, tem-se a ideia de que a transação abrange interesses uniformes a uma coletividade (não interferindo em direitos individuais diferenciados, que variam conforme o caso concreto) e constitui garantia mínima, e, por isso, não impede que cada lesado vá a juízo buscar o que acha corretamente devido (MAZZILLI, Hugo Nigro, *A Defesa dos Interesses Difusos em Juízo*, cit., p. 481)

[480] A transação penal é instituto que permite ao Ministério Público deixar de promover a ação penal se o agente, atendidos os requisitos legais, aceitar realizar atividades em prol da sociedade. Está prevista no art. 76 da Lei 9.099/1995 e vale para infrações de menor potencial ofensivo.

[481] MAZZILLI, Hugo Nigro, *A Defesa dos Interesses Difusos em Juízo*, cit., p. 456. O Supremo Tribunal Federal igualmente admitiu a mitigação da indisponibilidade do interesse público (RE 253.885-MG, 1ª Turma, STF, j. 04/06/02, v.u., rel. Min. Ellen Gracie, DJU 21/06/02), tese que discordamos, conforme já mencionado neste estudo (item 2.6.2.2).

[482] Mazzilli leciona que a jurisprudência tem admitido, dentro de certos limites e excepcionados os casos em que a lei vede expressamente, a transação judicial para encerrar ações civis públicas. Se uma transação for celebrada no bojo de uma ação civil pública ou coletiva e vier a ser homologada em juízo, tecnicamente, será um título executivo judicial. Em sede de direitos transindividuais, só poderá o juiz admitir transações que não envolvam disponibilidade de direitos materiais. Porém, se a própria lei admite que se tome extrajudicialmente do causador do dano o compromisso de ajustar sua conduta às exigências da lei, há de admitir também que ocorra transação judicial nas mesmas situações. Como no caso de uma empresa que, acionada em uma ação civil pública, admita espontaneamente sua responsabilidade em juízo, assumindo obrigação de fazer ou não fazer, em troca da extinção do processo de conhecimento. A homologação da transação será título executivo judicial. Também cabe transação judicial para se definir o modo de cumprimento da obrigação. Fato é que, se o próprio causador do dano se propõe espontaneamente a repará-lo e assume tal

O obrigado no compromisso será o causador do dano ou aquele que pode vir a causá-lo. Qualquer pessoa capaz pode obrigar-se. Observando os limites estabelecidos em lei, o administrador, que é apenas gestor da coisa pública, pode comprometer-se a adequar sua conduta às exigências da lei, assumindo o compromisso de ajustamento.[483] O Termo de Compromisso de Ajustamento de Conduta é, assim, para Mazzilli, ato administrativo negocial[484], bilateral e consensual, que gera título executivo.

Esclarece o autor que o compromisso de ajustamento de conduta é mais que um ato administrativo meramente declaratório, já que há todo um **processo de negociação**, feito entre o órgão público e o causador do dano, em que se discute as medidas que este deve tomar. Somente se o comprometente as aceitar, tais medidas tornar-se-ão efetivas. Dentre suas características estão a previsão de obrigação certa, quanto à sua existência, determinada, quanto ao seu objeto, e exigível, além da previsão das cominações cabíveis (embora não necessariamente a imposição de multa).[485]

Tanto o comprometente, quanto o tomador do compromisso precisam ter poderes legais para subscrevê-lo. Ou seja, de um lado, deve haver um órgão público legitimado, devidamente autorizado; de outro, só pessoa física maior e capaz ou o representante legal da pessoa física ou jurídica.[486] No caso do Ministério Público, se o compromisso for tomado em autos de inquérito civil, deve haver a revisão do ato pelo Colegiado competente

---

obrigação por termo, deixa de existir o interesse processual em se prosseguir na ação de conhecimento, já que falta a necessidade da tutela jurisdicional (MAZZILLI, Hugo Nigro, *A Defesa dos Interesses Difusos em Juízo*, cit., pp. 474/475).

[483] No que se refere à terminologia, apenas é comprometente o causador do dano, já que ele é o único que se obriga, se compromete a fazer ou não fazer algo. O órgão público toma o compromisso, mas a nada se compromete e, portanto, não pode ser chamado de comprometente.

[484] O TAC não é contrato. Primeiramente, porque seu objeto não são direitos patrimoniais de caráter privado e, além disso, porque o órgão público que o toma não é o titular do direito transindividual nele objetivado. Por isso, não pode dispor do direito material em questão, não podendo fazer concessões quanto ao conteúdo material da lide.

[485] MAZZILLI, Hugo Nigro, *A Defesa dos Interesses Difusos em Juízo*, cit., pp. 467-470.

[486] Cabe ressaltar que, para que o procurador da parte firme o compromisso de ajustamento de conduta, faz-se necessária procuração com poderes especiais, com referência, no instrumento de mandato, a poderes específicos para transigir ou firmar acordos. Não basta a procuração com poderes gerais, prevista no art. 661 do Código Civil.

da instituição, conforme determina o Conselho Superior do Ministério Público.[487]

A celebração desses ajustes evita o ajuizamento de diversas ações civis públicas, que, normalmente, são causas complexas a exigir do Judiciário mais tempo, custos e dedicação.

Podem ser objeto de TAC, por exemplo, a interpretação de um comando legal ou constitucional que obrigue a Administração Pública a executar alguma atividade ou a respeitar algum direito de administrados. Isso porque, eventualmente, pode haver divergência em relação ao alcance dessa norma, entendendo o administrador que deve cumprir tarefa menor do que defende o *Parquet*.

Por outro lado, é possível que, por limitações orçamentárias, o administrador não consiga dar cumprimento a determinado comando legal, de forma a implementar política pública. O TAC, neste caso, poderá definir os prazos e responsabilidades para realização desta política pública.[488] Caberá à Administração Pública negociar os termos do ajuste, através das técnicas de negociação mais adequadas.

Neste sentido, Sarah Merçon-Vargas afirma que o TAC costuma contemplar dois núcleos lógicos distintos. O primeiro, estritamente relacionado ao direito material, diz respeito ao reconhecimento por alguém que sua conduta precisa ser ajustada às exigências legais. O segundo retrata o modo, técnica e prazo de como será efetivado o cumprimento de eventual obrigação assumida pelo interessado. A autora defende a possibilidade de negociação em ambos os núcleos, pois pode haver discussão, por exemplo, sobre a legalidade de previsão de uma multa e, para o segundo núcleo, negocia-se o modo, técnica e prazo do cumprimento da obrigação.[489]

---

[487] Cf. súmulas CSMP-SP nºs 4, 9, 20 e 21. Essa revisão em nada interfere na eficácia do compromisso, mas deve ocorrer porque ele importa o encerramento total ou parcial das investigações ministeriais. E o colegiado competente pode considerar insatisfatória a solução alcançada e determinar outras diligências no inquérito civil. Da mesma forma, se o Ministério Público celebrar transação no curso da ação civil pública, deve ter a cautela de ouvir previamente o colegiado competente (MAZZILLI, Hugo Nigro, *A Defesa dos Interesses Difusos em Juízo*, cit., pp. 483).

[488] Acerca da judicialização de políticas públicas, v. 1.1.4.

[489] MERÇON-VARGAS, Sarah, *Meios Alternativos na Resolução de Conflitos de Interesses Transindividuais*, cit., p. 101.

Ademais, após o acontecimento de um dano, as medidas compensatórias[490] a serem tomadas podem ser negociadas, visando a celebração de um TAC com solução exitosa e favorável a todos os interesses envolvidos.

A esse respeito, além de, evidentemente, considerar as normas legais aplicáveis ao caso concreto – às quais o administrador está vinculado pelo princípio da legalidade –, deverá este considerar estrategicamente na negociação do TAC as possibilidades do resultado judicial, em caso de ajuizamento da ação civil pública pelo legitimado.

O método de solução do conflito no TAC é primordialmente a negociação direta entre a parte tomadora do compromisso e a parte que irá ajustar a sua conduta. Na prática, dificilmente a celebração de um TAC ocorre em razão de audiências de conciliação ou de mediação. Dessa forma, é fundamental que os negociadores conheçam as técnicas de negociação colaborativa.

A característica informal da negociação, na qual os passos para se chegar a um bom termo não estão aprioristicamente definidos, contribui para sua maior adequação. A inexistência de um rito padronizado permite que a condução da negociação possa levar em conta as particularidades do caso concreto, o que se revela muito mais desafiador quando se trata de processo judicial.[491]

---

[490] Obrigações de fazer e de não fazer que mitigam os efeitos dos danos ocasionados pela lesão, e embora não os recuperem integralmente, devem ser funcionais em relação à natureza do dano. Geisa de Assis Rodrigues sustenta que, como as medidas compensatórias não têm o condão de dar à equivalência normativa ínsita à reparação integral, existem alguns limites que devem ser observados para a sua adoção, especialmente nas negociações extrajudiciais. O primeiro é a não substituição das medidas de reparação integrais que melhor atendam à reparação do dano por medidas compensatórias, ou seja, estas só podem ser aventadas quando se afigurem a melhor opção possível. O segundo é a necessária observância da funcionalidade entre o conteúdo da obrigação compensatória e a natureza do dano. O terceiro é a necessidade de motivação tanto da opção pela compensação do dano quanto do conteúdo dessa compensação, de modo que qualquer outro colegitimado à defesa dos direitos transindividuais que não tenham participado da negociação ou qualquer cidadão possam aquilatar a adequação de eleição daquela forma de compensação (Cf. RODRIGUES, Geisa de Assis, *Anotações sobre a negociação de medidas compensatórias em Termo de Ajustamento de Conduta*, cit., p. 630).

[491] RODRIGUES, Geisa de Assis. *Anotações sobre a negociação de medidas compensatórias em Termo de Ajustamento de Conduta*. In *Justiça Federal: inovações nos mecanismos consensuais de solução de conflitos*, GABBAY, Daniela Monteiro; TAKAHASHI, Bruno (coord.), Brasília, DF: Gazeta Jurídica, 2014, p. 625. A autora afirma que as marchas e contramarchas do processo de negociação ensejam, em muitos casos, o conhecimento efetivo da situação a ser ajustada,

MEIOS CONSENSUAIS E ADMINISTRAÇÃO PÚBLICA

Por fim, cumpre registrar que, após a celebração do TAC, poderá haver modificação ou rescisão, caso se tenha por objetivo estabelecer novo prazo (menor ou maior) para o cumprimento das obrigações estabelecidas, ou por defeito no negócio jurídico.[492] Nessa oportunidade, novamente haverá negociação entre as partes envolvidas.

No âmbito da União, a Lei Federal nº 9.469/97, alterada pela Lei nº 12.249/2010, prevê no art. 4º-A, que o termo de ajustamento de conduta, para prevenir ou terminar litígios, nas hipóteses que envolvam interesse público da União, suas autarquias e fundações, firmado pela Advocacia-Geral da União, deverá conter a descrição das obrigações assumidas; o prazo e o modo para o cumprimento das obrigações; a forma de fiscalização da sua observância; os fundamentos de fato e de direito; e a previsão de multa ou de sanção administrativa, no caso de seu descumprimento.

Para tanto, a Advocacia-Geral da União poderá solicitar aos órgãos e entidades públicas federais manifestação sobre a viabilidade técnica, operacional e financeira das obrigações a serem assumidas em termo de ajustamento de conduta, cabendo ao Advogado-Geral da União a decisão final quanto à sua celebração.[493]

---

por exemplo, a condição econômica do obrigado, as causas que o levaram ao não cumprimento da norma, os óbices que precisa superar para cumpri-la, assim como a urgência em que a adequação à lei deve ser feita, os anseios da comunidade que se sente lesada pela transgressão da norma etc.

[492] Para Mazzilli, somente se mostra coerente a repactuação de um mesmo compromisso caso se esteja diante de condições impossíveis de serem cumpridas que foram pactuadas numa primeira oportunidade. Como, por exemplo, o compromisso de ajustamento firmado para o reflorestamento de dada área que tornou-se, posteriormente, uma represa hidrelétrica. Também a transação judicialmente homologada pode ser rescindida por vício no ato jurídico. Neste caso, o autor sustenta ser cabível a ação anulatória, não a rescisória, pois a sentença é meramente homologatória do ato jurídico transacional (art. 486 do CPC; art. XX do NCPC) (MAZZILLI, Hugo Nigro, *A Defesa dos Interesses Difusos em Juízo*, cit., p. 485).

[493] A Advocacia-Geral da União possui o Manual de Atuação da Consultoria-Geral da União e de seus órgãos de execução na análise jurídica de Termos de Ajustamento de Conduta, de abril de 2016, disponível na sua página da internet, visando apresentar a normatização básica aplicável à celebração dos referidos ajustes, sendo estruturado em perguntas e respostas baseadas em legislação, pareceres elaborados pela AGU, bem como normas internas aplicáveis à matéria <http://www.agu.gov.br/page/download/index/id/33774482>, acesso em 29/09/2018.

No Estado de São Paulo[494], a celebração de TAC depende de prévia consulta à Procuradoria Geral do Estado, nos termos da Lei Complementar nº 1.270/2015 (art. 3º, inciso XV). Um TAC importante que pode ser citado envolvendo o Ministério Público e o Estado de São Paulo é o relativo à acessibilidade de pessoas com deficiência nas escolas estaduais, celebrado em 2014, segundo o qual a Secretaria de Educação assumiu a obrigação de tornar acessíveis, no prazo de 15 (quinze) anos, as unidades escolares já existentes e ainda não acessibilizadas.

Note-se que o direito ao acesso à educação por pessoas com deficiência é indisponível. Por outro lado, é evidente que é impossível ao Estado, da noite para o dia, adequar todas as escolas às normas assecuratórias desse direito. Essa margem entre a previsão legal e a realidade permite aos agentes que celebraram o ajuste negociar a forma, prazos e condições de implementação dessa política pública de concretização de direitos fundamentais.

No Município de São Paulo, também é exigível análise prévia pela Procuradoria Geral do Município acerca da viabilidade jurídica da proposta de celebração de Termo de Compromisso de Ajustamento de Conduta – TCAC, apresentada pelo Ministério Público, conforme Decreto Municipal nº 52.164/2011.

Um TAC que pode ser citado envolvendo o Ministério Público e o Município de São Paulo é o relativo à autorização para fechamento da Avenida Paulista para grandes eventos, assinado no ano de 2007, que reduziu a apenas três casos anuais: parada gay, corrida de São Silvestre e o show da virada no réveillon. A medida visou evitar que reiterados eventos ocorressem na avenida, que é uma via importante da cidade e envolta de vários hospitais.

Contudo, em 2015, a Prefeitura de São Paulo implementou uma política de lazer e recreação que gerou polêmica com o Ministério Público, pois definiu o fechamento da avenida todo domingo aos veículos, abrindo-a para ciclistas e pedestres. O MP considerou ter havido descumprimento do TAC, que previa multa ao Município. A Prefeitura, por outro lado, defendeu não se tratar de autorização de fechamento para realização de eventos, mas de implementação de política pública, com o objetivo da população

---

[494] O Decreto Estadual nº 52.201/2007 consiste em efetivo permissivo genérico para a Administração Pública paulista celebrar TACs, com ampla autorização à Administração direta e indireta para terminações consensuais dos processos administrativos, qualquer que seja sua natureza, pois o decreto não especificou a materialidade desses acordos administrativos (Cf. PALMA, Juliana Buonacorsi de, *Sanção e Acordo na Administração Pública*, cit., p. 272, nota 19).

se apropriar da cidade e de aumentar os espaços de lazer, razão pela qual o TAC não seria aplicável.

Inicialmente, não houve entendimento entre as partes e o MP aplicou multas à Prefeitura. Contudo, com o passar do tempo essa atividade se tornou realidade e foi incorporada ao cotidiano da cidade, não sendo alterada pela gestão que assumiu o governo em 2017.

3.13.2. Termo de Compromisso para Substituição de Sanção

Uma das expressões mais relevantes da consensualidade é a realização de acordos em substituição à aplicação de sanção pela Administração Pública. Os acordos substitutivos correspondem aos acordos celebrados entre Administração Pública e particulares que importam na terminação consensual do processo administrativo mediante cumprimento das cominações pactuadas. A principal funcionalidade do acordo substitutivo consiste em apresentar uma alternativa à formalização da ação administrativa em atos imperativos e unilaterais, na medida em que a decisão final se materializa em um acordo.[495]

O acordo substituto pode resultar numa das seguintes situações: (i) substituir a sanção administrativa ao final do processo; (ii) suspender o processo administrativo até o cumprimento das cominações pactuadas, quando, então, este processo será terminado consensualmente; ou (iii) impedir a instauração de processo administrativo sancionador.[496]

A disciplina jurídica dos acordos substitutivos não configura reserva de lei, de modo que a Administração se encontra legitimada para editar normas, no exercício de sua competência normativa, que prevejam esses acordos. A proposta de acordo substitutivo pode ser apresentada tanto

---

[495] Acordos substitutivos diferem dos acordos integrativos, pois estes correspondem a outra manifestação da consensualidade no processo administrativo que precedem o ato final e visam exatamente definir parte do conteúdo desta decisão administrativa. Não importam em terminação consensual do processo, dado que seu principal objetivo é estabelecer o formato do ato administrativo com o manejo da discricionariedade administrativa (Cf. PALMA, Juliana Bonacorsi de. *A Consensualidade na Administração Pública e seu Controle Judicial*, cit., pp. 156/157).

[496] Este tipo de acordo substitui o processo administrativo ou o ato administrativo final, razão pela qual a sua denominação como acordo substitutivo, a exemplo do que se verifica no sistema italiano com os *accordi sostitutivi* da *Legge* 241/90, mostra-se adequado ao Direito Administrativo brasileiro (Cf. PALMA, Juliana Bonacorsi de. *A Consensualidade na Administração Pública e seu Controle Judicial*, cit., pp. 157/158).

pelo órgão ou ente administrativo legitimado, quanto pelo particular para defesa de direito ou interesse próprio, e deve ser juntada aos autos do processo administrativo sancionador ou ensejar a abertura de processo administrativo paralelo.[497]

A etapa seguinte implica na negociação, por dois formatos principais, quais sejam, documental ou presencial. No primeiro caso, propostas e contrapropostas serão apresentadas por escrito, em documentos que serão juntados ao processo administrativo. Não impede, contudo, que previamente à proposta por escrito seja realizado debate presencial, no qual são recolhidas as principais impressões sobre o interesse de ambas as partes em transacionar, bem como o formato do acordo. Já na negociação presencial, os termos do pacto serão definidos "na mesa de negociação", que inclui qualquer elemento compreendido na margem de discricionariedade administrativa, como prazos, cominações, método de fiscalização do cumprimento das obrigações, valores envolvidos e divulgação de informações, por exemplo, que são relevantes parâmetros de negociação.[498]

Se frustrada a negociação, o processo administrativo sancionador prossegue para que seja proferido ato administrativo unilateral e imperativo, seja de aplicação de sanção ou absolvição, conforme o caso. Entretanto, se a negociação for efetiva, o acordo substitutivo será formalizado e assinado pela Administração e pelos compromissários, constituindo título executivo extrajudicial.

Atestado o cumprimento do acordo, o processo é extinto, não importando confissão quanto à matéria de fato e nem reconhecimento de ilicitude da conduta outrora objeto de discussão. Estas são grandes motivações para a celebração de acordo substitutivo, além do afastamento da reincidência.[499]

Dois setores que podem ser citados que se abriram à consensualidade são o antitruste, anteriormente regida pela Lei nº 8.884/1994 e, atualmente, regida pela Lei nº 12.529/2011, e o de mercado de capitais, com a alteração da Lei nº 6.385/1976 pelas Leis nºs 9.457/1997 e 10.303/2001.

---

[497] PALMA, Juliana Bonacorsi de. *A Consensualidade na Administração Pública e seu Controle Judicial*, cit., pp. 158/159.

[498] PALMA, Juliana Bonacorsi de. *A Consensualidade na Administração Pública e seu Controle Judicial*, cit., p. 159.

[499] PALMA, Juliana Bonacorsi de. *A Consensualidade na Administração Pública e seu Controle Judicial*, cit., pp. 159/160.

MEIOS CONSENSUAIS E ADMINISTRAÇÃO PÚBLICA

No primeiro caso, o Conselho Administrativo de Defesa Econômica – CADE, criado pela Lei nº 4.137/1962, passou a ser disciplinado pela Lei º 8.884/94, a qual originalmente previa a medida preventiva, o termo de compromisso de cessação e o compromisso de desempenho. Posteriormente, a Lei nº 10.149/2000 acrescentou o acordo de leniência. Com a Lei nº 12.259/2011 o TCC foi disciplinado, tal qual o modelo anterior, de modo minucioso, com destaque para a delimitação das competências e efeitos do instrumento consensual na disciplina antitruste, no art. 85.

Na forma prevista na lei e em Regimento Interno[500], o TCC se efetiva no âmbito processual, em substituição do próprio processo no qual a infração é averiguada. Na realidade, é autuado de forma autônoma em relação ao processo ou inquérito ao qual se relaciona. Desse modo, o TCC pode servir tanto para impedir a instauração de processo administrativo para imposição de sanções administrativas por infração à ordem econômica, quando se efetivar em fase de inquérito, quanto para cessar os efeitos lesivos já apurados em fase de processo administrativo.[501]

Importa frisar que a decisão em aceitar, ou não, os termos do pacto apresentado para negociação perante o CADE é discricionária do Poder Público. Ainda que a lei só permita a apresentação do TCC por uma única vez, isso não impede que possa haver negociação dos seus termos, inclusive com rodadas de discussões e alterações reiteradas da redação do acordo. Ao final, o TCC se constitui em título executivo extrajudicial, como expressamente prevê o § 8º do art. 85 da Lei.

Ainda no âmbito do CADE, outro instrumento importante é o acordo de leniência, previsto no art. 86, que tem por objetivo a extinção da ação punitiva da administração pública ou a redução de 1 (um) a 2/3 (dois terços) da penalidade aplicável com pessoas físicas e jurídicas que forem autoras de infração à ordem econômica, desde que colaborem efetivamente com as investigações e o processo administrativo e que dessa colaboração resulte a identificação dos demais envolvidos na infração e a obtenção de informações e documentos que comprovem a infração noticiada ou sob investigação.

---

[500] Texto aprovado pela Resolução nº 1/2012 e alterado pela Resolução nº 5/2013, pela Resolução nº 7/2014 e pela Resolução nº 8/2014.

[501] PALMA, Juliana Bonacorsi de. *A Consensualidade na Administração Pública e seu Controle Judicial*, cit., pp. 201-203.

Já no âmbito do mercado de capitais, o art. 11, § 5º da Lei nº 6.385/1976 prevê que a Comissão de Valores Mobiliários – CVM poderá suspender, em qualquer fase, o procedimento administrativo, se o indiciado ou acusado assinar termo de compromisso. Segue a disciplina da Deliberação CVM 390/2001, alterada pelas Deliberações 486/2005 e 657/2011.

Uma vez celebrado o termo, o processo administrativo sancionador é suspenso pelo prazo estipulado para cumprimento do compromisso, o qual é improrrogável, salvo por motivo superveniente e não imputável ao comprometente.

Por fim, cabe mencionar o acordo de leniência previsto na Lei Anticorrupção, segundo o qual a autoridade máxima de cada órgão ou entidade pública poderá celebrá-lo com as pessoas jurídicas responsáveis pela prática dos atos previstos na lei que colaborem efetivamente com as investigações e o processo administrativo, sendo que dessa colaboração resulte a identificação dos demais envolvidos na infração, quando couber; e a obtenção célere de informações e documentos que comprovem o ilícito sob apuração (art. 16, Lei nº 12.846/2013). O acordo de leniência não exime a pessoa jurídica da obrigação de reparar integralmente o dano causado, isentando-a das sanções previstas no inciso II[502] do art. 6º e no inciso IV[503] do art. 19 e reduzindo em até 2/3 (dois terços) o valor da multa aplicável.

3.14. Acordo por Adesão

Através dos acordos por adesão, o particular é chamado a aderir, ou não, à proposta de acordo desenhada unilateralmente pelo Poder Público. Não há, efetivamente, negociação, apesar de serem efetivos acordos consensuais, na medida em que se materializa por meio de acordo de vontades entre Poder Público e particular.

Não são raros os casos em que a transação se opera por mero formulário, por contrato padrão ou por termo de adesão, tal como ocorreu com as ações em que se postula a correção dos expurgos inflacionários nas contas

---

[502] Publicação extraordinária da decisão condenatória.
[503] Proibição de receber incentivos, subsídios, subvenções, doações ou empréstimos de órgãos ou entidades públicas e de instituições financeiras públicas ou controladas pelo poder público, pelo prazo mínimo de 1 (um) e máximo de 5 (cinco) anos.

vinculadas de FGTS. A Lei Complementar nº 110/2001 estabelece a criação de termo de adesão a ser subscrito pelo interessado, com a fixação de prazos e valores a serem creditados[504]. No caso do litígio judicial, deve-se lavrar transação entre o interessado e a Caixa Econômica Federal, com as mesmas regras.[505]

Outro exemplo que pode ser citado é o instituído para pagamento de precatórios com deságio. A Emenda Constitucional nº 62, de 2009, incluiu o art. 97 do ADCT da Constituição Federal, havendo no § 8º, inciso III permissão para realização de acordos com os credores para pagamento dos precatórios, através de câmara de conciliação.

No âmbito do Município de São Paulo, por exemplo, foi criada a Câmara de Conciliação de Precatórios, na Procuradoria Geral do Município, autorizada a celebrar acordos diretos com credores de precatórios da Administração Direta, do Instituto de Previdência Municipal de São Paulo e do Serviço Funerário do Município de São Paulo. Inicialmente, quando criada pelo Decreto nº 52.011, de 17.12.2010, não havia o desconto estipulado, porém, com o Decreto nº 52.312 de 13.05.2011, ficou estipulado o deságio de 50% (cinquenta por cento) sobre o valor devido atualizado do

---

[504] Assim preveem os arts. 4º e 7º da LC: *"Art. 4º Fica a Caixa Econômica Federal autorizada a creditar nas contas vinculadas do FGTS, a expensas do próprio Fundo, o complemento de atualização monetária resultante da aplicação, cumulativa, dos percentuais de dezesseis inteiros e sessenta e quatro centésimos por cento e de quarenta e quatro inteiros e oito décimos por cento, sobre os saldos das contas mantidas, respectivamente, no período de 1º de dezembro de 1988 a 28 de fevereiro de 1989 e durante o mês de abril de 1990, desde que: I – o titular da conta vinculada firme o Termo de Adesão de que trata esta Lei Complementar"*;

"Art. 7º Ao titular da conta vinculada que se encontre em litígio judicial visando ao pagamento dos complementos de atualização monetária relativos a junho de 1987, dezembro de 1988 a fevereiro de 1989, abril e maio de 1990 e fevereiro de 1991, é facultado receber, na forma do art. 4º, os créditos de que trata o art. 6º, firmando transação a ser homologada no juízo competente."

[505] De igual modo, a Medida Provisória n. 1.704/1998, sucessivamente reeditada até a Medida Provisória n. 2.169-43/2001, ao estender aos servidores públicos civis da Administração federal a vantagem de 28,86%, objeto de decisão do STF no Recurso Ordinário em Mandado de Segurança 22.307-7/DF, estabelece a possibilidade de transação com os servidores que estejam postulando judicialmente a incorporação de tal percentual em seus vencimentos. Franqueia-se ao servidor assinar, na repartição onde é lotado, um modelo padronizado, cabendo à Advocacia-Geral da União ou à Procuradoria respectiva juntar aos autos do processo judicial a correlata transação para fins de homologação e extinção do feito (CUNHA, Leonardo José Carneiro da, *A Fazenda Pública em Juízo*, cit., p. 136).

crédito. Em 2015, através do Decreto nº 56.188, de 24.06.2015, o deságio foi reduzido para 40% (quarenta por cento).[506]

A possibilidade de adesão foi aberta a todos os credores municipais. Milhares de credores, dentre os quais servidores públicos e pensionistas, já fizeram o acordo. Tal transação representa vantagens mútuas: o credor não precisa esperar anos até ser finalmente pago e o Município obtém um desconto da dívida. É um mecanismo simples e está inserido no contexto de consensualidade na Administração Pública.

A utilização desse tipo de estratégia tem que ser mais frequente na Administração, pois permite a solução de centenas ou até milhares de conflitos – melhorando o gerenciamento do volume de processos administrativos e judiciais –, bem como representa economia ao erário, que arca com o pesado ônus dos juros e da sucumbência em ações judiciais. Para esses casos, é fundamental a elaboração do desenho do sistema de solução de disputas seguindo os requisitos de validade da solução negociada.

3.15. Advocacia Pública nos Meios Consensuais de Solução de Conflitos

A Constituição Federal prevê a Advocacia Pública entre as funções essenciais à Justiça, nos artigos 131 e 132. O primeiro dos dispositivos dispõe que a Advocacia-Geral da União é a instituição que, diretamente ou através de órgão vinculado, representa a União, judicial e extrajudicialmente, cabendo-lhe, nos termos da lei complementar que dispuser sobre sua organização e funcionamento, as atividades de consultoria e assessoramento jurídico do Poder Executivo.

Já o art. 132 prevê que os Procuradores dos Estados e do Distrito Federal, organizados em carreira, na qual o ingresso dependerá de concurso público de provas e títulos, com a participação da Ordem dos Advogados do Brasil em todas as suas fases, exercerão a representação judicial e a consultoria jurídica das respectivas unidades federadas. Há uma importante

---

[506] Considerando a necessidade de adequar o disposto no Decreto nº 52.312, de 13 de maio de 2011, às decisões proferidas pelo Supremo Tribunal Federal nos autos da Ação Direta de Inconstitucionalidade nº 4.357 – DF e ao Comunicado nº 323, de 6 de abril de 2015, da Presidência do Tribunal de Justiça do Estado de São Paulo.

reivindicação pela aprovação da PEC 17, a qual inclui no art. 132 as procuradorias municipais, nas quais o ingresso também dependerá de concurso público de provas e títulos·

A Lei Complementar nº 73/1993 institui a Lei Orgânica da AGU e prevê (i) a representação direta da União – em juízo e fora dele –, a consultoria jurídica do Poder Executivo e o assessoramento a este Poder; e (ii) a representação indireta dos órgãos vinculados, através das procuradorias da autarquias e fundações públicas, as quais não integrarão a AGU, mas serão a ela vinculadas.[507]

Posteriormente, a Lei Federal nº 10.480/2002 criou a Procuradoria-Geral Federal, para exercer a representação judicial, extrajudicial, a consultoria e assessoramento jurídicos de 159 autarquias e fundações públicas federais, vinculada à AGU, à qual incumbe a supervisão da PGF.[508]

No âmbito dos Estados e do DF, cada ente federativo institui sua procuradoria, cabendo aos procuradores a representação judicial e a consultoria jurídica. Ressalte-se que os Municípios maiores e mais estruturados, apesar da omissão constitucional a respeito, também preveem as respectivas procuradorias, sendo a maior e mais representativa delas a do Município de São Paulo.[509]

Assim, ao menos no âmbito da União, a Advocacia Pública integra as pessoas jurídicas de direito público. Já as empresas públicas e sociedades de economia mista possuem órgãos jurídicos próprios.

Em razão da necessária observância do princípio da legalidade, é fundamental que o gestor público submeta ao órgão da procuradoria a análise dos processos que tratem da negociação como forma de solução de um conflito. A Advocacia Pública exerce relevante papel de controle interno da Administração.

---

[507] Cf. art. 17 da LC 73/1993 e cf. SILVA, José Afonso da, *Curso de Direito Constitucional Positivo*, cit., p. 605. Na execução da dívida ativa de natureza tributária, a representação da União cabe à Procuradoria da Fazenda Nacional.

[508] Fonte: Página da PGF na internet: <http://www.agu.gov.br/unidade/PGF>. Cabe também à PGF a apuração da liquidez e certeza dos créditos, de qualquer natureza, inerentes às suas atividades, inscrevendo-os em dívida ativa, para fins de cobrança amigável ou judicial.

[509] A PGM de São Paulo provavelmente está entre as cinco maiores Advocacias Públicas do País, com cerca de 400 (quatrocentos) procuradores na ativa, perdendo em número de membros para a AGU e para algumas PGEs (São Paulo e Rio de Janeiro, por exemplo).

Neste sentido, o legislador previu na Lei nº 13.140/15 que as câmaras de prevenção e resolução administrativa de conflitos serão criadas no âmbito dos respectivos órgãos da Advocacia Pública, onde houver. Da mesma forma, como visto acima, é necessária a prévia manifestação da procuradoria para a celebração de TAC no âmbito da União, do Estado de São Paulo e do Município de São Paulo.

A participação da Advocacia Pública dá o respaldo de legalidade ao procedimento e garante ao administrador público, ao interessado e a toda sociedade a lisura e licitude dos atos, evitando-se perseguições indevidas ou qualquer tipo de favorecimento.

3.16. Negócio Jurídico Processual e a Fazenda Pública

O Novo CPC trouxe uma novidade que tem sido bastante discutida pelos estudiosos do processo civil. O art. 190 previu que, nos casos de direitos que admitam autocomposição, é lícito às partes estipular mudanças no procedimento, para ajustá-lo às especificidades da causa e convencionar sobre os seus ônus, poderes, faculdades e deveres processuais[510], antes ou

---

[510] Segundo Cândido Rangel Dinamarco, ser parte no processo significa ser titular das faculdades, ônus, poderes e deveres inerentes à relação jurídica processual, em estado de sujeição ao juiz. Essas situações jurídicas são responsáveis pela regência das atividades a serem realizadas pelas partes no processo, seja permitindo-lhes realizar os atos de seu interesse (situações jurídicas ativas), seja exigindo-lhes uma conduta (situações jurídicas passivas), seja impedindo-as de obstar aos atos de autoridade ou aos seus efeitos. Autorizadas ou impelidas por essas situações jurídicas, as partes integram o sistema contraditório do processo como sujeitos em cooperação. A esse respeito, faculdade é, em sentido bem amplo, liberdade de conduta. *Faculdades processuais puras* se resolvem em meros permissivos de conduta, sem consequências pela omissão e sem que o exercício produza efeitos sobre a esfera jurídica de outro sujeito processual. São muito poucas e revelam-se em atos de menor importância para definição do processo. Ônus é, por definição, um imperativo do próprio interesse, é encargo. Ele é o reverso de certas faculdades, pois caracteriza-se pelas consequências desfavoráveis que a lei associa a algumas delas. Há ônus quando o cumprimento de uma faculdade é necessário ou ao menos conveniente para a obtenção de uma vantagem ou para evitar uma situação desvantajosa. O mais notório e ilustrativo dos ônus processuais é o da prova. *Poder* é a capacidade de produzir efeitos sobre a esfera jurídica alheia. Bastante ilustrativo é o poder de recorrer. Por fim, *dever* é imperativo de conduta no interesse alheio. Os poucos deveres processuais das partes constituem projeção e consequência de sua sujeição ao Estado-juiz e correlativa autoridade exercida por este no processo. O mais amplo e expressivo é o de lealdade

durante o processo. Neste caso, caberá ao juiz, de ofício ou a requerimento, controlar a validade das convenções entre as partes, recusando-lhes aplicação somente nos casos de nulidade ou de inserção abusiva em contrato de adesão ou no caso em que alguma parte se encontre em manifesta situação de vulnerabilidade.[511]

Apesar de, a princípio, poder se concluir que o instituto é aplicável aos procedimentos especiais e ao processo de execução, no que couber, é no procedimento comum do processo de conhecimento que tem sua grande relevância. Trata-se de um negócio jurídico processual, no qual as partes poderão diretamente convencionar qual o procedimento que seguirão no processo em que discutam sobre direitos que admitam autocomposição. Mais do que isso. Poderão negociar acerca dos ônus, poderes, faculdades e deveres processuais, inclusive, durante o processo. É um grande passo na flexibilização do procedimento dado pelo legislador, com respaldo na instrumentalidade do processo e na autonomia da vontade, considerando se tratar de direitos que admitam autocomposição.

Conforme ressalta Carlos Alberto Carmona, o juiz não é parte na convenção e a estipulação do negócio jurídico processual não depende, para sua validade, do prévio controle do juiz.[512] Assim, considerando que não há

(DINAMARCO, Cândido Rangel. *Instituições de Direito Processual Civil*. v. II, 5ª ed., São Paulo: Malheiros, 2005, pp. 202-210 e 249).

[511] *Art. 190. Versando o processo sobre direitos que admitam autocomposição, é lícito às partes plenamente capazes estipular mudanças no procedimento para ajustá-lo às especificidades da causa e convencionar sobre os seus ônus, poderes, faculdades e deveres processuais, antes ou durante o processo.*

Parágrafo único. De ofício ou a requerimento, o juiz controlará a validade das convenções previstas neste artigo, recusando-lhes aplicação somente nos casos de nulidade ou de inserção abusiva em contrato de adesão ou em que alguma parte se encontre em manifesta situação de vulnerabilidade.

[512] CARMONA, Carlos Alberto. *O Novo Código de Processo Civil e o Juiz Hiperativo*. In *O Novo Código de Processo Civil: questões controvertidas*, vários autores, São Paulo: Atlas, 2015, p. 70. Exemplifica o autor: "*Imagino, então, uma situação em que partes sofisticadas entabulem o referido negócio processual determinando, por exemplo, que não haverá nomeação de um perito do juízo para tratar de matéria técnica, devendo cada uma das partes trazer laudo de seu próprio expert, cabendo ao magistrado decidir com base neste material técnico. Poderia o juiz rejeitar a aplicação de tal convenção? Parece-me que não. Mas tal técnica exigirá que do julgador dedicação extraordinária à solução do litígio, já que caberá a ele, juiz, identificar eventuais (rectius, inevitáveis) diferenças entre as peças técnicas e adotar a solução mais adequada ao caso concreto, eventualmente convocando os especialistas para prestar depoimento em juízo. Em outros termos, a leitura do art. 190 do NCPC sugere que as partes podem impor ao magistrado a utilização de uma técnica e de um procedimento ao qual não está acostumado. O resultado esperável, temo, não será o melhor. (...) O art. 190 do NCPC, como se percebe, traz ingrediente complicador para a já atribulada tarefa de gestão processual que se pretende colocar nas mãos do magistrado. Partes*

intermediação pelo juiz para a convenção prevista no art. 190 do NCPC, verifica-se que há negociação diretamente entre as partes.

O dispositivo abre a possibilidade de sofisticação do processo civil, com a utilização de peritos de parte, de *expert witnesses*, de *written statements* e de *cross examination* de testemunhas, que tem sido frequentes na arbitragem. Resta saber se os juízes estarão aptos a responder à altura a expectativas das partes.[513]

É evidente que essa norma também é aplicável à Fazenda Pública. Ora, ficou demonstrado que o Poder Público possui direitos que admitem autocomposição que, quando em conflito, podem ser dirimidos por meios alternativos ao processo judicial. Portanto, quando o processo tratar desses direitos – por exemplo, reequilíbrio econômico-financeiro de um contrato administrativo –, poderá a Fazenda Pública convencionar o procedimento, estabelecendo regras específicas sobre faculdades, poderes das partes, até ônus da prova e deveres processuais.

Assim, deverá o advogado público estar atento, considerando as peculiaridades do caso concreto para verificar a conveniência da negociação acerca dessas características, pois podem ser fundamentais para o desfecho da lide em favor do ente público. Além disso, considerando que a banca de processos de cada procurador normalmente é bem volumosa, os negócios jurídicos processuais podem ser estabelecidos como estratégia para boa gestão dos processos, dedicando mais tempo e esforço para aqueles mais importantes.

De outra parte, nos casos de perda provável do Poder Público, outra estratégia possível seria o advogado público reduzir o procedimento, evitando custos e delongas do processo, eventualmente, até propondo um acordo, em busca da pacificação social. Contudo, não será de se estranhar que a conduta seja exatamente a oposta, visando protelar o andamento do feito e, consequentemente, o cumprimento da decisão judicial pela Administração, como sói acontecer na advocacia pública.

Por outro lado, os juízes deverão atentar para essa possibilidade, não se utilizando do argumento de nulidade sempre como escudo para impedir

---

sofisticadas poderão impor (este o verbo!) ao julgador a utilização de mecanismos que exigirão dele um preparo importante para bem julgar. Não se trata apenas de gestão de tempo (o que já seria um problema) mas também de recursos – e boa vontade – para empregar técnicas diferentes daquelas previstas tanto no CPC (que estamos abandonando e sob cuja égide foram formados nossos magistrados) quanto no NCPC".

[513] CARMONA, Carlos Alberto. *O Novo Código de Processo Civil e o Juiz Hiperativo.* cit, pp. 70/71.

essa prática pelas partes, mas somente afastando aquelas convenções que afrontem princípios e a ordem pública, para evitar abusos e ilegalidades.

A esse respeito, a Procuradoria Geral da Fazenda Nacional editou a Portaria PGFN nº 360/2018, alterada pela Portaria nº 515/2018, que permitiu que os procuradores da fazenda celebrem negócios jurídicos processuais com as partes acerca do cumprimento de decisões judiciais; confecção ou conferência de cálculos; recursos, inclusive a desistência; inclusão de crédito fiscal e FGTS em quadro geral de credores, quando for o caso; prazos processuais; e ordem de realização dos atos processuais, inclusive em relação à produção de provas.

Por fim, cumpre ainda ressaltar que o NCPC, no art. 191, previu outro negócio jurídico processual, para fixação de um calendário processual de acordo com o juiz e as partes.[514] Nesta espécie de acordo, o objetivo é a estipulação das datas para a prática dos atos processuais, dando maior previsibilidade para as partes, seja em relação ao tempo que disporão para a prática dos atos processuais, seja em relação ao término do procedimento em primeira instância. Com isso, dispensa-se a intimação das partes.[515] Mais do que flexíveis, as regras de procedimento tornam-se, nesses casos, disponíveis.[516]

---

[514] O artigo 191 previu a possibilidade de convencionar, inclusive, sobre o calendário processual: *Art. 191. De comum acordo, o juiz e as partes podem fixar calendário para a prática dos atos processuais, quando for o caso.*

§ 1º O calendário vincula as partes e o juiz, e os prazos nele previstos somente serão modificados em casos excepcionais, devidamente justificados.

§ 2º Dispensa-se a intimação das partes para a prática de ato processual ou a realização de audiência cujas datas tiverem sido designadas no calendário.

[515] A esse respeito, Carmona não se mostra muito otimista: *"Mais uma vez antevejo dificuldade para que o juiz possa participar de modo proativo na – útil – empreitada de fixar um cronograma para o processo. o primeiro obstáculo para a implementação do calendário certamente será o cartório, pois nos grandes centros a serventia está assolada por um número pantagruélico de autos de processo (nos grandes centros, como já disse, o processo eletrônico ainda não está completamente implantado); a segunda barreira será o próprio juiz: não imagino como o magistrado possa comprometer-se com um cronograma (que certamente incluirá prazo para a prolação dos atos decisórios) num universo em que tem que lidar com número elevadíssimo de casos. Haverá também o magistrado que lidar com a regra constante do art. 12 do NCPC, que o obriga a sentenciar dentro de certa ordem: o estabelecimento do calendário processual não está inserido nas exceções à regra (§ 2º do art. 12 do NCPC), de modo que não parece possível que o cronograma (de cuja elaboração o juiz participará) possa permitir o julgamento da causa com ruptura da ordem cronológica de conclusão"* (p. 71).

[516] ALVES DA SILVA, Paulo Eduardo. *As Normas Fundamentais do Novo Código de Processo Civil (ou "as Doze Tábuas do Processo Civil Brasileiro"?). In O Novo Código de Processo Civil: questões*

3.17. Cumprimento da Obrigação pela Administração Pública

Solucionado o conflito que envolve a Administração Pública, pode ocorrer de haver previsão de cumprimento de obrigação por parte do ente público. O acordo pode prever a obrigação de fazer, não fazer, entregar coisa ou pagar quantia.

Inicialmente, mister recordar a distinção entre Administração Pública e Fazenda Pública. Isso porque, no conceito de Fazenda Pública, estão excluídas as empresas públicas e as sociedades de economia mista – as quais integram a administração indireta –, que possuem regime jurídico de direito privado. Já União, Estados, Distrito Federal, Municípios, autarquias e fundações públicas possuem regime jurídico de direito público, integram o conceito de Fazenda Pública e são representados pela Advocacia Pública.

No caso de solução extrajudicial do conflito, não faz sentido que a Administração, após reconhecer ser devedora de uma obrigação, recuse-se a cumpri-la. Por este motivo, deve proceder administrativamente ao cumprimento da obrigação, assim como o faria em relação a qualquer outra obrigação.[517] Sendo o acordo um ato administrativo, um contrato em sentido lato, deve ele ser observado pela Administração.

Neste caso, havendo previsão de cumprimento de obrigação de pagar quantia, o pagamento do valor deverá ocorrer por conta de dotação orçamentária própria.

Contudo, é possível que, mesmo após celebrar um acordo, a Administração deixe de cumprir a obrigação assumida. Neste caso, como visto, o instrumento de transação referendado pelo Ministério Público, pela Defensoria Pública, pela Advocacia Pública, pelos advogados dos transatores ou por conciliador ou mediador credenciado por tribunal, passa a ser título executivo extrajudicial, conforme prevê o art. 784, inciso IV do NCPC. Outrossim, o TAC também é título executivo extrajudicial.

Não restando alternativa ao credor, este terá de se valer da ação de execução contra a Fazenda Pública. O NCPC distinguiu o cumprimento de sentença que reconheça a exigibilidade de obrigação de pagar quantia

---

controvertidas, vários autores, São Paulo: Atlas, 2015, p. 295. O calendário processual é instrumento adotado pelo *judicial case management* das cortes federais norte-americanas.

[517] Ressalte-se que o estudo do impacto orçamentário em razão da utilização de meios alternativos ao Judiciário pode interferir na estratégia acerca da sua implementação.

MEIOS CONSENSUAIS E ADMINISTRAÇÃO PÚBLICA

certa pela Fazenda Pública, nos arts. 534 e 535, da execução de título executivo extrajudicial contra a Fazenda Pública, no art. 910. No caso de o acordo preencher os requisitos do art. 784, IV, o credor pode se valer do procedimento do art. 910. Caso contrário, terá que passar pela fase de conhecimento do processo civil, para obter título executivo judicial.[518]

Caso a obrigação seja de fazer, não fazer ou entregar coisa, se o acordo constituir título executivo extrajudicial, não há qualquer diferença entre o procedimento adotado para as execuções contra particulares e aquelas manejadas contra a Fazenda Pública, aplicando-se os artigos 806 a 823 do NCPC.[519] Caso contrário, terá que passar pela fase de conhecimento do processo civil.

Questão mais complexa surge quando o acordo que prevê o pagamento de quantia pela Fazenda Pública ocorre judicialmente ou é levado para homologação judicial.

A Constituição Federal prevê no art. 100 e no Ato das Disposições Constitucionais Transitórias – ADCT o regime do precatório para os pagamentos devidos pelas Fazendas Públicas Federal, Estaduais, Distrital e Municipais, exceto para as requisições de pequeno valor, em virtude de sentença transitada em julgado.

---

[518] A respeito da distinção entre a execução de sentença e de título extrajudicial, inserida pelo NCPC, já se pronunciava Cândido Rangel Dinamarco acerca do regime do CPC de 73: "*Há opiniões muito prestigiosas e decisões frequentes no sentido da inadmissibilidade de execução por* título *extrajudicial em face da Fazenda Pública mas partem de preconceitos fazendários e atentam contra as garantias constitucionais do acesso à justiça e da isonomia. A falsa execução regida pelo art. 100 da Constituição Federal e art. 730 do Código de Processo Civil nem chega a ser uma verdadeira execução forçada, porque não atinge os bens públicos (...). Além disso, o art. 100, § 1º, da Constituição Federal não diz nem insinua que fique excluída a execução por título extrajudicial em face da Fazenda Pública*" (DINAMARCO, Cândido Rangel. *Instituições de Direito Processual Civil*. v. IV, cit., p. 710). A súmula 279 do STJ dispõe que é cabível execução por título extrajudicial contra a Fazenda Pública.

[519] Dinamarco, no mesmo sentido, afirma que o regime de precatórios diz respeito apenas à execução por quantia e não impede as execuções específicas, como é o caso (a) da execução para entrega de coisa certa, na qual se legitima a busca e apreensão do bem móvel em poder da pessoa jurídica de direito público, ou a reintegração ou imissão do titular do direito na posse do imóvel que lhe haja sido esbulhado ou lhe deva ser entregue; b) das execuções por obrigações de fazer ou de não fazer, como a da sentença concessiva de mandado de segurança, a qual vale como um mandamento a ser cumprido pelo órgão estatal (DINAMARCO, Cândido Rangel. *Instituições de Direito Processual Civil*. v. IV, cit., p. 708).

O dispositivo constitucional prevê que os pagamentos devidos pelas Fazendas Públicas *em virtude de sentença judiciária*, far-se-ão exclusivamente na ordem cronológica de apresentação dos precatórios e à conta dos créditos respectivos.[520] **A interpretação que deve prevalecer é a de que a sentença homologatória do acordo que preveja o pagamento de quantia pela Fazenda Pública se submete ao regime do precatório.**

Não é somente a sentença condenatória que atrai o art. 100 da CF, mas qualquer decisão proferida no processo civil que reconheça a exigibilidade de obrigação de pagar quantia (art. 515, inciso I do NCPC). Isso pode ocorrer com sentença declaratória, condenatória, constitutiva ou homologatória.[521]

A vantagem para a realização do acordo judicial seria o encerramento do conflito na fase de conhecimento do processo, o que pode representar uma economia de anos. Porém, não há como afastar o pagamento pelo precatório, **exceto se, para aquela despesa específica, haja previsão orçamentária com empenho de despesa para o exercício no qual se celebra o acordo** ou, no máximo, no prazo legal dos restos a pagar.[522]

---

[520] Mesmo o pagamento de condenação judicial por precatório tem situações questionadas na Justiça. No caso da desapropriação, por exemplo, no Recurso Extraordinário 922144 o ministro Luís Roberto Barroso, em reconhecimento da repercussão geral da questão sobre o pagamento através ou não do regime do art. 100 da CF, observou que estão contrapostos no recurso um direito fundamental, o da indenização prévia, e uma norma estruturante da ordem orçamentária e financeira nacional, o regime de precatórios, evidenciando a natureza constitucional do debate. Segundo ele, está evidenciada a repercussão geral da matéria em decorrência de sua relevância econômica, social e jurídica. No entendimento do relator, a relevância econômica decorre do fato de o direito à propriedade ou, no caso, à justa e prévia indenização, corresponderem à tutela mais elementar da expressão patrimonial dos indivíduos. Segundo ele, perder todo ou quase todo patrimônio acumulado ao longo dos anos pode colocar em risco a subsistência do particular. Por outro lado, pondera, o regime de precatórios é essencial para a organização financeira do Estado e que exceções a ele devem ser vistas com cautela em razão do potencial desestabilizador nas contas públicas. Aguarda-se o julgamento do recurso pelo STF.

[521] Conforme defendemos em nossa dissertação de mestrado *Eficácia Executiva das Sentenças Declaratórias*, em 2012 na Faculdade de Direito da Universidade de São Paulo.

[522] Como ocorre, por exemplo, quando uma empresa presta um serviço contratual, mas a Administração não efetua o pagamento. A empresa ajuíza ação de cobrança e a Fazenda faz um acordo, tudo no mesmo exercício orçamentário, havendo recurso empenhado no processo administrativo correspondente ao contrato. Neste caso, seria lícito que o pagamento ocorra no processo administrativo, utilizando o mesmo empenho, na medida em que já há previsão orçamentária e autorização para aquela despesa.

O interessado, a partir do momento que decide cobrar o valor devido pela Fazenda Pública em juízo, já sabe, de antemão, que irá receber a quantia pela via do precatório, e isso se o Judiciário acolher o seu pedido. Por este motivo, deve verificar se estrategicamente não é mais vantajoso tentar primeiro receber administrativamente, através da Câmara de Prevenção e Resolução Administrativa de Conflitos.

Este entendimento já foi acolhido pelo Tribunal de Contas da União – TCU em consulta elaborada pela AGU, no Acórdão 489/2017, segundo o qual não se justifica, sob a ótica da impessoalidade, da moralidade e da isonomia, a concessão de tratamento preferencial ao credor que não se submeteu ao longo caminho do processo judicial, em detrimento daquele que percorreu todas as etapas do litígio. Segundo o TCU, o tratamento diferenciado no pagamento de dívidas decorrentes de transação judicial promovida pelo Poder Público, com amparo em norma infraconstitucional, representa forma transversa de quebra da ordem de precedência dos precatórios.[523]

Cumpre mencionar, uma vez mais, que o art. 28 da Lei nº 13.140/15, ao tratar da mediação judicial, dispõe, no parágrafo único, que se houver acordo, os autos serão encaminhados ao juiz, que determinará o arquivamento do processo e, desde que requerido pelas partes, homologará o acordo, por sentença, e o termo final da mediação e determinará o arquivamento do processo.

A leitura desse dispositivo dá a entender que as partes poderão requerer a homologação do acordo, ou seja, seria uma faculdade. O art. 487, inciso III do NCPC prevê que a sentença que homologar o reconhecimento da procedência do pedido, a transação ou a renúncia à pretensão será uma

---

[523] TC 034.696/2016-4, Rel. Min. Walton Alencar Rodrigues, Plenário, DJ 22/03/2017. Confira-se trecho da ementa: "9. Equivocado o argumento de que o legislador constituinte restringiu o regime de precatórios ao pagamento de dívidas exigíveis em razão de determinada modalidade de sentença, porque, o que verdadeiramente importa para subsunção do crédito do particular ao regime previsto no art. 100 da Constituição é a existência de decisão judicial que imponha obrigação de pagar quantia certa à Fazenda Pública. 10. Reveste-se a sentença que homologa obrigação de pagar quantia certa de natureza condenatória, porquanto idênticos os procedimentos executivos das sentenças ditas condenatórias e daquelas ditas homologatórias. 11. A obtenção de vantagem financeira pela Fazenda Pública não autoriza a criação de classe preferencial de credores, posicionada à frente da fila de precatórios, na qual ingressam apenas os eleitos pelo Poder Público, a partir da celebração de contrato bilateral regido por ampla dose de discricionariedade da Administração".

sentença de mérito. Caso as partes não exerçam essa provocação, o juiz determinará o arquivamento do processo. Apesar de não estar claro, parece, a princípio, que essa seria uma decisão terminativa, sem resolução de mérito, razão pela qual não haveria que se falar em necessidade de observância do regime de precatório, já que a obrigação de pagar quantia não estaria prevista em sentença.

Com a devida vênia, ainda que esta seja uma interpretação possível, não parece ser consentânea com o ordenamento jurídico e o princípio da isonomia, na medida em que permite um privilégio àqueles que obtêm acordo sobre questão *sub judice* em relação àqueles que obtêm vitória por decisão judicial, que terão que se submeter ao regime de precatório.

A corroborar o argumento, a prática tem sido a prolação de sentença homologatória de acordo, o que, segundo o raciocínio desenvolvido acima, exige a adoção do regime de precatório para pagamento de quantia devida pela Fazenda Pública.

Pode acontecer, também, de um acordo extrajudicial ser levado para homologação judicial. É o que a lei exige, por exemplo, para o caso de mediação que envolva direitos indisponíveis que admitam transação, conforme o já mencionado art. 3º, *caput* e § 2º da Lei de Mediação. Neste caso, a sentença será título executivo judicial, assim como o será a sentença que homologar a autocomposição obtida no curso do processo judicial, nos termos do art. 515, incisos II e III do NCPC[524]. Dinamarco esclarece que só a sentença homologatória de acordo que preveja uma *prestação* terá eficácia executiva.[525]

De outra parte, Cândido Rangel Dinamarco afirma que já se sustentou, até com alguma dose de razoabilidade, mas sem sucesso, que também as sociedades de economia mista estariam sob esse regime de precatório, porque são entidades encarregadas de realizar serviços públicos e uma execução constritiva sobre seus bens viria a dano destes. Segundo o autor, essa tese ainda não vingou, mas é corrente na jurisprudência dos tribunais a impenhorabilidade dos bens afetados ao serviço público, pertencentes a tais entidades. De acordo com essa orientação jurisprudencial, pelas dívidas dessas entidades respondem apenas seus bens não operacionais.

---

[524] "Art. 515. São títulos executivos judiciais, cujo cumprimento dar-se-á de acordo com os artigos previstos neste Título:
II – a decisão homologatória de autocomposição judicial;
III – a decisão homologatória de autocomposição extrajudicial de qualquer natureza."

[525] DINAMARCO, Cândido Rangel. *Instituições de Direito Processual Civil.* v. IV, cit., p. 259-264.

No tocante à Empresa Brasileira de Correios e Telégrafos, uma empresa pública, o STF e o STJ vêm sustentando a impenhorabilidade de seus bens e, consequentemente, aplicação do sistema de precatórios.[526]

3.18. Administração Pública Mediadora de Conflitos

Apresentadas algumas considerações sobre a participação da Administração Pública em processos consensuais de solução de conflitos, mister ressaltar, ainda que brevemente, a atuação cada vez maior da Administração na construção de políticas e estruturas para a mediação.

O comando do já mencionado art. 3º, § 2º do Código de Processo Civil[527] não se restringe à atuação do Estado enquanto parte num conflito. O dispositivo prevê que o Estado promoverá, sempre que possível, a solução consensual dos conflitos, inclusive daqueles dos quais não é parte. Ou seja, cabe ao Estado, mais do que solucionar conflitos – função jurisdicional –, promover a autocomposição dos conflitos, sempre que possível.

Da mesma forma, o preâmbulo da Constituição Federal dispõe que a nossa sociedade é comprometida, na ordem interna e internacional, com a solução pacífica das controvérsias.[528] A Carta Constitucional, igualmente, prevê como princípio que rege as relações internacionais da República Federativa do Brasil a solução pacífica dos conflitos (art. 4º, inc. VII, CF). Quem tem mais condições de prover as pessoas e os espaços necessários ao desenvolvimento dos métodos consensuais para a solução dos conflitos entre as pessoas é o Poder Público.

Neste sentido, o Poder Judiciário tem se empenhado em ampliar o número postos do CEJUSC à disposição da população, de forma totalmente gratuita. O Tribunal de Justiça do Estado de São Paulo, especificamente, é

---

[526] DINAMARCO, Cândido Rangel. *Instituições de Direito Processual Civil*. v. IV, cit., p. 707.

[527] § 2º O Estado promoverá, sempre que possível, a solução consensual dos conflitos.

[528] "Nós, representantes do povo brasileiro, reunidos em Assembléia Nacional Constituinte para instituir um Estado Democrático, destinado a assegurar o exercício dos direitos sociais e individuais, a liberdade, a segurança, o bem-estar, o desenvolvimento, a igualdade e a justiça como valores supremos de uma sociedade fraterna, pluralista e sem preconceitos, fundada na harmonia social e comprometida, na ordem interna e internacional, com a solução pacífica das controvérsias, promulgamos, sob a proteção de Deus, a seguinte CONSTITUIÇÃO DA REPÚBLICA FEDERATIVA DO BRASIL."

de longe o tribunal com maior número de CEJUSCs, tendo alcançado até o início de maio de 2018 o número de 257 postos, com mais de 3.900 mediadores judiciais.[529] Não obstante, segundo o relatório Justiça em Números do CNJ, o TJ-SP é o tribunal de justiça com menor índice de conciliação, com apenas 6,1% dos casos.[530]

Mas não apenas o Judiciário tem se preocupado com este assunto. O Poder Legislativo e o Poder Executivo, igualmente, têm atuado nessa seara, o que comprova que a cultura da pacificação pelo acordo, e não pela sentença, está em construção crescente.

Para mencionar casos da Prefeitura de São Paulo, dentre os 257 postos citados do TJ-SP, alguns deles estão instalados e em funcionamento em razão de parcerias com instituições públicas e privadas. Um deles é fruto do Convênio nº 262/2015, celebrado entre o Tribunal e a Prefeitura do Município de São Paulo[531], que dispõe o espaço físico e os mediadores que atuam em conflitos encaminhados pela Defensoria Pública ou daqueles que procuram diretamente o centro. Há também pautas de casos planejados por interesse da própria Administração Municipal.

Desta, destacam-se os mutirões quinzenais da Companhia Metropolitana de Habitação de São Paulo – COHAB, que convida os seus mutuários inadimplentes a celebrarem acordos e evitarem ações de reintegração de posse. Só no ano de 2017, foram celebrados 343 acordos em sessões de conciliação, representando o valor de quase R$ 3.000.000,00 (três milhões de reais) para a COHAB. Do total de audiências, o percentual de acordos é superior a 90%.

A Prefeitura também dispõe de Guardas Civis Metropolitanos realizando mediação extrajudicial nas Casas de Mediação, desde 2011. Atualmente, são 18 (dezoito) casas espalhadas pela cidade de São Paulo, atendendo conflitos de vizinhança, família (que não exijam homologação judicial) e questões cíveis.[532]

---

[529] Cf. notícia do TJ-SP de 12/05/2018 <http://www.tjsp.jus.br/Noticias/Noticia?codigoNoticia=51012>.

[530] Cf. Justiça em Números 2018 (ano-base 2017), p. 139, figura 115. O tribunal de justiça com maior índice é o do Ceará, com 21,1%. A média dos TJs é de 10,7%.

[531] O trabalho é feito em parceria entre a Secretaria Municipal de Segurança Urbana, a Procuradoria Geral do Município e o CEJUSC Central do Tribunal de Justiça.

[532] Uma das Casas de Mediação está em funcionamento no Descomplica SP de São Miguel Paulista (espécie de Poupatempo municipal) e a previsão é de instalação em todos as demais

MEIOS CONSENSUAIS E ADMINISTRAÇÃO PÚBLICA

Outras duas ações de destaque são a Comissão de Mediação de Conflitos Fundiários na Secretaria Municipal de Habitação – SEHAB e a Comissão de Mediação de Conflitos da Secretaria Municipal de Educação – SME. Criada pela Portaria nº 267/SEHAB.G/2016, a primeira comissão mencionada tem por objetivo mediar a busca por solução negociada de conflitos que envolvam remoção involuntária de famílias predominantemente de baixa renda.

Neste sentido, as soluções possíveis negociadas são (i) a permanência das pessoas no local, mediante avaliação técnica sobre a viabilidade de regularização fundiária da área ocupada, ou intermediação de ações de negociação para aquisição do terreno pelos ocupantes e implantação de unidades habitacionais; e (ii) a saída com desocupação voluntária da área sem força policial, ou encaminhamento das famílias para outras demandas de Programas Habitacionais em soluções de médio e longo prazo.[533]

Já a mediação escolar foi instituída pela Lei Municipal nº 16.134/2015 e regulamentada pelo Decreto nº 56.560/2015 e pela Portaria SME nº 2.974/2016. Referida legislação cria a Comissão de Mediação de Conflitos (CMC) na rede municipal de ensino, com objetivo de atuar na prevenção e resolução de conflitos que envolvam alunos, professores e servidores da comunidade escolar. Consideram-se conflitos escolares as divergências entre educandos, professores e servidores da unidade educacional, agravadas pela dificuldade em estabelecer diálogo e que possam desencadear, entre eles, diferentes tipos de violência.

É prevista a criação de uma comissão em cada uma das unidades escolares, ou seja, mais de 1.500 (um mil e quinhentas) comissões de mediação. A CMC é composta por representantes das equipes gestora, docente e de apoio à educação, dos responsáveis ou familiares dos educandos e dos educandos. Portanto, milhares de pessoas estão atuando com mediação escolar na rede municipal de ensino. Trata-se de política louvável e que se mostra cada vez mais importante para a manutenção de um ambiente adequado de ensino e aprendizado nas escolas.

A grande dificuldade dessa ação é a capacitação dos membros das comissões para a realização da mediação. Isso porque, uma coisa é acreditar

---

unidades do Descomplica que forem implementadas na Cidade.
[533] A comissão teve sucesso em várias mediações nesta seara, tais como nos locais conhecidos por Caixa D'Água, Mar Desconhecido e Vaquejada.

na mediação e fomentá-la; outra, bem distinta, é saber como fazer a mediação, através das técnicas próprias, ainda mais com crianças e adolescentes.

Além dessas ações, merecem ser ressaltadas as câmaras administrativas de solução de conflitos. A Câmara de Conciliação e Arbitragem da Administração Federal – CCAF, criada na Advocacia Geral da União no ano de 2007, possui ampla atuação na resolução consensual de conflitos, sendo o caso mais importante já solucionado o acordo relativo à correção das aplicações na poupança durante a vigência dos planos econômicos de 1980 e 1990, que envolveu várias entidades representativas dos poupadores e dos bancos e foi homologada pelo Supremo Tribunal Federal.[534]

Tão importante quanto a utilização de mecanismos de solução consensual de conflitos pela Administração Pública para solução de seus litígios, é a sua atuação como mediadora de conflitos, criando e estruturando locais adequados para a realização da mediação.

---

[534] A CCAF é órgão da Consultoria-Geral da União e foi criada pelo Ato Regimental nº 05/2007. Tem sua forma de atuação prevista pelo art. 18 do Decreto Federal nº 7.392/2010 e pela Portaria AGU nº 1.281/2007. O objetivo principal da CCAF é evitar e solucionar litígios entre órgãos e entidades da Administração Pública Federal e destes com a Administração Pública Estadual, ou do Distrito Federal e Municipal. A respeito da CCAF e análise dos casos a ela submetidos: SALVO, Silvia H. P. G. Johonsom di, *Op cit.*

4. Arbitragem e Administração Pública

Dos meios alternativos ao Poder Judiciário para solução de conflitos envolvendo o Poder Público, passa-se a analisar a arbitragem como meio adequado. Não se pretende abordar todas as questões essenciais e polêmicas que se relacionam ao tema, mas as principais delas.

Ressalte-se que o assunto tem recebido boa atenção da doutrina nacional e apreciação pelo Poder Judiciário em casos concretos. A despeito disso, pretende-se dar a pequena contribuição adiante.

4.1. Notas Introdutórias à Arbitragem

Arbitragem é um mecanismo ou técnica de solução de controvérsias instaurada pelas próprias partes, mediante a intervenção de terceiro ou terceiros, expressamente autorizado ou autorizados pelos litigantes.[535][536] Meio de heterocomposição de controvérsia que envolve direitos patrimoniais disponíveis, é um mecanismo vocacionado para solucionar questões que envolvam elevada complexidade técnica e normalmente substancial

---

[535] CRETELLA NETO, José. *Curso de Arbitragem: arbitragem comercial, arbitragem internacional, Lei brasileira de arbitragem, Instituições Internacionais de arbitragem, Convenções Internacionais sobre arbitragem.* Rio de Janeiro: Forense, 2004, p 11. V. item 2.3.4.

[536] Sem entrar em detalhes históricos da arbitragem, vale notar que na Epístola aos Coríntios (Capítulo I, Versículo 6), o Apóstolo São Paulo indica os dois trações característico do juízo arbitral: a) a livre escolha do árbitro pelas partes; e b) o tipo de árbitro que deve ser da mesma fé (religião, classe, casta) ou que adote os mesmos princípios das partes. No Brasil, a Constituição de 1824 já previa no art. 164 a possibilidade das partes nomearem árbitros para causas cíveis e nas penais civilmente intentadas (Cf. CRETELLA NETO, José, *Curso de Arbitragem*, cit., pp. 7 e 22).

quantia em dinheiro, de maneira muito mais célere que o processo judi-cial.[537] Permite um exame mais detido e especializado para cada caso, por árbitros escolhidos pelas próprias partes.[538]

A convenção de arbitragem produz, como um de seus principais efeitos, a exclusão da jurisdição estatal, diante da opção das partes de submeter eventual conflito a uma solução privada, em oposição aos mecanismos estatais de solução de controvérsias. Vale dizer, as partes realizam um ver-dadeiro *opt out* do sistema de Justiça estatal.[539]

José Cretella Neto ensina que o emprego da arbitragem ao longo da História pode ser agrupado segundo cinco espécies básicas de litígios, de acordo com a natureza das partes envolvidas: (i) entre Estados[540]; (ii) entre Estado e particular nacional[541]; (iii) entre Estado e particular

---

[537] A lei de arbitragem prevê o prazo de 6 meses para apresentação da sentença, contado da instituição da arbitragem ou da substituição do árbitro. Todavia, é sabido que na prática esse prazo tem sido bem maior, podendo passar de 2 ou 3 anos. De toda sorte, a arbitragem é mais célere que o processo judicial porque o árbitro, em regra, tem mais tempo para se dedicar ao caso do que o juiz togado, as regras processuais são mais maleáveis na arbitragem e os árbitros detêm conhecimentos técnicos que facilitam a compreensão da controvérsia.

[538] Carlos Alberto Carmona assim resume as diferenças entre a justiça estatal e a arbitragem: a) enquanto a arbitragem é voluntária, decorrendo da autonomia da vontade dos litigantes, a justiça estatal submete a todos; b) os terceiros, não signatários do acordo de arbitragem, não podem ser obrigados a submeter-se ao Tribunal Arbitral; c) o árbitro possui a jurisdictio, mas não o imperium, de modo que não pode executar suas próprias decisões; d) o processo arbitral não é público; e) a arbitragem não é gratuita, não atuando ali os serviços estatais de defensoria; f) a jurisprudência arbitral não tem efeito vinculante para os árbitros; g) a decisão arbitral é, via de regra, irrecorrível (CARMONA, Carlos Alberto. *Flexibilização do procedimento arbitral*. In *Revista Brasileira de Arbitragem*, n. 24 (Out-Nov-Dez 2009), p. 7.)

[539] SALLES, Carlos Alberto de. *Arbitragem e Poder Judiciário*. In SALLES, Carlos Alberto de; LORENCINI, Marco Antonio Garcia Lopes; ALVES DA SILVA, Paulo Eduardo (Coord.), *Negociação, Mediação e Arbitragem – Curso Básico para Programas de Graduação em Direito*. São Paulo; Método, 2012, p. 209. Salles enaltece que esse *opt out* da jurisdição estatal, no entanto, não se verifica de maneira direta e autoevidente, estando embutida em uma construção jurídica de alguma sofisticação, baseada em um cruzamento de regras e princípios próprios do universo jurídico da arbitragem. Essa construção é, também, responsável por um isolamento da jurisdição arbitral de ataques pela via judicial, o que poderiam comprometer o funcionamento e efetividade desse meio de solução de controvérsias.

[540] Regida por normas de Direito Internacional Público, tendo por fontes, principalmente, os tratados e os costumes internacionais.

[541] Quando o Estado celebra contrato com particular sujeito à jurisdição estatal e o instrumento prevê o emprego da arbitragem.

estrangeiro[542]; (iv) entre particulares sujeitos a ordenamentos jurídicos diversos[543]; e (v) entre particulares sujeitos ao mesmo ordenamento jurídico[544]. O presente estudo tratará das arbitragens envolvendo o Estado e particular, à qual se aplicará o direito nacional.

Um fator que precisa ser concretamente ponderado em cada caso é o custo envolvido em um processo arbitral. Normalmente, as despesas judiciais são inferiores às despesas de uma arbitragem, especialmente em relação à Fazenda Pública, que não paga custas e emolumentos processuais por previsão legal, salvo se vencida.[545] [546]

---

[542] Quando o Estado contrata com particular estrangeiro, celebrando contrato internacional, e o instrumento prevê o emprego da arbitragem, aplicando-se a lei material previamente estabelecida pelas partes; é a chamada arbitragem mista, instaurada com frequência para solucionar litígios surgidos por força de contratos internacionais ou investimentos estrangeiros.

[543] Nesse caso, o contrato guarda correlação com mais de um ordenamento jurídico, devendo a controvérsia ser submetida a normas materiais e procedimentais previamente escolhidas pelas partes; trata-se de arbitragem de Direito Internacional Privado, chamada também de *arbitragem impropriamente internacional,* pois costuma ser feita com base nas leis de um único país.

[544] A arbitragem aplica-se a controvérsias entre partes sujeitas a um único sistema jurídico, o nacional (CRETELLA NETO, José, *Curso de Arbitragem*, cit., p. 16).

[545] O art. 91 do NCPC prevê que as despesas dos atos processuais praticados a requerimento da Fazenda Pública serão pagas ao final do processo, pelo vencido. O § 1º do art. 91 do NCPC previu a possibilidade de adiantamento de honorários periciais. Frise-se que a Fazenda Pública está dispensada do pagamento de *custas e emolumentos judiciais,* que ostentam natureza tributária (taxa). Só não está liberada do dispêndio com as *despesas em sentido estrito,* que se destinam a remunerar terceiras pessoas acionadas pelo aparelho judicial, no desenvolvimento da atividade do Estado-juiz (ex. honorários do perito e o transporte do oficial de justiça e a postagem de comunicações processuais). Porém, ao final, se for vencida, a Fazenda Pública terá que arcar com as custas e emolumentos judiciais, exceto se a União tiver convênio com o Estado onde tramitou a ação para liberá-la de tal despesa, ou se a causa tiver tramitado na Justiça Federal, onde há isenção de custas à União, Estados, Municípios, Territórios, Distrito Federal e respectivas autarquias e fundações (art. 4º, inc. I da Lei nº 9.289/96). Por fim, a União, Estados, DF, Municípios, respectivas autarquias e o Ministério Público são isentos de preparo nos recursos, nos termos do art. 1007, § 1º, do NCPC, tendo o NCPC expressamente dispensado também do porte de remessa e retorno (Cf. CUNHA, Leonardo José Carneiro, *A Fazenda Pública em Juízo,* cit., pp. 117-121 e 145).

[546] O Centro de Arbitragem e Mediação – CAM da Câmara de Comércio Brasil-Canadá – CCBC, por exemplo, atualmente cobra R$ 4.000,00 (quatro mil reais) de taxa de registro, a partir de R$ 50.000,00 (cinquenta mil reais) por parte de taxa de administração (varia de acordo com o valor da disputa), e a partir de R$ 75.000,00 (setenta e cinco mil reais) de honorários por árbitro (varia de acordo com o valor da disputa), além das custas relacionadas ao fundo de despesas, honorários periciais. Uma causa de R$ 10.000.000,00 (dez milhões de

A utilização da arbitragem pela Administração possui uma série de questionamentos e dificuldades práticas, que vêm sendo enfrentadas no campo teórico e na prática, com bons resultados.[547]

A arbitragem foi finalmente regulamentada no Brasil pela Lei Federal nº 9.307/96.[548] [549] O Supremo Tribunal Federal repudiou, em 2001, a alegação de inconstitucionalidade do instituto através do julgamento do

---

reais), por exemplo, vai custar R$ 291.000,00 (duzentos e noventa e um mil reais) ao requerente e R$ 287.000,00 (duzentos e oitenta e sete mil reais) ao requerido, num painel de 3 (três) árbitros, e R$ 152.400,00 (cento e cinquenta e dois mil e quatrocentos reais) para o requerente e R$ 148.400,00 (cento e quarenta e oito mil e quatrocentos reais) para o requerido, com árbitro único (fonte: <http://ccbc.org.br/cam-ccbc-centro-arbitragem-mediacao/resolucao-de-disputas/arbitragem/tabela-despesas-calculadora/>, acesso em 29/09/2018.

[547] A arbitragem se apresenta como cláusula essencial para atrair investidores estrangeiros para negócios com os estados nacionais, dentre outros motivos, por preocupações com neutralidade de juízo, especialidade do julgador e celeridade. Daí se distinguem dois grupos de países receptores de investimentos estrangeiros. De um lado, aqueles tradicionalmente favoráveis à arbitragem, como na América Latina o Chile, Colômbia e Peru, com fluxo constante de investimentos de fora. Do outro, países como Bolívia e Venezuela, que tinham sistemas simpáticos à arbitragem, mas após postura mais nacionalista, mudaram de posição, inclusive denunciando tratados de proteção de investimento estrangeiro. A arbitragem oferece um foro neutro e relativamente rápido para o investidor reclamar direito eventualmente violado, com decisão que pode ser executada tanto internamente quanto no exterior. O Brasil está no grupo pró-arbitragem, porém não ratificou a Convenção de Washington de Proteção de Investimentos Estrangeiros e os seus tratados bilaterais de investimentos mais recentes, com Angola e Moçambique, estabelecem arbitragem voluntária, fugindo do padrão do sistema obrigatório do Banco Mundial (ICSID).

[548] De início, a arbitragem foi adotada pela comissão encarregada de redigir o anteprojeto de 1981 como uma forma de alívio à sobrecarga do Poder Judiciário. Isso denota que desde aquela época já havia o sentimento de que era preciso encontrar alternativas ao Judiciário. Após o anteprojeto de 1981, sobrevieram os anteprojetos de 1986, 1988, a *Operação Arbiter* por iniciativa do Instituto Liberal de Pernambuco (1991) e o anteprojeto de 1992 que resultou na Lei aprovada em 1996. A experiência acabou por mostrar que, na maior parte dos Estados, as partes não se socorreram da arbitragem para resolver as controvérsias de menor complexidade levada aos Juizados, sendo certo que também não houve, país afora, uma explosão de causas arbitrais que pudesse revelar uma preferência da população pela via arbitral em detrimento do processo estatal (CARMONA, Carlos Alberto, *Arbitragem e Processo*, cit., p. 3).

[549] A lei de arbitragem se compõe de 7 capítulos e 44 artigos. Ainda que fosse recomendável que tivesse sido inserida no CPC, como ocorreu com Itália e França, a tarefa se mostrou impossível, pois tal não favoreceria a clareza das normas. Optou o legislador por estabelecer as regras em diploma apartado, revogando todo o Capítulo XIV, Título I do Livro IV do CPC e também o Capítulo X, Título II do Livro III do antigo Código Civil (CARMONA, Carlos Alberto, *Arbitragem e Processo*, cit., p. 14).

Agravo Regimental em Sentença Estrangeira 5.206/Espanha, de relatoria do Ministro Sepúlveda Pertence e voto vencedor proferido pelo Min. Nelson Jobin.[550] [551]

Neste sentido, a Lei de Arbitragem prevê a equivalência de efeitos entre cláusula compromissória e compromisso arbitral (convenção de arbitragem), eficácia da sentença arbitral independentemente de homologação pelo Poder Judiciário e fim do critério da dupla homologação das sentenças arbitrais estrangeiras.

O Código Civil de 2002, nos artigos 851 e 852, reforça a premissa do artigo 1º da Lei nº 9.307/96 de que é possível fiar-se em árbitros, desde que os contratantes tenham capacidade de contratar e desde que o litígio não diga respeito a questões de estado, de direito pessoal de família e de outras questões que não tenham caráter estritamente patrimonial.

De outra parte, o Novo Código de Processo Civil prevê no artigo 3º, § 1º, que é permitida a arbitragem, na forma da lei. Considerando que o *caput* do mesmo artigo 3º prevê que *não se excluirá da apreciação jurisdicional ameaça ou lesão a direito*, a colocação deste parágrafo no contexto da inafastabilidade da jurisdição reforça a jurisdicionalidade da arbitragem.

A jurisdicionalidade da arbitragem, aliás, é tema que já foi debatido na doutrina, mas que, atualmente, é praticamente pacífico. O art. 31 da lei determina que a decisão final dos árbitros produz os mesmos efeitos da sentença estatal, constituindo a sentença que reconheça obrigação de fazer, não fazer, dar coisa ou pagar quantia[552] título executivo da categoria

---

[550] Naquele momento, consolidaram-se duas mudanças fundamentais em relação ao regime até então aplicável à arbitragem, quais sejam: (i) possibilidade de execução específica da convenção de arbitragem; e (ii) a equiparação dos efeitos da sentença arbitral e da sentença judicial, ambas sendo tratadas como títulos executivos judiciais (GUERRERO, Luis Fernando. *Convenção de Arbitragem e Processo Arbitral*. In SALLES, Carlos Alberto de; LORENCINI, Marco Antonio Garcia Lopes; ALVES DA SILVA, Paulo Eduardo (Coord.), *Negociação, Mediação e Arbitragem – Curso Básico para Programas de Graduação em Direito*. São Paulo; Método, 2012, p. 180).

[551] Também há precedentes do STJ sobre o tema: Resp 712.566/RJ, rel. Min. Nancy Andrighi, DJ 05.09.2005, 3ª Turma; MS 11.208/DF, rel. Min. Luiz Fux, DJ 19.05.2008, 1ª Seção; SEC 1.210/GB, rel. Min. Fernando Gonçalves, DJ 06.08.2007, Corte Especial; REsp 612.439/RS, rel. Min. João Otavio de Noronha, 2ª Turma; SEC 3.253/EX, rel. Min. Nilson Naves, DJ 27.05.2010, Corte Especial (Cf. SALLES, Carlos Alberto de. *Arbitragem e Poder Judiciário*, cit., p. 208, nota 3).

[552] A respeito da eficácia executiva das sentenças declaratórias e igualmente dessa qualidade da sentença declaratória arbitral, vide nossa Dissertação de Mestrado *Eficácia Executiva das Sentenças Declaratórias*, defendida em 2012 na Faculdade de Direito da USP.

judicial. O legislador optou por adotar a tese da jurisdicionalidade da arbitragem, pondo termo à atividade homologatória do juiz estatal. O artigo 515, inciso VII do NCPC prevê a sentença arbitral como título executivo judicial.[553]

A esse respeito, Dinamarco afirma que hoje é imperioso entender que a jurisdicionalidade é inerente à própria arbitragem, prescindindo das vicissitudes da legislação ou mesmo das opções do legislador. O que há de fundamental é o reconhecimento da função de pacificar pessoas mediante a realização de justiça, exercida tanto pelo juiz togado, quanto pelo árbitro. Neste sentido, afirma ser lícito até inverter os polos do raciocínio de Carmona, para dizer que a equiparação dos efeitos da sentença arbitral à sentença judicial e a definição da primeira como título executivo judicial *sejam um imperativo ou um reflexo da natureza jurisdicional da arbitragem* e não um fator dessa jurisdicionalidade.[554]

Ainda segundo Cândido Rangel Dinamarco, uma adequada percepção do sistema como um todo, associada a uma perspectiva histórica dos institutos, permite até que se veja de um modo um pouco diferente as relações entre a jurisdição estatal e a arbitral, porque é socialmente mais conveniente resolver os conflitos mediante um prévio entendimento entre as partes, dispondo-se estas a aceitar a solução a ser fornecida por um sujeito da escolha de ambas. De sorte que convencionar uma arbitragem é assumir uma posição menos belicosa do que recorrer desde logo à *ultima ratio* representada pela provocação do exercício da jurisdição pelos juízes togados.[555]

A propósito, o estudo da arbitragem resultou numa ciência própria dos arbitralistas, que está em perspectiva *diametralmente oposta* a de processualistas como Dinamarco, conforme o próprio autor afirma na sua obra sobre

---

[553] Ao final do procedimento, será proferida a sentença arbitral. A nomenclatura utilizada pela lei é *sentença*, em detrimento de *laudo*, anteriormente utilizado pelo CPC de 1973. A sentença arbitral conterá basicamente os mesmos requisitos da sentença judicial: relatório, no qual as partes serão qualificadas e se fará um resumo do objeto da arbitragem e de todos os fatos relevantes ocorridos; motivação, onde serão esclarecidos os fundamentos da decisão; e por fim o dispositivo, onde os árbitros estabelecerão o preceito, resolvendo as questões que lhes foram submetidas, acompanhado de local e data, para se aferir a nacionalidade da decisão (art. 26). Por outro lado, é permitido às partes, durante a arbitragem, chegarem a um acordo, que será homologado pelo árbitro em sentença.

[554] DINAMARCO, Cândido Rangel. *A Arbitragem na Teoria Geral do Processo*. Malheiros: São Paulo, 2013, p. 13/14.

[555] DINAMARCO, Cândido Rangel. *A Arbitragem na Teoria Geral do Processo*. cit., p. 13/14.

arbitragem na teoria geral do processo. Para Dinamarco, assim como o direito processual arbitral jamais chegará a um nível satisfatório de excelência científica quando visto sem os aportes da teoria geral do processo, assim também essa teoria geral jamais será metodologicamente legítima enquanto se preocupar somente com os fenômenos inerentes à jurisdição estatal, sem considerar a jurisdição dos árbitros.[556]

O desenvolvimento da arbitragem no Brasil pode ser creditado a alguns fatores, dentre os quais a edição da Lei nº 9.307/96, a declaração de constitucionalidade da lei pelo STF na SE 5.206/EP, a ratificação pelo Brasil da Convenção de Nova Iorque de 1958, internalizada pelo Decreto nº 4.311/2002 – a qual concede aos países signatários a execução imediata de suas sentenças arbitrais no país – e o assentamento de jurisprudência favorável à arbitragem, especialmente no STJ. Certamente, o advento da Lei nº 13.129/15 será mais um fator de impulsão do mecanismo de solução de conflitos, especialmente ao Poder Público.

4.2. Arbitragem para Solução de Conflitos Envolvendo o Poder Público

A discussão acerca da possibilidade ou não de a Administração Pública se valer da arbitragem não é recente na doutrina ou na jurisprudência pátria. Desde o início do século passado, juristas como Mendes Pimentel e Rui Barbosa afirmaram a competência da Administração Pública brasileira firmar cláusula compromissória. Ademais, a eleição da arbitragem nos contratos administrativos firmados entre a Administração e os particulares acompanha as concessões de obras e serviços públicos, desde a sua origem nos idos de 1850.[557]

Sobre este assunto, data de 1973 a primeira análise (*leading case*) do Supremo Tribunal Federal, relativa ao importante precedente representado pelo "caso Lage".[558] Neste julgado, o Supremo assentou não ser possível impedir à União submeter questão que possa ser objeto de transação à solução arbitral.

---

[556] DINAMARCO, Cândido Rangel. *A Arbitragem na Teoria Geral do Processo*. cit., p. 13/14.

[557] LEMES, Selma Ferreira, *Arbitragem na Administração Pública*, cit., p. 63/70.

[558] STF, Agravo de Instrumento n. 52.181, Relator Ministro Bilac Pinto, julgado em 14.11.73.

Trata-se de decisão histórica a respeito da possibilidade de submeter-se a União a juízo arbitral.[559] Isso, porque quando o Estado atua fora de sua condição de entidade pública, praticando atos de natureza privada – onde poderia ser substituído por um particular na relação jurídica negocial – a consequência natural é de que pode também firmar um compromisso arbitral para decidir os litígios que possam decorrer dessa contratação.

No caso mencionado, em apertada síntese, a União incorporou ao seu patrimônio por intermédio do Decreto-Lei nº 4.648/42, os bens e direitos da Organização Lage e do espólio de Henrique Lage, sob alegação de interesse da defesa nacional, em estado de guerra. Depois da avaliação dos bens, o Poder Executivo determinou sua venda para pagamento de débitos anteriores com a União, restituindo-se o saldo a seus proprietários, que formularam protesto judicial, propondo a criação de juízo arbitral, o que foi aceito pelo Min. da Fazenda Themístocles Cavalcanti e determinado pelo Presidente da República, Mal. Dutra, pelo Decreto-Lei nº 9.521/46.

Os árbitros proferiram o laudo, fixando indenização que deveria ser paga pela União. Num primeiro momento, a União acatou a decisão dos árbitros, solicitando abertura de crédito especial através de mensagem enviada ao Congresso Nacional. Posteriormente, porém, sob novo governo e com alegação de que o juízo arbitral seria inconstitucional, a União mudou de ideia, razão pela qual os herdeiros propuseram demanda judicial para garantir seus direitos. O pedido foi acolhido em primeira instância, sendo a decisão confirmada pelo Tribunal Federal de Recursos e pelo Supremo Tribunal Federal, todos atestando a possibilidade de o Estado firmar compromisso arbitral.[560]

Além do STF, o Superior Tribunal de Justiça e tribunais locais também já tiveram a oportunidade de analisar a validade da convenção de arbitragem envolvendo o Poder Público, assim como o Tribunal de Contas da União.

---

[559] Segundo Carmona assentou dois pontos: primeiro, na tradição, eis que a arbitragem teria sido admitida em nosso ordenamento, mesmo antes da lei de arbitragem, inclusive nas causas que envolvem a Fazenda. Segundo, na autonomia contratual do Estado, que só poderia ser negada se este *agisse como Poder Público*, hipótese em que o autor sustenta que não haveria margem para a disponibilidade do direito (Cf. CARMONA, Carlos Alberto, *Arbitragem e Processo*, cit., p. 45).

[560] CARMONA, Carlos Alberto, *Arbitragem e Processo*, cit., p. 45.

Carlos Alberto de Salles procurou responder às questões *por que* e *como* utilizar a arbitragem para solucionar controvérsias surgidas em contratos envolvendo a Administração Pública. Em termos gerais, a conclusão do autor foi no sentido de que a utilização da arbitragem para solução de controvérsias contratuais da Administração Pública não encontra óbice em suposto monopólio jurisdicional por parte do Estado. Ao contrário, o autor conclui pela inexistência de uma *reserva de jurisdição* em favor da jurisdição estatal no tocante aos contratos administrativos.[561]

Além disso, referido autor afirma que a Administração pode transacionar ou pactuar a arbitragem e outros meios tendentes a solução dos litígios, vinculando-se validamente a eles, de forma que a renúncia da jurisdição estatal, implícita na convenção de arbitragem, não está vedada à Administração.[562]

Ainda de acordo com Salles, em determinadas situações, a Administração não só pode, como deve submeter-se à arbitragem por ser esse mecanismo mais adequado para solução de determinadas controvérsias. Defende o autor que o juízo de adequação é matéria própria do Direito Processual, colocando-lhe o desafio de abrir o estudo de seu peculiar objeto às considerações de fatores externos, determinantes das políticas contidas em determinadas escolhas ligadas, essencialmente, à disciplina jurídica do processo.[563]

A despeito da razoável produção sobre o assunto, as alterações promovidas pela Lei nº 13.129/15 permitiram novas análises e reflexões sobre a arbitragem e Poder Público, inclusive sobre o âmbito de utilização deste mecanismo, para além dos contratos administrativos, pois a Lei de Arbitragem não restringe sua utilização para relações contratuais, mas abrange qualquer conflito que envolva direitos patrimoniais disponíveis.

---

[561] SALLES, Carlos Alberto de. *Arbitragem em Contratos Administrativos*, cit., p. 1.

[562] SALLES, Carlos Alberto de, *Arbitragem em Contratos Administrativos*, cit., p. 2. Ainda segundo o autor, o desafio colocado é, exatamente, equilibrar as exigências de direito público com as características propiciadoras da agilidade, qualidade e eficiência desse mecanismo de solução de controvérsias. Para tanto, propõe confinar aqueles condicionamentos aos princípios constitucionais, explícitos e implícitos, que delimitam o próprio modo de funcionamento do Estado brasileiro contemporâneo.

[563] SALLES, Carlos Alberto de, *Arbitragem em Contratos Administrativos*, cit., p. 3. Segundo o autor a utilização da arbitragem nesses casos é condizente com modo contemporâneo de atuação do Estado e com as finalidades de certas estratégias de gestão estatal.

Em estudo detalhado sobre o tema, Bruno Lopes Megna abordou o processo arbitral devido e adequado ao regime jurídico administrativo. Quanto à adequação, do ponto de vista jurídico-material, afirma que as relações contratuais são aquelas mais vocacionadas para a solução arbitral, e convém à Administração consolidar a prática neste âmbito antes de se aventurar em outros. Do ponto de vista jurídico-processual, sustenta que a especialização do julgador, a flexibilidade procedimental e a celeridade são os fatores de mais destaque na opção pela arbitragem. Do ponto de vista extrajurídico, afirma que importa fazer a análise econômica da arbitragem nas relações administrativas, considerando, de um lado, a perda de economia de escala ao fugir à própria Justiça estatal e, de outro lado, a redução dos custos de transação provocada pela adoção de uma política de uso da arbitragem como solução de conflitos em certas relações contratuais nas quais se quer coibir comportamentos oportunistas e diminuir o custo do risco de litigar contra o Estado.[564]

A arbitragem garante ao setor público e a seus parceiros privados, especialmente aos investidores estrangeiros, maior segurança jurídica, bem como a tecnicidade das decisões e a celeridade exigida pelos mercados regulados.

Neste contexto, em 2017, a Agência Nacional de Petróleo (ANP) abriu consulta pública (Consulta e Audiência Públicas nº 24/2017) para receber propostas de melhorias para a redação das cláusulas de arbitragem nas

---

[564] MEGNA, Bruno Lopes. *Arbitragem e Administração Pública: o processo arbitral devido e adequado ao regime jurídico administrativo*, cit., p. 309/310. O autor teve por escopo responder à seguinte questão: quais são as condições jurídicas *devidas* para que a arbitragem se apresente como um método *adequado* de solução de conflitos da Administração Pública brasileira, tendo em vista o regime jurídico a que ela está submetida enquanto sujeito de direitos materiais e processuais? Ao final, responde a pergunta com a seguinte conclusão: "O processo arbitral *devido* à Administração é aquele que observa o 'regime jurídico administrativo', assim compreendido não como um 'regime de autoridade', mas simplesmente um conjunto de regras especiais a que este sujeito de direito *também* está submetido, sem prejuízo das demais regras do ordenamento. Este regime condiciona as *opções* que se pode fazer na convenção arbitral e, consequentemente, influencia no modo de ser do processo arbitral, cujas regras não só advém da convenção arbitral como, em alguns casos, advém diretamente da lei, na medida em que o 'estatuto social' deste sujeito de direitos se confunde com a própria 'legalidade'. O processo arbitral *adequado* à Administração, por sua vez, será aquele que considerou estas limitações ao se optar pela arbitragem e ao regulamentar o seu modo ser, levando à arbitragem aquelas demandas que efetivamente terão melhor tratamento nesta via, sobretudo tendo em vista o ganho de especialização material (com árbitros especialistas) e processual (com procedimento adaptado) que com ela se pode obter." (p. 316).

minutas de contratos de exploração e produção de petróleo. Inclusive, a ANP mostra-se pioneira nesta área desde a época de sua criação, em 1997, sendo então a única Agência Reguladora a admitir a inclusão expressa de cláusula arbitral nos contratos de concessão.

Em maio de 2018, a Agência Nacional de Transportes Terrestres (ANTT) realizou audiência pública (Audiência Pública nº 4/2018) para discutir proposta de regulação do procedimento de resolução de conflitos nos setores ferroviário e rodoviário sob regulação da ANTT. A proposta da ANTT prevê um procedimento escalonado de mediação e arbitragem, aplicável aos contratos já celebrados e aos futuros contratos.

Por fim, em julho de 2018, a Agência Nacional de Aviação Civil (ANAC) submeteu à audiência pública (Audiência Pública nº 11/2018) as minutas de Edital de Licitação e Contrato de Concessão relativos à concessão da ampliação, manutenção e exploração de alguns aeroportos nacionais, apresentando ajustes às cláusulas compromissórias.

Como se percebe, há uma tendência das agências reguladoras de prestigiar a arbitragem e, neste contexto, buscar o diálogo com a sociedade. Essa postura transparente e aberta é essencial ao aperfeiçoamento da arbitragem no setor público, haja vista a necessidade de conjugar o interesse público e a segurança jurídica nos contratos deste setor, sobretudo para atrair investimentos privados, inclusive estrangeiros.[565]

Da mesma forma, nos editais de concessão publicados pela Prefeitura do Município de São Paulo em 2018, tais como o do estádio do Pacaembu e do Parque do Ibirapuera, foram previstas cláusulas escalonadas de solução de disputas com mediação, Comitê de Solução de Disputas e arbitragem. Também houve prévia consulta pública, com oportunidade de participação da sociedade civil e dos interessados na licitação.

Espera-se, dessa maneira, garantir meios de solução de conflitos mais adequados à realidade do mercado no século XXI e dinamizar o crescimento da economia brasileira.

Há, evidentemente, algumas adaptações que devem ser feitas quando se trata da participação estatal na arbitragem. A Administração Pública, de qualquer dos poderes, está submetida aos princípios previstos no art. 37

---

[565] Cf. L.O. Baptista Advogados, *As agências reguladoras e arbitragem*, Ano 12, # 159, agosto 2018, disponível em <http://news.baptista.com.br/news/Texto.aspx?Texto=2381>, acesso em 30/09/2018.

ARBITRAGEM, MEDIAÇÃO E OUTROS MÉTODOS DE SOLUÇÃO DE CONFLITOS

da Constituição Federal, a saber: legalidade, moralidade, publicidade, impessoalidade e eficiência. Diante disso, a arbitragem que envolva o Poder Pública não pode ser sigilosa, nem confidencial, em razão da necessidade de observância ao princípio da publicidade. Além disso, em virtude do princípio da legalidade, não é possível a arbitragem por equidade. A arbitragem será sempre de direito, nos termos do § 3º do art. 2º da LA.[566]

4.2.1. Previsão Legal

A Lei Federal nº 13.129/2015 inseriu no ordenamento jurídico a previsão expressa de que a administração pública direta e indireta pode se valer da arbitragem para resolver conflitos que envolvam direitos patrimoniais disponíveis, através do § 1º do artigo 1º da Lei de Arbitragem.[567]

Essa alteração promovida pelo legislador foi muito importante por vários motivos. Primeiro, porque encerrou com uma discussão que se arrastava acerca da possibilidade ou não da Administração se utilizar desse mecanismo de solução de conflitos. Segundo, porque passou a reconhecer expressamente no ordenamento jurídico que a Administração possui, sim, direitos patrimoniais disponíveis, afastando o equivocado entendimento de que a indisponibilidade do interesse público vedaria a possibilidade da arbitragem ao Poder Público. Conforme explanado anteriormente, não se confundem a indisponibilidade do interesse público com a disponibilidade de direito patrimonial.[568]

Durante a tramitação do Projeto de Lei no Congresso Nacional, tentou-se incluir na Câmara dos Deputados a obrigação de o Estado regulamentar o procedimento arbitral, o que gerou grande preocupação, pois submeteria a validade da inovação legal à eventual regulamentação pelo Poder Executivo. Felizmente, a tentativa restou frustrada, mas gerou como resquício um

---

[566] CUNHA, Leonardo Carneiro da. *Op cit.*, pp. 648/649.

[567] O Decreto-Lei nº 2.300/1986, que disciplinava as licitações e contratos na Administração, previa no art. 45, parágrafo único, que contratos com pessoas físicas ou jurídicas estrangeiras deviam prever competente o foro do Distrito Federal para dirimir qualquer questão contratual, vedada a instituição de juízo arbitral. No ano seguinte, foi promulgado o Decreto-Lei nº 2.348/1987 que alterou o primeiro DL mencionado e possibilitou a utilização de arbitragem em algumas hipóteses de licitação internacional. Com a edição da Lei nº 8.666 em 1993, o DL nº 2.300 foi revogado. Porém, a Lei nº 8.666 trouxe regra imprecisa e lacunosa, o que acabou por gerar incerteza sobre a possibilidade do uso da arbitragem.

[568] V. item 2.6.2.

decreto presidencial sobre arbitragem em questões portuárias, contendo uma série de restrições, que têm sido criticadas pelos especialistas.

Posteriormente, a Lei Federal nº 13.303/2016, que dispõe sobre o estatuto jurídico da empresa pública, da sociedade de economia mista e de suas subsidiárias, no âmbito da União, dos Estados, do Distrito Federal e dos Municípios, também conhecida como a Lei das Estatais, previu no artigo 12, parágrafo único, que a sociedade de economia mista poderá solucionar, mediante arbitragem, as divergências entre acionistas e a sociedade, ou entre acionistas controladores e acionistas minoritários, nos termos previstos em seu estatuto social. Ou seja, mais do que poder participar de arbitragens para solucionar conflitos com outras pessoas, o legislador possibilitou a arbitragem para dirimir conflitos societários.

Por outro lado, a possibilidade de realização de arbitragem pela Administração já estava expressamente prevista em diversos dispositivos legais, desde a década de 70 do século passado, o que denota que o legislador já admitia essa possibilidade muito antes da Lei nº 13.129/2015. Citem-se: art. 5º, parágrafo único da Lei nº 5.662/71[569]; art. 11 do Decreto-Lei nº 1.312/74[570]; art. 1º, § 8º, da Lei nº 8.693/93[571]; art. 23-A da Lei nº 8.987/95[572]; art. 93, inc. XV, da Lei nº 9.472/97[573]; art. 43, inc. X, da Lei nº 9.478/97[574]; art. 35, inc. XVI, da Lei nº 10.233/2001[575]; art. 4º, §§ 5º e 6º, da Lei nº 10.848/04[576]; art. 11, inc. III, da Lei nº 11.079/04[577], e

---

[569] Contratos internacionais assinados pelo BNDES – Banco Nacional de Desenvolvimento Econômico e Social.

[570] Operações do Tesouro Nacional com organismos financiadores internacionais.

[571] Aditivos a contratos de crédito externo no caso da previsão de transferência à União das ações no capital da CBTU – Companhia Brasileira de Trens Urbanos e da Trensurb – Empresa de Trens Urbanos de Porto Alegre S.A.

[572] Contrato de concessão de serviço público.

[573] Contrato de concessão de serviço de telecomunicação.

[574] Contrato de concessão de serviço de energia elétrica.

[575] Contrato de concessão de serviço outorgados pela Agência Nacional de Transportes Terrestres – ANTT e pela Agência Nacional de Transportes Aquaviários – ANTAQ para a exploração de infraestrutura.

[576] Conflitos entre agentes integrantes da CCEE – Câmara de Comercialização de Energia Elétrica.

[577] Contratos de PPP – parcerias público-privadas. Cite-se a Lei do Estado de São Paulo, nº 11.688/2004, que também prevê no art. 11 a possibilidade de uso da arbitragem para solução de divergências contratuais.

art. 62, § 1º, da Lei nº 12.815/2013[578], regulamentado pelo Decreto Federal nº 8.465/2015.

Além disso, independentemente das previsões específicas citadas e da alteração promovida pela Lei nº 13.129/2015, a tese da admissibilidade da arbitragem à Administração Pública já era bastante difundida na doutrina, posto que a Lei nº 9.307/1996 sempre lhe foi aplicável.[579]

Importa notar que o Superior Tribunal de Justiça – STJ já definiu que a lei de arbitragem, por ser processual, aplica-se imediatamente, inclusive aos contratos anteriores à lei que previam a cláusula arbitral: *"tratando-se a arbitragem de instituto eminentemente processual, as disposições da Lei 9.307/96 têm incidência imediata nos contratos celebrados antecedentemente, se neles estiver inserida a cláusula arbitral"* (RESP 934.771 – SP).[580] O mesmo preceito deve se aplicar às alterações promovidas pela Lei nº 13.129/2015, ou seja, têm incidência imediata.

Carlos Alberto de Salles, por outro lado, defende que a arbitragem não pode ocorrer em qualquer hipótese, mas somente nas previstas em lei.[581] Tal posição, é importante que se registre, é anterior à edição da Lei nº 13.129/15. Entretanto, outros autores, como Selma Lemes, já afirmavam antes da alteração na lei que não havia necessidade de previsão específica para autorização de utilização da arbitragem pela Administração Pública, posto que a previsão genérica do *caput* do artigo 1º da LA abriu caminho para a Administração Pública igualmente se valer da arbitragem.

---

[578] Contratos relativos ao setor portuário.

[579] A esse respeito, Gustavo Binenbojm: *"Em primeiro lugar, a ausência de uma autorização legal explícita e específica não pode ser considerada per se como óbice à pactuação da cláusula compromissória em contratos da Administração. Tal exigência parte da premissa – equivocada – de que a cláusula de arbitragem constitui um ato de disposição da Administração Pública, o que é equivocado. A autorização legal (geral e orçamentária) para a realização de despesas pela Administração, mediante celebração de contratos com particulares, importa, a fortiori, a autorização para que o administrador faça uso de todos os meios negociais disponíveis para a melhor consecução dos interesses da coletividade. Assim, v.g., pode a Administração Pública proceder ao acertamento direto de seus conflitos com os particulares, o que não ofende a legalidade. Por igual razão, pode a Administração pactuar a realização de procedimento arbitral, como o meio mais eficiente de solução de suas controvérsias com particulares. Trata-se de um poder implícito ao dever de bem administrar o patrimônio público e promover o interesse público aquele de obrigar-se à solução arbitral de conflitos"* (BINENBOJM, Gustavo. *As Parcerias Público Privadas (PPPs) e a Constituição*. RDA 241, Rio de Janeiro: Renovar/FGV, julho-setembro/2005).

[580] O principal reflexo foi a obrigatoriedade que a cláusula compromissória ganhou com a lei, posto que anteriormente era entendida apenas como um *pactum nudum*, sem impedir que as partes pleiteassem perante as cortes estatais.

[581] SALLES, Carlos Alberto, *Arbitragem em Contratos Administrativos*, cit., p. 111.

Até por isso, as Câmaras arbitrais estão se preparando para receber e processar causas que envolvam a Administração Pública. A Corte Internacional de Arbitragem da Câmara de Comércio Internacional – CCI de Paris, por exemplo, é uma delas. No Brasil, a Câmara de Comércio Brasil-Canadá – CCBC e a Câmara de Arbitragem Empresarial – Brasil (CAMARB) também admitem a arbitragem com o Poder Público.[582]

No âmbito dos Estados, é referência a lei mineira de arbitragem para a solução de litígio em que o Estado seja parte. A Lei Estadual de Minas Gerais nº 19.477, de 12 de janeiro de 2011, permite ao Estado e órgãos e entidades das administrações estaduais direta e indireta a opção pela arbitragem para solução de conflitos relativos a direito patrimonial disponível, oriundos de contrato, acordo ou convênio. A lei estabelece que o juízo arbitral será sempre instituído por meio de órgão arbitral institucional, inscrito no Cadastro Geral de Fornecedores de Serviços do Estado, preferencialmente com sede no Estado. Determina também que só se admite arbitragem de direito, instaurada mediante processo público.[583]

A lei mineira de arbitragem prevê também que o contrato, acordo ou convênio devem possuir cláusula compromissória cheia, mas admite-se a formulação de compromisso arbitral. O art. 11 dispõe que, no edital de licitação de obra e no contrato público, constará a previsão das despesas com arbitragem, taxa de administração da instituição arbitral, honorários de árbitros e peritos e outros custos administrativos. Tais despesas serão adiantadas pelo contratado quando da instauração do procedimento arbitral. Por tal motivo, os contratos administrativos estão sendo empenhados com o valor das despesas arbitrais incluídas no preço do serviço e, caso seja instaurada a arbitragem, ocorre o pagamento ao contratado mediante a comprovação da realização da despesa.[584]

---

[582] Segundo José Cretella Neto, as principais organizações internacionais dedicadas à conciliação, à mediação e à arbitragem são a *American Arbitration Association* – AAA, a *International Chamber of Commerce* – ICC (*Chambre du Commerce Internationale* – CCI ou Câmara de Comércio Internacional – CCI) e a *United Nations Commission on International Trade Law* – UNCITRAL (CRETELLA NETO, José, *Curso de Arbitragem*, cit., pp. 159-167).

[583] Acerca da constitucionalidade de lei estadual versar sobre arbitragem, v. item 4.2.2.

[584] Informação fornecida pelos representantes da CAMARB no evento VI Colóquio de Direito Administrativo, realizado na Faculdade de Direito da USP em 24/11/2015, organizado pelo Prof. Dr. Gustavo Justino de Oliveira.

4.2.1.1. Legislação Estrangeira

Na legislação estrangeira, também se verifica previsão permissiva à participação estatal na arbitragem. Começando pelo MERCOSUL[585], na Argentina podem ser partes de arbitragem aqueles que podem transacionar, capacidade que é amplamente reconhecida à Administração Pública.[586] No Uruguai, a previsão é no sentido de que não podem submeter-se ao processo arbitral as questões a respeito das quais é proibida a transação, de forma que, a *contrario sensu*, permite-se a arbitragem inclusive para a Administração Pública.[587] Já no Paraguai, a Lei de Mediação e Arbitragem prevê expressamente que o Estado, as entidades descentralizadas, as autarquias e as empresas públicas, assim como as municipalidades, poderão se submeter à arbitragem.[588]

No Chile, é prevista uma Comissão Conciliadora para julgamento de controvérsias ou reclamações que decorram da interpretação ou aplicação dos contratos de concessão de obra pública ou as que resultem de sua execução.[589] No Peru, há previsão expressa permitindo a Administração Pública a se submeter à arbitragem nacional e internacional, relativo a controvérsias derivadas de contratos com nacionais ou estrangeiros domiciliados no país ou fora dele.[590] Outrossim, a lei equatoriana autoriza ao setor público se submeter à arbitragem, mas acrescenta requisitos complementares, como que a relação jurídica terá que ser contratual, que a cláusula compromissória deverá prever a forma de seleção dos árbitros e que o compromisso arbitral deverá ser submetido ao Procurador Geral do Estado.[591]

---

[585] Cumpre lembrar que são Estados Partes do MERCOSUL o Brasil, Argentina, Paraguai e Uruguai. A Venezuela aderiu ao bloco em 2012, mas está suspensa de 2016. Todos os demais países sul-americanos estão vinculados ao MERCOSUL como Estados Associados. A Bolívia, por sua vez, tem o "status" de Estado Associado em processo de adesão (fonte: <www.mercosul. gov.br>, acesso em 30/09/2018).

[586] Art. 738 do CPCCNA (código de processo) e art. 18 da Lei nº 23.982/91 (Cf. SALLA, Ricardo Medina, *Arbitragem e Administração Pública*, cit., p. 82-86).

[587] Arts. 472 e 476 do CGPU (código de processo) e arts. 2153 e 2154 do Código Civil (Cf. SALLA, Ricardo Medina, *Arbitragem e Administração Pública*, cit., p. 136-142).

[588] Art. 2º, parágrafo único da Lei nº 1.879/2002 (Cf. SALLA, Ricardo Medina, *Arbitragem e Administração Pública*, cit., p. 109-111).

[589] Art. 36 do Decreto Supremo – DS nº 900/1996 (Cf. LEMES, Selma. *Arbitragem na Administração Pública*, cit., p. 228).

[590] Art. 4º do Decreto Legislativo nº 1071 de 28 de junho de 2008.

[591] Art. 4º da Codificação 14 de 14 de dezembro de 2006.

Nos Estados Unidos da América, por sua vez, no âmbito do governo federal, há autorização legal para a utilização de arbitragem sempre que as partes consentirem, antes ou depois de uma questão controvertida ter surgido, além de alguns órgãos públicos possuírem autorização legal específica.[592] Carlos Alberto de Salles, a respeito, chama a atenção ao fato de a arbitragem ser pouco utilizada para solução de controvérsias relacionadas a contratos administrativos nos EUA.[593]

A Lei de Arbitragem portuguesa autoriza o Estado e outras *pessoas colectivas* de direito público a celebrar convenções de arbitragem, na medida em que para tanto estejam autorizados por lei ou se tais convenções tiverem por objeto litígios de direito privado.[594]

A Bélgica, por sua vez, prevê que as pessoas públicas podem fazer convenção de arbitragem quando estiver relacionada à formação ou execução de contratos, nos termos da lei ou de um decreto real deliberado pelo Conselho de Ministros.[595]

Na Turquia, há previsão de que a lei de arbitragem também se aplica para solução de disputas por arbitragem internacional, relativas a contratos de concessão de serviços públicos e que contenham elementos estrangeiros, nos termos de lei própria.[596]

A lei da Espanha permite implicitamente a arbitragem com o Estado, quando prevê que na arbitragem internacional que o Estado ou uma sociedade, organização ou empresa controlada por um Estado, seja parte, não poderá este invocar prerrogativas do seu direito interno para esquivar-se das obrigações oriundas da convenção arbitral.[597] [598]

---

[592] *Administrative Dispute Resolution Act* – ADRA de 1996. No âmbito federal, a arbitragem interna nos Estados Unidos é regida pelo *Federal Arbitration Act* – FAA, de 1925 (Cf. SALLES, Carlos Alberto de, *Arbitragem em Contratos Administrativos*, cit., p. 152-161).

[593] Segundo o autor, isso ocorre pois o Judiciário opera de forma razoavelmente eficiente e há amplos mecanismos administrativos para solução de controvérsias (SALLES, Carlos Alberto de, *Arbitragem em Contratos Administrativos*, cit., pp. 160/161 e 168).

[594] Art. 1º, item 5 do Anexo da Lei n. 63/2011 de 14 de dezembro.

[595] Artigo 1676.2 2 do Código Judiciário de 19 de maio de 1998.

[596] Art. 1º da Lei 4.686 de 5 de julho de 2001.

[597] Artigo 2, item 2 da Lei 60/2003.

[598] Alguns dispositivos foram extraídos de levantamento apresentado pelo Professor Dr. Gustavo Justino de Oliveira na disciplina da pós-graduação "Mecanismos de Negociais de Resolução de Conflitos Aplicáveis aos Contratos Públicos: aspectos de direito material e de direito processual", no 1º semestre de 2013.

Por outro lado, a França, por exemplo, veda expressamente a utilização de arbitragem nacional que envolva a Administração Pública, no art. 2060 do Código Civil francês.[599] [600]

4.2.2. Argumentos Contrários à Arbitragem

Na construção da fundamentação jurídica para abrir a porta da arbitragem ao Poder Público, vários argumentos contrários foram apresentados. Na realidade, verifica-se que alguns deles se confundem, tendo por pano de fundo a mesma premissa, relativa à indisponibilidade do interesse público. Ademais, questiona-se como poderia um particular julgar o poderoso Estado.[601]

O primeiro argumento é que ofende a Constituição Federal. No entendimento de Celso Antônio Bandeira de Mello, o art. 23-A da Lei nº 8.987/95, inserido pela Lei nº 11.196/05, é grosseiramente inconstitucional, pois é inadmissível que se possa afastar o Poder Judiciário quando em pauta interesses indisponíveis, como o são os relativos ao serviço público.[602]

---

[599] "Article 2059. Toutes personnes peuvent compromettre sur les droits dont elles ont la libre disposition.
Article 2060. On ne peut compromettre sur les questions d'état et de capacité des personnes, sur celles relatives au divorce et à la séparation de corps ou sur les contestations intéressant les collectivités publiques et les établissements publics et plus généralement dans toutes les matières qui intéressent l'ordre public.
Toutefois, des catégories d'établissements publics à caractère industriel et commercial peuvent être autorisées par décret à compromettre."

[600] Há um decreto de 1978, entretanto, que permite a figura dos *conciliateurs de justice*, assim como o artigo 131-1 e seguintes do Código de Processo Civil francês, alterado em 1995, prevê a atuação dos *médiateurs*, visando a tentativa de solução alternativa ao Judiciário, com autorização do juiz (Cf. LARGUIER, Jean; CONTE, Philippe; BLANCHARD, Christophe, *Droit judiciaire privé*, 20ª edição, Paris: Dalloz, 2010, p. 27).

[601] Ou, por outro lado, envolve poderosas empresas transnacionais e Estados economicamente mais fracos ou subdesenvolvidos, ou ainda juridicamente não muito bem desenvolvidos. José Cretella Neto cita os países árabes produtores de petróleo, cuja riqueza material contrasta com seus sistemas jurídicos arcaicos e muitas vezes regidos por normas religiosas (Cf. CRETELLA NETO, José, *Curso de Arbitragem*, cit., p. 151).

[602] Afirma o autor: "É da mais solar evidência que particulares jamais teriam qualificação jurídica para solver questões relativas a interesses públicos, quais as que se põem em um 'contrato' de concessão de serviço público. Chega a ser grotesco imaginar-se que o entendimento revelado em decisão proferida por sujeito privado possa se sobrepor à intelecção proveniente de uma autoridade pública no exercício da própria competência. Disparate de

Igualmente, ao lecionar sobre a parceria público-privada (PPP) regida pela Lei nº 11.079/2004, afirma o autor que, quando estejam em causa interesses concernentes a serviços públicos, que são indisponíveis, não se admite que "simples árbitros" disponham sobre essa matéria litigiosa, pois ofenderia o papel constitucional do serviço público e a própria dignidade que o envolve.[603]

No mesmo sentido, outro argumento utilizado pelos defensores da vedação da arbitragem à Administração Pública é que esta não atende ao requisito da causa que envolva direitos patrimoniais disponíveis. A razão estaria no princípio geral de Direito Administrativo da indisponibilidade do interesse público pelo administrador, que obstaria a arbitrabilidade neste caso.[604]

Como visto anteriormente, tais argumentos não procedem. Isso porque a indisponibilidade do interesse público não se confunde com disponibilidade de direito patrimonial estatal. Ademais, a própria Lei nº 13.129/2015, ao acrescentar o § 1º ao artigo 1º da Lei de Arbitragem, reconheceu expressamente que a Administração Pública possui direitos patrimoniais disponíveis.

Neste sentido, Marçal Justen Filho sustenta que, a prevalecer o argumento, a Administração Pública nem sequer poderia participar de contratos administrativos, nem se lhe poderia reconhecer autonomia para produzir qualquer manifestação de disposição sobre bens e direitos, pois uma contratação importa a transferência de bens ou direitos da órbita da Administração para a esfera de terceiros.[605]

Ainda relativamente à disponibilidade, há objeções quanto ao uso da arbitragem no caso de prestação de serviços públicos. Como se sabe, a

---

um tão desabrido teor só poderia ser concebido no dia em que se reputasse normal que os motoristas multassem os guardas de trânsito, que os contribuintes lançassem tributos sobre o Estado e os cobrassem executivamente ou em que os torcedores, nos estádios de futebol, colocassem ordem nas forças da polícia, dissolvendo algum ajuntamento delas" (BANDEIRA DE MELO, Celso Antônio, *Curso de Direito Administrativo*, cit., p. 734).

[603] BANDEIRA DE MELO, Celso Antônio, *Curso de Direito Administrativo*, cit., p. 806.

[604] Lucia Valle Figueiredo também se posicionou contrariamente, pois a arbitragem não poderia servir como instrumento para dirimir questões em que está envolvido o interesse público (FIGUEIREDO, Lucia Valle. *Curso de Direito Administrativo*. 6ª ed. rev. atual. e ampl. São Paulo: Malheiros, 2003, p. 106).

[605] JUSTEN FILHO, Marçal, *Comentários à Lei de Licitações e Contratos Administrativos*, cit., p. 653.

titularidade do serviço público é irrenunciável, sendo que este aspecto de seu regime jurídico está, realmente, fora do plexo de direitos negociáveis do Estado. Isso, porém, não significa dizer que tudo o mais que seja relacionado à prestação de serviços públicos não possa vir a ser objeto de contratação e, consequentemente, de compromisso arbitral.[606]

Neste sentido, não se discute que a prestação de serviços públicos pode ser objeto de delegação a particulares, o que se faz mediante contratação. Logo, os direitos oriundos da exploração do referido serviço por terceiros são passíveis de negociação, tais como preços, condições de pagamento, cronograma de investimento, financiamentos etc.[607]

Outro argumento empregado contra a adoção da arbitragem a refuta por considerá-la espécie de transação a respeito do cumprimento da lei. Ao aderir à arbitragem a Administração estaria, inexoravelmente, abrindo mão de parte de seus direitos ou da obediência à lei, o que seria ofensa ao princípio da legalidade estrita.

Referido argumento confunde o meio de obtenção de um acordo com o próprio direito objeto da controvérsia, que será resolvido no acordo. Quando as partes submetem um conflito à arbitragem não estão abrindo mão de seus direitos ou mesmo transigindo. Se estivessem, não haveria arbitragem, pois já teriam desistido do direito objeto do conflito pela desistência ou submissão ou chegado a um acordo através da transação (autocomposição).[608] Ao se valerem da arbitragem, as partes, na verdade, escolhem um juízo privado para pôr termo ao litígio; a arbitragem apontará quem tem razão na disputa, de acordo com a lei, que poderá ser a Administração Pública.

---

[606] SUNFELD, Carlos Ari; CÂMARA, Jacintho Arruda. *O Cabimento da Arbitragem nos Contratos Administrativos*, cit., p. 263.

[607] SUNFELD, Carlos Ari; CÂMARA, Jacintho Arruda. *O Cabimento da Arbitragem nos Contratos Administrativos*, cit., p. 263. Segundo os autores, tudo o que estiver relacionado à exploração econômica do serviço pode ser objeto de contratação e, nesta condição, ter seus conflitos dirimidos por arbitragem, se as partes assim pactuarem.

[608] A esse respeito, confira-se a lição de Eduardo Talamini: *"a arbitragem não é aposta, jogo de azar. Quem remete a solução de sua causa ao processo arbitral não está submetendo ao cara-ou-coroa nem à roleta-russa. Está buscando uma composição para o conflito em um processo pautado em parâmetros objetivos quanto ao seu desenvolvimento e ao conteúdo de suas decisões; um processo em consonância com as garantias do due process of law; um processo em que os julgadores devem ser imparciais e respondem penalmente, como agentes públicos, se não o forem"* (Cf. TALAMINI, Eduardo, *A (in)disponibilidade do interesse público: consequências processuais*, cit., p. 70).

De outra parte, afirma-se que a arbitragem afasta do Judiciário o exame das matérias que são por ele tratadas. Segundo essa premissa, tal efeito seria incompatível com o regime jurídico aplicável aos entes estatais, os quais são submetidos a instrumentos processuais de questionamento dos atos, como a ação popular e a ação civil pública.[609] Ademais, a impossibilidade de haver recurso ao Judiciário configuraria um desrespeito às regras constitucionais dos direitos e garantias individuais (art. 5º, incisos XXXV, LXIX, LXX e LXXIII).

A respeito deste argumento, como já exaustivamente demonstrado, a arbitragem é mecanismo de solução de controvérsias que integra sistema multiportas, também aberto ao Poder Público[610]. Ademais, não só a própria Lei de Arbitragem prevê a possibilidade de revisão judicial das decisões arbitrais viciadas por nulidade, como também é possível que pessoas alheias ao compromisso arbitral venham a levar a juízo as questões que foram nele abrangidas. O controle externo à Administração Pública permite que órgãos como o Tribunal de Contas e o Ministério Público verifiquem a legalidade dos atos administrativos realizados pelo ente estatal, relacionados à arbitragem. O controle da atuação estatal na arbitragem não difere do controle da atuação estatal no processo judicial perante o Poder Judiciário.[611]

Sustenta-se, ainda, que as regras de competência processual no tocante às questões da União seriam de ordem constitucional, de modo que não poderiam ser derrogadas por legislação infraconstitucional.

Ora, aceitação de arbitragem envolvendo pessoa de Direito Público não subverte as regras de competência para as causas em que a Fazenda Pública (federal, estadual, distrital e municipal) seja parte. Isso porque essas regras destinam-se, exclusivamente, a atribuir competência quando o Poder Público litigue perante o juízo estatal, não incidindo quando o ente público tenha convencionado outro meio de solução, que não o estatal.[612]

---

[609] SUNFELD, Carlos Ari; CÂMARA, Jacintho Arruda. *O Cabimento da Arbitragem nos Contratos Administrativos*, cit., p. 254.

[610] V. Capítulo 2.

[611] Na ocorrência de perda de prazo ou apresentação de peça técnica com erros crassos, por exemplo, podem exigir a apuração de responsabilidade funcional. Não se admite, contudo, que o Ministério Público ou o Tribunal de Contas questionem a validade da convenção arbitral – em razão do princípio da competência-competência – ou da sentença arbitral.

[612] AMARAL, Paulo Osternack, *Arbitragem e Administração Pública*, cit., p. 59. O autor pontua, a esse respeito, que o Superior Tribunal de Justiça afirmou que o juízo arbitral não ofende o princípio do juiz natural. Ao contrário, implica realizá-lo, porquanto somente cabível por

Além dos argumentos acima, aqueles que são contrários à utilização da arbitragem pelo Poder Público sustentam ausência de previsão expressa na Lei Geral de Licitações e Contratos (Lei nº 8.666/1993) da possibilidade de utilização da arbitragem como mecanismo de solução extrajudicial de conflitos. Este fato vedaria a arbitragem igualmente por violação ao princípio da legalidade estrita. A Lei nº 8.666/93 também vedaria a arbitragem por prever, no art. 55, § 2º, como cláusula obrigatória dos contratos a fixação do foro da sede da Administração para dirimir qualquer questão contratual, o que impediria tacitamente a arbitragem.

A interpretação da legislação conduz a conclusão diversa. A despeito da inserção do § 1º ao artigo 1º da Lei de Arbitragem pela Lei nº 13.129/15, que encerra a discussão, a legislação sobre contratações públicas não é exaustiva quanto à instituição de modelos contratuais que podem ser empregados pela Administração. Ao contrário, as contratações públicas foram disciplinadas de maneira genérica, prevendo-se cláusulas gerais que deveriam constar em qualquer tipo de pacto, mas sem excluir outras previsões, como a cláusula arbitral. Neste sentido, a Lei de Arbitragem foi dirigida a todas as pessoas, genericamente, sem qualquer discriminação, exigindo-se apenas capacidade de contratar.

No mais, a previsão de cláusula elegendo o foro da sede da Administração como competente para a solução de litígios não afasta a possibilidade de haver arbitragem nos contratos administrativos. Afinal, a eleição de foro – e não de fórum – diz respeito apenas ao local de processamento de demandas judiciais, que podem ser levadas para a arbitragem.

Neste sentido, o dispositivo mencionado não determina que toda e qualquer controvérsia oriunda dos contratos celebrados com a Administração seja dirimida pelo Poder Judiciário, pois, se assim fosse, não poderia haver solução consensual do conflito. O que o texto legal exige é que se as partes tiverem de se valer do Poder Judiciário, será competente o juízo do foro da sede da Administração, e não órgão judicial situado em outra região geográfica. Nada disso é incompatível com a arbitragem.[613]

---

mútua concessão entre as partes (STJ, 1ª seção, AgRg no MS 11.308/DF, rel. Min. Luiz Fux, j. 28/06/2006).

[613] CARMONA, Carlos Alberto, *Arbitragem e Processo*, cit., p. 48. O autor explica que o vocábulo *foro*, na técnica processual, significa território, indicando, portanto, um local (Município ou pluralidade de Municípios sujeitos à competência de um ou vários juízes, ou ainda, como ocorre na Justiça Federal, o espaço geográfico que forma uma seção judiciária) onde o juiz

Em outras palavras, a Lei nº 8.666/93 definiu que, em contratos da Administração, não cabe a previsão de outro foro que não o de sua sede. A Lei não impede, por exemplo, a realização de acordos para resolver possíveis conflitos, como previsto no art. 79, inciso II, relativo à rescisão amigável do contrato.[614]

A disposição acerca do foro é fundamental não apenas para os casos que o litígio, ou parcela dele, diga respeito a direitos indisponíveis – quando não poderá ser dirimido por arbitragem – como também para as hipóteses de cooperação entre o juiz e o árbitro para a imposição de atos de força, para o ajuizamento de eventual ação de execução ou de anulação da sentença arbitral.[615 616]

Ainda sobre este tópico, vale citar que o art. 54 da Lei nº 8.666/93 dispõe que os contratos administrativos regem-se pelas suas cláusulas e preceitos de direito público, aplicando-se-lhes supletivamente os princípios da teoria geral dos contratos e as disposições de direito privado. Ou seja, a própria lei de licitações e contratos respalda a utilização desse meio privado de solução de conflitos.[617]

---

exerce a jurisdição. Sustenta, ainda: "quer a Lei de Licitações apenas isto: que as partes convencionem expressamente que eventuais demandas levadas ao Poder Judiciário sejam decididas na sede da pessoa jurídica de direito público interno (União, Estados, Município, autarquias ou empresas públicas) em eventuais demandas. A questão gira em torno do foro de eleição, ou foro contratual, onde as partes – no que se refere ao território – determinam o local de sua conveniência para solucionar litígios (se o Poder Judiciário vier a ser chamado a atuar)" (p. 48).

[614] SUNFELD, Carlos Ari; CÂMARA, Jacintho Arruda. *O Cabimento da Arbitragem nos Contratos Administrativos*, cit., p. 260.

[615] AMARAL, Paulo Osternack, *Arbitragem e Administração Pública*, cit., p. 62.

[616] O Superior Tribunal de Justiça assim sedimentou, no julgamento do RESP 904.813/PR: *"Ademais, a cláusula de eleição de foro não é incompatível com o juízo arbitral. Dentre as várias razões apontadas pela doutrina, pode-se mencionar: a necessidade de atuação do Poder Judiciário para a concessão de medidas de urgência; para a execução da sentença arbitral; para a própria instituição da arbitragem quando uma das partes não a aceita de forma amigável"* (3ª Turma, rel. Min. Nancy Andrighi, j. 20/10/2011).

[617] *"Art. 54. Os contratos administrativos de que trata esta Lei regulam-se pelas suas cláusulas e pelos preceitos de direito público, aplicando-se-lhes, supletivamente, os princípios da teoria geral dos contratos e as disposições de direito privado".*

Prosseguindo, outro entrave que também é apresentado diz respeito à impugnação judicial autônoma do contrato que contenha cláusula arbitral, que implicaria num óbice intransponível ao prosseguimento da arbitragem.

Entretanto, no caso de haver ação popular ou ação civil pública questionando a validade do contrato, não representa, *per se*, barreira para a instituição ou prosseguimento de arbitragem. Isso porque a decisão judicial, muito embora possa, em tese, chegar a resultado distinto daquele alcançado na arbitragem, não tem o condão de transformar em indisponíveis os direitos nela tratados, na medida em que o contrato, mesmo sendo objeto de questionamento judicial, continuará versando sobre direitos patrimoniais, negociáveis.[618]

Além disso, o art. 25 da Lei de Arbitragem, que previa a suspensão do procedimento arbitral se sobreviesse no curso da arbitragem controvérsia acerca de direitos indisponíveis de que dependesse o julgamento, foi revogado pela Lei nº 13.129/15. Por outro lado, Sundfeld e Câmara defendem que, se porventura, sobrevier sentença judicial que modifique alguma das decisões tomadas na arbitragem, ocorrerá a substituição da ordem proferida pelo juízo arbitral por aquela editada judicialmente.[619]

Por fim, outro argumento pondera que os Estados, Municípios e Distrito Federal não poderiam dispor sobre arbitragem nas suas legislações, ainda que respeitassem as normas gerais nacionais, pois a competência para legislar sobre direito processual é privativa da União, nos termos do art. 22, inc. I da Constituição.

A esse respeito, é preciso notar que, na forma como previsto pelo legislador federal, a Lei nº 9.307/96, com a alteração da Lei nº 13.129/15, dispõe claramente a respeito da possibilidade da Administração Pública se valer da arbitragem. Qualquer previsão de lei estadual, distrital ou municipal em contrário poderá, portanto, ser considerada inconstitucional.

Além disso, o art. 24, inc. XI da Constituição prevê a competência concorrente da União, dos Estados e do Distrito Federal para legislarem concorrentemente sobre procedimentos em matéria processual. Assim, é lícito a esses entes federativos legislarem sobre procedimento em matéria

---

[618] SUNFELD, Carlos Ari; CÂMARA, Jacintho Arruda. *O Cabimento da Arbitragem nos Contratos Administrativos*, cit., p. 261.

[619] SUNFELD, Carlos Ari; CÂMARA, Jacintho Arruda. *O Cabimento da Arbitragem nos Contratos Administrativos*, cit., p. 262.

de arbitragem, sendo-lhes defeso, porém, editar leis com matéria processual, a qual é reservada privativamente à União.[620] [621]

Quanto aos Municípios, a Constituição permite que legislem sobre assuntos de interesse local e que suplementem a legislação federal e a estadual, no que couber (art. 30, incs. I e II, CF). Neste sentido, a interpretação deste artigo em conjunto com os demais dispositivos mencionados leva à conclusão de que lei municipal que discipline o processo arbitral ou o procedimento da arbitragem, envolvendo ou não o Poder Público, pode ser considerada inconstitucional.

A doutrina majoritária, no entanto, tem se posicionado favoravelmente à possibilidade de utilização da arbitragem pela Administração Pública e tem se empenhado para estabelecer os limites para sua utilização. É o que se tentará fazer adiante.

4.2.2.1. Posição do Tribunal de Contas da União – TCU

O Tribunal de Contas da União – TCU se posicionou de forma restritiva à utilização da arbitragem para solução de litígios envolvendo a Administração Pública. Inicialmente, em consulta formulada pelo Ministério de Minas e Energia, que gerou o TC 008.217/93-9 em 1993, a corte de contas considerou inadmissível a utilização do juízo arbitral em contratos administrativos por falta de autorização legal e ofensa aos princípios básicos de direito público (Plenário, rel. Min. Homero Santos, Decisão 286/93, Ata 29/93, DOU de 04-08-93, p. 11.192).[622]

---

[620] A esse respeito, cite-se novamente a Lei Mineira de Arbitragem (Lei nº 19.447/11), que prevê a possibilidade de o Poder Público se valer da arbitragem. Segundo Paulo Osterneck Amaral, a lei é constitucional, pois versa sobre Direito Administrativo, vinculante apenas aos agentes públicos mineiros. Por conta disso, sustenta que o desrespeito às suas normas não invalidará a sentença arbitral, mas somente repercutirá na esfera administrativa, no âmbito interno do Estado, órgão ou entidade da Administração Pública direta ou indireta envolvida na arbitragem. O único efeito prático decorrente da infringência da lei, para o autor, será a apuração da responsabilidade do agente público que violou a determinação legal a que estava vinculado (cit., p. 70/72).

[621] Para o estudo de processo e procedimento, v. BERALDO, Maria Carolina Silveira, *Processo e Procedimento à luz da Constituição Federal de 1988: Normas Processuais e Procedimentais Civis*, Tese de Doutorado apresentada à Universidade de São Paulo, 2015.

[622] GROTTI, Dinorá Adelaide Musetti. *A Arbitragem e a Administração Pública*, cit., pp. 150/151. Segundo a autora, o TCU centrou a questão à luz do Decreto-lei 2.300/86 (que regia as

Por outro lado, dois anos depois, o mesmo TCU admitiu a arbitragem em contrato de concessão, apenas com a ressalva de que não fossem incluídas cláusulas que não observem estritamente o princípio da legalidade e a indisponibilidade do interesse público (decisão 188/95, TC 006.098/93-2, rel. Min. Paulo Affonso Martins de Oliveira, DOU 22/05/1995), apesar de não ter ficado claro o alcance dessa limitação. Neste caso, ao analisar o pedido de reexame da Decisão 763/94 sobre o procedimento licitatório para concessão da exploração da Ponte Rio-Niterói, o TCU entendeu que a Lei nº 8.987/95 conferiu base legal para a utilização da arbitragem. Porém, equivocadamente considerou a arbitragem como "modo amigável de solução de divergências contratuais".

Posteriormente, voltou atrás. Em representação formulada pela Federação Nacional dos Engenheiros e por parlamentares, num caso relacionado à Comercializadora Brasileira de Energia Comercial – CBEE, vinculada ao Ministério de Minas e Energia, considerou sem amparo legal a cláusula arbitral, sustentando que o texto da Lei nº 10.433/02 – que autoriza as empresas públicas e sociedades de economia mista, suas subsidiárias ou controladas titulares de concessão, permissão e autorização, a utilizarem arbitragem – refere-se apenas à energia comercializada no âmbito do Mercado Atacadista de Energia Elétrica – MAE, não se aplicando a outras avenças entre seus agentes. Decidiu também o TCU que não se pode falar em direito disponível num contrato onde o bem tutelado é a energia elétrica emergencial, de interesse coletivo (TC 005.250/2002-2, Segunda

---

licitações e contratos da Administração Federal), cujo parágrafo único do art. 45, permitia o juízo arbitral apenas nos casos de contratação referidos no parágrafo 13 do art. 25 do mesmo Decreto-lei, quando o contratado fosse pessoa física ou jurídica domiciliada no estrangeiro. Registrou que a Lei 8.666/93, que revogou o Decreto-lei 2.300/86, cujo parágrafo 6º do art. 32 e parágrafo 2º do art. 55 guardam correlação, respectivamente, com os citados parágrafo único do art. 45 do Estatuto revogado, não repetiu-lhes o exato teor, deixando de admitir expressamente até mesmo aquela hipótese de juízo arbitral contemplada anteriormente. Entendeu o TCU que os árbitros não tinham competência para decidir sobre contratos administrativos internos, na falta de autorização legal específica, fundando-se em uma série de princípios de direito público, dentre eles (i) o da supremacia do interesse público sobre o privado, (ii) o da indisponibilidade do interesse público pela Administração, (iii) o da inalienabilidade dos direitos concernentes a interesses públicos, (iv) o do controle administrativo ou tutela, e (v) o da vinculação do contrato ao instrumento convocatório e à proposta que lhe deu origem.

Câmara, rel. Min. Ubiratan Aguiar, Acórdão 584/2003, j. 10/04/2003, DOU 28/04/2003).

Já no Acórdão 587/2003, o TCU determinou ao DNIT que suprimisse as cláusulas do edital de licitação que mencionavam a arbitragem, por serem contrárias ao art. 1º da LA e ao interesse público, e, portanto, nulas (TC 004.031/2003-0, Rel. Min. Adylson Motta, j. 28/05/2003).[623][624]

Em 2005, no julgamento do TC 005.123/2005-4, o Plenário rejeitou a previsão contratual consistente na cláusula compromissória, por reputar que tal estipulação dependeria de expressa autorização legal, sem a qual o administrador público ficaria impedido de firmar cláusula arbitral por simples juízo de oportunidade e conveniência (Acórdão 1.271/05, Rel. Min. Marcos Bemquerer, j. 24/08/2005, DOU 02/09/2005).

No ano seguinte, em 2006, o TCU explicitou entendimento no sentido de que a arbitragem em questões relativas à Administração Pública pressupõe autorização legal específica, rejeitando expressamente a tese de que a Lei nº 9.307/96 traduziria ela própria autorização legal suficiente (Acórdão 537/2006, 2ª Câmara, Rel. Min. Walton Alencar Rodrigues, j. 14/03/2006, DOU 17/03/2006).

No julgamento do TC 003.499/2011-1, de relatoria do Conselheiro Raimundo Carreiro, igualmente negou a possibilidade da arbitragem, mas em questão de equilíbrio econômico-financeiro em um contrato administrativo. No voto, o relator apontou que entendia possível a arbitragem para no caso de rescisão contratual ser verificado o valor de indenização que a Administração teria que pagar para a empresa contratada. Mas com relação ao equilíbrio do contrato, tal já não seria possível, pois tratar-se-ia de direito indisponível. Com o devido respeito, não há justificativa legal, jurídica ou mesmo lógica para tal distinção.

Em 2012, houve outro posicionamento no Acórdão 157/2012, relativo ao acompanhamento do 2º estágio de concessão dos Aeroportos Internacionais

---

[623] PEREIRA, Cesar A. Guimarães. *Arbitragem e a Administração Pública na Jurisprudência do TCU e do STJ*. In Arbitragem e Poder Público, TALAMINI, Eduardo; PEREIRA, Cesar A. Guimarães (coord.), São Paulo: Saraiva, 2010, p. 131.

[624] Outros acórdãos de 2003 contrários à arbitragem: TC 004.982/2003-8, Acórdão 906/2003, rel. Min. Lincoln Magalhães da Rocha, j. 16/07/2003, DOU 24/07/2003; TC 004.031-2003-0, Acórdão 587/2003, Rel. Min. Adylson Motta, j. 28/05/2003, DOU 10/06/2003. Acórdão de 2004 contrário à arbitragem: TC 010.139/2002-0, Acórdão 215/2004, Rel Min. Ubiratan Aguiar, j. 10/03/2004, DOU 22/03/2004.

de Guarulhos, Campinas e Brasília, no qual o TCU acolheu a previsão de cláusula arbitral, desde que incida sobre direitos patrimoniais disponíveis, o que inclui o restabelecimento de equilíbrio econômico-financeiro do contrato.

Assim, não parece ainda possível reputar consolidada uma determinada orientação sobre o tema no âmbito do TCU.[625] É preciso aguardar apreciação pelo tribunal a partir da Lei nº 13.129/15, especialmente o que entenderá por arbitrabilidade objetiva.[626]

4.3. Arbitrabilidade Subjetiva

Arbitrabilidade é o termo que define sobre critérios *ratione materiae* e *ratione personae* parâmetros daquilo que se pode levar à arbitragem, ou seja, o tipo de matéria que pode ser julgada em sede arbitral e quem pode se submeter à arbitragem.

A Lei de Arbitragem prevê que as pessoas capazes de contratar poderão se valer da arbitragem para dirimir litígios relativos a direitos patrimoniais disponíveis. Semelhante é a previsão do Código Civil, que dispõe sobre o compromisso como espécie de contrato e, no art. 851, admite o compromisso, judicial ou extrajudicial, para resolver litígios entre pessoas que podem contratar.

Com a alteração promovida pela Lei Federal nº 13.129/2015, o legislador previu no § 1º do art. 1º que a administração pública direta e indireta poderá utilizar-se da arbitragem para dirimir conflitos relativos a direitos patrimoniais disponíveis. Para se evitar repetições, confira-se o quanto disposto anteriormente em relação à negociabilidade subjetiva.[627]

---

[625] A despeito de na Instrução Normativa 52/2007, que dispõe sobre o controle e fiscalização das PPPs, o TCU ter versado sobre a arbitragem.

[626] Nota-se que a tendência da jurisprudência dos tribunais, em especial do Superior Tribunal de Justiça, é no sentido de admitir a arbitragem envolvendo o Poder Público, como se verá adiante no desenvolvimento do capítulo.

[627] V. item 3.2.

4.4. Arbitrabilidade Objetiva

A arbitrabilidade objetiva em relação às arbitragens na qual possa ser parte a Administração Pública é tema que tem atraído atenção da comunidade jurídica. Prevê a lei que podem ser submetidos à arbitragem os conflitos relativos a direitos patrimoniais disponíveis.

A lei de arbitragem abandonou a fórmula do revogado art. 1072 do CPC que se reportava a direitos patrimoniais "sobre os quais a lei admita transação", preferindo remissão objetiva à disponibilidade do direito patrimonial.

O Código Civil, adicionalmente, veda no art. 852 o compromisso para solução de questões de estado, de direito pessoal e de família e de outras que não tenham caráter estritamente patrimonial. Neste sentido, Eduardo Talamini sustenta que essa previsão, mais recente no ordenamento jurídico do que a LA, definiu por exclusão de forma mais clara o campo objetivo de aplicação da arbitragem.[628]

Este é um ponto fundamental, pois, ainda que não se duvide que seja possível à Administração Pública se valer de arbitragem, a correta interpretação de patrimonialidade e disponibilidade indicará quais são os conflitos que podem ser dirimidos por arbitragem. A arbitrabilidade não está relacionada, portanto, ao regime jurídico da pessoa jurídica em questão, se de direito público ou privado. O que importa é a natureza da controvérsia que se pretenda solucionar, que deverá estar relacionada a direitos patrimoniais disponíveis.

Até por isso a LA prevê em alguns dispositivos a possibilidade de as partes chegarem a um acordo sobre o litígio. Os arts. 7, § 2º, 21, § 4º, e 28 da Lei estabelecem a possibilidade de as partes consensualmente encerrarem o conflito, sendo dever do árbitro ou tribunal arbitral, no início do procedimento, tentar conciliar as partes.

Cândido Rangel Dinamarco admite que o Estado utilize a arbitragem quando se tratar de litígios envolvendo relações contratuais, como locação de imóveis, licitações em geral, contratos de concessão de serviços públicos etc. Não se admite, para o autor, a arbitragem em matéria de ordem pública, envolvendo políticas públicas em geral, educação, segurança, medidas de saúde pública, meio ambiente, funcionalismo (inclusive sanções disciplinares) etc. Está-se, portanto, no campo da licitude do objeto, com veto à

---

[628] TALAMINI, Eduardo, cit., p. 71.

arbitragem envolvendo direitos indisponíveis (art. 104, inc. II, do CC), e não na aptidão do sujeito (Estado) a convencionar a arbitragem (art. 104, I, do CC). Cândido chama de claras *inarbitrabilidades objetivas*, portanto, e nada de *inarbitrabilidades subjetivas supostamente ligadas à pessoa do Estado ou de seus entes derivados.*[629] [630]

Cesar Augusto Guimarães Pereira reputa cabível a arbitragem até mesmo em face de atos de autoridade, desde que respeitados os limites da patrimonialidade e não se esteja diante de um caso de necessidade de intervenção judicial. Assim, seria possível, para o autor, haver arbitragem para avaliar o cabimento da encampação de concessão e do montante da indenização eventualmente devida.[631]

Ricardo Medina Salla, por seu turno, sustenta que é a partir da avaliação dos tipos de contratos administrativos e de seus efeitos que se permite ponderar sobre a arbitrabilidade de questões envolvendo a Administração Pública. Afirma que as matérias arbitráveis estão somente presentes no âmbito de contratação do Estado, descartando, em princípio, a arbitragem para apreciação de questões decorrentes de atos de império ou próprios do poder de polícia. Contudo, concorda que o valor da indenização em desapropriação pode ser definido pela arbitragem.[632]

José Carlos de Magalhães, por sua vez, sustenta que os contratos administrativos, quando fundados no direito público, fazem com que o Estado imponha ao contratante privado a exclusividade da jurisdição pública do

---

[629] DINAMARCO, Cândido Rangel, *A Arbitragem na Teoria Geral do Processo*, cit., p. 89.

[630] Caio Tácito, por seu turno, destaca que nem todos os contratos administrativos envolvem, necessariamente, direitos indisponíveis. Logo, se é permitido à Administração Pública, em seus diversos órgãos e organizações, pactuar relações com terceiros, especialmente mediante a estipulação de cláusulas financeiras, não haveria motivo para se vedar a solução amigável como fórmula substitutiva do dever primário de cumprimento da obrigação assumida. Considerando que, nos termos do contrato, é lícita a execução espontânea da obrigação, também será legítima a negociação e a convenção de arbitragem como forma de tornar efetivo o cumprimento obrigacional quando compatível com a disponibilidade de bens. O autor evidencia a necessidade de se identificar a natureza do litígio para se verificar a arbitrabilidade (ou não) no caso concreto (TÁCITO, Caio. *O juízo arbitral em direito administrativo*. In MARTINS, Pedro A. Batista; GARCEZ, José Maria Rossani (Coord.). *Reflexões sobre arbitragem:* in memoriam do *Desembargador Cláudio Vianna de Lima*. São Paulo: LTr, 2002, p.27-28).

[631] PEREIRA, Cesar A. Guimarães. *Arbitragem e a Administração Pública: comentários ao acórdão do Superior Tribunal de Justiça no recurso especial n. 612439/RS*. Revista Brasileira de Arbitragem, Porto Alegre, n. 12, p. 117, out./dez. 2006.

[632] SALLA, Ricardo Medina, cit., p. 41.

próprio Estado, posto que a matéria não é passível de transação. Já quando o Estado atua fora de sua condição de entidade pública e política da comunidade nacional e pratica ato de natureza privada, situado na ordem privada e franqueando aos particulares, equipara-se ao particular, pois a relação ajustada rege-se pelo direito privado.[633]

A esse respeito, Selma Lemes defende que é conveniente que a Administração Pública submeta-se à arbitragem quando não se trate de examinar, nem decidir sobre a legitimidade de atos administrativos, mas de suas consequências patrimoniais. A autora afirma também que os contratos de concessão de serviços possuem cláusulas regulamentares e cláusulas financeiras, sendo que as primeiras são aquelas que outorgam prerrogativas públicas ao concessionário e as segundas as que denotam o caráter contratual da obrigação e o direito do concessionário à manutenção do equilíbrio econômico-financeiro. Tudo que diga respeito, tenha reflexo patrimonial e esteja relacionado ao equilíbrio econômico-financeiro do contrato, será suscetível de ser dirimido por arbitragem, porém, as disposições classificadas como regulamentares estariam fora da zona do direito disponível.[634]

Outrossim, Carlos Alberto de Salles afirma que o mérito do ato administrativo constitui um espaço de natural exclusão da jurisdição, seja ela exercida pelo juiz ou pelo árbitro. Portanto, serve como um limite à arbitrabilidade de controvérsias contratuais envolvendo a Administração Pública. Por outro lado, da mesma forma que um juiz togado pode avaliar eventual desvio de poder e ilegalidade, caberá ao árbitro examinar essas questões.[635]

Já em relação às sanções aplicadas pela Administração, Salles sustenta que, em se tratando de sanção de natureza contratual, como uma multa por inexecução do objeto contratado, esta pode ser submetida à competência do árbitro. Diferente é a conclusão em relação às sanções de suspensão temporária da possibilidade de participar em licitação ou a declaração de inidoneidade (art. 87, incisos III e IV da Lei nº 8.666/93), as quais estão inseridas no poder de polícia da Administração.[636]

---

[633] MAGALHÃES, José Carlos de. *Do Estado na Arbitragem Privada*, Revista de Direito Público, São Paulo: RT, n. 71, pp. 165-166, 1984.

[634] LEMES, Selma, *Arbitragem na Concessão de Serviços Públicos – Arbitrabilidade Objetiva. Confidencialidade ou Publicidade Processual?*, cit., p. 373.

[635] SALLES, Carlos Alberto de, *Arbitragem em Contratos Administrativos*, cit., p. 260.

[636] SALLES, Carlos Alberto de, *Arbitragem em Contratos Administrativos*, cit., pp. 265/266.

A esse respeito, nem todas as cláusulas nos contratos administrativos dizem respeito a direitos patrimoniais disponíveis. Gustavo Schiefler sustenta que quando o litígio versar sobre cláusula contratual que represente uma prerrogativa legal da Administração Pública, que deva constar no contrato por determinação de lei, mas que exista independentemente de sua previsão, então o conflito não poderá ser solucionado por arbitragem. As prerrogativas legais plenas da Administração Pública representam poderes-deveres que obrigatoriamente deverão ser observados pelos agentes públicos, independentemente de previsão contratual e, nessa condição, essas prerrogativas, segundo o autor, embora se qualifiquem como direitos, não constituem direitos patrimoniais disponíveis.[637]

A Lei nº 13.448/2017, que estabelece diretrizes gerais para prorrogação e relicitação dos contratos de parceria do Programa de Parcerias de Investimentos – PPI previsto na Lei nº 13.334/2016, nos setores rodoviário, ferroviário e aeroportuário da administração pública federal, prevê no artigo 31, § 4º, que consideram-se controvérsias sobre direitos patrimoniais disponíveis (i) as questões relacionadas à recomposição do equilíbrio econômico-financeiro dos contratos; (ii) o cálculo de indenizações decorrentes de extinção ou de transferência do contrato de concessão; e (iii) o inadimplemento de obrigações contratuais por qualquer das partes.

Algumas cláusulas compromissórias em contratos com a Administração também preveem as hipóteses de cabimento da arbitragem. Se por um lado facilita às partes identificar o cabimento desse meio alternativo de solução de conflitos para os casos mencionados, por outro deixa a dúvida para situações que não haja exata subsunção às hipóteses previstas. Como visto, **a definição de direito patrimonial disponível da Administração Pública vai além dessas hipóteses**.[638]

Para o caso de um contrato de prestação de serviço público por delegação, por exemplo, Carlos Ari Sundfeld e Jacintho Arruda Câmara sustentam que as condições de exploração são objeto de negociação desde

---

[637] E conclui: "*Dito de outra forma, as prerrogativas protetivas do interesse público, que também são conhecidas como "cláusulas exorbitantes" e estão previstas no art. 58 da Lei nº 8.666/93, formalizam, no contrato administrativo, direitos indisponíveis da Administração Pública, que não podem ser renunciados, alienados ou transferidos por seus representantes e, por consequência, não podem ser objeto de arbitragem.*" (SCHIEFLER, Gustavo, *Op. cit.*).

[638] Acerca da tentativa definição dos direitos patrimoniais disponíveis da Administração Pública, v. item 2.6.3.1.

um primeiro momento, quando o poder concedente delega o serviço do qual é titular para ser explorado por terceiros. As condições econômicas de prestação do serviço são determinadas contratualmente entre o poder concedente e as empresas. Depois, no relacionamento de tais empresas com outros agentes no mercado, mais uma vez o que se tem é a livre disposição sobre condições econômicas. Nesses casos, não há qualquer tratativa sobre questões de império, ou seja, sobre temas insuscetíveis de negociação. As partes definem quais as condições econômicas do contrato, como duração, remuneração do contratado e as condições de pagamento, multas pecuniárias e, se assim dispuserem, a sujeição do contrato à arbitragem, através de negociação. Nenhum aspecto da titularidade do serviço é posto em xeque com a sujeição desses contratos a um juízo arbitral.[639]

Há que se reconhecer que, em um contrato de concessão de serviço público, o concessionário tem direito a uma remuneração justa em contrapartida aos investimentos e aos serviços realizados. Desequilibrada essa relação econômica, a própria prestação do serviço público acabaria sofrendo graves impactos. Uma tarifa insuficiente para a cobertura dos custos de funcionamento do serviço leva o particular, trabalhando com prejuízo, a não ter condições de proporcionar a necessária continuidade dos serviços públicos. Da mesma forma, uma tarifa excessiva prejudicaria sobremaneira os usuários e proporcionaria um lucro exagerado ao concessionário.

Nesta situação, se por um lado a agência reguladora possui poder fiscalizador, por outro, há disposições com caráter negocial, em que uma decisão discricionária unilateral pode acarretar sérios prejuízos à própria prestação do serviço. Não há por que não admitir a arbitragem e todas as suas vantagens.[640]

No momento em que potenciais contratados participam de determinado processo licitatório, sabem, de antemão, por meio do edital quais serão as regras que regerão a licitação, bem como as disposições que constarão do futuro contrato elaborado pela Administração Pública. Logo, cabe a cada interessado ponderar acerca da conveniência da participação no certame,

---

[639] SUNDFELD, Carlos Ari; CÂMARA, Jacintho Arruda. *O Cabimento da Arbitragem nos Contratos Administrativos.* cit., p. 263/264.

[640] SPAGGIARI, Renato. *A Arbitragem no Direito das Telecomunicações.* In ALMEIDA GUILHERME, Luiz Fernando do Vale de (Coord.), *Novos Rumos da Arbitragem no Brasil*, São Paulo: Fiuza Editores, 2004, p. 335. O autor cita Caio Tácito e Diogo de Figueiredo Moreira Neto a corroborar o argumento.

nas possíveis controvérsias que possam surgir da execução do contrato e no preço adequado.

O juízo de adequação indica que não é em qualquer contrato que será possível a previsão da arbitragem. Diferente disso, denota que somente numa quantidade pequena de contratos, notadamente naqueles de valor elevado e de complexidade técnica e jurídica envolvida, será adequado prever a arbitragem como meio de solução dos conflitos. Até por isso, já se afirmou neste estudo que tal mecanismo de solução de controvérsias não é a solução para desafogar o Judiciário com demandas do Poder Público. Isso certamente se resume a bem menos de 1% (um por cento) dos contratos.[641]

Por outro lado, ressalte-se que o legislador não restringiu a arbitragem apenas às relações contratuais da Administração Pública. Sempre que houver um conflito envolvendo direitos patrimoniais disponíveis, caberá, em tese, a arbitragem. Evidentemente, deverá ser feita a análise de adequação do meio ao caso concreto, para verificar se é um bom caminho para a solução do litígio, celebrando o compromisso arbitral. Não se nega, porém, que a arbitragem será muito mais frequente para questões relativas a contratos.[642]

---

[641] É importante mencionar que cada vez mais contratos administrativos contêm cláusula arbitral, como os contratos das obras dos estádios da Copa do Mundo de 2014 no Brasil. Em alguns casos as cláusulas foram patológicas e incompreensíveis, mas ainda assim podem ser entendidas como válidas para fins de instalação da arbitragem. Isso comprova a tendência de crescimento desse meio alternativo envolvendo a Administração, ainda que seja necessário avançar no estudo e na técnica de redação da cláusula compromissória. Em razão disso, o grupo de estudos do Comitê Brasileiro de Arbitragem – CBAr relativo a Arbitragem e Poder Público está propondo a elaboração de uma espécie de cartilha e de minuta de cláusula arbitral, para que possa orientar os agentes públicos que pretendam contar com tal mecanismo de solução de conflitos.

[642] A esse respeito, Carlos Alberto de Salles (antes da alteração promovida pela Lei nº 13.129/15) sustenta a irrelevância da arbitrabilidade objetiva para fins de admissão da arbitragem em contratos administrativos, pois *"sendo necessária autorização administrativa para a Administração poder-se valer da arbitragem em relação a seus contratos – autorização efetivamente existente em nosso sistema jurídico – a questão da patrimonialidade e disponibilidade dos direitos envolvidos resta inteiramente superada. Com efeito, diante existência de lei autorizando a arbitragem, o juízo quanto à adequação jurídica desse instrumento já está estabelecido pelo legislador, independendo seu emprego de qualquer investigação quanto à natureza dos bens envolvidos. Aliás, diversamente do que se costuma colocar, nas hipóteses de autorização legislativa para a arbitragem, a objeção à utilização da mesma – esta sim – deverá estar fundada em razão jurídica apta a afastar a vigência da norma permissiva, na contramão de maior parte da jurisprudência a respeito"* (SALLES, Carlos Alberto de, *Arbitragem em Contratos Administrativos*, cit., pp. 218/219).

Mister destacar, por fim, que o princípio da *competência-competência*, previsto no art. 8º, parágrafo único da Lei de Arbitragem, faz com que, na prática, o árbitro faça a avaliação se o direito discutido no processo arbitral é patrimonial disponível, a fim de decidir se deve ou não dar continuidade ao procedimento arbitral. Caso entenda estarem presentes os requisitos de arbitrabilidade – subjetiva e objetiva – dará continuidade ao procedimento. Essa questão é de suma importância, pois poderá ser objeto de posterior questionamento no Judiciário e pedido de anulação da arbitragem.[643] [644] Esta questão foi bastante discuta pelo STJ no julgamento do CC nº 139.519-RJ, prevalecendo o entendimento que cabe em primeiro lugar ao juízo arbitral analisar a sua competência para julgar o conflito.

4.5. Convenção Arbitral

Sob a denominação conjunta de convenção de arbitragem, a lei tratou no mesmo capítulo da *cláusula compromissória* e do *compromisso arbitral*. Ambos excluem a jurisdição estatal. Convenção arbitral, pacto arbitral ou acordo de arbitragem são expressões sinônimas que se referem à avença das partes em submeter seus litígios, potenciais ou pré-existentes, à arbitragem.[645 646 647 648 649 650 651]

---

[643] Com base no art. 32, inciso I da LA, por nulidade da convenção arbitral (redação da LF nº 15.129/15). A respeito da ação de anulação da sentença arbitral, v. item 4.9.1.

[644] Carmona faz importante alerta, no sentido de que o art. 109, I da Constituição Federal não obsta a arbitrabilidade de causa que envolva a União, suas autarquias e empresas públicas federais, ao prever como competentes os juízes federais para processar e julgar as causas em que tais entes forem interessados. A regra constitucional estabelece apenas distribuição de competência entre órgãos do Judiciário brasileiro. Por outro lado, este seria o juízo competente para a ação de anulação de sentença arbitral do art. 33 da lei (CARMONA, Carlos Alberto, *Arbitragem e Processo*, cit., p. 47).

[645] É possível instituir a arbitragem apenas e tão somente com base em cláusula compromissória, dispensada a formalidade do compromisso. E mesmo quando uma das partes se recusar a se submeter à arbitragem quando do surgimento do conflito, a lei deu força à arbitragem e vinculou aqueles que, de livre e espontânea vontade, optaram pelo juízo arbitral. Essa não foi a mesma opção do legislador uruguaio e argentino, por exemplo. A legislação desses países prevê que a cláusula compromissória deve ser validada por um compromisso arbitral, para que somente então seja iniciado o procedimento arbitral, o que provoca debates na doutrina e jurisprudência (SALLA, Ricardo Medina. *Arbitragem e Administração Pública – Brasil, Argentina, Paraguai e Uruguai*, cit., p. 30). No caso mencionado, mesmo que a cláusula seja considerada eficaz e suficiente para excluir, de pronto, a competência da justiça estatal, é fato que a indispensabilidade de

celebração de compromisso arbitral gera maior dificuldade ao sistema, pois adiciona uma etapa complexa e intermediária que deverá ser superada para o início do procedimento. Bem ressalta o autor que, afinal, quando as partes não se mostram mais em condições de resolverem pacífica e amigavelmente suas controvérsias, é sinal de que a relação entre elas já alcançou um estágio avançado de desgaste. E é exatamente essa relação desgastada um dos grandes obstáculos a serem contornados para que as partes aceitem celebrar um novo contrato intermediário (compromisso), que regulará as nuances do procedimento arbitral que enfrentarão em seguida (p. 31).

[646] Para a Lei de Arbitragem brasileira, no caso de cláusula compromissória vazia, ou seja, cláusula que se limita a afirmar que qualquer litígio decorrente de um determinado negócio jurídico será solucionado por meio da arbitragem, o art. 7º dispõe o procedimento que atribui poderes ao juiz, não só para a nomeação de árbitro, mas também para a fixação de outros elementos necessários ou úteis ao desenvolvimento do processo arbitral, tais como a indicação precisa das questões a serem resolvidas, prazo de apresentação da sentença e local de realização dos atos da arbitragem. Para o caso da cláusula cheia, os regulamentos das Câmaras possuem dispositivos para o início da arbitragem mesmo contra a vontade de uma das partes (CARMONA, Carlos Alberto, *Arbitragem e Processo*, cit., p. 17/18).

[647] Consagrou-se ainda a autonomia da cláusula compromissória, na medida em que ainda que o contrato em que esta esteja inserida seja viciado, a mesma sorte não terá, necessariamente, a cláusula. Se o árbitro decidir pela nulidade da convenção de arbitragem, proferirá sentença terminativa (a sentença, portanto, terá conteúdo meramente processual).

[648] Ainda sobre o compromisso, seus elementos indispensáveis são a qualificação das partes, qualificação dos árbitros ou a especificação da entidade que os indicará, a matéria que será objeto da arbitragem e o lugar em que será proferida a sentença arbitral (art. 10). Por outro lado, restou facultativo ao compromisso dispor sobre o local onde se desenvolverá a arbitragem (sede da arbitragem). A fim de evitar discussões infindáveis sobre a definição de arbitragem internacional, optou-se por critério objetivo, considerando nacional a sentença arbitral proferida em território brasileiro, ainda que todo o procedimento arbitral tenha se desenvolvido no exterior. O conceito de sede de arbitragem é importante em outros sistemas jurídicos que não o nosso, como no italiano, para determinar a esfera de eficácia das normas italianas (CARMONA, Carlos Alberto, *Arbitragem e Processo*, cit., p. 20).

[649] Restou facultativo também ao compromisso a autorização para que os árbitros julguem por equidade. É claro, entretanto, que a autorização para que os árbitros decidam sem a aplicação das normas postas que incidiram na espécie não permite aos árbitros abandonar a observância das normas jurídicas de ordem pública. Por fim, também restou facultativo, ainda que conveniente, fixar o prazo para apresentação do laudo, assim como a indicação da lei ou das regras corporativas aplicáveis à arbitragem. Se os contratantes não o fizerem, o prazo para apresentação da sentença é de seis meses, conforme art. 23 da lei (CARMONA, Carlos Alberto, *Arbitragem e Processo*, cit., p. 20).

[650] Por fim, compõem o rol de elementos facultativos a declaração de responsabilidade pelo pagamento dos honorários e das despesas com a arbitragem e a fixação dos honorários do árbitro ou árbitros (art. 11).

[651] Impera na lei o princípio da salvação da convenção arbitral, pois as hipóteses de extinção do compromisso arbitral são reduzidas à sua expressão mínima, de modo que a recusa do árbitro ou

ARBITRAGEM E ADMINISTRAÇÃO PÚBLICA

A convenção de arbitragem é negócio jurídico processual que tem por escopo transferir a capacidade de aplicação do direito, em demandas que envolvem direitos patrimoniais disponíveis, a terceiros que contem com a confiança das partes e sejam pessoas físicas maiores e capazes ou pessoas jurídicas regulares.[652] [653]

A convenção de arbitragem hígida faz com que se verifiquem os efeitos positivo e negativo. O efeito positivo da convenção de arbitragem indica que só o árbitro será competente para julgar a demanda que lhe foi apresentada pelas partes, ao passo que o efeito negativo indica que o Judiciário, nesses mesmos limites, não deverá realizar nenhum tipo de julgamento de mérito sobre a demanda enquanto subsistir a jurisdição arbitral. Tais efeitos estão intrinsecamente relacionados com o princípio do *Kompetenz-kompetenz*, ou competência-competência.

Referido princípio está previsto no art. 8º, parágrafo único, segundo o qual o árbitro é julgador competente para se manifestar sobre a sua própria competência. Seja de ofício, ou por provocação das partes, cabe a ele decidir as questões acerca da existência, validade e eficácia da convenção de arbitragem e do contrato que contenha a cláusula compromissória.[654] [655]

---

o seu impedimento ulterior não inutilizarão o procedimento. Neste sentido, as regras a respeito do árbitro constituem-se, acima de tudo, nas palavras de Carmona, num verdadeiro código de ética, estabelecendo os deveres e obrigações daquele que é instado, por vontade dos litigantes, a decidir uma controvérsia, sempre com imparcialidade, independência, competência, diligência e discrição (CARMONA, Carlos Alberto, *Arbitragem e Processo*, cit., p. 22).

[652] GUERRERO, Luis Fernando, *Convenção de Arbitragem e Processo Arbitral*, cit., p. 180. O autor esclarece em relação às pessoas jurídicas que este ponto é polêmico, dada a possibilidade de representação de pessoas jurídicas por terceiros, propostos ou até mesmo sócios que não foram indicados diretamente pelas partes.

[653] A delimitação do conflito é um requisito essencial do compromisso arbitral e não é da cláusula compromissória. O compromisso arbitral deverá conter as informações do art. 10 da lei e poderá conter os elementos do art. 11.

[654] Dá-se por instituído o juízo arbitral tão logo seja aceita pelo árbitro ou árbitros a função para a qual foram escolhidos, o que não depende de ato formal, entendendo-se que o árbitro aceitou o encargo se desde logo tomou providências para o prosseguimento do procedimento. A presidência do colegiado será definida pela maioria dos árbitros ou será assumida pelo mais idoso, em caso de dissenso. A importância maior da função é a prevalência de seu voto em caso de votos divergentes do julgamento da arbitragem, nos termos do art. 24, parágrafo 1º.

[655] Carlos Alberto de Salles faz um paralelo com a contraposição entre a Justiça Estadual e a Justiça Federal. Como a segunda tem a competência determinada por critérios de especialidade em relação à primeira, a existência de interesse da União, suas autarquias e

Eventual controle pode ser realizado pelo Judiciário só posteriormente e nos limites dos arts. 32 e 33 da LA.[656]

Tendo uma origem nitidamente contratual, o princípio da autonomia da vontade representa uma base fundamental para a escolha e conformação do método de solução de controvérsias. Ademais, a boa-fé e a confiança das partes no procedimento e no julgador são dois pontos a serem considerados. Guerrero ensina que esses princípios devem sempre ser levados em conta quando se analisa qualquer etapa do procedimento arbitral, bem como em sua fase pré-arbitral, antes de instaurado o processo arbitral, nos termos do art. 19 da LA.[657]

A convenção de arbitragem pode ser extinta. A primeira modalidade de extinção é a renúncia, quando as partes de comum acordo podem decidir que a arbitragem não é mais o método adequado para solucionar a sua controvérsia. Da mesma forma, caso uma das partes proponha demanda judicial e a parte contestante não alegar a existência de convenção arbitral, de acordo com o NCPC (art. 337, § 5º), esta será considerada extinta.[658] Outra hipótese é a sua anulação, caso a convenção não tenha sido celebrada por agente capaz, com objeto lícito e forma descrita ou não defesa em lei. Também pode ocorrer a extinção para aquelas questões que já foram objeto de uma arbitragem, pois opera-se a coisa julgada.[659]

Importante ressaltar que o Superior Tribunal de Justiça, por diversas vezes, firmou entendimento pela admissibilidade da arbitragem com a Administração Pública. No julgamento do Recurso Especial 606.345-RS[660] e dos Embargos de Declaração no REsp 612.439-RS[661] (caso

---

empresas públicas, nos termos do previsto no art. 109 da Constituição, deverá ser decidida pela própria Justiça Federal, como expresso na súmula 150 do STJ. A lógica existente na posição consolidada na súmula é semelhante àquela do princípio da competência-competência (Cf. SALLES, Carlos Alberto, *Arbitragem e Poder Judiciário*, cit., p. 211).

[656] Nas hipóteses em que houver conflito de competência entre o juízo arbitral e o juízo estatal, o caminho definido pela jurisprudência será a suscitação do conflito perante o STJ, que definirá qual será o competente para apreciar o litígio (art. 105, I, "d" da CF), conforme CC 106.121/AL e CC 111.230/DF (STJ).

[657] GUERRERO, Luis Fernando, *Convenção de Arbitragem e Processo Arbitral*, cit., p. 180.

[658] O CPC de 73 excepciona apenas o compromisso arbitral (art. 301, § 4º).

[659] GUERRERO, Luis Fernando, *Convenção de Arbitragem e Processo Arbitral*, cit., pp. 188/189.

[660] Rel. Min. João Otavio de Noronha, 2ª Turma, v.u., DJ 17.05.2007.

[661] Rel. Min. João Otavio de Noronha, 2ª Turma, v.u., DJ 17.05.2007.

AES Uruguaiana x CEEE), do REsp 904.813-PR[662] (caso Compagás), bem como do Agravo Regimental no Mandado de Segurança 11.308-DF[663] (caso TMC), o tribunal examinou de modo aprofundado os principais aspectos da polêmica envolvendo o tema e reafirmou a posição a favor da autonomia contratual da Administração e a possibilidade de utilização da arbitragem. Mais recentemente, no julgamento do Conflito de Competência nº 139.519-RJ, o STJ enfrentou uma série de questões jurídicas envolvendo a arbitragem com a Administração Pública, sendo uma delas a análise dos direitos patrimoniais disponíveis envolvidos no litígio.[664]

Havendo cláusula compromissória válida em acordo celebrado com a Administração Pública, qualquer ato do administrador que deponha contra o uso do procedimento incidiria em violação ao *pacta sunt servanda* e do próprio princípio da boa-fé. Mais ainda, seria equivalente a legitimar o *venire contra factum proprium*, já que, para estimular o investidor ou empresa privada e fomentar-lhe o interesse na contratação, o administrador opta pela cláusula compromissória para, após o surgimento do conflito, obstar a sua utilização. Em última análise, poder-se-ia até inferir que há nesta conduta ato contra o dever de probidade do agente público.[665]

Da mesma forma, o Estado também não poderá se esquivar do cumprimento de uma sentença arbitral proferida contra si, alegando que não poderia ter submetido tal controvérsia à arbitragem.

Ainda em relação à convenção arbitral, uma discussão muito presente em relação à arbitragem envolvendo a Administração Pública é sobre a possibilidade de celebração do compromisso arbitral, após o surgimento do conflito. Alguns autores, como Carlos Alberto de Salles[666], defendem que somente seria possível haver a cláusula arbitral, se esta estiver prevista na minuta do edital de licitação, porém seria vedado à Administração

---

[662] Rel. Min. Nancy Andrighi, 3ª Turma, v.u., DJ 20.10.2011.

[663] Rel. Min. Luiz Fux, 1ª seção, v.u., DJ 09.04.2008.

[664] Rel. p/ acórdão Min. Regina Helena Costa, 1ª seção, por maioria, DJ 11/10/2017.

[665] Neste sentido já se manifestaram PEREIRA e TALAMINI (op. cit.) e Ricardo Medina Salla (cit., p. 43).

[666] SALLES, Carlos Alberto, *Arbitragem em Contratos Administrativos*, cit., p. 106. O autor, por outro lado, admite para os casos de dispensa e inexigibilidade de licitação, desde que o procedimento administrativo prévio ao contrato indique a motivação da opção e as condições básicas para sua eventual instituição.

celebrar compromisso arbitral.[667] O fundamento seria a ofensa ao princípio da isonomia em relação às demais licitantes que perderam a disputa no certame (ou deixaram de participar dele) e, por consequência, ofensa à competitividade do certame, bem como ao princípio da vinculação ao instrumento convocatório, previsto no art. 41 da Lei nº 8.666/93.

A esse respeito, o § 2º do artigo 1º da Lei de Arbitragem dispõe que a autoridade ou o órgão competente da administração pública direta para a *celebração de convenção de arbitragem* é a mesma para a realização de acordos ou transações. Ora, não se pode imaginar que o legislador tenha utilizado a expressa *convenção de arbitragem* querendo dizer apenas *cláusula arbitral*. Afinal, o legislador não utiliza expressões inúteis.

Se o legislador possibilitou à Administração tanto a cláusula arbitral, como o compromisso arbitral, sem colocar nenhuma condição para esta última, não é lícito ao intérprete adicionar à norma conteúdo nela não disposto.

O fato de a Administração eleger a arbitragem para resolver eventuais litígios não implica diretamente uma situação de vantagem. Não há previsão legal ou respaldo jurídico que defina a arbitragem como uma vantagem em relação ao Poder Judiciário.

Ademais, a exigência de cláusula arbitral no edital ignora os contratos celebrados com dispensa ou inexigibilidade de licitação, com fundamento nos artigos 24 e 25 da Lei nº 8.666/1993, respectivamente. Nesses casos, não há edital de licitação, pois a contratação é feita diretamente com a contratada, sem licitação pública. Assim, ou bem o contrato é celebrado com a cláusula compromissória ou as partes, após a deflagração do conflito, celebram o compromisso arbitral.

No acima mencionado REsp 904813-PR, de relatoria da Ministra Nancy Andrighi, o STJ, além de admitir a convenção arbitral envolvendo a Administração – no caso, uma empresa de economia mista – para análise de equilíbrio econômico-financeiro em contrato, permitiu a celebração de

---

[667] Gustavo Justino de Oliveira também defende que a possibilidade de as partes optarem pela via arbitral há de estar prevista explicitamente no edital de licitação e obedecer rigorosamente ao previsto no art. 4º, § 2º da LA, pois os contratos administrativos são autênticos contratos de adesão (OLIVEIRA, Gustavo Justino, *A Arbitragem e as Parcerias Público-Privadas*, cit., p. 596).

compromisso arbitral pelo ente público, sem que isso representasse ofensa ao art. 41 da Lei nº 8.666/93.[668]

De toda sorte, seja por cláusula arbitral ou por compromisso arbitral, a convenção de arbitragem é negócio jurídico e, como tal, para ser celebrado pela Administração Pública deverá ser submetido a procedimento decisório pela autoridade competente, com especial destaque à motivação do ato administrativo justificador de sua formação e à sua publicidade.

Ainda sobre a convenção, não é cabível a aplicação do art. 4º, § 2º da LA – que disciplina a inserção de cláusula arbitral em contrato de adesão – para a Administração, posto que contratos administrativos não são contratos de adesão e, se houver relação de consumo oriunda do contrato, o consumidor será ente público.[669] De toda sorte, é recomendável que a cláusula compromissória na minuta do contrato do edital esteja em destaque, para que todos os licitantes tenham consciência dessa previsão e com ela anuam.

4.5.1. Autoridade Competente para Convencionar

A convenção arbitral é um negócio jurídico e, como qualquer ato administrativo, para ter validade, deve ser autorizado pela autoridade competente. Neste sentido, o já mencionado § 2º do artigo 1º da Lei de Arbitragem dispõe que a autoridade ou o órgão competente da administração pública direta para a celebração de convenção de arbitragem é a mesma para a realização de acordos ou transações.

Inicialmente, é importante notar que esta é uma norma de atribuição de competência administrativa e não processual. Na medida em que está tratando de contratos (em sentido amplo) – convenção de arbitragem e

---

[668] Não se pode deixar de notar que o julgado é de Turma de Direito Privado e não de Direito Público do STJ. A mesma magistrada, Nancy Andrighi, já havia proferido voto semelhante enquanto Desembargadora do Tribunal de Justiça do Distrito Federal, no bojo do Mandado de Segurança 1998002003066-9, no qual reconheceu a força do art. 54 da Lei 8.666/93 para aplicar ao contrato administrativo os princípios da teoria geral dos contratos e as disposições de direito privado, de forma a permitir a arbitragem no caso concreto, que envolvia Administração Pública (j. 18/05/1999, v.u., DJU 18/08/1999).

[669] Como ocorreria, por exemplo, na aquisição de material de informática para um determinado órgão público. A esse respeito, cite-se ainda que o particular não é obrigado a contratar com a Administração para obter prestações essenciais, como ocorre na relação de consumo; a participação no certame ou na contratação direta é absolutamente voluntária.

acordos ou transações[670] – e não de atos processuais, a norma atribui à mesma autoridade ou órgão que possui competência para celebrar acordos ou transação a competência para celebrar a convenção arbitral.

Assim, para saber a autoridade competente para a convenção arbitral, deve-se identificar qual a autoridade ou órgão competente para celebrar acordos ou transações. Frise-se que atribuição de competência administrativa é matéria reservada à lei.

Verifica-se, por outro lado, que a redação do § 2º, ora em exegese, não deixou muito claro o seu alcance. Isso porque não menciona a administração pública indireta, sendo que o § 1º do mesmo artigo igualmente permite expressamente à administração indireta a utilização da arbitragem. Eventualmente, essa omissão pode indicar que a autoridade ou órgão competente para convencionar arbitragem na Administração indireta não precisará ser, necessariamente, a mesma competente para celebrar acordos ou transações.

Ademais, o § 2º parece inverter a ordem lógica do período, pois afirma que a autoridade ou órgão competente para convencionar é a mesma para a realização de acordos ou transações, sendo que, ao que parece, quis dizer que a autoridade competente para a realização de acordos ou transações é a mesma para convencionar arbitragem.

4.5.2. Nomeação do Árbitro e da Câmara Arbitral

Uma das grandes vantagens da arbitragem é a escolha pelas partes daqueles que irão decidir o mérito do conflito e dizer quem tem razão.[671] A arbitragem pode ser institucional, quando é administrada por uma câmara especializada e regularmente constituída, ou *ad hoc*, de forma avulsa, constituída especificamente para o julgamento daquele conflito em específico.

---

[670] Acerca da transação e da competência para transacionar, v. item 2.2.1.

[671] No Poder Judiciário, as grandes comarcas possuem Varas especializadas da Fazenda Pública que envolvem os processos nos quais litigam os entes estatais, cujos juízes normalmente são especializados nas matérias de Direito Público, como Direito Tributário e Administrativo. Na Justiça Federal quase todas as demandas em curso possuem um ente federal como parte (ex. INSS, União, autarquias federais), conforme competência prevista no art. 109 da Constituição Federal, de forma que os juízes também se especializam e estão mais acostumados com a matéria. Contudo, por conta do princípio do juiz natural, a parte que ingressa com ação na Justiça não sabe para qual juízo e para qual juiz o processo será distribuído.

A esse respeito, mostra-se relevante a distinção das chamadas *cláusulas cheias* das *cláusulas vazias* de arbitragem. O processo arbitral se desenvolve a partir dos limites estabelecidos pela convenção de arbitragem. Assim, a previsão da lei material aplicada à análise do litígio e na interpretação contratual, bem como regras processuais e a definição de determinada Câmara que arbitrará o litígio, nos casos de arbitragens institucionais, são as informações não obrigatórias ou essenciais. A informação que deve constar para que a arbitragem possa ser deflagrada é a forma de indicação dos árbitros (cláusula cheia). Caso isso não ocorra, a cláusula é denominada vazia e, havendo resistência quanto à instituição da arbitragem, dependerá de demanda prevista no art. 7º para permitir a instauração do procedimento.

As regras para nomeação dos árbitros estão definidas nos arts. 13 e seguintes da LA. Deve o árbitro ser pessoa capaz e que tenha confiança das partes. Por certo que o árbitro não se comportará como representante da parte perante o tribunal arbitral; a única expectativa que a parte pode ter em relação ao árbitro que nomeou se relaciona à condução da arbitragem com competência, imparcialidade e independência, dedicando-se à avaliação minuciosa dos documentos e argumentos de cada uma das partes, decidindo de acordo com a lei.

De outra parte, a Lei nº 13.129/15 inseriu uma novidade no art. 13 da LA que possibilitou às partes, de comum acordo, afastar a aplicação de dispositivo do regulamento do órgão arbitral institucional ou entidade especializada que limite a escolha do árbitro único, coárbitro ou presidente do tribunal à respectiva lista de árbitros, autorizado o controle da escolha pelos órgãos competentes da instituição, sendo que, nos casos de impasse e arbitragem multiparte, deverá ser observado o que dispuser o regulamento aplicável.

A regra propõe a mitigação da lista fechada de árbitros das câmaras arbitrais, permitindo às partes que, de comum acordo, indiquem outros profissionais para participarem do painel arbitral. Na realidade, ao abrir a fechadura da porta, o legislador retirou a força do dispositivo, colocando uma segunda fechadura, pois permitiu à instituição controlar a escolha desse árbitro externo, bem como definir em seu regulamento a regra em caso de arbitragem multiparte e para dirimir impasse, enfraquecendo a abertura efetiva para membros de fora da lista da instituição.

No mais, dos predicados ordinariamente exigíveis a todo julgador, o de maior realce é o da imparcialidade. O árbitro que se desvia dessa linha incide em uma repulsiva infidelidade à confiança que nele depositaram as partes. Tanto quanto o juiz no processo estatal, no arbitral, a imparcialidade do julgador deve associar-se à sua independência, sem a qual dificilmente conseguirá ser imparcial.[672] [673]

Em relação à Administração Pública, cumpre notar que lhe é lícito se submeter tanto à arbitragem institucional, quanto à arbitragem *ad hoc*, estando a opção dentro do critério de discricionariedade do administrador público.

Quanto à nomeação do árbitro ou câmara, imagina-se três possíveis posições. A primeira, que exige licitação para contratação de câmara ou árbitro. A segunda, que visualiza na inexigibilidade de licitação o fundamento para a contratação direta. A terceira, que exclui do regime da Lei nº 8.666/93 a nomeação de árbitros.

Inicialmente, é descabida a alegação de necessidade de licitação pública por parte da Administração a fim de definir a câmara arbitral ou o árbitro. Tal posição é totalmente alheia ao próprio sentido da arbitragem e à ideia de confiança depositada pelas partes na pessoa do árbitro para resolver o litígio.

Verifica-se que a Lei Federal nº 8.666/93 institui normas gerais para contratações da Administração Pública e dela se extrai, em conjunto com o art. 37, XXI da Constituição, que o contrato gerado por consenso será obrigatoriamente dependente de licitação quando pelo menos uma das

---

[672] DINAMARCO, Cândido Rangel, *A Arbitragem na Teoria Geral do Processo*, cit., p. 27. O árbitro deve ser suficientemente resistente a qualquer interferência externa, como também a uma espúria vinculação aos interesses da parte que o houver nomeado. Ser imparcial significa somente ser equidistante, sem a tendência de favorecimento a uma pessoa ou grupo. Por outro lado, ser neutro significa manter-se alheio aos elementos culturais e históricos de sua nação ou da própria humanidade, prescindindo dos valores cultivados pela sociedade.

[673] A Lei de Arbitragem prevê que o árbitro, no desempenho de sua função, deverá proceder com imparcialidade, independência, competência, diligência e discrição (art. 13, § 6º). A lei impede de atuar como árbitros as pessoas que, segundo a regência do processo civil comum, estariam em situação de suspeição ou impedimento (art. 14). De modo muito similar ao que está no Código de Processo Civil, abre também caminho para a recusa do árbitro pela parte e para a abstenção a ser declarada por ele próprio, sendo esse um dever do sujeito nomeado para atuar como tal. O dever de revelação é exaltado pela doutrina sempre em nome da boa-fé indispensável na arbitragem, de forma que, na dúvida, é melhor que o árbitro revele todo e qualquer contato que tenha tido com o caso ou com as partes. Tal conduta também gera segurança para o árbitro, que afastará a possibilidade de ser responsabilizado em razão de ter julgado processo em que era parcial ou dependente.

partes for integrante da Administração, salvo nos casos em que a lei dispuser de forma diferente, como nas hipóteses de dispensa ou inexigibilidade de licitação.[674]

Leciona Marçal Justen Filho que, em última análise, a incidência da licitação sujeita-se à regra da possibilidade de competição, isto é, haverá licitação quando a contratação admitir competição entre potenciais interessados em contratar com a Administração. Entretanto, quando há inviabilidade de competição, a licitação torna-se via inadequada para obtenção do resultado pretendido, não cumprindo a sua função que é selecionar a proposta mais vantajosa, razão pela qual se torna inexigível.[675]

Alguns autores sustentam que a contratação da câmara arbitral, por envolver peculiaridades como reputação e especialidade, subsume-se à hipótese de inexigibilidade de licitação[676], nos termos do art. 25, inciso II, combinado com o § 1º da Lei nº 8.666/93. Tal dispositivo legal prevê que é inexigível a licitação quando houver inviabilidade de competição, em especial para a contratação de serviços técnicos enumerados no art. 13 da lei, de natureza singular, com profissionais ou empresas de notória especialização.

O art. 13 prevê os serviços técnicos profissionais especializados[677], sendo que não há nenhuma disposição que abranja a hipótese de atuação como árbitro em arbitragem.[678] De toda sorte, Marçal Justen Filho ensina que a relação do art. 13 é meramente exemplificativa, pois o conceito de serviço

---

[674] A Lei nº 8.666/93 estabelece normas gerais sobre licitações e contratos administrativos pertinentes a obras, serviços, inclusive de publicidade, compras, alienações e locações no âmbito dos Poderes da União, dos Estados, do Distrito Federal e dos Municípios (art. 1º). Prevê também a lei que as obras, serviços, inclusive de publicidade, compras, alienações, concessões, permissões e locações da Administração Pública, quando contratadas com terceiros, serão necessariamente precedidas de licitação, ressalvadas as hipóteses previstas na própria lei (art. 2º).

[675] JUSTEN FILHO, Marçal, *Comentários à Lei de Licitações e Contratos Administrativos*, cit., pp. 53 e 405/406.

[676] Leonardo Carneiro da Cunha afirma que essa é a posição que tem prevalecido (*Op cit.*, p. 649).

[677] O rol prevê: trabalhos relativos a estudos técnicos, planejamentos e projetos básicos ou executivos; pareceres, perícias e avaliações em geral; assessorias ou consultorias técnicas e auditorias financeiras ou tributárias; fiscalização, supervisão ou gerenciamento de obras ou serviços; patrocínio ou defesa de causas judiciais ou administrativas; treinamento e aperfeiçoamento de pessoal; e restauração de obras de arte e bens de valor histórico.

[678] Afinal, o trabalho do árbitro não é um parecer ou avaliação em geral, não é assessoria ou consultoria técnica, muito menos patrocínio ou defesa de causa judicial ou administrativa.

ARBITRAGEM, MEDIAÇÃO E OUTROS MÉTODOS DE SOLUÇÃO DE CONFLITOS

técnico profissional especializado comporta, em tese, uma grande variedade de situações.[679] Assim, para os defensores dessa corrente, o serviço prestado pela câmara arbitral ou árbitro poderia ser incluído entre os do art. 13 e, consequentemente, no art. 25, inc. II, da Lei nº 8.666/93, desde que presentes a natureza singular e a notória especialização do contratado.[680]

Há também quem sustente a inexigibilidade de licitação com fundamento no art. 25, *caput* da Lei nº 8.666/93[681], que possui a previsão genérica de possibilidade de contratação direta, em razão da inviabilidade de competição.[682]

Por fim, a terceira posição se baseia na premissa de que a relação jurídica que é estabelecida entre a Administração Pública e a câmara de arbitragem ou árbitro que solucionará o conflito não está abrangida pela lei geral de licitação e contratos administrativos. Isso porque não há propriamente contrato administrativo[683], mas, no conceito de Maria Sylvia Zanella Di Pietro, contrato da Administração[684], apesar de o trabalho técnico-profissional executado pela câmara ou árbitro poder ser considerado como prestação de serviços.[685] Ocorre que é um vínculo contratual de natureza

---

[679] JUSTEN FILHO, Marçal, *Comentários à Lei de Licitações e Contratos Administrativos*, cit., p. 201.

[680] Marçal define serviço como a prestação por pessoa física ou jurídica de esforço humano (físico-intelectual) produtor de utilidade (material ou imaterial), sem vínculo empregatício, com emprego ou não de materiais, com ajuda ou não de maquinário. Em termos muito amplos, serviço é a prestação que satisfaz uma obrigação de fazer (Cf. JUSTEN FILHO, Marçal, *Comentários à Lei de Licitações e Contratos Administrativos*, cit., p. 199).

[681] Dispõe o *caput* do artigo: "*Art. 25. É inexigível a licitação quando houver inviabilidade de competição, em especial:*", sendo que os três incisos representam um rol exemplificativo.

[682] Esta é a posição de Carlos Alberto de Salles (Cf. SALLES, Carlos Alberto, *Arbitragem em Contratos Administrativos*, cit., p. 279).

[683] A Lei nº 8.666/93 considera contrato todo e qualquer ajuste entre órgãos ou entidades da Administração Pública e particulares, em que haja um acordo de vontades para a formação de vínculo e a estipulação de obrigações recíprocas, seja qual for a denominação utilizada.

[684] Afirma a autora que se costuma dizer que, nos contratos de direito privado, a Administração se nivela ao particular, caracterizando-se a relação jurídica pelo traço da horizontalidade e que, nos contratos administrativos, a Administração age como poder público, com todo seu poder de império sobre o particular, caracterizando-se a relação jurídica pelo traço da verticalidade (Cf. DI PIETRO, Maria Sylvia Zanella. *Direito Administrativo*, cit., p. 260).

[685] O art. 6º, inciso II, da Lei nº 8.666/93 define *serviço* como toda atividade destinada a obter determinada utilidade de interesse para a Administração, tais como: demolição, conserto, instalação, montagem, operação, conservação, reparação, adaptação, manutenção, transporte, locação de bens, publicidade, seguro ou trabalhos técnico-profissionais. Já o art. 6º, inciso

ARBITRAGEM E ADMINISTRAÇÃO PÚBLICA

muito singular, principalmente porque o árbitro não estabelece uma relação contratual apenas com a parte que o indicou, mas com as duas partes, observado seu dever de imparcialidade.

O que há na arbitragem, como visto, é **exercício da jurisdição** por particular, de forma que a escolha de árbitro ou câmara arbitral com fundamento na Lei nº 9.307/96 é ato inerente ao processo arbitral. Não há nenhuma menção na LA que proíba à Administração Pública exercer a prerrogativa de escolha. A Lei nº 13.129/15, quando quis impor restrições à Administração, o fez expressamente no art. 1º, § 2º, e art. 2º, § 3º, da Lei de Arbitragem.[686]

Some-se a isso o fato que a Lei nº 9.307/96 não exige notória especialização, nos termos do regime jurídico da Lei nº 8.666/93, para alguém ser nomeado árbitro ou ser escolhida uma câmara arbitral. O art. 13 prevê que poderá ser árbitro qualquer pessoa capaz e que tenha a confiança das partes. Por outro lado, a nomeação de determinada câmara ou árbitro exige a necessária motivação e observância aos demais princípios da Administração Pública, como moralidade e impessoalidade.[687]

Dessa forma, a posição que impeça à Administração escolher a câmara arbitral ou árbitro é ilegal, por ferir a Lei de Arbitragem. Não obstante, é evidente que a escolha pela arbitragem institucional, através de uma câmara consagrada, é a melhor alternativa à Administração, para garantir a maior lisura possível em relação à arbitragem que envolve interesses de um ente público.

Por fim, uma questão que gera controvérsia é a relativa ao pagamento dos custos da arbitragem. Como visto para o Estado de Minas Gerais, a Lei Estadual de Minas Gerais nº 19.477/2011 dispõe no art. 11 que, no edital de licitação de obra e no contrato público, constará a previsão das despesas

---

XV, da Lei define *contratado* como a pessoa física ou jurídica signatária de contrato com a Administração Pública.

[686] Dispõe acerca da autoridade competente para convencionar a arbitragem e exige que seja arbitragem de direito e em observância ao princípio da publicidade.

[687] Em sentido semelhante é a opinião de Carlos Alberto de Salles, que vislumbra algumas providências que podem ser adotadas, tais como a fixação de alguns parâmetros para a escolha, a criação de um rol de árbitros previamente selecionados ou a criação de requisitos procedimentais para esse fim, como a exigência de manifestação da respectiva procuradoria acerca do nome indicado. Sustenta ainda que deve haver uma iniciativa de controle do agente público responsável pela indicação, de forma a evitar eventuais desvios (Cf. SALLES, Carlos Alberto, *Arbitragem em Contratos Administrativos*, cit., p. 278).

com arbitragem, taxa de administração da instituição arbitral, honorários de árbitros e peritos e outros custos administrativos, as quais serão adiantadas pelo contratado quando da instauração do procedimento arbitral. Por tal motivo, os contratos administrativos mineiros com cláusula arbitral estão sendo empenhados com o valor das despesas arbitrais incluídas no preço do serviço e, caso seja instaurada a arbitragem, ocorre o pagamento ao contratado mediante a comprovação da realização da despesa durante a arbitragem. Se não houver arbitragem, o saldo do empenho é cancelado ao final do contrato.

Nos Estados Unidos, por exemplo, Salles esclarece que, no âmbito do governo federal, os pagamentos são feitos com base nos orçamentos dos órgãos ou agências implicados ou previstos em programas específicos de ADRs. O *Department of Justice*[688], pelo qual responde o *Attorney General*, possui dotação específica para custear despesas decorrentes da utilização de ADRs, sendo que os *U.S. Attorney Offices*, espalhados pelos cinquenta Estados norte-americanos, têm acesso direto a esses fundos.[689]

Esta parece ser a solução mais adequada, isto é, ao invés do particular adiantar as despesas para, posteriormente, ser ressarcido proporcionalmente pela Administração Pública com recursos empenhados em dotação relativa ao contrato, o litigante público deve possuir uma previsão orçamentária específica, a qual seria onerada para emissão de nota de empenho em favor da câmara arbitral ou dos árbitros, somente em caso de efetivo conflito, levado a julgamento.[690]

Contudo, essa não foi a solução encontrada pela Procuradoria Geral do Estado de São Paulo, ao apresentar uma "cláusula padrão" a ser inserida nos contratos administrativos do Estado, a qual prevê que a câmara arbitral deve ser brasileira, será escolhida pelo Estado no momento do litígio e as custas serão antecipadas pela parte privada. Com isso, obsta a liberdade

---

[688] O *Department of Justice* responde pela representação judicial do governo federal, em posição semelhante à AGU do Brasil.

[689] SALLES, Carlos Alberto de, *Arbitragem em Contratos Administrativos*, cit., pp. 165/166.

[690] Carmona esclarece que há ampla margem de autonomia aos contratantes, que podem querer dividir as despesas relativas à arbitragem independentemente do resultado, ou que convencionem que corra por conta de cada um deles as despesas com as diligências que requererem, sem direito do vencedor a qualquer reembolso (CARMONA, Carlos Alberto, *Arbitragem e Processo*, cit., pp. 213/214). Em qualquer caso, a Administração deverá cuidar, especialmente na arbitragem *ad hoc*, que os valores sejam compatíveis com aqueles praticados no mercado.

da parte privada em relação à escolha da câmara arbitral[691] e joga todo o custo da arbitragem ao particular, o que pode interferir no equilíbrio da relação contratual.

A Prefeitura do Município de São Paulo, por sua vez, nos editais de concessão de 2018 já mencionados, elegeu a CAM-CCBC para processar a arbitragem, conforme as regras de seu Regulamento, com a previsão de que a parte vencida arcará com todos os custos do procedimento, incluindo os honorários dos árbitros.

Em relação aos honorários advocatícios, Carmona afirma que há ampla liberdade de convenção entre as partes. Se ausente qualquer avença das partes acerca disso, poderá o árbitro dispor a respeito na sentença que vier a proferir, estando autorizado a utilizar os parâmetros estabelecidos pelo Código de Processo Civil.[692]

4.5.2.1. O Árbitro na Arbitragem com a Administração Pública

Nas arbitragens envolvendo entes da Administração Pública, além de se aplicar todas as exigências previstas na Lei nº 9.307/96, é fundamental ao árbitro que tenha conhecimento do Direito Público, especialmente do

---

[691] Carlos Alberto de Salles parece entender da mesma forma: "*a Administração deverá possuir algum controle de sua indicação do árbitro. Claro, essa medida não poderá chegar ao ponto de esvaziar a base consensual da arbitragem, alijando o particular do processo de escolha do árbitro, por exemplo, pela sua indicação unilateral pela Administração ou do respectivo painel já no edital do procedimento licitatório, sem a participação do particular contratante. Nesse caso, a arbitragem poderia tornar-se mais uma desvantagem que atrativo, como se pretende*" (Cf. SALLES, Carlos Alberto, *Arbitragem em Contratos Administrativos*, cit., p. 278).

[692] CARMONA, Carlos Alberto, *Arbitragem e Processo*, cit., p. 214. No caso da Fazenda Pública, a questão ganha peculiaridade, pois as carreiras possuem diferentes normas e regimes jurídicos. No Município de São Paulo, por exemplo, os procuradores recebem a verba honorária oriunda dos processos judiciais e executivos fiscais, distribuída mensalmente entre todos os procuradores (ativos e inativos). Assim, não interessa aos procuradores uma arbitragem com previsão de que cada litigante arque com os honorários de seus advogados, pois o Município não poderia pagar honorários específicos para essa causa. Por outro lado, há entes públicos que não distribuem a verba honorária aos advogados públicos, havendo em alguns casos um valor mensal fixo estipulado a título de verba honorária, ou simplesmente remuneração por subsídio, sem honorários. O NCPC previu no art. 85, § 19, que os advogados públicos perceberão honorários de sucumbência, nos termos da lei. Ou seja, cada lei que organiza a Advocacia Pública específica do ente público (União, Estados, Distrito Federal, Municípios) conterá previsão sobre a percepção (ou não) dos honorários de sucumbência.

Direito Administrativo, para poder julgar questões complexas envolvendo contratos com a Administração Pública. Assim, um especialista nessa área do Direito será um potencial árbitro para integrar o painel arbitral.[693]

Neste sentido, a expertise do árbitro que comumente é mencionada como uma vantagem em relação à jurisdição estatal, só será presente em arbitragens com a Administração Pública quando forem eleitos árbitros com conhecimentos específicos desse ramo jurídico. Não basta que sejam indicados árbitros renomados, mas que historicamente tenham atuado somente em litígios envolvendo o Direito Privado. É preciso abrir esse mercado ainda fechado – especialmente no Brasil – para a atuação de novos árbitros especialistas em Administração Pública.

4.5.3. Língua, Sede e Legislação Aplicável

Para arbitragens envolvendo a Administração Pública – considerando que está se tratando neste estudo de arbitragens nacionais –, deverá ser utilizado o vernáculo, isto é, a língua portuguesa. Essa é, por exemplo, a previsão das leis de concessões e de PPPs (arts. 23-A e 11, III, respectivamente).[694]

Em relação à sede da arbitragem, ressalte-se que, nos casos de conflito oriundo de contrato administrativo, o art. 55, § 2º, da Lei nº 8.666/93 prevê como cláusula obrigatória dos contratos a fixação do foro da sede da Administração para dirimir qualquer questão contratual. A respeito deste dispositivo, Carlos Ari Sundfeld e Jacintho Arruda Câmara sustentam que

---

[693] Paulo Osternack Amaral leciona que o tema atinente à escolha da Câmara de Arbitragem para dirimir litígios que versem sobre Direito Administrativo não parece encontrar relevante repercussão em Portugal. Isso porque o art. 187 do Código de processo nos Tribunais Administrativos – CPTA (Lei n. 15/02) prevê a existência de centros de arbitragem permanentes, destinados à composição de litígios relativos a contratos administrativos, responsabilidade civil da Administração, funcionalismo público, sistemas públicos de proteção social e urbanismo. Já na Itália, o tema alusivo à arbitragem em contratos administrativos encontra-se disciplinado por um panorama legislativo razoavelmente complexo. O diploma mais relevante é a Lei n. 109/94, que dispõe que poderão ser submetidas aos árbitros todas as controvérsias derivadas da execução do contrato, inclusive aquelas em que não se tenha atingido uma composição amigável (cit., p. 76).

[694] A esse respeito, Ricardo Medina Salla afirma que a limitação à utilização do idioma português reduz as vantagens conferidas pela flexibilidade da arbitragem, como arrefecer o interesse de investidores estrangeiros e interferir na escolha de árbitros estrangeiros.

a lei determina apenas que, se houver conflito judicial, o foro deve ser o da sede da Administração.[695]

Por outro lado, as Leis nºs 8.987/95 e 11.079/04 exigem que as arbitragens oriundas de contratos de concessões e de PPPs sejam promovidas no Brasil (arts. 23-A e 11, III, respectivamente). Portanto, é possível que a sede da arbitragem seja em outro Município ou Estado, diferente da sede do ente público que é parte do litígio. Assim, caso um contrato de concessão do Município de Goiânia com uma empresa privada preveja cláusula arbitral, a qual indique a Câmara de Arbitragem e Mediação da CCBC para a solução do conflito, com sede em São Paulo, por exemplo, tal será viável juridicamente.

Por outro lado, eventuais medidas a serem tomadas pelo Judiciário em cooperação com o juízo arbitral deverão ser enviadas a Goiânia, que seria o foro responsável pela ação, caso não houvesse a convenção arbitral.

Por fim, em observância ao princípio da legalidade, a lei material aplicável ao mérito da arbitragem terá de ser a lei brasileira. Eventuais leis ou decretos estaduais, distritais ou municipais também deverão ser observados pelos árbitros na solução do caso concreto. Não há disponibilidade das partes para escolha do direito a ser aplicado, sob pena de nulidade.

4.5.4. Arbitragem Exclusivamente de Direito

A Lei nº 13.129/2015 incluiu o parágrafo 3º no art. 2º da lei de arbitragem, para prever que a arbitragem que envolva a Administração Pública será *sempre de direito* e respeitará o princípio da publicidade. Com isso, o legislador vedou a possibilidade de o árbitro julgar por equidade caso envolvendo o Poder Público, a qual é construída com base em critérios subjetivos, levando em conta a noção de justiça e de equilíbrio que o julgador venha a adotar.

Embora seja um fundamento válido em decisões entre particulares, esse critério não se presta para temas envolvendo interesses de entes estatais. Neste sentido, a norma introduzida em 2015, na verdade, apenas tornou explícito aquilo que já era implícito e, portanto, aplicável às arbitragens envolvendo Poder Público. Por força do princípio constitucional da legalidade,

---

[695] SUNDFELD, Carlos Ari; CÂMARA, Jacintho Arruda. *O Cabimento da Arbitragem nos Contratos Administrativos.* cit., p. 260.

a Administração só pode se submeter a uma decisão que seja tomada com base em critérios rigorosamente jurídicos, oriundos de normas postas formalmente por lei, regulamento, contrato ou ato administrativo.[696]

Não fosse assim, a arbitragem poderia ser uma fuga, uma porta dos fundos aberta ao administrador público em relação ao cumprimento da lei. Ele, sozinho, não poderia praticar um ato ilegal, sob pena de responder perante os órgãos de controle e ser punido, até por improbidade. Porém, através da arbitragem e um julgamento por equidade, poderia realizar um ato ilegal, de acordo com a sentença arbitral.

4.6. Arbitragem em Matéria Tributária

Recentemente, alguns autores têm defendido a arbitragem tributária, diante da experiência bem-sucedida em Portugal que, de forma singular, previu a arbitragem de questões tributárias diretas entre contribuintes e fazenda pública, o que se dá no âmbito do Centro de Arbitragem Administrativa – CAAD, que se encontra sob a égide do Conselho Superior dos Tribunais Administrativos e Fiscais.[697]

A arbitragem em questões tributárias está ainda mais distante de ser um consenso no Brasil, pois, além de superar os óbices da arbitrabilidade da Administração Pública, possui a árdua tarefa de afastar o princípio da

---

[696] Salles afirma a existência de uma *indisponibilidade normativa* por parte da Administração Pública, no sentido de estar submetida a normas vigentes do ordenamento brasileiro. Porém, ressalva a hipótese do art. 42, § 5º da Lei Federal n. 8.666/93, que permite em relação aos contratos firmados com recursos provenientes de financiamento ou doação de organismo financeiro internacional ou agência de cooperação estrangeira, a adoção na licitação – e, por consequência, no contrato – de condições decorrentes de acordos, protocolos, convenções ou tratados internacionais aprovados pelo Congresso Nacional, bem como as normas e procedimentos daquelas entidades. O autor sustenta que essa previsão possibilita o afastamento das normas nacionais sobre licitação e contrato (Cf. SALLES, Carlos Alberto de, *Arbitragem em Contratos Administrativos*, cit., p. 265).

[697] ESCOBAR, Marcelo Ricardo. *Arbitragem Tributária no Brasil*. São Paulo: Almedina, 2017, p. 298-299. O autor esclarece que em Portugal a introdução da arbitragem tributária direta visou justamente (i) reforçar a tutela eficaz dos direitos e interesses legalmente protegidos dos sujeitos passivos; (ii) imprimir maior celeridade na resolução de litígios que opõem a administração tributária ao sujeito passivo; e (iii) reduzir a pendência de processos nos tribunais administrativos e fiscais (p. 299).

ARBITRAGEM E ADMINISTRAÇÃO PÚBLICA

estrita legalidade em matéria tributária, bem como o da indisponibilidade do crédito tributário.

Um dos seus defensores é Marcelo Ricardo Escobar, segundo o qual o Código Tributário Nacional prevê que a legislação tributária compreende também os atos normativos expedidos pelas autoridades administrativas, sem restringir às autoridades tributárias. Com isso, o CTN engloba também os atos administrativos e as práticas reiteradas da AGU, como seus pareceres, devidamente publicados e aprovados, que passam a vincular a Administração Federal. Assim, caberia à Câmara de Conciliação e Arbitragem da Administração Federal – CCAF, mediante regulamentação, proceder à arbitragem no caso de a conciliação restar infrutífera.[698] [699] Outra hipótese suscitada pelo autor é inserção de possibilidade da arbitragem em questões tributárias nos tratados internacionais para evitar dupla tributação, como já ocorre entre países como Estados Unidos da América, Bélgica, Canadá, Alemanha, França, entre outros.[700]

Há, inclusive, um projeto de lei complementar PLP nº 469/09 que tramita na Câmara dos Deputados que inclui no CTN o art. 171-A, que prevê que a lei poderá adotar a arbitragem para a solução do conflito ou litígio, cujo laudo arbitral será vinculante.

Não obstante, atualmente não existe previsão legal no ordenamento jurídico nacional que permita a arbitragem em matéria tributária.

---

[698] ESCOBAR, Marcelo Ricardo. *Op cit.*, p. 261. Segundo o autor, é possível classificar esquematicamente a arbitragem tributária da seguinte forma: (i) quanto ao tempo, preliminar e preventivamente à constituição do crédito tributário ou subsequente à constituição do crédito tributário; (ii) quanto ao mérito, de forma direta – analisando diretamente as questões tributárias – e indireta – quando dos laudos arbitrais surge um novo fato jurídico tributário; e (iii) quanto à abrangência, que pode ser interna – entre os próprios entes federativos pátrios, ou entre Administração e contribuintes nacionais –, internacional estatal – para dirimir questões envolvendo acordos destinados a evitar a dupla tributação – ou internacional mista – quando envolver um Estado e um ente privado estrangeiro (acordos de investimento) (p. 272).

[699] Ressalte-se, porém, que o termo "arbitragem" na CCAF é equívoco, pois não se trata da arbitragem da Lei nº 9.307/96, mas de arbitramento, ou seja, decisão administrativa do Advogado Geral da União, passível de controle judicial. V. item 2.4.4.

[700] ESCOBAR, Marcelo Ricardo. *Op cit.*, p. 266.

4.7. Procedimento Arbitral

Quanto ao procedimento arbitral, embora alguns regulamentos de arbitragem possam ter regras específicas e detalhadas sobre o procedimento que o processo arbitral terá até o proferimento da sentença, a maioria dos regulamentos prevê regras mais genéricas.

Restaram fortalecidos pela lei de arbitragem os princípios básicos do devido processo legal, ao mesmo tempo em que a autonomia da vontade foi prestigiada, por ficar a critério das partes a disciplina procedimental da arbitragem, nos termos do art. 21 da LA. A flexibilidade do procedimento arbitral é característica marcante e de distinção do processo arbitral em relação ao processo judicial.[701]

No caso de omissão ou falta de consenso das partes acerca do procedimento a ser adotado, a lei brasileira, a exemplo das leis portuguesa[702] e espanhola[703], atribuiu ao árbitro ou painel de árbitros a competência para decidir a esse respeito. Carlos Alberto Carmona ressalta que a vontade das partes e, subsidiariamente, a dos árbitros, quanto à especificação de regras procedimentais encontra limitação na natureza e finalidade da arbitragem, bem como na própria lei.[704] O mesmo autor, ao analisar as três possíveis escolhas das partes em relação ao procedimento arbitral, pondera ser mais seguro que as partes adotem as regras procedimentais de um órgão arbitral institucional, sem olvidar da adequação da criação de um procedimento especial por meio de compromisso.[705]

---

[701] Inspirado nessa flexibilidade, o legislador inseriu no Novo Código de Processo Civil o negócio jurídico processual, que permite às partes, quando o litígio envolver direitos que admitem autocomposição, estipular mudanças no procedimento para ajustá-lo às especificidades da causa e convencionar sobre os seus ônus, poderes, faculdades e deveres processuais, antes ou durante o processo. Sobre esse tema, v. item 3.16.

[702] Art. 30, item 3 da Lei nº 63/2011.

[703] Art. 25, item 2 da Ley de Arbitraje 60/2003.

[704] CARMONA, Carlos Alberto, *Arbitragem e Processo*, cit., p. 22. Assim, segundo o autor não podem as partes estabelecer, por exemplo, que a sentença arbitral tenha forma diversa daquela prevista no art. 26 ou que possa ser a decisão impugnada além do prazo previsto no art. 33.

[705] CARMONA, Calos Alberto. *O processo arbitral*. Revista de Arbitragem e Mediação, São Paulo, n.1, p. 23, jan./abr. 2004. O autor esclarece que no termo de arbitragem permite-se às partes adaptar os procedimentos dos órgãos arbitrais institucionais, como redução ou aumento de prazos, supressão de audiências, dispensa de debates etc. Isso porque geralmente na cláusula compromissória não é usual a definição do procedimento, em especial pelo desinteresse das partes quando estão firmando o negócio.

ARBITRAGEM E ADMINISTRAÇÃO PÚBLICA

É cada vez mais comum e indicado que os árbitros, ao tomarem conhecimento do litígio e das alegações das partes, providenciem o Termo de Arbitragem ou a Ata de Missão, na qual, em conjunto com as partes, serão pormenorizadas todas as questões atinentes ao litígio, não só aquelas já presentes na convenção de arbitragem, mas também aquelas surgidas quando já iniciado o processo. Neste momento, também se costuma indicar um cronograma do processo arbitral.[706]

Neste sentido, a Administração Pública deve atentar à definição e negociação do procedimento, inclusive em relação a prazos dilatados para realização de atos do processo.[707] Isso porque as prerrogativas do CPC não estão previstas na LA. Não se está defendendo prazos maiores exclusivamente para a advocacia pública, pois deve-se conceder igualdade de condições aos litigantes. Porém, eventualmente, um prazo curto pode não ser suficiente para o ente público obter informações internamente, necessárias para a produção de um ato processual.[708]

---

[706] GUERRERO, Luis Fernando, *Convenção de Arbitragem e Processo Arbitral*, cit., pp. 193/194. O autor afirma que o art. 21, *caput*, da LA confere válvula de escape para a interpretação sistemática entre a própria LA, a convenção de arbitragem, o regulamento da câmara eventualmente escolhida e da Ata de Missão ou Termo de Arbitragem. Os documentos que indicam regras em um procedimento arbitral podem ser muitos e com linguagem bastante variada. Em última instância, o árbitro ou tribunal arbitral indicará as regras a serem aplicadas.

[707] Carlos Alberto de Salles defende que, diante das características do contrato administrativo, cuja formação é processualizada e ao particular é dado aderir às condições preestabelecidas pela Administração, a desejada responsividade, a esse propósito, deve ser dada por meio da prévia indicação das regras processuais a serem seguidas ao longo do procedimento, fazendo-as constar do próprio edital licitatório com a divulgação geral de seu conteúdo, a bem da segurança e transparência do pacto arbitral a ensejar impugnação de interessados (Cf. SALLES, Carlos Alberto, *Arbitragem em Contratos Administrativos*, cit., p. 115). Com a devida vênia, a imposição de um procedimento unilateralmente pela Administração vai contra todo o propósito da arbitragem, que representa expressão da autonomia da vontade das partes, sem mencionar que será muito difícil à Administração, antes de publicada a licitação, imaginar todos os conflitos possíveis, cada qual podendo demandar um procedimento adequado, e não único. A própria flexibilidade do procedimento arbitral se revela como uma das vantagens da arbitragem, a depender do conflito concreto. No mesmo sentido, o legislador introduziu no NCPC o negócio jurídico processual, visando dar abertura às partes, nos casos que se admita autocomposição, de estabelecerem modificações no procedimento. De outra parte, caberá ao árbitro ou painel arbitral verificar eventuais prejuízos à defesa da Administração, afastando-os.

[708] Por este mesmo motivo o CPC de 73 previu prazo em quádruplo para contestar e em dobro para recorrer e o NCPC previu prazo em dobro para todas as suas manifestações processuais, exceto quando a lei estabelecer, de forma expressa, prazo próprio para o ente

A Lei nº 13.129/2015 tornou expressa a possibilidade de utilização da arbitragem pela Administração Pública dentro da Lei de Arbitragem e, com isso, a inseriu na disciplina legal desse mecanismo de solução de conflitos. Assim, *a priori*, todo o regime jurídico da lei de arbitragem se aplica ao procedimento arbitral a que se submeta um ente estatal da administração pública direta ou indireta.

Para situações em que a lei não possa ser aplicada ou seja omissa, é importante lembrar, em primeiro lugar, que a arbitragem está inserida no contexto da teoria geral do processo[709], ciência que possui princípios suficientemente definidos e harmoniosamente coordenados entre si, capazes de gerar segurança jurídica. Sendo um *processo*, sujeita-se aos ditames do direito processual constitucional, no qual reside o comando supremo do exercício da jurisdição e da realização de todo processo, jurisdicional ou não.

Como toda teoria geral, a do processo propõe-se a realizar uma condensação metodológica dos elementos presentes em seus diversos ramos, mediante um raciocínio indutivo capaz de colher o que há de essencial e de comum a todos, sem renegar a relativa autonomia de cada um destes.[710]

---

público. São cautelas que se justificam para evitar que a inércia dos agentes públicos em relação ao desenvolvimento do processo cause gravame à defesa da Fazenda Pública em juízo. Visam, portanto, contornar as dificuldades operacionais da defesa judicial do Poder Público.

[709] DINAMARCO, Cândido Rangel. *A Arbitragem na Teoria Geral do Processo*, cit., p. 16. A corroborar sua tese, Dinamarco afirma que Carlos Alberto Carmona em sua obra *Arbitragem e Processo* permeia todo seu escrito com o obcecado empenho em situar os fenômenos do processo arbitral no plano da teoria geral do processo e particularmente do processo civil. Da mesma forma, Eduardo de Albuquerque Parente, Francisco José Cahali e Edoardo F. Ricci também possuem obras nessa linha de pesquisa (p. 20/21).

[710] DINAMARCO, Cândido Rangel. *A Arbitragem na Teoria Geral do Processo*, cit., p. 17. Para o autor *teoria geral do processo* é a condensação metodológica dos princípios, conceitos e estruturas desenvolvidos nos diversos ramos do direito processual, considerados aqueles em que seus respectivos núcleos essenciais e comuns a todos esses ramos, sem descer às peculiaridades de cada um deles. É também um *sistema de conceitos e princípios elevados ao grau máximo de generalização útil e condensados indutivamente a partir do confronto dos diversos ramos do direito processual*. Ela transcende a dogmática processual, não lhe sendo própria a indagação ou formulação de regras ou normas de direito positivo. Por isso mesmo, tende à universalização, superadas as limitações espaço-temporais do direito positivo. Dinamarco afirma também que sempre que se trate de procedimentos realizados mediante o exercício de *poder* por um agente que se sobrepõe aos demais, ali se tem processo e não mero procedimento, legitimando-se pois sua inserção no âmbito da teoria geral do processo. A referência ao poder como centro de

ARBITRAGEM E ADMINISTRAÇÃO PÚBLICA

Para os casos nos quais a lei de arbitragem ou a teoria geral do processo não resolva a questão posta, deve-se procurar no Direito Público, em especial, no Direito Administrativo, os princípios e preceitos que orientem o ato a ser realizado a fim de conduzir a arbitragem, respeitando-se os requisitos legais.

A flexibilidade do procedimento – e não do processo[711] – é uma importante característica da arbitragem. Neste sentido, a máxima *pas de nullité sans grief,* segundo a qual não pode haver nulidade se não houver prejuízo também é aplicável ao procedimento arbitral, de acordo com o princípio da instrumentalidade.[712]

Quando o árbitro estiver autorizado pelas partes a idealizar o procedimento adequado para o caso concreto, sua liberdade criativa será naturalmente muito larga. Quer isso dizer que, respeitados os cânones do devido processo legal – imparcialidade, contraditório, igualdade das partes –, poderá o julgador estabelecer as balizas do procedimento.

Tendo, porém, as partes escolhido expressamente o procedimento a ser empregado, podem os árbitros flexibilizá-lo? Para Carmona, a resposta tem que ser afirmativa. Pode acontecer que o procedimento escolhido apresente algumas incompatibilidades com o órgão arbitral que administre a arbitragem (ou com a falta de estrutura de uma arbitragem *ad hoc*). É razoável ou até necessário que as regras incompatíveis sejam afastadas ou adaptadas às possibilidades da entidade que organiza a arbitragem ou

---

emanação de decisões imperativas é o elemento de convergência responsável pela imposição das garantias constitucionais do processo (p. 21/22).

[711] Primeiro, porque a doutrina leciona que o processo é composto de dois elementos, que são o procedimento e a relação jurídica processual. Assim, se o tema fosse flexibilidade do processo arbitral, teria que abranger a flexibilidade tanto do procedimento quanto da relação jurídica processual. Não há que se falar em flexibilidade da relação jurídica processual. O que existe, e é relevante, é a flexibilidade do procedimento. Segundo, porque a própria Lei de Arbitragem brasileira usa a expressão "procedimento arbitral" (Cf. MONTORO, Marcos André Franco. *Flexibilidade do procedimento arbitral.* Tese de doutorado: Faculdade de Direito da Universidade de São Paulo: São Paulo, 2010).

[712] Carlos Alberto Carmona afirma que o sistema processual estatal não acompanhou as necessidades sociais, deixando de preparar-se para a solução rápida, simplificada e eficaz das novas situações jurídicas, que exigem prestação jurisdicional mais qualificada. Por outro lado, se no processo estatal a flexibilização do procedimento é conseguida a duras penas, o autor crê que em sede de arbitragem o tema possa – e deva – ter tratamento bem mais ventilado (CARMONA, *Flexibilização...,* cit., pag. 14).

ARBITRAGEM, MEDIAÇÃO E OUTROS MÉTODOS DE SOLUÇÃO DE CONFLITOS

às possibilidades dos árbitros quando não houver entidade responsável pela administração do procedimento.[713]

A flexibilização do procedimento arbitral é ferramenta poderosa para instrumentalizar até mesmo procedimentos razoavelmente completos. A flexibilidade do procedimento arbitral é bem maior do que a dos procedimentos judiciais. A arbitragem decorre da autonomia da vontade, da liberdade, inclusive para que as partes estabeleçam como será realizado o procedimento.[714] [715] [716]

[713] CARMONA, *Flexibilização...*, cit., pag. 14.

[714] A liberdade em estabelecer o procedimento está prevista nos artigos 2º, § 1º, 11, inciso IV, 19, parágrafo único, e 21, caput §§ 1º e 2º, da Lei 9.307/96 (Cf. MONTORO, *Flexibilidade do procedimento arbitral*, cit., passim).

[715] A regra preconizada é a seguinte: as partes podem adotar o procedimento que bem entenderem desde que respeitem os princípios do contraditório, da igualdade das partes, da imparcialidade do árbitro e do seu convencimento racional. Se nada dispuserem sobre o procedimento a ser adotado e se não se reportarem a regras de algum órgão institucional, caberá ao árbitro ou ao tribunal arbitral ditar as normas a serem seguidas, sempre atendidos os princípios há pouco mencionados, princípios esses que, em última análise, resumem conteúdo do que, historicamente, acabou sendo conhecido como o devido processo legal (CARMONA, Carlos Alberto, *Arbitragem e processo*, cit., p. 42).

[716] São múltiplos os exemplos da tarefa ingente do árbitro no que se refere à procura do melhor rendimento do procedimento que as partes escolheram. Nesta linha, Carmona vê duas vertentes importantes para a exploração do tema: a primeira trata da inserção de atos não previstos no procedimento adotado (ou modificação da ordem em que devem ser praticados) e que podem provocar o melhor desenvolvimento do contraditório; a segunda diz respeito à utilização de técnicas não contempladas no procedimento adotado (e que podem até mesmo ser estranhas ao direito escolhido para reger a arbitragem). Tornou-se bastante comum por aqui, em certos órgãos arbitrais institucionais, o deferimento e produção da prova oral, deixando para momento posterior a análise da pertinência, necessidade e utilidade da prova pericial. A falta de dispositivos específicos no regulamento escolhido (arbitragem administrada) ou no procedimento construído pelas partes não pode impedir os árbitros de permeá-lo dos atos que julguem necessários para seu adequado funcionamento, pois todo o procedimento é voltado – instrumentalmente – a servir à atividade dos julgadores de decidir o caso concreto.

No Brasil, ainda empregam os juízes estatais o método indireto de interrogatório das partes. Nada impede que o árbitro livre-se de tal modelo antigo e antiquado, determinando que as perguntas sejam dirigidas diretamente ao depoente, gravando-se desde logo a resposta, sem intermediação. Carmona vai além: o que impediria o árbitro de franquear a palavra ao advogado da própria parte depoente para que fizesse perguntas a seu cliente, esclarecendo pontos que possam ter ficado nebulosos durante o depoimento? O autor afirma que a sua experiência é positiva (CARMONA, *Flexibilização...*, cit., pp. 16-18).

Apesar de existirem regras procedimentais anteriormente estabelecidas para determinada arbitragem, essas podem posteriormente ser adaptadas ou modificadas pelas partes e/ou pelo árbitro, assim como pelo juiz estatal, em circunstâncias limitadas. No momento em que for ser realizada a arbitragem, nada impede as partes de modificarem regras anteriormente previstas, inclusive as eleitas na convenção arbitral. Trata-se de livre exercício da autonomia da vontade. Estando em curso a fase arbitral propriamente dita, a melhor forma de resolver as lacunas do procedimento ou de modificar regras anteriormente estabelecidas, é mediante uma decisão conjunta das partes e do árbitro.[717] [718] [719]

Por mais completo que um regulamento arbitral seja, sempre podem existir omissões, situações não previstas, não reguladas. E tais omissões podem ser verificadas tanto na fase pré-arbitral, antes do árbitro aceitar o seu encargo, quanto na fase arbitral propriamente dita. Se essa omissão for

---

[717] MONTORO, *Flexibilidade do procedimento arbitral*, cit., p. 124.

[718] Marcos André Franco Montoro, por sua vez, divide em 2 vertentes a flexibilidade do procedimento arbitral: possibilidade de criação (eleição, escolha) das regras procedimentais e possibilidade de adaptação (modificação, flexibilização) das regras antes escolhidas para reger o procedimento. O procedimento arbitral a ser adotado em determinado caso concreto pode decorrer de atos de diferentes pessoas, e pode estar regulado (ou melhor, ser criado) em mais de um tipo de documento. São dois aspectos distintos: (a) o aspecto subjetivo, referente a quem criou a regra procedimental; e (b) o aspecto objetivo, referente a onde – qual local, ou melhor, em que documento – criou-se a regra procedimental. As duas vertentes da flexibilidade do procedimento arbitral, segundo Montoro, são limitadas pelas garantias mínimas concedidas às partes na arbitragem. E essa limitação em estabelecer regras procedimentais também implica em problemas pontuais específicos (MONTORO, *Flexibilidade do procedimento arbitral*, cit., passim).

[719] A testemunha técnica (*expert witness*), que tem sido utilizada na arbitragem, é admissão de depoimento de especialistas indicados pelas partes que informarão os árbitros sobre questões técnicas, não sobre fatos que tenham presenciado. Outro tabu do processo estatal que começa a ser ameaçado no sistema arbitral é o dos depoimentos escritos (*written statements*), que nossa legislação processual parece historicamente repudiar, pois é da tradição de nosso direito que o depoimento seja prestado oralmente. Segundo Carmona, em um primeiro momento, o depoimento escrito evitaria a locomoção do depoente, muitas vezes residente em território distante da localidade em que se desenvolve a arbitragem; em segundo lugar, o depoimento escrito tende a concentrar observações, focando-se o depoente sobre as questões efetivamente interessantes para o deslinde da causa; por último, ainda que seja facultado às partes interrogar posteriormente o autor do depoimento escrito, o método continua a ser valioso, na medida em que o depoimento será circunscrito ao que foi declarado por escrito, evitando longos e desnecessários circunlóquios, típicos dos depoimentos testemunhais tradicionais (CARMONA, Carlos Alberto, *Flexibilização...*, cit., pag. 19).

verificada na fase arbitral, como o árbitro já aceitou o seu encargo, então caberá a ele suprir as omissões, criando as regras procedimentais.[720]

A flexibilidade que torna a arbitragem tão atraente reside no método de solucionar a controvérsia. Enquanto os juízes estão amarrados às teias do processo, com previsões mais ou menos rígidas, segundo o sistema de cada país, os árbitros têm maior liberdade para flexibilizar formas, fórmulas e atos do procedimento, tudo com o objetivo de facilitar a apuração dos fatos e a aplicação do direito. Este arejamento e esta liberdade são essenciais para quem pretenda resolver com rapidez e eficiência um dado litígio, sendo realçadas tais qualidades quando a disputa for travada nas vastas planícies do comércio internacional.[721]

A liberdade que os árbitros têm para flexibilizar o procedimento gera, em contrapartida, o dever dos julgadores de evitar surpresas às partes. Isto significa que a liberdade procedimental requer constante informação aos litigantes, para que possam sempre participar de modo proativo em todas as fases do processo. O art. 10 do NCPC, em sentido semelhante, determina ao juiz que abra às partes possibilidade de se manifestar sobre os fundamentos das decisões judiciais.[722]

Uma especificidade da arbitragem que a torna muito mais célere que o processo judicial é que a sentença não fica sujeita a qualquer recurso. Nada impede, contudo, que as partes estabeleçam o reexame por outro órgão arbitral ou por outros árbitros, ou mesmo a possibilidade de embargos em caso de não unanimidade. Frise-se que, neste caso, tais recursos serão internos, nunca dirigidos a órgãos da justiça estatal. Porém, como ressalta Carmona, tais recursos são de todo inconvenientes e a sua utilização não parece corriqueira em países nos quais a arbitragem vem florescendo.[723]

---

[720] Existem regulamentos que estabelecem que os casos omissos são decididos pelo órgão institucional arbitral ou pelo árbitro. Quando o regulamento assim prevê, enquanto a arbitragem não for instituída (com a aceitação do encargo pelo árbitro, nos termos do art. 19 da Lei nº 9.307/96), então caberá ao órgão arbitral institucional preencher as omissões procedimentais, inclusive criando regras não estabelecidas no seu regulamento (quando e se tais regras precisarem ser criadas para resolver algum problema específico); mas se o árbitro já tiver aceitado o seu encargo, caberá a ele preencher as omissões das regras procedimentais.

[721] CARMONA, Carlos Alberto, *Flexibilização...*, cit., pag. 19.

[722] "Art. 10. O juiz não pode decidir, em grau algum de jurisdição, com base em fundamento a respeito do qual não se tenha dado às partes oportunidade de se manifestar, ainda que se trate de matéria sobre a qual deva decidir de ofício".

[723] CARMONA, Carlos Alberto, *Arbitragem e Processo*, cit., p. 25.

Por tal motivo, é necessário fazer uma compatibilização entre o artigo 18 da LA, que estabelece que a sentença arbitral não fica sujeita a recurso ou homologação pelo Poder Judiciário, com a previsão de remessa necessária quando a Fazenda Pública for vencida. Neste caso, prevalece a regra específica sobre a regra geral, isto é, **não se admite a remessa necessária da sentença arbitral que julgar contra a Fazenda Pública.**[724]

No julgamento do supramencionado "caso Lage", o Supremo Tribunal Federal se manifestou pela constitucionalidade da irrecorribilidade das decisões arbitrais envolvendo a Fazenda Pública, afirmando que não fere a Constituição a ausência de duplo grau no processo arbitral em que o Poder Público figure como parte (STF, AI nº 52.181, Pleno, rel. Min. Bilac Pinto, RTJ 68/382).

A despeito do fato da sentença não depender de controle prévio dos órgãos de Estado para receber oficialização, não quer isso dizer que não seja possível questionar em juízo a validade e eficácia da sentença arbitral. Para este fim, estabeleceu-se o procedimento do art. 33 da LA.

Ainda quanto à sentença, a Lei nº 13.129/2015 inseriu o § 1º no art. 23 da LA para facultar aos árbitros proferirem sentenças parciais. Por outro lado, o Código de Processo Civil de 2015 não admite tal figura, considerando sentença o pronunciamento por meio do qual o juiz, com fundamento nos arts. 485 e 487, põe fim à fase cognitiva do procedimento comum, bem como extingue a execução (art. 203, § 1º, CPC). Vale dizer, atualmente a legislação admite a sentença parcial na arbitragem, mas não a admite no processo civil, onde tem natureza de decisão interlocutória (art. 203, § 2º, CPC).

Destinando-se o processo arbitral a produzir efeitos sobre a esfera jurídica de dois ou mais sujeitos, mediante a prolação de decisões proferidas por um ou mais árbitros, as atividades realizadas se submetem aos ditames contidos nas garantias constitucionais do processo, notadamente a do devido processo legal, entendido como sistema de limitações ao exercício de poder, a do juiz natural, a do dever de imparcialidade e impessoalidade, a do contraditório e a da igualdade. A incidência de tais garantias sobre

---

[724] Nesse sentido, o enunciado 164 do Fórum Permanente de Processualistas Civis: "A sentença arbitral contra a Fazenda Pública não está sujeita à remessa necessária". O art. 496 do CPC, que disciplina a remessa necessária, aplica-se apenas ao ambiente do processo judicial, não tendo incidência relativamente ao processo arbitral (Cf. CUNHA, Leonardo Carneiro da. *Op cit.*, p. 649).

o processo arbitral é um ponto incontroverso na doutrina, sendo a esse propósito explícita a própria Lei de Arbitragem no art. 21, parágrafo segundo.[725]

Ainda quanto ao procedimento, cabem algumas considerações sobre o Ministério Público. O MP atua no processo civil como autor, por legitimação ordinária[726] ou por substituição processual[727], como interveniente em razão da natureza da lide[728] ou em razão da qualidade da parte[729], e como réu[730]. Quando a Constituição Federal prevê no art. 127 que o Ministério Público é essencial à prestação jurisdicional do Estado e está incumbido da defesa da ordem jurídica, não está a dizer que atuará em todo em qualquer processo, nem que será o guardião de todas as leis da República, mas sim, que sua atuação será exigível nos feitos cujo objeto guarde compatibilidade com sua finalidade institucional.[731]

Dessa forma, se a lei disser respeito à defesa do regime democrático ou à defesa de interesses sociais ou a interesses individuais indisponíveis

---

[725] DINAMARCO, Cândido Rangel, *A Arbitragem na Teoria Geral do Processo*, cit., p. 23. A esse respeito, o autor afirma que chega a ser dispensável, além de incompleta, a disposição contida no art. 21, § 2º da lei, segundo o qual *serão sempre respeitados no procedimento arbitral os princípios do contraditório, da igualdade das partes, da imparcialidade do árbitro e de seu livre convencimento*. Com ou sem essa disposição, Dinamarco afirma que todos os princípios e garantias do processo contidos na Constituição aplicam-se inexoravelmente ao juízo arbitral por força própria, sendo inócua uma disposição infraconstitucional como essa. Por outro lado, é de total irrelevância a não inclusão expressa da garantia do *due process* no dispositivo, posto que a cláusula se impõe por si própria ao processo arbitral tanto quanto ao estatal e quanto a todas as atividades daqueles que exercem algum poder sobre esferas jurídicas alheias (p. 25).

[726] Como nas ações de nulidade de casamento, nas ações diretas de inconstitucionalidade e outras que age por legitimação ordinária, como órgão do Estado.

[727] Como nas ações civis públicas ambientais, ou ainda, em caráter subsidiário, na defesa da vítima pobre na ação reparatória *ex delicto*, ou também na defesa do incapaz na ação de investigação de paternidade.

[728] Como em ações diretas de inconstitucionalidade, mandado de segurança, ação popular, questão de estado da pessoa etc., quando age em defesa da ordem jurídica, desvinculado *a priori* dos interesses das partes.

[729] Como nas ações em que haja interesse de incapaz, acidentado do trabalho, indígena, pessoa com deficiência etc., quando mais que ser um mero *custos legis*, exerce antes uma verdadeira atuação protetiva ou assistencial, em favor da parte hipossuficiente.

[730] Como nos embargos do executado ou nos de terceiro quando o próprio Ministério Público seja o exequente, ou ainda nas ações rescisórias de sentença proferida em ação civil pública movida pela instituição.

[731] MAZZILLI, Hugo Nigro, *A defesa dos interesses difusos em juízo...*, cit., p. 86 e 91.

– esses os objetos finalísticos da atuação institucional – estará identificado o campo da atuação do Ministério Público. Entretanto, se a violação à lei prejudicar um interesse disponível, sem caráter social, não será, por si só, causa bastante para a atuação do Ministério Público.[732]

Segundo Hugo Nigro Mazzilli, pode ser total ou parcial a indisponibilidade do interesse cujo zelo justifique a intervenção do Ministério Público. A indisponibilidade absoluta quer significar a impossibilidade de que o direito seja objeto de abdicação total ou parcial, ou de transação. Entretanto, há interesses relativamente indisponíveis, que em parte permitem transações, devendo a instituição fiscalizar essa indisponibilidade parcial, tais como guarda de filhos, alimentos, investigação de paternidade etc.[733]

Neste sentido, a participação da Fazenda Pública em um processo civil não configura, por si só, hipótese de intervenção do Ministério Público. Essa premissa foi inclusive incorporada ao Novo CPC, no art. 178, parágrafo único.

Considerando que a arbitragem possui por objeto sempre direitos patrimoniais disponíveis, não há que se falar de participação ministerial, nem mesmo como *custos legis*. Seu âmbito de atuação se restringe ao controle externo que exerce sobre a atividade administrativa.[734]

---

[732] MAZZILLI, Hugo Nigro, *A defesa dos interesses difusos em juízo...*, cit., p. 91. O autor leciona que mais importante que discutir a forma como se exterioriza a atuação do Ministério Público num processo, é buscar a *causa* que o traz ao feito, para, assim determinar a *finalidade* de sua atuação. São três as causas que trazem o Ministério Público ao processo: (a) a existência de interesse indisponível ligado a uma pessoa (por exemplo um incapaz ou uma fundação), (b) a existência de interesse indisponível ligado a uma relação jurídica (por exemplo em ação de nulidade de casamento), (c) a existência de um interesse, ainda que não propriamente indisponível, mas de suficiente abrangência ou repercussão social, que aproveite em maior ou menor medida a toda a coletividade (por exemplo em ação para a defesa de interesses individuais homogêneos, de largo alcance social, ou a defesa de pessoas carentes (p. 91).

[733] MAZZILLI, Hugo Nigro, *A defesa dos interesses difusos em juízo...*, cit., p. 92. Conclui o autor: "*havendo, pois, indisponibilidade total ou parcial do interesse em litígio, em regra intervirá o Ministério Público no seu zelo. Mas a indisponibilidade não esgota as hipóteses de intervenção ministerial, pois, mesmo que o interesse não seja a rigor indisponível, poderá ainda haver intervenção ministerial desde que sua defesa convenha à coletividade (é o caso, p. ex., da atuação ministerial em defesa de interesses individuais homogêneos, ainda que disponíveis, mas de larga expressão ou abrangência social)*".

[734] Por outro lado, no advento de uma arbitragem coletiva, sustenta Rômulo Greff Mariani que poderá haver o interesse do Ministério Público intervir a título de *custos legis*. Do ponto de vista prático, bastaria ao órgão responsável pelo caso dirigir-se diretamente ao tribunal arbitral, ser comunicado de todos os atos e ser cientificado para que possa comparecer às audiências (Cf. MARIANI, Rômulo Greff, *Arbitragens Coletivas no Brasil*, cit., p. 180-182).

4.8. Publicidade do Processo Arbitral

Uma questão fundamental é a da confidencialidade do procedimento arbitral e das decisões arbitrais, característica marcante da arbitragem. Como conciliar o sigilo da arbitragem com a publicidade que deve reger os procedimentos da Administração, inclusive atinentes aos litígios *sub judice*?

Na realidade, o sigilo não é uma obrigatoriedade, muito menos requisito de validade da arbitragem, mas apenas uma das vantagens que se abrem aos litigantes que optam por essa forma de solução da controvérsia. Com a confidencialidade, as partes ficam mais à vontade para confiar aos árbitros segredos profissionais ou comerciais, intimidades corporativas, informações a respeito da saúde financeira da empresa, enfim, informações de todo tipo, preservando-se de possíveis prejuízos que poderiam advir caso tais temas viessem a público. Até por isso, os regulamentos de arbitragem fazem questão de deixar clara tal regra, ressalvando disposição diversa das partes.[735]

Nada impede que as partes abram mão da confidencialidade. Porém, no caso da parte estatal, o princípio da transparência é imperativo e deve ser respeitado, como fator indispensável para se garantir a responsividade (*accountability*) dos agentes públicos.[736]

A esse respeito, a Lei nº 13.129/15 inseriu o § 3º no art. 2º da Lei de Arbitragem para determinar que a arbitragem que envolva a administração pública respeitará o princípio da publicidade. Note-se que a LA é

---

[735] É o que se extrai, por exemplo, do regulamento da Câmara de Comércio Internacional – CCI (artigo 6º do Apêndice I – Estatutos da Corte Internacional de arbitragem, em vigor desde 1º de janeiro de 2012), do regulamento da Câmara de Mediação e Arbitragem de São Paulo (item 17.4) e do Centro de Arbitragem da Câmara Americana de Comércio – Amcham (item 15.1) (AMARAL, Paulo Osternack, *Arbitragem e Administração Pública...*, cit., p. 48).

[736] Acerca da arbitragem e controle público, Salles acrescenta a ideia de *accountability*, isto é, prestação de contas, a qual traduz como *responsividade*. A responsividade é dividida pelo autor em três acepções: a vertical, que indica o controle democrático pela relação eleitor/público eleito; horizontal, que diz respeito à existência de órgãos estatais competentes e capacidades para realizar uma variada gama de atividades de controle; e a societal, assim considerada aquela envolvendo atores sociais com variável grau de organização, buscando por incorreções do governo, trazer novos problemas ao debate público ou reverter decisões tomadas por agentes públicos (Cf. SALLES, Carlos Aberto de, *Arbitragem em Contratos Administrativos*, cit., p. 81). O autor enaltece que para seu trabalho importa o conceito de responsividade em sentido amplo, englobando as três espécies indicadas.

fundamentalmente uma lei processual. Assim, pode-se concluir, a princípio, que a publicidade a que se refere o dispositivo citado é a publicidade processual.

A doutrina leciona que a sistematização dos princípios do Direito Processual leva à conclusão de que o princípio do devido processo legal é a matriz de fundamento de todos os demais, isto é, funciona como base sobre a qual todos os outros se sustentam. A publicidade processual e a motivação das decisões são garantias processuais que não se justificam de modo isolado, antes sendo elos da cadeia global das garantias constitucionais.[737]

A Constituição Federal, a propósito, estabeleceu expressamente que a lei só poderá restringir a publicidade dos atos processuais quando a defesa da intimidade ou o interesse social o exigirem (art. 5º, LX, CF). Além disso, previu também que todos os julgamentos do Poder Judiciário serão públicos, e fundamentadas todas as decisões, sob pena de nulidade, podendo a lei, se o interesse público o exigir, limitar a presença, em determinados atos, às próprias partes e a seus advogados, ou somente a estes (art. 93, IX, CF).

O princípio da publicidade do processo constitui uma preciosa garantia do indivíduo, no tocante ao exercício da jurisdição. A presença do público nas audiências e a possibilidade do exame dos autos por qualquer pessoa representam o mais seguro instrumento de fiscalização popular sobre a obra dos magistrados, promotores públicos e advogados.

Para Cintra, Grinover e Dinamarco, o povo é o juiz dos juízes e a responsabilidade das decisões judiciais assume outra dimensão, quando tais decisões hão de ser tomadas em audiência pública, na presença do povo.[738] A garantia da publicidade nada mais significa senão a clara incorporação pelo processo dos ideais da democracia.

A doutrina identifica a bipartição da garantia da publicidade em duas vertentes, a interna e a externa. A primeira delas é a publicidade que torna possível às partes o exercício do contraditório, com a ciência de todos e

---

[737] ALMADA, Roberto José Ferreira de. *A Garantia Processual da Publicidade*. São Paulo: Revista dos Tribunais, 2005, pp. 81/82. Para o autor, motivação e publicidade são garantias constitucionais siamesas, que estabelecem entre si uma clara relação de complementaridade, aperfeiçoando-se reciprocamente. Associadas, atestam a transparência dos atos realizados pelo Poder Judiciário, uma dando prova de que as decisões não derivam dos caprichos ou das vicissitudes dos juízes, ou mesmo de crassas desconformidades com a lei, e a outra revelando publicamente a regularidade do processo numa perspectiva de cidadania (p. 87).

[738] CINTRA, GRINOVER, DINAMARCO, *Teoria Geral do Processo*, cit., p. 75.

qualquer acontecimento processual potencialmente capaz de afetá-las. Pode ser imediata, significando a presença e o contato direto com os atos processuais, e mediata, resultando da sua divulgação pelos meios de comunicação. Já a publicidade externa é aquela voltada para além das partes do processo, ou seja, ao público em geral.[739]

O Código de Processo Civil de 1973 previa, no art. 155, que os atos processuais são públicos. Todavia, correm em segredo de justiça os processos em que exigir o interesse público (inc. I) e que dizem respeito a casamento, filiação, separação dos cônjuges, conversão desta em divórcio, alimentos e guarda de menores (inc. II).[740] Porém, o parágrafo único deste artigo dispunha que o direito de consultar os autos e de pedir certidões de seus atos é restrito às partes e a seus procuradores, cabendo ao terceiro, que demonstrar interesse jurídico, requerer ao juiz certidão do dispositivo da sentença, bem como de inventário e partilha resultante do desquite. Por ser previsão legal anterior à Constituição de 1988, devia ser interpretado conforme à Carta Constitucional, nos termos do já citado art. 5º, inciso LX.

O Novo CPC, aparentemente refletindo sobre a inconstitucionalidade do art. 155, parágrafo único do CPC, prevê, no art. 189, que os atos processuais são públicos e que o direito de consultar os autos de processo *que tramite em segredo de justiça* e de pedir certidões de seus atos é restrito às partes e aos seus procuradores. Dessa forma, *a contrario sensu*, é possível concluir que processo que não tramite em segredo de justiça ficará franqueado para vistas, não só para as partes e seus procuradores, mas para todos.

Por outro lado, a publicidade é um dos princípios gerais da Administração Pública, previstos expressamente no caput do art. 37 da Constituição

---

[739] ALMADA, Roberto José Ferreira de. *A Garantia Processual da Publicidade*, cit., passim.

[740] Para a hipótese de interesse público, afirma Roberto José Ferreira de Almada que é necessário que se utilize da máxima da proporcionalidade para que, eventualmente, possa-se aplicar a recomendação aberta e genérica da tutela do interesse coletivo, restringindo a publicidade. Em outros termos, sustenta o autor que sendo por um lado justificável a genérica restrição da publicidade nas causas de família, uma vez que a dignidade da pessoa é capaz de reclamar tratamento típico de regra e, portanto, comportar campo de aplicação previamente explicitado no plano normativo, por outro lado o mesmo não se passa com a tutela do interesse público, ou social, em cujo contexto é sempre necessário que sejam identificadas as possibilidades de incidência dos princípios, e suas precedências, conforme o demonstrem os fatos e os acontecimentos concretos da vida (Cf. ALMADA, Roberto José Ferreira de. *A Garantia Processual da Publicidade*, cit., p. 100).

Federal[741], regulamentado pela Lei Federal nº 12.527/2011, conhecida como "Lei de acesso à informação" ou "Lei da transparência". A Lei Federal nº 9.784/99 exige também no art. 2º, parágrafo único, inciso V, divulgação oficial dos atos administrativos, ressalvadas as hipóteses de sigilo previstas na Constituição.[742] A Constituição do Estado de São Paulo, de 1989, também assegura a publicidade administrativa.

Segundo Carlos Ari Sundfeld, a razão do Estado é toda externa. Tudo que nele se passa, tudo que faz, tudo que possui, tem uma direção exterior. Neste sentido, defende que a finalidade de sua ação não reside jamais em algum benefício íntimo, pois está sempre voltado ao interesse público[743]. Com os indivíduos é o contrário: sua atividade diz com a liberdade, com a realização de valores íntimos, razão pela qual protege-se sua privacidade.

Como o Estado jamais maneja interesses, poderes ou direitos íntimos, tem o dever da mais absoluta transparência. Se o poder emana do povo (art. 1º da CF), é óbvio que o povo tem o direito de conhecer tudo o que concerne ao Estado, de controlar passo a passo o exercício do poder.[744] A publicidade, no sentido que trata Sundfeld, não se resume à divulgação dos atos, que atina à existência e eficácia deles.[745] Em paralelo, o Estado tem

---

[741] "Art. 37. A administração pública direta e indireta de qualquer dos Poderes da União, dos Estados, do Distrito Federal e dos Municípios obedecerá aos princípios de legalidade, impessoalidade, moralidade, publicidade e eficiência e, também, ao seguinte:" (redação da Emenda Constitucional n. 19 de 1998).

[742] Além disso, a Lei de Responsabilidade Fiscal estabelece que a responsabilidade na gestão fiscal pressupõe ação planejada e transparente.

[743] SUNDFELD, Carlos Ari, *Fundamentos de Direito Público*, cit., p. 177. Segundo o autor, interesse público é o que o ordenamento entende valioso para a *coletividade* (não para a pessoa estatal) e que, por isso, protege e prestigia. Assim, os beneficiários de sua atividade são sempre os particulares. Os recursos que manipula não são seus: vêm dos particulares individualmente considerados e passam a pertencer à coletividade dele. Os atos que produz estão sempre voltados aos particulares: mesmo os atos internos são mero estágio intermediário para que, a final, algo se produza em relação a eles. Resume o autor: "em uma figura: falta ao Estado *vida interior*, faltam-lhe interesses pessoais íntimos" (cit., p. 177).

[744] Celso Antônio Bandeira de Mello, no mesmo sentido, afirma que consagra-se no princípio da publicidade o dever administrativo de manter plena transparência em seus comportamentos: "*não pode haver num Estado Democrático de Direito, no qual o poder emana do povo (art. 1º, parágrafo único, da Constituição), ocultamento aos administrados dos assuntos que a todos interessam, e muito menos em relação aos sujeitos individualmente afetados por alguma medida*" (BANDEIRA DE MELLO, Celso Antonio, *Curso de Direito Administrativo*, cit., p. 117).

[745] Leciona o autor: "*Decerto que qualquer ato, em direito, para existir, tem de possuir uma forma, é dizer, deve se exteriorizar de algum modo. Nessa medida, qualquer ato, mesmo em direito privado, só existe se lhe*

o dever de agir de modo diáfano, de se franquear ao conhecimento público, de se desnudar, mesmo quando não esteja em pauta a notificação de seus atos. Assim, a ampla publicidade no aparelho estatal é princípio básico e essencial ao Estado Democrático de Direito, que favorece o indispensável controle, seja em favor de direito individual, seja para a tutela impessoal dos interesses públicos.[746] [747]

Ante o exposto, é possível concluir que à arbitragem que envolva a Administração Pública se aplica a publicidade, tanto do ponto de vista do Direito Processual, quanto do Direito Administrativo, os quais, de certa maneira, são indissociáveis. Assim, o processo arbitral não poderá ser sigiloso e a câmara de arbitragem deverá dar publicidade dos atos do processo.

Neste sentido, Salles sustenta que deve haver ampla publicidade da sentença arbitral e dos documentos produzidos durante o procedimento arbitral, por ser essencial a divulgação do resultado da arbitragem e daqueles elementos de prova e argumentação que lhe serviram de base.[748]

---

for dada alguma publicidade; antes dela, pode se falar de intenção do sujeito, de vontade psicológica, não de ato jurídico. Quando a doutrina e a jurisprudência falam da publicidade dos atos estatais, normalmente fazem referência a este sentido – examinam como o ato deve ser notificado a seus destinatários: se através de publicação, se por intimação etc. No entanto – convém insistir –, essa publicidade não é algo exclusivo do direito público, mas se esparrama por todo o Direito. O que há de especial em relação ao Estado é a abrangência e a forma dessa divulgação. Nada mais." (cit., p. 177/178).

[746] SUNDFELD, Carlos Ari, *Fundamentos de Direito Público*, cit., p. 178. O princípio da publicidade não carecia de expressa previsão normativa para incidir, eis que decorre do sistema constitucional adotado. No entanto, de tão importante, mereceu sucessivas referências da Constituição brasileira, não só para se tornar induvidoso, e, com isso, ficar a salvo de eventual amesquinhamento, como para garantir-se sua real incidência em todos os campos do direito público. Sundfeld cita a garantia do acesso à informação e à certidão, nos incisos XXXIII e XXXIV do art. 5º da Constituição. O sigilo, a autorizar a denegação da informação ou da certidão, só se justifica em duas situações, de caráter excepcional: quando for imprescindível à segurança da sociedade e do Estado (ex. sigilo com relação aos planos militares, em tempo de guerra) ou quando a publicidade violar a intimidade de algum particular (ex. sigilo em relação a terceiros, dos dados clínicos de paciente internado em hospital público). Afora esses casos, quem solicita informação ao Estado tem o direito de obtê-la, o que é mera decorrência da cidadania. Ademais, a Constituição também prevê, no art. 5º, LXXIII, o *habeas data* para obtenção de informações de caráter pessoal (e para retificação de dados falsos ou incompletos).

[747] Por outro lado, a publicidade, como garantia política – cuja finalidade é o controle da opinião pública nos serviços da justiça – não pode ser confundida com o sensacionalismo que afronta a dignidade humana. Cabe à técnica legislativa encontrar o justo equilíbrio e dar ao problema a solução mais consentânea em face da experiência e dos costumes de cada povo.

[748] SALLES, Carlos Aberto de, *Arbitragem em Contratos Administrativos*, cit., p. 284. Por outro lado, entende que limitar a publicidade ao momento posterior ao desenvolvimento

ARBITRAGEM E ADMINISTRAÇÃO PÚBLICA

Já Carlos Alberto Carmona, em sentido oposto, defende, ao menos, o sigilo dos debates e a confidencialidade dos documentos que instruíram o processo arbitral.[749] Contudo, o sigilo e a confidencialidade de atos processuais e de documentos só podem existir com respaldo na legislação acima mencionada, de forma que tais práticas podem ser consideradas ofensivas ao princípio da publicidade.

Da mesma forma, será conveniente à procuradoria do ente estatal ou ao ente envolvido no conflito que mantenha uma cópia atualizada do processo arbitral à disposição para consulta e para o fornecimento de informações, nos termos da Lei nº 12.527/2011.

Ressalte-se que tal transparência não se estende ao processo administrativo correspondente ao acompanhamento do processo arbitral, tal como ocorre com os processos relativos ao acompanhamento de processos judiciais. Isso porque uma coisa é o acesso ao processo judicial e aos seus atos processuais, ou ao processo de arbitragem e aos seus atos processuais. Outra coisa é o acesso ao processo administrativo no âmbito da advocacia pública de acompanhamento da demanda judicial, sobre o qual recai tanto o sigilo profissional do advogado previsto no Estatuto da OAB (art. 7º, inc. II, Lei Federal nº 8.906/94[750]), quanto a disposição do art. 7º, § 3º da Lei da transparência.[751]

---

do processo arbitral parece medida mais adequada à conciliação dos objetivos de atender ao princípio constitucional e, também, preservar características essenciais ao funcionamento da arbitragem, no contexto da *estratégia de mínima intervenção na esfera arbitral*.

[749] CARMONA, Carlos Alberto, *Arbitragem e Processo*, cit., p. 52. O autor esclarece que a Declaração Universal dos Direitos do Homem solenemente proclamada pelas Nações Unidas em 1948, garante a publicidade popular dos juízos (art. 10) e a ordem jurídica brasileira outorga a esse princípio o *status* constitucional, dispondo que todos os julgamentos dos órgãos do Poder Judiciário serão públicos, e fundamentadas todas as decisões, sob pena de nulidade, podendo a lei limitar a presença, em determinados atos, às próprias partes e a seus advogados, ou somente a estes, em casos nos quais a preservação do direito à intimidade do interessado no sigilo não prejudique o interesse público à informação.

[750] "Art. 7º São direitos do advogado:

II – a inviolabilidade de seu escritório ou local de trabalho, bem como de seus instrumentos de trabalho, de sua correspondência escrita, eletrônica, telefônica e telemática, desde que relativas ao exercício da advocacia".

[751] "§ 3º O direito de acesso aos documentos ou às informações neles contidas utilizados como fundamento da tomada de decisão e do ato administrativo será assegurado com a edição do ato decisório respectivo".

Outrossim, em razão da publicidade das decisões arbitrais que envolvem a Administração Pública, será possível formar *jurisprudência arbitral*, que poderá ser consultada e utilizada pelas partes em suas alegações em arbitragens futuras, assim como pelos próprios árbitros na fundamentação das suas decisões. Com isso, as posições dos árbitros para determinados assuntos – notadamente questões de direito – ficará pública, o que poderá influenciar na escolha desses profissionais para arbitragens futuras.

Por fim, cumpre observar que, descumprida a exigência de publicidade, grave será a lesão à ordem pública do processo que, não sendo um fim em si mesmo, não pode ser justificado a partir unicamente dos seus elementos intrínsecos. A consequência será a nulidade do processo, conforme prevê o art. 93, IX, da CF.[752] Neste caso, a aplicação do princípio da instrumentalidade das formas, visando a convalidação do vício fica comprometida, na medida em que exige a ausência de prejuízo. Ora, o princípio da publicidade, notadamente na sua dimensão externa, presta-se à legitimação do processo pela transparência no exercício da jurisdição, através da qual se realiza a instrumentalidade do processo. Portanto, não há como afirmar ausência de prejuízo, se ausente a publicidade.

4.9. Arbitragem e Poder Judiciário

A relação entre a arbitragem e o Judiciário deve ser de cooperação. Torna-se necessária, pois a jurisdição dos árbitros não é completa, isto é, eles não possuem o poder de efetivar suas decisões por meio de medidas coercitivas ou executivas.

A relação entre arbitragem e a jurisdição estatal se dá na ação do art. 7º para instauração da arbitragem no caso de recusa de uma das partes, diante

---

[752] Assim questiona Roberto Almada: *"Afinal que diferença é possível apontar entre uma sentença extraída de um processo secreto e uma sentença imotivada? Acaso ambas não seriam igualmente nulas, já na forma da previsão contida no texto normativo fundamental (art. 93, IX, CF)? O que aconteceria se a parte sucumbente se conformasse diante de uma decisão carente de fundamentação? Não padeceria igualmente dos efeitos do ato enquanto não houvesse o reconhecimento do vício? E o que dizer da violação do direito da parte ao contraditório que não contasse com a pronta irresignação do prejudicado? Não haveria igual prejuízo para a ordem democrática do processo, além da lesão ao direito da parte, eventualmente convalidando-se a irregularidade no curso do tempo?"* (Cf. ALMADA, Roberto José Ferreira de. *A Garantia Processual da Publicidade*, cit., p. 145).

ARBITRAGEM E ADMINISTRAÇÃO PÚBLICA

de cláusula vazia, ou na hipótese de haver painel com número par de árbitros e não houver acordo para nomeação de mais um (art. 13, § 2º da LA); dá-se também na execução das cautelares e medidas de urgência em geral, nos termos dos arts. 22-A e 22-B da LA; ocorre na homologação de sentença arbitral estrangeira pelo STJ, nos termos do art. 35 da LA, art. 105, inc. I, alínea *i* da CF[753] e a Resolução nº 9/2005 do STJ, como condição de sua eficácia no Brasil, e as Cartas Rogatórias, nos termos do Protocolo de Las Leñas (Decreto nº 2.067/1996), além da Convenção de Nova Iorque de 1958 (Decreto nº 4.311/2002); há relação com o Judiciário na ação de anulação da sentença arbitral e, por fim, na execução da sentença arbitral, que segue o procedimento de cumprimento de sentença dos arts. 513 e seguintes do NCPC.[754]

Mister ressaltar que, existindo convenção arbitral, a intervenção estatal está condicionada ao esgotamento da via arbitral, salvo, por óbvio, questões efetivamente teratológicas.

4.9.1. Medidas Antiarbitragem

As medidas judiciais antiarbitragem visam impedir a instituição da arbitragem em casos de flagrante invalidade de convenção arbitral ou patente arbitrariedade dos procedimentos seguidos nessa sede. Em outras palavras, naquelas hipóteses nas quais se configure situação claramente capaz de gerar uma invalidade da sentença arbitral, autoriza-se a intervenção judicial.[755]

Arnoldo Wald ensina que são vários os momentos de controle da arbitragem pelo Poder Judiciário. Anterior ou simultaneamente à constituição do tribunal arbitral, há a possibilidade, em tese, de medidas cautelares e de

---

[753] Com a redação da Emenda Constitucional 45/2004, além da alteração pela Lei nº 13.129/2015 aos arts. 35 e 39 da LA. O procedimento é o previsto nos artigos 36 a 40.

[754] No caso de execução de sentença arbitral contra a Administração Pública, v. item 4.11.

[755] A respeito, Salles sustenta ser absolutamente excepcional a intervenção judicial na arbitragem. As medidas de urgência, extraídas da disciplina constitucional da jurisdição, como as previstas em lei, devem ser entendidas, sempre, em favor da arbitragem, como medidas de apoio à sua instituição, funcionamento e efetividade, além de servirem como garantia de correção de eventuais desvios. A possibilidade de intervenção judicial na arbitragem deve ser ponderada com a necessidade de o Judiciário ser deferente à escolha das partes, sob pena de inviabilizar-se a utilização e funcionamento do mecanismo não estatal (Cf. SALLES, Carlos Alberto de, *Arbitragem e Poder Judiciário*, cit., p. 218).

ações ordinárias para impedir o seu funcionamento. Durante o processo, pode-se conceber algumas medidas cautelares. Após a decisão, há recursos quanto ao conteúdo dela e na fase de execução. No tocante à validade da sentença arbitral, as ações próprias são as de anulação, em relação às sentenças arbitrais proferidas no Brasil, e de contestação da homologação de sentenças estrangeiras quanto à produção de efeito em nosso país. Para discutir a execução, são previstos os embargos do devedor. Finalmente, discute-se o cabimento da ação rescisória no campo da arbitragem.[756]

No caso das hipóteses de nulidade da sentença arbitral, conforme rol do artigo 32, caberá a ação, se for nula a convenção de arbitragem (redação da Lei nº 13.129/2015); se emanou de quem não podia ser árbitro; se não contiver os requisitos do art. 26 da lei; se for proferida fora dos limites da convenção de arbitragem; se não decidir todo o litígio submetido à arbitragem; se comprovado que foi proferida por prevaricação, concussão ou corrupção passiva; se proferida fora do prazo, respeitado o disposto no art. 12, inciso III, da Lei; e se forem desrespeitados os princípios do contraditório, da igualdade das partes, da imparcialidade do árbitro e de seu livre convencimento.[757]

Diante da previsão, Carmona sustenta que não cabe ação rescisória de sentença arbitral.[758] O que é cabível, nos termos do art. 33, é à parte interessada pleitear ao órgão do Poder Judiciário competente a decretação de nulidade da sentença arbitral, no prazo decadencial de 90 dias após o recebimento da notificação da sentença, parcial ou final, ou da decisão do pedido de esclarecimentos, conforme a redação conferida pela Lei nº 13.129/15.

Julgado procedente o pedido, será anulada a sentença arbitral. Note-se que não será objeto da ação a discussão acerca da justiça e correção da decisão arbitral, mas sim, a sua invalidade em razão dos vícios citados.

---

[756] WALD, Arnoldo. *Os Meios Judiciais do Controle da Sentença Arbitral*, Revista de Arbitragem e Mediação, vol. 1, p. 40, Jan / 2004.

[757] José Cretella Neto sustenta que o art. 32 da LA enumera exemplificativamente sete causas adicionais e específicas de nulidade da sentença arbitral e que existem outros fundamentos para propor a ação de nulidade como, por exemplo, versar a sentença sobre direitos indisponíveis, ofender a ordem pública, infringir princípio constitucional, ou se ficar provado que o árbitro conluiou com uma das partes para prejudicar a outra, ou mesmo com ambas, prejudicando terceiros (CRETELLA NETO, José, *Curso de Arbitragem*, cit., p. 121).

[758] CARMONA, Carlos Alberto, *Arbitragem e Processo*, cit., p. 27.

ARBITRAGEM E ADMINISTRAÇÃO PÚBLICA

O art. 33, § 2º, com a redação da Lei nº 13.129/05, prevê que a sentença que julgar procedente o pedido declarará a nulidade da sentença arbitral, nos casos do art. 32, e determinará, se for o caso, que o árbitro ou o tribunal profira nova sentença arbitral.[759]

O inciso V, que previa a nulidade da sentença que não decidisse todo o litígio submetido à arbitragem, foi revogado para ser acrescido o § 4º ao artigo, o qual prevê que a parte interessada poderá ingressar em juízo para requerer a prolação de sentença arbitral complementar, se o árbitro não decidir todos os pedidos submetidos à arbitragem.

O § 3º do art. 33 da LA, com a redação da Lei nº 13.129/15, permite que as questões presentes no art. 32 para ação de anulação sejam arguidas em sede de impugnação, conforme art. 525 do NCPC, se houver execução judicial.[760]

Nestes casos, a parte prejudicada poderá pleitear ao órgão do Poder Judiciário competente a decretação de nulidade da sentença arbitral, no prazo de até 90 dias após o recebimento da notificação da sentença arbitral, parcial ou final, ou da decisão do pedido de esclarecimento.

Eduardo Greber, a esse respeito, afirma haver uma omissão no rol do art. 32, que é a inarbitrabilidade objetiva e subjetiva. A possibilidade jurídica de o litígio ser submetido à arbitragem, tanto na sua faceta objetiva, como na subjetiva, constitui uma verdadeira condição de procedibilidade,

---

[759] A redação anterior do art. 33, § 2º da LA dispunha que se o fundamento da nulidade (segundo Carmona, anulabilidade) fosse a dos incisos I, II, VI, VII e VIII do art. 32, a sentença decretaria a nulidade da sentença arbitral, podendo as partes recorrer ao Judiciário para solucionar a controvérsia, a não ser que novo juízo arbitral fosse instituído. Nas demais hipóteses, previa que a sentença determinaria que o árbitro ou tribunal arbitral proferissem nova decisão, pois aqui os vícios de que padece a sentença arbitral poderiam ser eficazmente corrigidos, sem prejudicar todo o trabalho realizado (CARMONA, Carlos Alberto, *Arbitragem e Processo*, cit., p. 28).

[760] Esse dispositivo, contudo, deve ser lido com cautela, pois seria estranhável que, não tendo o executado suscitado a nulidade no prazo legal, ou que a ação por ele proposta já tivesse sido julgada improcedente, pudesse posteriormente invocá-la de novo, pois aí se verificaria não só uma dupla oportunidade de defesa como, eventualmente, a ressurreição de um direito já alcançado pela decadência. Assim, Eduardo Greber defende que os embargos de devedor na execução da sentença arbitral não podem ser opostos em seguida à ação de nulidade que tiver sido julgada improcedente. Ao contrário, os embargos podem ser manejados se a ação for considerada procedente, ou se estiver ainda pendente de julgamento (pois a propositura da ação de nulidade não obsta a execução da sentença arbitral) (GREBER, Eduardo, *Controle judicial da sentença arbitral*, RBAr Nº 5 – Jan-Mar/2005, p. 3).

motivo pelo qual a sua ausência representa, também, uma das causas de nulidade da sentença arbitral. Embora não expressamente contemplada como causa de nulidade na Lei de Arbitragem, o autor afirma que a doutrina a considera contida no inciso que dispõe sobre a nulidade do compromisso (entenda-se, na verdade, da convenção arbitral, pois nem sempre haverá compromisso).[761]

Quanto ao controle da sentença arbitral estrangeira, a Convenção de Nova Iorque de 1958 (Convenção sobre o Reconhecimento e a Execução de Sentenças Arbitrais Estrangeiras) é o principal instrumento definidor dos limites de controle da sentença arbitral estrangeira pelo Judiciário brasileiro. A convenção foi ratificada pelo Brasil e introduzida no ordenamento jurídico pelo Decreto Federal nº 4.311/2002[762]. Tanto sob a égide da Lei de Arbitragem brasileira, como da Convenção de Nova Iorque, portanto, o controle judicial *stricto sensu* da sentença arbitral estrangeira no Brasil se faz por meio de sua homologação pelo Superior Tribunal de Justiça, conforme definido pela Emenda Constitucional nº 45/2004.

Arnoldo Wald afirma que as causas de nulidade da sentença arbitral nacional e da recusa de homologação da sentença arbitral estrangeira são, grosso modo, as mesmas, e que elas diferem muito pouco daquelas previstas tanto na Convenção de Nova Iorque, como na Lei Modelo da Uncitral.

Frise-se, por outro lado, que eventuais falhas da sentença arbitral não necessariamente precisarão ser corrigidas no Poder Judiciário, na medida em que é permitido ao árbitro ou painel arbitral o preenchimento de lacunas, a correção de erros materiais ou ortográficos e o esclarecimento de ambiguidades na decisão. Os pedidos para interpretação de sentenças arbitrais que a lei brasileira, como outras, autoriza tornaram-se populares

---

[761] GREBER, Eduardo, *Controle...*, cit., p. 1.

[762] José Cretella Neto também cita a Convenção Interamericana sobre Eficácia Extraterritorial das Sentenças e Laudos Arbitrais Estrangeiros, concluída em Montevidéu em 08.05.1979, aprovada em nosso País pelo Decreto Legislativo n. 93/95 e promulgada pelo Decreto n. 2.411/97. No Mercosul, o assunto está regulado pelo Protocolo de Cooperação e Assistência Jurisdicional em Matéria Civil, Comercial, Trabalhista e Administrativa (Protocolo de Las Leñas), aprovado pelo Brasil pelo Decreto Legislativo n. 55/95 e promulgado pelo Decreto n. 2.067/96, bem como pelo Acordo sobre Arbitragem Comercial Internacional.

em países da *common law* devido à crescente aceitação da Lei modelo da Uncitral e de suas respectivas regras.[763] [764]

Luiz Olavo Baptista afirma que os Tribunais Arbitrais corriqueiramente recordam o propósito de um pedido de adendo à sentença, tornando manifesto às partes que a possibilidade de correção tem limites restritos e não deve assumir o caráter de apelação ou embargos infringentes da sentença arbitral.[765] Conclui o referido autor que, em suma, a correção ou o esclarecimento da sentença arbitral só é admissível quando não pretende modificar a essência da decisão, *senão, constituiria o que foi chamado de jus sperniandi no passado.*[766]

4.9.2. Medidas de Urgência Contra a Administração Pública

A Lei nº 13.129/15 incluiu os artigos 22-A e 22-B (Capítulo IV-A) e revogou o § 4º do art. 22 da LA, para dar tratamento específico às tutelas cautelares e de urgência na arbitragem. Previu o legislador que, antes de instituída a arbitragem, as partes poderão recorrer ao Poder Judiciário para a concessão de medida cautelar ou de urgência. A partir da efetivação da respectiva decisão, a parte possui o prazo de 30 (trinta) dias para requerer a instituição da arbitragem, sob pena de cessar a eficácia da medida cautelar ou de urgência.

---

[763] Depois de receber a sentença arbitral, as partes têm, normalmente, 30 (trinta) dias para pedir uma sentença adicional, notificando a parte contrária. Porém, esse prazo não é universal. De acordo com o art. 37.2 das Regras de Arbitragem da Uncitral, de 1976, *"se o Tribunal Arbitral considerar que o pedido de laudo adicional é justificado e considerar que a omissão pode ser retificada sem que haja necessidade de mais audiências ou provas, ele deve completar a sua sentença dentro de 60 (sessenta) dias depois do recebimento do pedido"*. A Corte Internacional de Arbitragem de Londres, de 1998, também concede 60 (sessenta) dias como tempo limite para proferir uma sentença adicional. Sob as regras da Associação Americana de Arbitragem, o prazo é substancialmente mais curto – a sentença adicional deve ser emitida dentro de 30 (trinta) dias a contar da data do pedido (Cf. BAPTISTA, Luiz Olavo, *Correção e Esclarecimento de Sentenças Arbitrais*, RBAr Nº 26 – Abr-Jun/2010, pag. 3/4).

[764] Quando o próprio Tribunal Arbitral detecta erro na sentença, ele mesmo pode emitir uma emenda ou uma corrigenda. As regras do CCI concedem ao Tribunal Arbitral 30 (trinta) dias para submeter um adendo à aprovação da Corte. O prazo-limite concedido para a correção *sponte propria* pelo Tribunal Arbitral é o mesmo sob as Regras da Uncitral, SCC e LCIA (Cf. BAPTISTA, Luiz Olavo, *Correção...*, cit., pag. 11).

[765] BAPTISTA, Luiz Olavo, *Correção...*, cit., pag. 16.

[766] BAPTISTA, Luiz Olavo, *Correção...*, cit., pag. 20.

ARBITRAGEM, MEDIAÇÃO E OUTROS MÉTODOS DE SOLUÇÃO DE CONFLITOS

Tal sistemática não subverte ou ofende a competência do árbitro para apreciar medidas urgentes, mas apenas visa garantir a incolumidade do direito das partes. Inclusive porque a LA prevê que, instituída a arbitragem, caberá aos árbitros manter, modificar ou revogar a medida cautelar ou de urgência concedida pelo Poder Judiciário.

Caso já esteja instituída a arbitragem, a medida cautelar ou de urgência deverá ser requerida diretamente aos árbitros.[767] Em que pese a arbitragem constituir, de regra, procedimento mais célere que o processo judicial, não são raros os casos em que situações urgentes demandam providências imediatas do árbitro. Da mesma forma que ao juiz togado, impõe-se ao árbitro a responsabilidade no sentido de assegurar não só a efetividade, mas também o resultado útil do processo arbitral.[768] Neste sentido, os regulamentos das câmaras arbitrais, de regra, preveem a possibilidade de os árbitros ordenarem a execução de medida cautelar ou provisória que julgarem apropriadas.[769]

Essa previsão deixa claro que não há relação de hierarquia entre o juiz e o árbitro. Trata-se de verdadeira relação de cooperação entre a jurisdição arbitral e a estatal. Como o árbitro não tem poder de coerção, para que seja cumprida uma ordem sua, deve acionar o juiz estatal para que determine o cumprimento do ato. Para tanto, a Lei nº 13.129/15 também inovou, ao prever a Carta Arbitral no art. 22-C da LA (Capítulo IV-B), a qual estabelece a comunicação entre o juízo arbitral e o estatal[770].

---

[767] A esse respeito, Paulo Osternack Amaral ressalva a hipótese em que, muito embora o tribunal arbitral já esteja instituído, não haja tempo suficiente para se obter uma providência urgente dos árbitros, por eles estarem indisponíveis, por exemplo: *"nesse caso de extrema excepcionalidade, e se o regulamento de arbitragem não contemplar uma solução imediata para a situação premente, a postulação perante o Poder Judiciário será a única alternativa disponível à parte. Tal solução não representará renúncia tácita à arbitragem, mas apenas uma forma de preservar a garantia constitucional da inafastabilidade no caso concreto"* (cit., p. 95). O autor cita ser essa a posição de Flávio Luiz Yarshell.

[768] Antes dessa previsão, a doutrina já reputava cabível a concessão de tutela antecipatória no processo arbitral. Cite-se Carlos Alberto Carmona, Eduardo Talamini e Athos Gusmão Carneiro (AMARAL, Paulo Osternack, cit., p. 86, nota 228).

[769] Assim preveem o art. 28 do regulamento CCI e o art. 8º do regulamento da CAM-CCBC, exceto se as partes tiverem convencionado diferentemente.

[770] Art. 22-C. O árbitro ou o tribunal arbitral poderá expedir carta arbitral para que o órgão jurisdicional nacional pratique ou determine o cumprimento, na área de sua competência territorial, de ato solicitado pelo árbitro. Parágrafo único. No cumprimento da carta arbitral

ARBITRAGEM E ADMINISTRAÇÃO PÚBLICA

De outra parte, a concessão de medidas de urgência deve ser analisada em conjunto com a sistemática criada pelo Novo Código de Processo Civil.

Em relação às liminares em processo arbitral envolvendo o Poder Público, Paulo Osternack Amaral leciona que, em relação às limitações contidas na Lei nº 8.437/92, não constituirão impeditivos absolutos à concessão de liminares acautelatórias contra o Poder Público no âmbito do processo arbitral, nem na forma preparatória, nem na forma incidental.[771] Quanto ao pedido de suspensão de liminares e sentenças contrárias ao Poder Público, o autor afirma ser evidente a incompatibilidade entre o procedimento arbitral e o procedimento judicial previsto para esses incidentes, o que representaria afronta à autonomia das partes e à soberania dos árbitros, além de subverter a lógica da arbitragem.[772] Por fim, em relação ao mandado de segurança, sustenta a inadmissibilidade de o árbitro constar como autoridade coatora, inadmissibilidade como forma de impugnar decisão arbitral interlocutória ou sentença arbitral, inviabilidade de terceiro prejudicado pela sentença arbitral se valer do *mandamus*, porém defende o cabimento da ação mandamental para garantir a realização da arbitragem para solução das controvérsias.[773]

4.10. Advocacia Pública na Arbitragem

A Advocacia Pública é o órgão responsável pelas atividades de consultoria e assessoramento jurídico do Poder Executivo, bem como é a instituição que representa, judicial e extrajudicialmente, o ente público.[774]

---

será observado o segredo de justiça, desde que comprovada a confidencialidade estipulada na arbitragem.

[771] AMARAL, Paulo Osternack, *Arbitragem e Administração Pública*, cit., p. 121.

[772] Segundo o autor, o óbice é de natureza procedimental e material, que impede, em qualquer hipótese, a sustação da eficácia de qualquer decisão arbitral por meio do incidente de suspensão. A impugnação da sentença arbitral somente poderá ser feita por meio de ação anulatória ou impugnação ao cumprimento da sentença (Cf. AMARAL, Paulo Osternack, *Arbitragem e Administração Pública*, cit., p. 123-173).

[773] AMARAL, Paulo Osternack, *Arbitragem e Administração Pública*, cit., p. 175-190.

[774] Cf. arts. 131 e 132 da Constituição Federal, que dispõem sobre a Advocacia-Geral da União e sobre os Procuradores dos Estados e do Distrito Federal, organizados em carreira. A respeito da Advocacia Pública, v. item 3.15.

Da mesma forma que cabe à Advocacia Pública a representação judicial, cabe-lhe a atuação no processo arbitral, em defesa dos interesses da Fazenda Pública. Porém, deve o procurador responsável atentar que o procedimento da arbitragem é muito distinto daquele ao qual está habituado no processo judicial. As peculiaridades, os atos processuais, os prazos etc., exigem um estudo específico e um esforço diferenciado do profissional, visando desempenhar satisfatoriamente sua função, informando e orientando o administrador público na condução do processo.

Para tanto, é recomendável que as Procuradorias constituam núcleos ou grupos específicos de procuradores que irão atuar com arbitragens, visando um trabalho mais técnico. Neste sentido, é fundamental a estes advogados públicos que realizem capacitações próprias de arbitragem, especialmente relacionadas à Administração Pública.[775]

Repita-se que nas pessoas jurídicas em que não houver procuradoria institucionalizada, como um pequeno Município ou uma autarquia não vinculada à procuradoria, o mesmo papel ficará a cargo dos departamentos jurídicos correspondentes.

4.11. Execução de Sentença Arbitral Contra a Administração Pública

No caso da arbitragem, a sentença arbitral é título executivo judicial em favor do credor de obrigação da Administração, conforme prevê o art. 31 da LA e o art. 515, inc. VII, do NCPC. Neste caso, deverá o particular se valer dos mesmos mecanismos do Código de Processo Civil existentes para execução de sentença judicial contra a Fazenda.[776]

Diante disso, no caso da obrigação de pagar quantia em face da Fazenda Pública, a sentença arbitral também se sujeita ao regime do art. 100 da CF. Referido dispositivo prevê que os pagamentos devidos pelas Fazendas Públicas Federal, Estaduais, Distrital e Municipais, em virtude de sentença

---

[775] Além de cursos oferecidos no mercado, a pós-graduação da Faculdade de Direito da USP possui uma disciplina específica de arbitragem com o Poder Público na grade do Departamento de Direito Processual.

[776] Assim como também terá que se valer a Administração Pública, caso vencedora da arbitragem e credora de obrigações por parte do particular. A respeito do cumprimento da obrigação no caso de autocomposição, v. item 3.17.

judiciária, far-se-ão exclusivamente na ordem cronológica de apresentação dos precatórios, exceto para as requisições de pequeno valor.

Tendo em vista que a lei processual equipara a sentença arbitral à sentença judicial, como título executivo judicial, sustenta-se que o preceito do art. 100 da CF também se aplica à solução do conflito pelo meio arbitral, por uma questão de isonomia.[777] Caso contrário, a arbitragem poderia ser uma espécie de subterfúgio ao administrador público para efetuar pagamento sem se submeter ao regime de precatório, ao qual estaria necessariamente vinculada uma sentença judicial, o que poderia ser considerado preterição da ordem de preferência. Dessa forma, a execução ocorrerá nos termos dos arts. 534 e 535 do NCPC.

A única exceção – assim como se ressalvou para a solução consensual homologada em juízo – é para sentença arbitral com condenação[778] de cumprimento de despesa específica para a qual haja previsão orçamentária com empenho de despesa para o exercício no qual se profere a decisão ou, no máximo, no prazo legal dos restos a pagar.

Se a condenação for de pequeno valor – o que será difícil de ocorrer em arbitragem envolvendo o Poder Público –, não se expede o precatório, mas Requisição de Pequeno Valor-RPV, a ser paga em sessenta dias, nos termos da legislação de regência.

A questão ganha uma especificidade para as Parcerias Público-Privadas (PPP). A Lei nº 11.079/04 prevê a criação de um fundo garantidor (FGP) de até seis bilhões de reais para prestar garantia de pagamento de obrigações pecuniárias assumidas pelos parceiros públicos federais nos casos das PPPs. A constitucionalidade desse fundo tem sido objeto de discussão pela comunidade jurídica.

O FGP é um ente dotado de personalidade jurídica própria, de natureza privada, que assume direitos e obrigações em nome próprio e tem seu próprio patrimônio, formado pelos valores, bens e direitos integralizados pelos quotistas. Por ser sujeito de direitos e obrigações, responde

---

[777] No mesmo sentido: Leonardo Carneiro da Cunha, *Op. Cit.*, p. 649; Beatriz Lancia Noronha de Oliveira, *A arbitragem nos contratos de parcerias público-privadas*, cit., p. 113.

[778] Reitera-se que a eficácia executiva se estende para as sentenças declaratórias e constitutivas, pois o art. 515, inciso I do CPC prevê que são títulos executivos judiciais as decisões proferidas no processo civil que reconheçam a exigibilidade de obrigação de pagar quantia, de fazer, de não fazer ou de entregar coisa.

autonomamente por elas, com seu patrimônio[779], sujeitando-se, como pessoa de direito privado, à execução judicial de seus débitos pelo regime comum do CPC.

A esse respeito, Maria Sylvia Zanella Di Pietro afirma que, além da ausência de previsão da fonte dos recursos para constituir o fundo, vale dizer, quanto dinheiro e de quem, tal recurso não perde a qualidade de recurso público pelo fato de estar vinculado a um fundo, o que o mantém impenhorável pelo art. 100 da CF.[780]

O FGP, para Carlos Ari Sundfeld, é uma nova espécie de pessoa jurídica governamental federal, concebida para fins específicos, mas enquadrada no gênero "empresa pública", pois seu capital é inteiramente público, subscrito pela União, suas autarquias e fundações públicas, no limite expressamente previsto pela Lei das PPPs. Segundo o autor, sua instituição observou inteiramente a exigência do art. 37, XIX da CF, tendo sido autorizado pela Lei das PPPs, com todos os requisitos necessários.[781]

O fim específico do FGP é oferecer garantia de pagamento de obrigações pecuniárias federais em concessões patrocinadas ou administrativas. Sundfeld defende a licitude da finalidade, de inegável interesse público, justificada pelo fato de os parceiros privados adiantarem vultosos investimentos para a criação de infraestrutura pública. Por este motivo, o autor afirma que não se trata de qualquer tipo de privilégio sem causa, mas de mecanismo normal a esse tipo de contrato, que não seria viável sem ele.

Neste sentido, para o autor, não há choque com o art. 100 da CF, que remete ao regime de precatório a execução de débitos das pessoas de direito público. A execução contra o FGP será privada, porque privada é a sua personalidade e, portanto, privados são seus bens. Já a execução contra

---

[779] Seu patrimônio é constituído por bens privados, recebidos por alienação feita por seus quotistas, depois de atendidas as exigências normais para a translação de bens públicos para o domínio privado (art. 16, § 7º da Lei das PPPs).

[780] A autora afirma que, se isso fosse possível, estar-se-ia, pela via indireta, alcançando objetivo que o constituinte quis coibir com a regra do referido artigo da Constituição. A cada vez que uma pessoa pública quisesse oferecer bens de seu patrimônio em garantia de dívidas, poderia instituir um fundo ao qual esses bens ficassem vinculados (Cf. DI PIETRO, Maria Sylvia. *Parcerias na Administração Pública – concessão, permissão, franquia, terceirização, parceria público-privada e outras formas.* 9ª ed., São Paulo: Atlas, 2012, pp. 163-166).

[781] SUNDFELD, Carlos Ari. *Guia Jurídico das Parcerias Público-Privadas.* In SUNDFELD, Carlos Ari (Coord.), *Parcerias Público-Privadas*, São Paulo: Malheiros, 2005, pp. 42/43.

o parceiro público – seja movida pelo concessionário, seja pelo garantidor – será sempre a do citado art. 100.[782]

Por fim, caso a obrigação seja de fazer, não fazer ou entregar coisa, o credor terá de se valer dos mecanismos de execução de sentença judicial, nos termos dos arts. 536 a 538 do NCPC.

Já quanto às empresas públicas e sociedades de economia mista, sujeitam-se ao regime geral de direito privado, não lhes sendo aplicáveis, portanto, as normas relativas à Fazenda Pública.[783]

---

[782] SUNDFELD, Carlos Ari. *Guia Jurídico das Parcerias Público-Privadas*, cit., p. 43. Afirma o autor: *"o que se submete a outro regime é a execução do débito contraído por uma pessoa privada – o FGP – ao prestar contratualmente uma garantia de pagamento de débito público. Evidentemente, o uso dessa solução está circunscrito às possibilidades patrimoniais da empresa pública FGP, não podendo se generalizar. Por isso, descabe falar em burla à norma constitucional"*.

[783] Ressalva feita às sociedades de economia mista, como o Correios, que a jurisprudência do STJ e do STF tem entendido que está sujeita ao regime de precatórios, conforme já ressaltado no item 3.17.

Conclusão

A análise dos tópicos e das conclusões firmadas durante todo o estudo permite afirmar que a Administração Pública não só pode, como deve se valer de meios alternativos de solução de controvérsias, em especial da negociação, da conciliação, da mediação e da arbitragem. Essa conclusão foi possível a partir das constatações a seguir.

No Brasil, o meio ordinário para a solução de controvérsias é o processo judicial, que é lento, caro e muitas vezes ineficiente para solucionar os conflitos que são levados ao conhecimento da Justiça. Atualmente, existem cerca de 80 milhões de processos em andamento no Poder Judiciário, sendo que, em boa parte desses processos, o Poder Público figura como parte. Ou seja, o Estado é o maior causador da superlotação do Judiciário, que é administrado pelo próprio Estado.

Maior litigante no Judiciário, boa parte da atuação do Estado se dá na forma de litigância repetitiva. Além disso, através do controle judicial da Administração Pública, o País tem experimentado uma intensa judicialização das políticas públicas, o que tem resultado em intensos debates nos âmbitos acadêmicos, jurisprudencial e em toda a sociedade.

Diante dessa presença permanente e desarrazoada no Judiciário, não parece plausível afirmar que o Estado busque pacificação social com o processo, ou que fique conscientizado com o resultado do processo quando sai vencido, para observar direitos e obrigações em situações análogas futuras. O Estado não está aflito como parte, nem sempre almeja célere solução judicial para garantir a paz, tampouco está preocupado com a pacificação da parte adversa.

Tal situação demanda do Poder Público uma solução para o problema, a qual passa pela utilização de *meios alternativos* de solução de controvérsias, visando dar tratamento mais adequado aos conflitos de interesses, reduzir o volume de processos judiciais e prevenir o surgimento de novos conflitos. O que importa é a solução adequada das controvérsias.

Neste sentido, se por um lado o Poder Judiciário é meio adequado para solução de muitos conflitos, por outro, a negociação, a mediação, a conciliação e a arbitragem são meios alternativos de solução de controvérsias que também podem ser utilizados pela Administração Pública adequadamente para solução de outros conflitos.

O Novo Código de Processo Civil e as Leis nºs 13.129 e 13.140 de 2015 previram diversos mecanismos de estímulo à utilização de meios alternativos, inclusive em relação à Administração Pública. Dessa forma, a negociação aparece como mecanismo de solução de conflitos de grande relevância e potencial, apesar de ser pouco estudada e executada, especialmente pela Administração Pública. Já a conciliação e a mediação têm sido mais utilizadas, embora ainda seja insuficiente para fazer frente ao enorme volume de processos em face da Fazenda Pública. Outrossim, a arbitragem é meio de solução cada vez mais utilizado no Brasil e certamente mais adequada para solução de diversos conflitos.

Compreender que há meios mais ou menos adequados a determinados tipos de conflitos parece ser o caminho certo da implantação de um sistema multiportas, que permite àqueles que estão em conflito escolher, dentre uma gama tão variada quanto possível, o tipo de método mais ajustado ao caso concreto.

Verifica-se que, nos últimos anos, foram previstas políticas de estímulo à utilização de meios alternativos, algumas direcionadas especificamente para a Administração Pública. Neste sentido, os supostos obstáculos apresentados como impeditivos – desequilíbrio de poder, legalidade, isonomia e indisponibilidade do interesse público – não sobrevivem a uma análise crítica.

Relativamente aos Juizados Especiais da Fazenda Pública, instituídos pela Lei nº 12.153/2009, é fundamental a edição de lei específica de cada ente federativo, nos termos do art. 8º da Lei, para regulamentar e fomentar o uso da autocomposição de forma segura e transparente.

Se por um lado é possível identificar uma série de temas que não são adequados de serem levados à solução consensual, pode-se verificar a ilegalidade ou até improbidade do administrador que, diante de uma situação patente de existência de direito da parte adversária, simplesmente se nega a reconhecer esse direito e a fazer um acordo, ou, ao menos, de apresentar uma proposta de composição. O Poder Público tem que dar o exemplo. Não pode se utilizar da morosidade do Judiciário e da fila dos precatórios para se esquivar do cumprimento de seus deveres legais.

Neste contexto, a *consensualidade* é fenômeno recente que leva a Administração a adotar mecanismos de diálogo, composição e engajamento do administrado na consecução de finalidades públicas. Torna-se instrumento para a viabilização do agir administrativo. A consensualidade atua tanto na perspectiva de fundamento da ação administrativa, como na perspectiva do método da atividade administrativa e ainda nos instrumentos de atuação administrativa.

Ademais, não se pode confundir indisponibilidade do interesse público com disponibilidade de direito patrimonial. Por vezes, a disposição do direito patrimonial implica exatamente a concretização do interesse público. A Administração Pública não é a titular do interesse público, mas apenas a sua guardiã. Diante disso, preferimos a dicotomia *interesse público* e *interesse da Administração Pública*, ao invés de interesse público primário e interesse público secundário.

A esse respeito, é possível definir *direito patrimonial disponível da Administração Pública* o bem dominical, suscetível de valoração econômica e que possa ser livremente negociado por seus titulares, ou seja, objeto de contratação. Por outro lado, se houver, no caso concreto, previsão legal acerca da afetação de bens ou inalienabilidade de bens e direitos por parte da Administração, tais bens e direitos não poderão constituir-se em objeto de acordos ou contratos administrativos que visem à sua disposição.

Ressalte-se que todos os direitos dos contratados e administrados perante a Administração representam para esta um dever. O cumprimento deste dever não pode ser ignorado pelo Poder Público, sob pena de ofensa ao direito de um particular, ou de uma coletividade, ou de toda a sociedade. É relevante neste contexto a prestação pelo ente estatal que afete o seu patrimônio, de caráter disponível.

A Administração Pública deve definir uma estratégia para utilização dos meios consensuais de solução de conflitos, tanto nos casos em que é credora, quanto nos que é demanda como devedora. No primeiro caso, é possível implementar mutirões de cobrança amigável da dívida ativa, seja administrativamente, seja judicialmente. Na segunda hipótese, isso deve ocorrer através da avaliação jurídica nas ações judiciais e representações administrativas apresentadas, relativa aos argumentos fáticos e jurídicos invocados por cada interessado que esteja pleiteando algum direito ou questionando ato do Poder Público.

A solução consensual dos conflitos deve ser utilizada como estratégia de proteção dos interesses da Administração Pública, combinado com o compromisso de realização do interesse público, que, por vezes, significa a observância de um direito do particular.

Este desenho de sistemas de solução de disputas encontra ao menos duas constantes importantes para o sucesso, que são a necessidade de diálogo interinstitucional entre os grandes litigantes e o Judiciário, visando mitigar os efeitos adversos da habitualidade, e a concentração das sessões de mediação ou conciliação de acordo com os grandes litigantes e os temas tratados, permitindo a observância da isonomia e a economia de tempo e recursos materiais.

Por outro lado, em relação à arbitragem, a estratégia deve considerar especialmente os conflitos oriundos de relações contratuais, que envolvam elevadas quantias e questões jurídicas e técnicas complexas e específicas na execução contratual, quanto aos direitos patrimoniais disponíveis.

Para a solução negociada, é necessário que se estabeleça um *processo adequado*. Não pode a Administração negociar suas disputas sem observância de princípios, critérios objetivos mínimos, métodos adequados, sem um procedimento para tanto. Não se trata de cumprir formalidade, mas de atender a valores próprios da disciplina jurídica do funcionamento do Poder Público.

Os requisitos de validade da solução consensual são: (i) análise prévia acerca da vantajosidade e viabilidade jurídica, (ii) a análise deve ser feita em processo administrativo; (iii) observância da negociabilidade subjetiva – pessoa capaz e servidor da Administração Pública direta e indireta com poderes para celebrar acordo – e da negociabilidade objetiva – direitos disponíveis ou indisponíveis que admitam transação; (iv) existência de previsão legal para fundamentar o ato; (v) garantia da isonomia para qualquer interessado em situação similar que pretenda solucionar o conflito consensualmente; e (vi) edição de ato regulamentar das condições e parâmetros objetivos para celebração de acordos a respeito de determinada controvérsia repetitiva, quando for o caso.

Do ponto de vista subjetivo, podem se utilizar da negociação como meio de solução de conflitos qualquer pessoa capaz ou seu substituto processual e a Administração Pública direta e indireta (*negociabilidade subjetiva*). São

CONCLUSÃO

partes da negociação as pessoas com interesses, direta ou indiretamente, no resultado ou na solução da disputa posta, mediante um acordo.

Já a *negociabilidade objetiva*, que explicita os conflitos passíveis de solução por negociação, indica que a negociação pode ser utilizada pela Administração Pública para tratar de direitos disponíveis ou indisponíveis que admitam transação, tanto no âmbito judicial, como extrajudicialmente. No caso da transação extrajudicial envolvendo direitos indisponíveis, mas transigíveis, obtida por negociação, deverá ser homologada em juízo, mediante oitiva do Ministério Público, salvo previsão em lei em sentido contrário.

A esse respeito, é fundamental que o gestor público submeta ao órgão da procuradoria a análise dos processos que tratem da negociação como forma de solução de um conflito. A Advocacia Pública exerce relevante papel de controle interno da Administração.

A realidade levou ao desenvolvimento de técnicas e métodos de negociação, transformando o simples hábito natural à condição humana em atividade inerente, também, à administração das empresas. As técnicas de negociação são variadas, sendo desenvolvidas teorias e teses que procuram ensinar aos envolvidos a melhor maneira de tirar proveito e atingir seus objetivos. A negociação envolve elementos de inúmeras áreas de atividade humana.

A negociação baseada em princípios pressupõe a possibilidade de que os negociadores possam satisfazer seus recíprocos interesses, mediante a criação de alternativas à promoção do esforço conjunto das partes para resolver o conflito. Para negociar de forma cooperativa, é necessário separar as pessoas do problema, concentrar-se nos interesses e não nas posições, gerando opções satisfatórias para todas as partes.

A solução negociada que resulte em acordo pode ser boa tanto para o administrado ou grupo de pessoas, quanto para o ente estatal (ganha-ganha), mantendo uma boa relação entre si e evitando a judicialização do conflito. Em verdade, o acordo que envolve o Poder Público não é bom apenas para as partes, mas também para toda a sociedade, o que representa um ganha-ganha-ganha.

Neste contexto, o mediador assume papel de extrema importância. O mediador conduzirá o procedimento de comunicação entre as partes, buscando o entendimento e o consenso e facilitando a resolução do conflito. O mediador não é psicólogo nem fará terapia com as partes. Ele fará, exclusivamente, a terapia do conflito, ou seja, o diálogo ficará restrito ao problema levado para aquela tentativa de solução consensual. No caso da mediação com a Administração Pública, é fundamental que o mediador conheça o Direito Público.

A Lei Federal nº 13.140/2015 facultou a criação de *câmaras especializadas* no âmbito da AGU e das empresas públicas federais, com o objetivo de analisar e formular propostas de acordos ou transações para prevenir ou terminar litígios, inclusive os judiciais. A lei prevê que o regulamento disporá sobre a forma de composição das câmaras, bastando que preveja o procedimento adequado sobre a negociação, a conciliação e a mediação como métodos de resolução desses litígios.

Referida Lei também previu a criação, pela União, os Estados, o Distrito Federal e os Municípios, de *câmaras de prevenção e resolução administrativa de conflitos*, assim como fez o Novo Código de Processo Civil, razão pela qual se propõe uma interpretação sistemática. Prevê-se a necessidade de elaboração de regulamento de cada ente federado, a fim de prever o modo de composição e funcionamento da câmara. Basta, igualmente, que o regulamento preveja a possibilidade de obtenção da autocomposição através da mediação, conciliação ou negociação para os casos que especificar.

Tanto na câmara especializada, como na câmara de prevenção e resolução administrativa de conflitos, a solução consensual deverá ser obtida através de processo administrativo, cujo procedimento será previsto no regulamento.

Um indicativo da ampla compreensão da consensualidade como acordo de vontades consiste na referência ao *ajuste de conduta* como instrumento consensual, tanto na esfera administrativa, quanto na esfera judicial. Os termos de ajustamento de conduta e os termos de compromisso para substituição de sanção são alguns exemplos utilizados na seara administrativa.

No âmbito judicial, além da negociação acerca do mérito do processo, o Novo Código de Processo Civil previu o negócio jurídico processual, no qual as partes poderão diretamente convencionar qual o procedimento que seguirão no processo em que discutam sobre direitos que admitam autocomposição. O código permitiu às partes negociar acerca dos ônus, poderes, faculdades e deveres processuais, inclusive durante o processo, o que representa um grande passo na flexibilização do procedimento, também aplicável à Fazenda Pública.

CONCLUSÃO

No caso de solução extrajudicial do conflito através da negociação, caso seja previsto o cumprimento de obrigação pela Administração Pública, deve esta proceder administrativamente ao cumprimento da obrigação, assim como o faria em relação a qualquer outra obrigação. Contudo, caso haja recusa por parte do ente público, se o instrumento de transação preencher os requisitos do art. 784, inciso IV, do NCPC, será título executivo extrajudicial em favor do credor, assim como também é, por exemplo, o termo de ajustamento de conduta.

Já no caso de acordo homologado em juízo, para o caso de pagamento, a interpretação que deve prevalecer é a de que a sentença homologatória do acordo que preveja o pagamento de quantia pela Fazenda Pública se submete ao regime do precatório, exceto se, para aquela despesa específica, haja previsão orçamentária com empenho de despesa para o exercício no qual se celebra o acordo ou, no máximo, no prazo legal dos restos a pagar.

Neste sentido, é possível afirmar que os meios consensuais de solução de conflitos não diminuirão a quantidade de demandas apropriadas para o Judiciário, mas poderão reduzir a quantidade de demandas inadequadas ao Judiciário, que são muitas.

Tão importante quanto a utilização de mecanismos de solução consensual de conflitos pela Administração Pública para solução de seus litígios, é a sua atuação como mediadora de conflitos, criando e estruturando locais adequados para a realização da mediação.

Quanto à arbitragem, meio de heterocomposição de controvérsia que envolve direitos patrimoniais disponíveis, é meio alternativo de solução de conflitos através da intervenção de uma ou mais pessoas que recebem seus poderes de uma convenção privada, decidindo com base nela, sem intervenção estatal, cuja decisão possui eficácia de título executivo judicial. Apresenta diversas vantagens em relação ao processo judicial estatal e também pode ser utilizada pela Administração Pública.

A Lei Federal nº 13.129/2015 inseriu no ordenamento jurídico a previsão expressa de que a Administração Pública direta e indireta pode se valer da arbitragem para resolver conflitos que envolvam direitos patrimoniais disponíveis. Com isso, encerrou com uma discussão que se arrastava acerca da possibilidade ou não da Administração se utilizar desse mecanismo de solução de conflitos, além de reconhecer expressamente por lei que a Administração possui, sim, direitos patrimoniais disponíveis.

O juízo de adequação indica que não é em qualquer contrato que será possível a previsão da arbitragem. Diferente disso, denota que somente numa quantidade pequena de contratos, notadamente naqueles de valor elevado e de complexidade técnica e jurídica envolvida, será adequado prever a arbitragem como meio de solução dos conflitos. Por outro lado, ressalte-se que o legislador não restringiu a arbitragem apenas às relações contratuais da Administração Pública. Sempre que houver um conflito envolvendo direitos patrimoniais disponíveis, caberá, em tese, a arbitragem.

A Lei de Arbitragem possibilitou à Administração convencionar tanto a *cláusula compromissória*, quanto o *compromisso arbitral*, sem colocar nenhuma condição para esta última. Sendo um negócio jurídico, a convenção arbitral, para ter validade, deve ser autorizada pela autoridade competente, mediante ato motivado. Além disso, é lícito à Administração se submeter tanto à arbitragem institucional, quanto à arbitragem *ad hoc*, estando a opção dentro do critério de discricionariedade do administrador público. Contudo, a escolha pela arbitragem institucional, através de uma câmara consagrada, parece ser a melhor alternativa à Administração, para garantir a maior lisura possível em relação à arbitragem que envolve interesses de um ente público.

A esse respeito, é descabida a alegação de necessidade de licitação pública por parte da Administração a fim de definir a câmara arbitral ou o árbitro. Tal posição é totalmente alheia ao próprio sentido da arbitragem e à ideia de confiança depositada pelas partes na pessoa do árbitro para resolver o litígio. Há quem fundamente a contratação direta na hipótese de inexigibilidade de licitação, em razão da inviabilidade de competição, na previsão genérica do *caput* do art. 25 da Lei 8.666/93, ou na previsão do inciso II deste artigo, em razão da natureza singular, por profissionais ou empresas de notória especialização.

Por outro lado, é possível defender que a relação jurídica que é estabelecida entre a Administração Pública e a câmara de arbitragem ou árbitro que solucionará o conflito não está abrangida pela lei em questão, por se tratar de um vínculo contratual de natureza muito singular, a qual o árbitro estabelece não apenas com a parte que o indicou, mas com as duas partes, observado seu dever de imparcialidade. O que há na arbitragem é exercício da jurisdição por particular, de forma que a escolha de árbitro ou câmara arbitral com fundamento na Lei nº 9.307/96 é ato inerente ao processo arbitral.

CONCLUSÃO

É fundamental ao árbitro que tenha conhecimento do Direito Público, especialmente do Direito Administrativo, para poder julgar questões complexas envolvendo contratos com a Administração Pública. Assim, um especialista nessa área do Direito será um potencial árbitro para integrar o painel arbitral.

Em relação aos custos da arbitragem, a solução que parece ser a mais adequada é o litigante público possuir uma previsão orçamentária específica, a qual seria onerada para emissão de nota de empenho em favor da câmara arbitral ou dos árbitros, somente em caso de efetivo conflito, levado a julgamento.

A Lei nº 13.129/2015 alterou a lei de arbitragem para prever que a arbitragem que envolva a Administração Pública será *sempre de direito* e respeitará o *princípio da publicidade*. Com isso, o legislador, por um lado, vedou a possibilidade de o árbitro julgar por equidade o caso envolvendo o Poder Público, em observância ao princípio da legalidade, e por outro lado, determinou que a arbitragem envolvendo a Administração deve respeitar a necessária transparência, princípio básico e essencial ao Estado Democrático de Direito.

A relação entre a arbitragem e o Judiciário deve ser de cooperação. Torna-se necessária, pois a jurisdição dos árbitros não é completa, isto é, eles não possuem o poder de efetivar suas decisões por meio de medidas coercitivas ou executivas. Por outro lado, as medidas judiciais antiarbitragem visam impedir a instituição da arbitragem em casos de flagrante invalidade de convenção arbitral ou patente arbitrariedade dos procedimentos seguidos nessa sede.

A Lei nº 13.129/15 incluiu os artigos 22-A e 22-B à Lei de Arbitragem, para dar tratamento específico às tutelas cautelares e de urgência, de forma que, antes de instituída a arbitragem, as partes poderão recorrer ao Poder Judiciário para a concessão de medida cautelar ou de urgência.

A sentença arbitral é título executivo judicial em favor do credor de obrigação da Administração. Neste caso, deverá o particular se valer dos mesmos mecanismos do Código de Processo Civil existentes para execução de sentença judicial contra a Fazenda Pública, submetendo-se ao regime dos precatórios, exceto se, para aquela despesa específica, haja previsão orçamentária com empenho de despesa para o exercício no qual se profere a decisão ou, no máximo, no prazo legal dos restos a pagar.

REFERÊNCIAS

ALCALÁ-ZAMORA y CASTILLO, Niceto. *Proceso, autocomposición y autodefensa*. 2. ed. México: UNAM, 1970.

ALMADA, Roberto José Ferreira de. *A Garantia Processual da Publicidade*. São Paulo: Revista dos Tribunais, 2005.

ALVES DA SILVA, Paulo Eduardo. *As Normas Fundamentais do Novo Código de Processo Civil (ou "as Doze Tábuas do Processo Civil Brasileiro"?)*. In *O Novo Código de Processo Civil: questões controvertidas*, vários autores, São Paulo: Atlas, 2015, pp. 295-323.

_____. *Solução de Controvérsias: Métodos Adequados para Resultados Possíveis e Métodos Possíveis para Resultados Adequados*. In SALLES, Carlos Alberto de; LORENCINI, Marco Antonio Garcia Lopes; ALVES DA SILVA, Paulo Eduardo (Coord.), *Negociação, Mediação e Arbitragem – Curso Básico para Programas de Graduação em Direito*. São Paulo; Método, 2012, pp. 1-25.

AMARAL, Paulo Osternack. *Arbitragem e Administração Pública – Aspectos Processuais, Medidas de Urgência e Instrumentos de Controle*. Belo Horizonte: Fórum, 2012.

ASPERTI, Maria Cecília de Araujo. *Meios consensuais de resolução de disputas repetitivas: a conciliação, a mediação e os grandes litigantes do Judiciário*. Dissertação de Mestrado apresentada na Universidade de São Paulo, 2014.

ÁVILA, Humberto. *Repensando o 'Princípio da Supremacia do Interesse Público sobre o Particular*. In SARMENTO, Daniel (org.), *Interesses Públicos versus Interesses Privados: Desconstruindo o Princípio da Supremacia do Interesse Público*, 2ª tiragem, Rio de Janeiro: Lumen Juris, 2007, pp. 171-215.

BANDEIRA DE MELLO, Celso Antonio, *Curso de Direito Administrativo*. 31ª edição, revista e atualizada até a Emenda Constitucional 76, de 28.11.2013, São Paulo: Malheiros, 2014.

BAPTISTA, Luiz Olavo. *Correção e Esclarecimento de Sentenças Arbitrais*, RBAr Nº 26 – Abr-Jun/2010.

BEDAQUE, José Roberto dos Santos. *Efetividade do Processo e Técnica Processual*. São Paulo: Malheiros, 2006.

BINENBOJM, Gustavo. *As Parcerias Público Privadas (PPPs) e a Constituição. RDA* 241, Rio de Janeiro: Renovar/FGV, julho-setembro/2005.

BRAGA NETO, Adolfo. *Mediação de Conflitos: Conceito e Técnicas*. In SALLES, Carlos Alberto de; LORENCINI, Marco Antonio Garcia Lopes; ALVES DA SILVA, Paulo Eduardo (Coord.), *Negociação, Mediação e Arbitragem – Curso Básico para Programas de Graduação em Direito*. São Paulo; Método, 2012, pp. 103-125.

BRANDÃO, Marcella Araujo da Nova. *A Consensualidade e a Administração Pú-*

blica em Juízo, Dissertação de Mestrado, Fundação Getulio Vargas, Rio de Janeiro, 2009.

BOBBIO, Norberto. *Estado, Governo, Sociedade – Para uma teoria geral da política*. Rio de Janeiro: Paz e Terra, 2012.

BUCCI, Maria Paula Dallari. *As Políticas Públicas e o Direito Administrativo*. In *Revista Trimestral de Direito Público*, 13/1996, São Paulo, Malheiros, p. 134-144.

_____. *O conceito de política pública em direito*. In: BUCCI, Maria Paula Dallari (org.) Políticas Públicas: Reflexões sobre o conceito Jurídico. São Paulo: Saraiva, 2006, p. 1-59.

CALMON, Petronio. *Fundamentos da Mediação e da Conciliação*, 2ª edição, Brasília: Gazeta Jurídica, 2013.

CARMONA, Carlos Alberto, *A Arbitragem como Meio Adequado de Resolução de Litígios*, In RICHA, Morgana de Almeida; PELUSO, Antonio Cezar (coord.), *Conciliação e mediação: estruturação da política judiciária nacional*, Rio de Janeiro: Forense, 2011, pp. 199-210.

_____. *Arbitragem e Processo: um comentário à Lei nº 9.307/96*, 3ª Ed. rev., atual. e ampl., São Paulo: Atlas, 2009.

_____. *Flexibilização do procedimento arbitral*. In *Revista Brasileira de Arbitragem*, n. 24 (Out-Nov-Dez 2009), p. 7/21.

_____. *O Novo Código de Processo Civil e o Juiz Hiperativo*. In *O Novo Código de Processo Civil: questões controvertidas*, vários autores, São Paulo: Atlas, 2015, pp. 61-75.

_____. *O processo arbitral*. Revista de Arbitragem e Mediação, São Paulo, n.1, p. 23, jan./abr. 2004.

CINTRA, Antonio Carlos de Araújo; GRINOVER, Ada Pellegrini; DINAMARCO, Cândido Rangel. *Teoria Geral do Processo*, 27ª ed., São Paulo: Malheiros, 2011.

COSTA, Helena Dias Leão. *Os Meios Alternativos na Solução de Conflitos e a Experiência da Câmara de Conciliação e Arbitragem da Administração Federal – CCAF*. In *Justiça Federal: inovações nos mecanismos consensuais de solução de conflitos*, GABBAY, Daniela Monteiro; TAKAHASHI, Bruno (coord.), Brasília, DF: Gazeta Jurídica, 2014, pp. 599-620.

CRETELLA NETO, José. *Curso de Arbitragem: arbitragem comercial, arbitragem internacional, Lei brasileira de arbitragem, Instituições Internacionais de arbitragem, Convenções Internacionais sobre arbitragem*. Rio de Janeiro: Forense, 2004

CUNHA, Leonardo Carneiro da, *A Fazenda Pública em Juízo*, 13ª ed., totalmente reformulada, Rio de Janeiro: Forense, 2016.

DALLARI, Adilson Abreu. *Arbitragem na Concessão de Serviço Público*. Revista Trimestral de Direito Público. São Paulo, n. 13, 1996, pp. 5-10.

DALLARI, Dalmo de Abreu. *Elementos de Teoria Geral do Estado*, 23ª ed., São Paulo: Saraiva, 2002.

DEVOLVÉ, Pierre. *Le droit administratif*, 6ª edição, Paris: Dalloz, 2014.

DI PIETRO, Maria Sylvia Zanella. *Direito Administrativo*. 26ª Ed., São Paulo: Atlas, 2013.

_____. *Discricionariedade Administrativa na Constituição de 1988*. 3ª ed., São Paulo: Atlas, 2012.

_____. *Parcerias na Administração Pública – concessão, permissão, franquia, terceirização, parceria público-privada e outras formas*. 9ª ed., São Paulo: Atlas, 2012.

_____. *Uso Privativo de Bem Público por Particular*. 3ª ed., São Paulo: Atlas, 2014

DINAMARCO, Cândido Rangel, *A Arbitragem na Teoria Geral do Processo*, São Paulo: Malheiros, 2013.